언어

어휘 · 어법

유의어 · 반의어

1 유의 관계

- 선택지를 차례대로 읽으면서 밑줄 친 어휘의 의미를 파악하고 선별하여 학습한다.
  - 예 잘 아는 어휘&모르는 어휘 / 의미가 비슷한 어휘&그렇지 않은 어휘
- 연관성이 있는 어휘는 쌍을 이루어 비교하며 학습한다.
  - 예 발음&의미가 비슷한 어휘 / 상반되는 어휘 / 환경에 따라 다르게 사용하는 유의어&반의어 등
- 생소한 어휘나 혼동하기 쉬운 어휘는 표시한 후 의미와 용례를 약점보완노트에 정리하여 반드시 암기해 두고, 실전문제를 통해 순발력을 키운다.

다의어

- 문제에 제시된 어휘의 중심 의미와 주변 의미, 그리고 용례 등을 학습하여 어휘력을 향상시켜야 한다.

> 예 어휘 : 먹다
> - 중심 의미 : 음식 등을 입을 통해 배 속으로 들여보내다.
> - 주변 의미
>   ① 연기나 가스 등을 들이마시다.
>   ② 어떤 감정이나 마음을 품다.
>   ③ 욕이나 핀잔 등을 당하거나 듣다.
>   ④ 수익을 차지하여 가지다.
> - 예문
>   먹고 싶은 것을 마음껏 먹었다(중심 의미).
>   그녀는 마음을 독하게 먹고 다이어트를 시작했다(주변 의미).
>   이유도 모른 채 욕을 먹은 그는 기분이 매우 좋지 않았다(주변 의미).

- 학습한 내용을 바탕으로 다양한 어휘의 문제를 풀어본다.

어휘선택

- 〈보기〉와 선택지의 단어들을 자기만의 기준을 세워 분류한 후 숙지한다.
  - 예 아는 단어&모르는 단어, 뜻이 모호한 단어, 형태가 비슷하지만 뜻이 다른 단어 등

> **보기**
>
> ❶ 시찰 ❷ 시위 ❸ 파업 ❹ 태업 ❺ 소개
>
> | 이해도 | × | △ | ○ |
> |---|---|---|---|
> | | ④ 태업 | ① 시찰 | ② 시위, ③ 파업, ⑤ 소개 |
>
> - 시찰 : 두루 돌아다니면서 실지의 사정을 살핌(유의어 – 감찰, 순시, 관광)
> - 태업 : 일이나 공부 등을 게을리 함, 또는 노동 쟁의 행위 중 하나

서술·전개특징

■ 글의 목적에 따라 서술 및 전개 방식이 다르므로, 글의 성격 및 주제를 토대로 사용된 전개 방식을 파악하며 읽는 연습을 한다.
 - 글 전체의 서술 대상과 문단별 핵심 정보를 파악하여 연결한다. 제시된 정보들을 구조화하여 파악하면 서술 방식이 확인 가능하다.

- 상세화 관계
  주지 → 구체적 설명(비교, 대조, 유추, 분류, 분석, 인용, 예시, 비유, 부연, 상술 등)
- 문제(제기)와 해결
  문단이 문제를 제기하고 다른 문단이 그 해결책을 제시하는 관계(과제 제시 → 해결 방안, 문제 제기 → 해답 제시)
- 선후 관계
  한 문단이 먼저 발생한 내용을 담고, 다음 문단이 나중에 발생한 내용을 담고 있는 관계
- 원인과 결과
  한 문단이 원인이 되고, 다른 문단이 그 결과가 되는 관계(원인 제시 → 결과 제시, 결과 제시 → 원인 제시)
- 주장과 근거
  한 문단이 글쓴이가 말하고자 하는 바(주지)가 되고, 다른 문단이 그 문단의 증거(근거)가 되는 관계(주장 제시 → 근거 제시, 의견 제안 → 이유 설명)
- 전제와 결론
  앞 문단에서 조건이나 가정을 제시하고, 뒷 문단에서 결론을 도출하는 관계

學而時習之 不亦說乎

배우고 때로 익히면 또한 기쁘지 아니한가.

– 공자 –

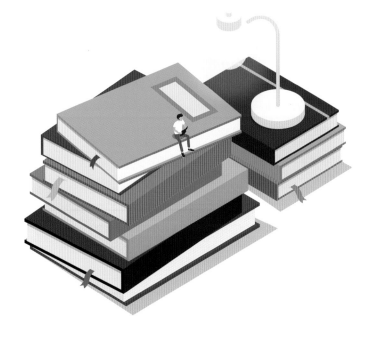

- 어휘 유형에서 가장 중요한 것은 단어의 정확한 뜻을 숙지하는 것이다. 시간은 오래 걸리지만, 학습할 때 확실하게 짚고 넘어간다면 시험장에서 시간 단축에 도움이 된다.
- 어휘 추론으로 문장 만들기 연습하기
  - 첫 번째 학습법으로 어휘의 범위가 커지면, 선택지 중 빈칸에 들어갈 어휘를 추론하여 완전한 문장 만드는 연습을 한다. 어휘의 뜻을 일일이 따지지 않고 유추만으로도 답을 선택할 수 있으므로 실전에서 시간을 절약하는 데 도움이 된다.

맞춤법

- 대표유형 및 기업별 출제 유형 문제들을 풀어보며 출제 경향을 확인한다.
  - 다른 영역에 비해 어법 유형은 출제 범위가 한정적이다. 단순 암기를 바탕으로 하는 어법 유형은 줄었지만, 어쨌든 우리말 어법에 대한 지식을 바탕으로 실생활에서 자주 틀리는 표현들이 출제된다.
- 출제 빈도가 높은 어문 규정, 실생활에서 자주 틀리는 어문 규정 등을 정리하여 학습한다. 맞춤법 규정은 국립국어원 사이트(www.korean.go.kr)를 활용하면 효과적이다.
  - 어문 규정을 숙지하는 것을 기본으로, 실생활 적용 사례를 많이 보고 또 자신이 예문을 만들어 연습하는 것도 좋은 학습 방법 중 하나이다.
- 학습한 내용을 문제를 풀 때 적용해 보며 확인 과정들을 거친다.
  - 문제의 정답을 찾는 것에만 그치는 것이 아닌, 자신이 학습한 어문규정들을 적용해 보며 문제를 푼다.

표준어

- 일상에서 자신이 잘못 알고 있었던 어휘나 표현은 지나치지 말고 정리하여 숙지한다.
  - 예 익숙하지만 틀리기 쉬운 외래어, 혼동하기 쉬운 순우리말&한자어 등
  - 시간을 할애해서 하는 학습법보다는, 일상에서 자신이 잘못 알고 있었던 어휘나 표현을 자연스럽게 정리하고 숙지하는 것이 효율적이다.
- 독서와 신문읽기를 꾸준히 한다.
  - 어휘/어법의 핵심은 얼마나 많은 어휘를 아느냐이다. 꾸준한 독서와 신문읽기는 어휘력 향상은 물론, 독해력도 향상시킬 수 있기에 일거양득의 효과를 볼 수 있다.
- 많은 문제를 풀어보며 실전 감각을 익힌다.
  - 많은 어휘를 알고 있다 하더라도, 응용된 문제에서는 당황할 수 있다. 따라서 반드시 실제 시험을 치기 전 문제로써 접하여 실전감각을 익힌다.

관용적 표현

- 관용어는 문장이나 상황 속에서 의미를 유추하는 연습을 한다.
  - 관용어는 사전적 의미와 관계없이 두 단어의 결합으로 새로운 의미를 형성한다. 따라서 정확한 뜻을 아는 것도 중요하지만, 모르는 관용어라도 문장이나 상황 속에서 유추하는 연습을 해야 한다.
- 속담은 뜻, 유래, 상황별 적용 등으로 나누어 학습한다.
  - 속담 유형은 표면적인 뜻을 묻는 유형이 아닌, 사고력을 요하는 문제가 나온다. 따라서 상황에 맞는 속담, 성격에 맞는 속담 등 복합적으로 학습해야 한다.

내용일치

■ 글의 전체적인 내용을 이해한 후, 세부적인 내용을 분석하여 읽는 습관을 가진다.
 - **전체적인 글의 흐름 파악하기** : 제시문을 대략적으로 살펴보는 방법으로, 주제, 구조, 목적을 파악하고 핵심어는 간단하게 표시한다.
 - **세부적인 내용 파악하기** : 문장과 문장, 문단과 문단 간의 관계, 문단별 요점, 중심 내용과 세부 내용의 구별 등을 파악하여 꼼꼼하고 자세히 읽는다. 내용일치 유형의 경우, 제시문에 사실적으로 드러나 있는 요소들을 확인하면서 글의 세부적인 부분을 꼼꼼하고 자세하게 읽는다. 글에 해당하는 자신만의 질문을 만들며 읽는 것도 좋다.

주제 · 제목찾기

■ 글을 읽을 때 단락별로 중심 내용을 정리하고, 종합하여 전체 주제를 찾는 연습을 한다. 이때 문제의 핵심에서 벗어나지 않도록 주의해야 한다.
 - **중심 내용 파악** : 글에서 반복된 핵심어를 중심으로 전달하고자 하는 내용을 파악한다.
 - **글의 주제 파악** : 핵심어를 토대로 글을 읽으며, 중심 화제 및 주제를 파악한다.

추론하기

■ 제시문의 의도, 목적, 관점, 태도 등을 확인하며 읽는 연습을 한다. 단, 문제의 핵심에서 벗어나지 않도록 주의하며 읽는다.

비판 · 반박하기

■ 사설, 칼럼 등 글쓴이의 주장이 뚜렷하게 드러나는 글을 읽으면서 비판적 사고를 기른다.
■ 제시문의 주요 논지에 대한 비판의 여지를 탐색하고 따져보거나 글이나 자료의 생성 과정 및 그것을 구성한 관점, 태도 등을 파악하는 등 글의 내용으로부터 객관적인 거리를 두고 판단하거나 평가한다.
 - 글을 읽으며 글쓴이의 주장에 논리적인 오류나 반박 가능성이 있는지 본다.
 - 주장에 대한 근거가 올바른지 판단한다.
 - 제시문의 논점을 정확히 파악하고, 글이 서술하고 있는 범위 안에서 주장에 대해 반박한다.
 - 글의 세세한 부분이 아닌, 전체적인 흐름을 반박한다.

- 사자성어는 한 번 이상 출제된 한자어·사자성어를 적극 활용한다.
  - 높은 난도의 한자를 요구하는 문제가 아니기 때문에 출제빈도가 높은 사자성어나 틀리기 쉬운 사자성어 등을 정리하여 학습하는 것이 더 효과적이다. 또한 최근에는 기본형을 응용하여 출제하기 때문에 뜻과 음만 암기하는 학습법보다는 관용어, 속담과 함께 공부하는 것이 더 효과적이다.

글의 구조

논리구조

앞뒤 문장의 중심 의미 파악	앞뒤 문장의 중심 내용이 어떤 관계인지 파악	문장 간의 접속어, 지시어의 의미와 기능 파악	문장의 의미와 관계성 파악
각 문장의 의미를 어떤 관계로 연결해서 글을 전개하는지 파악해야 한다.	제시문 안의 모든 문장은 서로 논리적 관계성이 있다.	접속어와 지시어를 음미하는 것은 독해의 길잡이 역할을 한다.	문장의 중심 내용을 알기 위한 기본 분석 과정이다.

····› 문장의 연결 방식
 ① 순접 : 원인과 결과, 부연 설명 등의 문장 연결에 쓰임
    예 그래서, 그리고, 그러므로 등
 ② 역접 : 앞글의 내용을 전면적 또는 부분적으로 부정
    예 그러나, 그렇지만, 그래도, 하지만 등
 ③ 대등·병렬 : 앞뒤 문장의 대비와 반복에 의한 접속
    예 및, 혹은, 또는, 이에 반하여 등
 ④ 보충·첨가 : 앞글의 내용을 보다 강조하거나 부족한 부분을 보충하기 위해 다른 말을 덧붙이는 문맥
    예 단, 곧, 즉, 더욱이, 게다가, 왜냐하면 등
 ⑤ 화제 전환 : 앞글과는 다른 새로운 내용을 이야기하기 위한 문맥
    예 그런데, 그러면, 다음에는, 이제, 각설하고 등
 ⑥ 비유·예시 : 앞글에 대해 비유적으로 다시 말하거나 구체적인 예를 보임
    예 예를 들면, 예컨대, 마치 등

배열하기

- 단락별 핵심어와 중심 문장을 정리한 후, 이를 바탕으로 문단을 논리적으로 배열한다.
- 자신이 배열한 순서대로 글을 전체적으로 한 번 읽어보며 글의 유기적인 흐름을 정리한다. 이때, 자신이 생각한 흐름과 글 전체의 흐름이 일치하는지 반드시 확인해야 한다.

문장삽입

- 문단별로 글의 요지를 찾아 읽는 연습을 한다.
- 자신이 유추한 위치와 실제의 위치가 맞는지 확인하고, 틀렸다면 왜 틀렸는지 오답 분석을 한다.

논리적 오류

■ 논리적 오류의 기본적인 성격을 미리 암기해두고, 다양한 문제를 통해 어떤 오류에 해당하는지 학습하도록 한다.

1. 형식적 오류

(1) 순환 논증의 오류 : 결론에서 주장하고자 하는 바를 전제로 제시하는 오류

(2) 자가당착의 오류 : 앞뒤의 주장이나 전제와 결론 사이에 모순이 발생함으로써 일관된 논점을 갖지 못하는 오류

(3) 전건 부정의 오류 : 전건을 부정하여, 후건을 긍정한 것이 결론으로 도출되는 데서 발생하는 오류

(4) 후건 긍정의 오류 : 전제가 결론의 필요조건이 되지 못하는 오류

(5) 딜레마의 오류 : 선언지가 빠짐없이 제시되지 못한 경우에 발생하는 오류

2. 비형식적 오류

(1) 심리적 오류 : 어떤 주장에 대해 논리적으로 타당한 근거를 제시하지 않고, 심리적인 면에 기대어 상대방을 설득하려고 할 때 발생하는 오류

① 인신공격의 오류 : 주장하는 사람의 인품, 직업, 과거 정황의 비난받을만한 점을 트집 잡아 비판하는 오류

② 피장파장의 오류(역공격의 오류) : 자신이 비판받는 바가 상대방에게도 역시 적용될 수 있음을 내세워 공격함으로써 자신의 잘못을 정당화하려는 오류

③ 정황에 호소하는 오류 : 어떤 사람이 처한 정황을 비난하거나 논리의 근거로 내세움으로써 자신의 주장이 타당하다고 믿게 하려는 오류

④ 동정에 호소하는 오류 : 상대방의 동정심이나 연민의 정을 유발하여 자신의 주장을 정당화하려는 오류

⑤ 공포에 호소하는 오류 : 상대방을 윽박지르거나 증오심을 표현하여 자신의 주장을 받아들이게 하는 오류

⑥ 쾌락이나 유머에 호소하는 오류 : 사람의 감정이나 쾌락, 재미 등을 내세워 논지를 받아들이게 하는 오류

⑦ 사적 관계에 호소하는 오류 : 개인적인 친분 관계를 내세워 자신의 논지를 받아들이게 하는 오류

⑧ 아첨에 호소하는 오류 : 아첨에 의해 논지를 받아들이게 하는 오류

⑨ 군중에 호소하는 오류 : 많은 사람이 그렇게 행동하거나 생각한다고 내세워 군중 심리를 자극하는 오류

⑩ 부적합한 권위에 호소하는 오류 : 직접적인 관련이 없는 권위자의 견해를 근거로 들거나 논리적인 타당성과는 무관하게 권위자의 견해라는 것을 내세워 자기주장의 타당함을 입증하는 오류

⑪ 원천봉쇄의 오류(우물에 독약 치기) : 자신의 주장에 반론의 가능성이 있는 요소를 비난하여 반론 자체를 원천적으로 봉쇄하는 오류

(2) 자료적 오류 : 어떤 자료에 대해 잘못 판단하여 이를 논거로 삼을 경우 범하게 되는 오류

① 성급한 일반화의 오류 : 제한된 정보, 부적합한 증거, 대표성을 결여한 사례를 근거로 마치 전부가 그런 것처럼 일반화하는 오류

② 잘못된 유추의 오류 : 유사성이 없는 측면까지 유사성이 있는 것처럼 비유를 부당하게 적용하는 오류

③ 무지에 호소하는 오류 : 어떤 주장에 대해 증명할 수 없거나 결코 알 수 없음을 들어 거짓이라고 반박하는 오류

④ 논점 일탈의 오류 : 원래의 논점과는 다른 방향으로 논지를 이끌어감으로써 무관한 결론에 이르게 되는 오류

⑤ 의도 확대의 오류 : 의도하지 않은 결과에 대해 원래부터 어떤 의도가 있었다고 확대 해석하는 오류

⑥ 흑백 논리의 오류 : 어떤 집합의 원소가 단 두 개밖에 없다고 여기고, 이것이 아니면 저것일 수밖에 없다고 단정 짓는 데서 오는 오류

(3) 언어적 오류 : 다의(多義)적이거나 모호한 말에 의해 논지가 잘못 전개됨으로써 나타나는 오류

① 애매어의 오류 : 두 가지 이상의 의미를 가진 말을 동일한 의미의 말인 것처럼 애매하게 사용함으로써 생기는 오류

② 복합질문의 오류 : 어떻게 대답하건 대답하면 숨어 있는 질문에 대하여 긍정하게 되도록 질문할 경우의 오류

도식화

■ 글을 읽은 후 구조를 직접 그려가면서 제시문 전체의 구조에 대해 이해하는 연습을 한다.

주제를 중심으로 개요에서 부적절한 부분이 없는지 확인한다.	➡	개요의 수정방안이나 자료의 제시방안이 적절한지 파악한다.	➡	적절한 수정방안을 찾고, 전체 개요에 비추어 확인한다.

(1) 주지 문단 : 필자가 말하고자 하는 중심 내용이 담긴 문단
(2) 보조 문단(뒷받침 문단) : 중심 문단의 내용을 뒷받침해 주는 문단
    ① 도입 문단 : 글을 쓰는 동기나 목적, 집필 방향 등을 제시하여 독자의 관심을 유발시키는 문단
    ② 전제 문단 : 주장이나 결론을 이끌어내는 데 필요한 근거나 이유를 제시하는 문단
    ③ 예증 · 예시 문단 : 중심 문단의 내용을 예를 통해 뒷받침하는 문단
    ④ 부연 · 상술 문단 : 중심 문단에서 다룬 내용에 덧붙이거나 좀 더 상세하게 설명하는 문단
    ⑤ 첨가 · 보충 문단 : 중심 문단에 빠뜨린 내용을 덧붙여 설명하는 문단
    ⑥ 강조 문단 : 앞에서 이미 충분히 해명된 내용을 다시 한 번 반복하고 요약하는 문단
    ⑦ 연결 문단 : 앞의 내용을 이어받아 뒤의 부분으로 이어 주는 화제 전환 문단

빈칸추론

■ 제시문 전체를 읽으며 내용을 파악하고 빈칸에 들어갈 말을 유추한다.
■ 선택지를 읽으며 빈칸에 들어갈 답을 고른 후, 해설과 비교한다.
  – 확실하게 답을 선택한 경우를 제외하고, 왜 틀렸는지 파악하고 놓친 부분을 반드시 체크한다.

개요수정

■ 일상생활에서 실용문을 포함한 다양한 글을 많이 접한다.
  – 주제의 내용을 일목요연하게 세분화시킬 수 있는 글을 많이 접한다. 보고서, 공고문, 기획안뿐만 아니라 시사 · 칼럼, 신문기사, 채용 공고문 등도 일상생활의 실용문이 될 수 있다.
■ 다양한 글을 읽으며 개요 작성을 연습한다.
  – 개요는 글의 토대를 마련하는 중요한 작업이다. 이 과정이 익숙해지면 글을 전체적으로 보는 안목과 핵심을 파악하는 데 많은 도움이 된다. 따라서 평소에 일목요연하게 개요 작성을 하는 연습을 하면, 개요 작성 유형은 물론 특히 장문독해를 읽을 때 도움이 많이 될 것이다.

내용수정

■ 자주 출제되는 어휘 · 어법 오류를 정리한다.
  – 문장 전체의 수정은 글의 전개상 흐름이 적절한지 파악하는 유형이므로, 어휘 · 어법 오류 부분만 자주 출제되는 수정 사항을 정리한다.

어휘추리

- 어휘의 연결고리를 찾아서 학습한다.
  예) 사랑−미움 : 반의 관계, 노력−성공 : 인과 관계 등
- 기존의 기출문제를 통해 어떤 관계들이 주로 출제되었는지 파악하여 학습한다.
  예) 유의 · 반의 · 동의 · 상하 · 포함 관계 등
- 다양한 기준으로 어휘를 분류하기 때문에 암기 위주의 고정관념에서 벗어나서 학습하며, 어휘의 여러 가지 관계와 속성을 익힌다.
- 어휘연상 유형은 어휘의 배경지식이 요구되는 문제도 출제된다. 따라서 어휘들의 개별 의미를 익히는 학습과 더불어 여러 기준의 어휘 관계, 일상생활 속 어휘의 쓰임, 일반 상식 어휘 등 다방면에서 어휘 및 어휘 간의 관계를 학습한다.

명제추리

- 조건 명제와 대우 명제를 이용하여 출제되는 경우가 많다. 따라서 명제의 기본 이론을 익힌다.

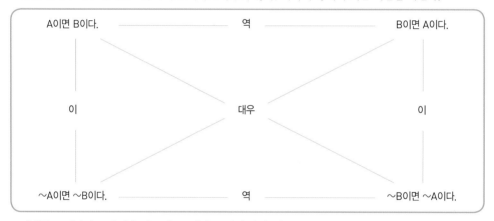

- 명제를 도식화하는 습관을 갖는다. 도식화를 하면 시간 단축은 물론, 조건들을 한눈에 파악할 수 있어 문제를 좀 더 쉽게 풀 수 있다.
  - 도식화의 방법에는 집합 부호 사용, 벤 다이어그램 활용 등 여러 가지 방법이 있으므로 자신에게 맞는 방법을 선택하여 학습한다. 많은 연습을 통해 실전에서는 직관적인 문제해결이 가능하도록 해야 한다.

논리추리

- 제시된 조건을 서로 연결하여 도식화하며(표, 기호 등으로 정리) 문제를 푸는 연습을 한다.
- 진술의 참/거짓을 일일이 따져보며 경우의 수들을 모두 구해본다.
  - 실전에서는 모순 관계를 먼저 파악하는 것이 시간 단축에 중요하지만, 학습할 때는 유형을 완벽히 익히기 위해 진술을 바탕으로 나올 수 있는 경우의 수들을 정리해 가며 학습한다.

유튜브로 쉽게 끝내는

인적성검사
언어 완성

시대에듀

유튜브로 쉽게 끝내는 인적성검사 언어 완성

Always **with you**

사람의 인연은 길에서 우연하게 만나거나 함께 살아가는 것만을 의미하지는 않습니다.
책을 펴내는 출판사와 그 책을 읽는 독자의 만남도 소중한 인연입니다.
시대에듀는 항상 독자의 마음을 헤아리기 위해 노력하고 있습니다. 늘 독자와 함께하겠습니다.

머리말 PREFACE

취업을 준비하는 과정에서 인적성검사는 빠질 수 없는 요소이며, 그중 언어 영역은 인적성검사를 진행하는 대부분의 기업에서 다루고 있다. 언어 영역은 인적성검사에서 차지하는 비중이 작지 않고 어휘 · 어법, 글의 구조, 추리, 독해 등 여러 가지 유형을 익혀야 하기 때문에 짧은 시간 내에 실력을 올리기 어렵다고 느껴지는 영역이다. 무작정 많은 문제를 풀기보다 제한된 시간 안에 조금 더 쉽고 정확하게 이론 학습과 문제 풀이 모두를 아우를 수 있어야 한다.

따라서 시대에듀에서는 인적성검사를 준비하는 수험생들이 시험에 효과적으로 대비할 수 있도록 다음과 같은 특징의 본서를 출간하게 되었다.

도서의 특징

❶ 2024년 주요기업 기출복원문제를 수록하여 최신 출제 경향을 한눈에 파악할 수 있도록 하였다.

❷ 언어 영역 핵심이론과 대표예제를 수록하여 개념 정리가 가능하도록 하였다.

❸ 유형풀이를 수록하여 기본 실력을 키울 수 있도록 하였다.

❹ 영역별 실전문제를 수록하여 충분히 연습할 수 있도록 하였다.

❺ 실전모의고사 2회를 수록하여 자신의 능력을 스스로 점검할 수 있도록 하였다.

끝으로 본서를 통해 인적성검사를 준비하는 수험생 여러분 모두에게 합격의 기쁨이 있기를 진심으로 기원한다.

SDC(Sidae Data Center) 씀

도서 200% 활용하기 STRUCTURES

핵심이론 및 대표예제로 기초 다지기!

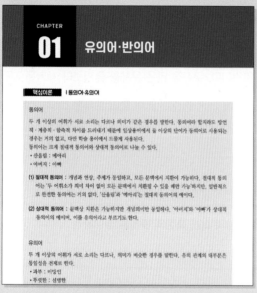

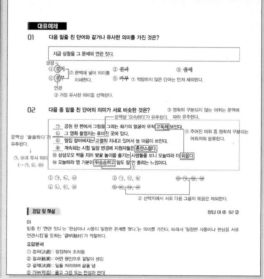

▶ 언어 영역에서 출제되는 문제를 풀기 위해 필요한 모든 이론 정리
▶ 이론별 대표예제와 상세한 풀이 과정으로 앞서 배운 개념을 강화

유형풀이로 기본 실력 키우기!

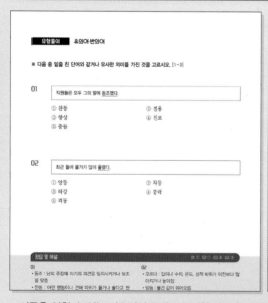

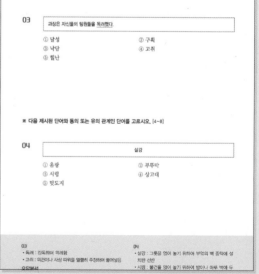

▶ 이론을 익힐 수 있는 기초적인 문제로 구성한 기본 문제 모음
▶ 문제와 정답 및 해설을 함께 수록하여 빠르게 유형 파악 가능

실전문제로 언어 능력 끌어올리기!

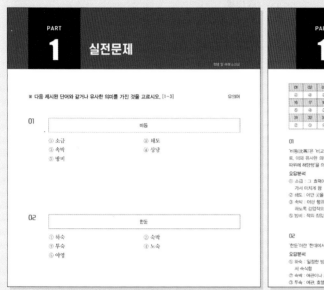

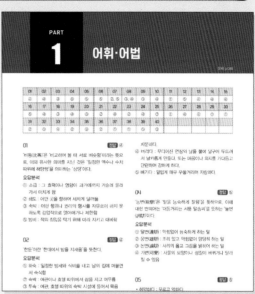

▶ 문제 풀이에 집중할 수 있도록 구성한 실전문제로 실력 확인
▶ 상세한 해설 및 오답분석으로 풀이까지 완벽 마무리

실전모의고사로 언어 능력 최종 점검하기!

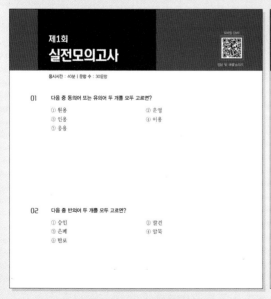

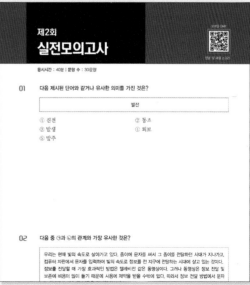

▶ 언어 능력을 최종 점검할 수 있는 실전모의고사 2회 수록
▶ 모바일 OMR 답안채점/성적분석 서비스 제공

학습방법 STUDY PLAN

1 목표 기업의 인적성검사 출제 영역 확인(2024년 기준)

구분	어휘·어법	글의 구조	추리	독해
삼성		○	○	○
LG		○	○	○
SK		○	○	○
이랜드		○	○	○
KT		○	○	○
롯데	○	○	○	○
포스코	○	○	○	○
두산	○	○	○	○
GS			○	○
S-OIL		○		○
효성	○	○	○	○
샘표		○		○
KCC		○	○	○
삼양			○	

2 자신의 실력과 성향에 따라 학습 방법 선택

▶ 인적성검사에 출제되는 언어 영역의 유형을 모르며, 언어 실력이 부족함 ⋯ A코스
▶ 인적성검사에 출제되는 언어 영역의 유형을 잘 알고 있으며, 언어 실력이 부족하지 않음 ⋯ B코스
▶ 인적성검사에 출제되는 언어 영역의 유형을 잘 알고 있으며, 언어 실력이 뛰어나 문제 풀이에 집중하고자 함 ⋯ C코스

	STEP 1		STEP 2		STEP 3		STEP 4
A코스	핵심이론	→	대표예제	→	유형풀이	→	실전문제
B코스	유형풀이	→	핵심이론	→	대표예제	→	실전문제
C코스	대표예제	→	유형풀이	→	실전문제		

3 집중적으로 공부할 영역의 체계적인 학습을 위한 PLANNER 작성

MONTHLY PLANNER

일	월	화	수	목	금	토
__월 __일 ☑ • 유의어·반의어 　대표예제 학습 ☐	☐	☐	☐	☐	☐	☐
☐	☐	☐	☐	☐	☐	☐
☐	☐	☐	☐	☐	☐	☐
☐	☐	☐	☐	☐	☐	☐
☐	☐	☐	☐	☐	☐	☐

D-DAY PLANNER

일	월	화	수	목	금	토
D-13 ☐	D-12 ☐	D-11 ☐	D-10 ☐	D-9 ☐	D-8 ☐	D-7 ☐
D-6 ☐	D-5 ☐	D-4 ☐	D-3 ☐	D-2 ☐	D-1 ☐	D-DAY ☐ • 언어 완성 　공략집 복습 • 언어 만점

이 책의 차례 CONTENTS

Add+

2024년 주요기업
기출복원문제

(삼성 / LG / SK / 포스코 / KT)

※ 2020년 상반기부터 삼성그룹은 온라인으로 GSAT를 시행하며 언어영역을 폐지하였으나 추리 영역에서 언어 영역이라고도 할 수 있는 문제가 있어 이를 추려 복원하였습니다.
※ 정답 및 해설은 기출복원문제 바로 뒤 p.028에 있습니다.

|삼성|

※ 제시된 명제가 모두 참일 때, 다음 중 빈칸에 들어갈 명제로 가장 적절한 것을 고르시오. [1~2]

01

> 전제1. 하루에 두 끼를 먹는 어떤 사람도 뚱뚱하지 않다.
> 전제2. 아침을 먹는 모든 사람은 하루에 두 끼를 먹는다.
> 결론. _____

① 하루에 세 끼를 먹는 사람이 있다.
② 아침을 먹는 모든 사람은 뚱뚱하지 않다.
③ 뚱뚱하지 않은 사람은 하루에 두 끼를 먹는다.
④ 하루에 한 끼를 먹는 사람은 뚱뚱하지 않다.
⑤ 아침을 먹는 어떤 사람은 뚱뚱하다.

02

> 전제1. 마라톤을 좋아하는 사람은 체력이 좋고, 인내심도 있다.
> 전제2. 몸무게가 무거운 사람은 체력이 좋다.
> 전제3. 명랑한 사람은 마라톤을 좋아한다.
> 결론 _____

① 체력이 좋은 사람은 인내심이 없다.
② 인내심이 없는 사람은 명랑하지 않다.
③ 마라톤을 좋아하는 사람은 몸무게가 가볍다.
④ 몸무게가 무겁지 않은 사람은 체력이 좋지 않다.
⑤ 체력이 좋지 않은 사람은 인내심도 없다.

03 S사는 직원 A~F 여섯 명 중에서 임의로 선발하여 출장을 보내려고 한다. 다음 〈조건〉에 따라 출장 갈 인원을 결정할 때, A가 출장을 간다면 출장을 가는 최소 인원은 몇 명인가?

> **조건**
> • A가 출장을 가면 B와 C 둘 중 한 명은 출장을 가지 않는다.
> • C가 출장을 가면 D와 E 둘 중 적어도 한 명은 출장을 가지 않는다.
> • B가 출장을 가지 않으면 F는 출장을 간다.

① 1명   ② 2명
③ 3명   ④ 4명
⑤ 5명

04 A~F는 각각 뉴욕, 파리, 방콕, 시드니, 런던, 베를린 중 한 곳으로 여행을 가고자 한다. 다음 〈조건〉에 따라 여행지를 고를 때, 항상 참인 것은?

> **조건**
> • 여행지는 서로 다른 곳으로 선정한다.
> • A는 뉴욕과 런던 중 한 곳을 고른다.
> • B는 파리와 베를린 중 한 곳을 고른다.
> • D는 방콕과 런던 중 한 곳을 고른다.
> • A가 뉴욕을 고르면 B는 파리를 고른다.
> • B가 베를린을 고르면 E는 뉴욕을 고른다.
> • C는 시드니를 고른다.
> • F는 A~E가 선정하지 않은 곳을 고른다.

① A가 뉴욕을 고를 경우, E는 런던을 고른다.
② B가 베를린을 고를 경우, F는 뉴욕을 고른다.
③ D가 런던을 고를 경우, B는 파리를 고른다.
④ E가 뉴욕을 고를 경우, D는 런던을 고른다.
⑤ F는 뉴욕을 고를 수 없다.

※ 다음 제시된 문단을 논리적 순서대로 바르게 나열한 것을 고르시오. [5~6]

05

(가) 이 전위차에 의해 전기장이 형성되어 전자가 이동하게 된다. 일반적으로 전자가 이동하더라도 얇은 산화물에 이동이 막힐 것으로 생각하기 쉽지만, 이의 경우, 전자 터널링 현상이 발생하여 전자가 얇은 산화물을 통과하게 된다. 이 전자들은 플로팅 게이트로 전자가 모이게 되고, 이러한 과정을 거쳐 데이터가 저장되게 된다.

(나) 어떻게 NAND 플래시 메모리에 데이터가 저장될까? 플로팅 게이트에 전자가 없는 상태의 NAND 플래시 메모리의 컨트롤 게이트에 높은 전압을 가하면 수직 방향으로 컨트롤 게이트는 높은 전위, 기저 상태는 낮은 전위를 갖게 되어 전위차가 발생한다.

(다) 반대로 플로팅 게이트에 전자가 저장된 상태에서 컨트롤 게이트에 0V를 가하면 전위차가 반대로 발생하고, 전자 터널링 현상에 의해 플로팅 게이트에 저장된 전자가 얇은 산화물을 통과하여 기저상태로 되돌아간다. 이런 과정을 거쳐 데이터가 지워지게 된다.

(라) NAND 플래시 메모리는 MOSFET 구조 위에 얇은 산화물, 플로팅 게이트, 얇은 산화물, 컨트롤 게이트를 순서대로 쌓은 구조이며, 데이터의 입력 및 삭제를 반복하여 사용할 수 있는 비휘발성 메모리의 한 종류이다.

① (나) − (가) − (라) − (다) ② (나) − (다) − (가) − (라)
③ (나) − (라) − (가) − (다) ④ (라) − (가) − (다) − (나)
⑤ (라) − (나) − (가) − (다)

06

(가) 이러한 특징은 구엘 공원에 잘 나타나 있는데, 산의 원래 모양을 최대한 유지하기 위해 지면을 받치는 돌기둥을 만드는가 하면, 건축물에 식물을 심어 그 뿌리로 하여금 무너지지 않게 했다.

(나) 스페인을 대표하는 천재 건축가 가우디가 만든 건축물의 대표적인 특징을 꼽자면, 먼저 곡선을 들 수 있다. 그의 여러 건축물 중 곡선미가 가장 잘 나타나는 것은 바로 1984년 유네스코 세계문화유산으로 지정된 카사 밀라이다.

(다) 또 다른 특징으로는 자연과의 조화로, 그는 건축 역시 사람들이 살아가는 공간이자 자연의 일부라고 생각하여 가능한 자연을 훼손하지 않고 건축하는 것을 원칙으로 삼았다.

(라) 이 건축물의 겉 표면에는 일렁이는 파도를 연상시키는 곡선이 보이는데, 이는 당시 기존 건축양식과는 거리가 매우 멀어 처음엔 조롱거리가 되었다. 하지만 훗날 비평가들은 그의 창의성을 인정하게 됐고 현대 건축의 출발점으로 지금까지 평가되고 있다.

① (가) − (나) − (라) − (다) ② (가) − (다) − (나) − (라)
③ (나) − (라) − (가) − (다) ④ (나) − (라) − (다) − (가)
⑤ (나) − (다) − (가) − (라)

07 다음 글에 대한 설명으로 적절하지 않은 것은?

인체의 면역 시스템은 면역 효과를 보이는 특별한 세포와 물질로 구성되어 있다. 면역 세포와 면역 물질들은 체내로 침입하는 이물질이나 세균 등의 반응으로 발생하는 염증 및 암세포를 억제한다. 대표적인 면역 세포로 항원을 직접 공격할 수 있는 항체를 분비하는 B세포와 이 B세포를 돕거나 종류에 따라 항원을 직접 공격하는 T세포가 있다.

하지만 암세포는 이런 몸의 면역 시스템을 회피할 수 있다. 면역 시스템은 암세포를 인지하고 직접 공격하여 암세포의 확산을 억제하지만, 몇몇 암세포는 이 면역 시스템을 피하여 성장하고 다른 부분으로 전이 및 확산하여 암 발병의 원인이 된다. 면역 항암제는 이러한 암세포의 면역 시스템 회피 작용을 억제하고 면역 세포가 암세포를 효과적으로 공격할 수 있도록 보조한다.

면역 항암제는 면역관문억제제, 치료용 항체, 항암백신 등이 있다. 면역관문억제제는 체내 과도한 면역반응을 억제하기 위한 T세포의 면역관문을 억제하고 T세포의 공격 기능을 활성화하여 암세포를 공격하도록 하는 방식이며, 치료용 항체는 암세포가 스스로 사멸되도록 암세포에 항체를 투여하는 방식이다. 또한 항암백신은 암세포의 특이적인 항원이나 체내 면역반응을 향상하게 시킬 수 있는 항원을 투입하여 체내 면역 시스템을 활성화하는 방법이다.

현재 대표적인 면역 항암제로 CAR(Chimeric Antigen Receptors)−T세포 치료제가 있으며, 림프종 백혈병 치료의 한 방법으로 이용하고 있다. CAR−T세포 치료제는 먼저 환자의 T세포를 추출하여 CAR을 발현하도록 설계된 RNA 바이러스를 주입하여 증식시킨 후 재조합한다. 이후에 증식시킨 T세포를 환자에게 주입하여 환자에게 주입한 T세포가 환자의 체내 암세포를 제거하도록 하는 방법이다. 다시 말하면, 환자의 T세포를 추출하여 T세포의 암세포를 공격하는 기능을 강화 후 재투여하여 환자의 체내 암세포를 더욱 효과적으로 제거할 수 있는 치료제이다. 이는 체내 면역기능을 활용한 새로운 암 치료 방법으로 주목받고 있다.

하지만 CAR−T세포 치료제 투여 시 부작용에 큰 주의를 기울여야 한다. CAR−T세포 치료제를 투여하면 T세포가 면역 활성물질을 과도하게 분비하여 신체 이상 증상이 발현될 가능성이 높으며, 심한 경우 환자에게 치명적인 사이토카인 폭풍을 일으키기도 한다.

① 면역 세포에는 T세포와 B세포가 있다.
② 면역 시스템이 암세포를 억제하기 힘들 때, 암이 발병할 수 있다.
③ 치료용 항체는 면역 세포가 암세포를 직접 공격할 수 있도록 돕는 항암제이다.
④ CAR−T세포 치료제는 T세포의 암세포 공격 기능을 적극 활용한 항암제이다.
⑤ 과다한 면역 활성물질은 도리어 신체에 해를 가할 수 있다.

08 다음 글을 읽고 추론한 내용으로 적절하지 않은 것은?

> 레이저 절단 가공은 고밀도, 고열원의 레이저를 절단하고자 하는 소재로 쏘아 절단 부위를 녹이고 증발시켜 소재를 절단하는 최첨단 기술이다. 레이저 절단 가공은 일반 가공법으로는 작업이 불가능한 절단면 및 복잡하고 정교한 절단 형상을 신속하고 정확하게 절단하여 가공할 수 있고, 절단하고자 하는 소재의 제약도 일반 가공법에 비해 자유롭다. 또한, 재료와 직접 접촉하지 않으므로 절단 소재의 물리적 변형이 적어 깨지기 쉬운 소재도 다루기 쉽고, 다른 열 절단 가공에 비해 열변형의 우려가 적다. 이런 장점으로 반도체 소자가 나날이 작아지고 더욱 정교해지면서 레이저 절단 가공은 반도체 산업에서는 이제 없어서는 안 될 필수적인 과정이 되었다.

① 레이저 절단 가공은 절단 부위를 녹이므로 열변형의 우려가 큰 가공법이다.
② 레이저 절단 가공 작업 중에는 기체가 발생한다.
③ 두께가 얇아 깨지기 쉬운 반도체 웨이퍼는 레이저 절단 가공으로 가공하여야 한다.
④ 과거 반도체 소자의 정교함은 현재 반도체 소자에 미치지 못하였을 것이다.
⑤ 현재 기술력으로는 다른 가공법을 사용하여 반도체 소자를 다루기 힘들 것이다.

09 다음 글의 주장을 반박하는 것으로 적절하지 않은 것은?

> 윤리와 관련하여 가장 광범위하게 받아들여진 사실 가운데 하나는 옳은 것과 그른 것에 대한 광범위한 불일치가 과거부터 현재까지 항상 있었고, 아마도 앞으로도 계속 있을 것이라는 점이다. 가령 육식이 올바른지를 두고 한 문화에 속해 있는 사람들의 판단은 다른 문화에 속해 있는 사람들의 판단과 굉장히 다르다. 그뿐만 아니라 한 문화에 속한 사람들의 판단은 시대마다 아주 다르기도 하다. 심지어 우리는 동일한 문화와 시대 안에서도 하나의 행위에 대해 서로 다른 윤리적 판단을 하는 경우를 볼 수 있다.
> 이러한 사실이 의미하는 바는 사람들의 윤리적 기준이 시간과 장소 그리고 그들이 사는 상황에 따라 달라진다는 것이다. 그러므로 올바른 윤리적 기준은 그것을 적용하는 사람에 따라 상대적이다. 이것이 바로 윤리적 상대주의의 핵심 논지이다. 따라서 우리는 윤리적 상대주의가 참이라는 결론을 내려야 한다.

① 사람들의 윤리적 판단은 그들이 사는 지역에 따라 크게 다르지 않다.
② 윤리적 상대주의가 옳다고 해서 사람들의 윤리적 판단이 항상 서로 다른 것은 아니다.
③ 윤리적 판단이 다르다고 해서 윤리적 기준도 반드시 달라지는 것은 아니다.
④ 인류학자들에 따르면 문화에 따른 판단의 차이에도 불구하고 일부 윤리적 기준은 보편적으로 신봉되고 있다.
⑤ 서로 다른 윤리적 판단이 존재하는 경우에도 그중에 올바른 판단은 하나뿐이며, 그런 올바른 판단을 옳게 만들어 주는 객관적 기준이 존재한다.

10 다음 중 '브레히트'가 〈보기〉의 입장을 가진 '아리스토텔레스'에게 제기할 만한 의문으로 가장 적절한 것은?

> 오페라는 이른바 수준 있는 사람들이 즐기는 고상한 예술이라고 생각하는 사람들이 많다. 그런데 오페라 앞에 '거지'라든가 '서 푼짜리' 같은 단어를 붙인 '거지 오페라', '서 푼짜리 오페라'라는 것이 있다. 이렇게 어울리지 않는 단어들로 제목을 억지로 조합해 놓은 의도는 무엇일까?
>
> 영국 작가 존 게이는 당시 런던 오페라 무대를 점령했던 이탈리아 오페라에 반기를 들고, 1782년에 이와는 완전히 대조적인 성격의 거지 오페라를 만들었다. 그는 이탈리아 오페라가 일반인의 삶과 거리가 먼 신화나 왕, 귀족들의 이야기를 소재로 한데다가 영국 관객들이 이해하지 못하는 이탈리아어로 불린다는 점에 불만을 품었다. 그는 등장인물의 신분을 과감히 낮추고 음악 형식도 당시의 민요와 유행가를 곁들여 사회의 부패상을 통렬하게 풍자하였다. 이렇게 만들어진 거지 오페라는 이탈리아 오페라에 대항하는 서민 오페라로 런던에서 선풍적인 인기를 끌었다.
>
> 1928년에 독일의 극작가 브레히트는 작곡가 쿠르트 바일과 손잡고 거지 오페라를 번안한 서 푼짜리 오페라를 만들었다. 그는 형식과 내용 면에서 훨씬 적극적이고 노골적으로 당시 사회를 비판한다. 이 극은 밑바닥 사람들의 삶을 통해 위정자들의 부패와 위선을 그려 계급적 갈등과 사회적 모순을 드러내고 있다. 브레히트는 감정이입과 동일시에 근거를 둔 종래의 연극에 반기를 들고 낯선 기법의 서사극을 만들었다. 등장인물이 극에서 빠져나와 갑자기 해설자의 역할을 하게 함으로써 관객들이 극에 몰입하지 않고 지금 연극을 보고 있다는 사실을 자각하도록 한 것이다.
>
> 이처럼 존 게이와 브레히트는 종전의 극과는 다른 형식과 내용의 극을 지향했다. 제목을 서로 어울리지 않는 단어들로 조합하고 새로운 형식을 도입한 이유는 기존의 관점을 뒤집어 보게 하려는 의도였다. 그 이면에는 사회의 부조리를 풍자하고자 하는 의도가 깔려 있었다.

보기

> 아리스토텔레스는 예술을 통한 관객과 극중 인물과의 감정 교류와 공감을 강조했다. 그는 관객들이 연극을 통해 타인의 경험과 감정, 상황을 받아들이고 나아가 극에 이입하고 몰두함으로써 쌓여 있던 감정을 분출하며 느끼는, 이른바 카타르시스를 경험하게 된다고 주장하였다.

① 극과 거리를 두고 보아야 오히려 카타르시스를 경험할 수 있지 않나요?

② 관객이 몰입하게 되면 사건을 객관적으로 바라보기 어려운 것 아닌가요?

③ 해설자 역할을 하는 인물이 있어야 관객의 몰입을 유도할 수 있지 않나요?

④ 낯선 기법을 쓰면 관객들이 극중 인물과 더 쉽게 공감할 수 있지 않을까요?

⑤ 동일시를 통해야만 풍자하고 있는 사회의 모습을 더 잘 알 수 있지 않을까요?

01 제시된 명제가 모두 참일 때, 빈칸에 들어갈 명제로 가장 적절한 것은?

> • 광물은 매우 규칙적인 원자 배열을 가지고 있다.
> • 다이아몬드는 광물이다.
> • _____

① 광물은 다이아몬드이다.
② 광물이 아니면 다이아몬드이다.
③ 다이아몬드가 아니면 광물이 아니다.
④ 다이아몬드는 매우 규칙적인 원자 배열을 가지고 있다.
⑤ 광물이 아니면 규칙적인 원자 배열을 가지고 있지 않다.

02 어느 사무실에 도둑이 들어서 갑~무 5명의 용의자를 대상으로 조사를 했다. 이 중 1명만 진실을 말하고 나머지는 거짓을 말한다고 할 때, 범인은 누구인가?

> • 갑 : 을이 범인이에요.
> • 을 : 정이 범인이 확실해요.
> • 병 : 저는 확실히 도둑이 아닙니다.
> • 정 : 을은 거짓말쟁이에요.
> • 무 : 제가 도둑입니다.

① 갑   ② 을
③ 병   ④ 정
⑤ 무

03 재은이는 얼마 전부터 건강을 위해 매일 아침마다 달리기를 한다. 다음 사실로부터 추론할 수 있는 것은?

> • 재은이는 화요일에 월요일보다 50m 더 달려 200m를 달렸다.
> • 재은이는 수요일에 화요일보다 30m 적게 달렸다.
> • 재은이는 목요일에 수요일보다 10m 더 달렸다.

① 재은이는 월요일에 수요일보다 50m 적게 달렸다.
② 재은이는 수요일에 가장 적게 달렸다.
③ 재은이는 목요일에 가장 많이 달렸다.
④ 재은이는 목요일에 가장 적게 달렸다.
⑤ 재은이는 목요일에 화요일보다 20m 적게 달렸다.

04 김대리, 박과장, 최부장 중 한 명은 점심으로 짬뽕을 먹었다. 다음 여러 개의 진술 중 두 개의 진술만 참이고 나머지는 모두 거짓일 때, 짬뽕을 먹은 사람과 참인 진술을 바르게 연결한 것은?(단, 중국집에서만 짬뽕을 먹을 수 있고, 중국 음식은 짬뽕뿐이다)

> 김대리 : 박과장이 짬뽕을 먹었다.…㉠
> 　　　　 나는 최부장과 중국집에 갔다.…㉡
> 　　　　 나는 중국 음식을 먹지 않았다.…㉢
> 박과장 : 김대리와 최부장은 중국집에 가지 않았다.…㉣
> 　　　　 나는 점심으로 짬뽕을 먹었다.…㉤
> 　　　　 김대리가 중국 음식을 먹지 않았다는 것은 거짓말이다.…㉥
> 최부장 : 나와 김대리는 중국집에 가지 않았다.…㉦
> 　　　　 김대리가 점심으로 짬뽕을 먹었다.…㉧
> 　　　　 박과장의 마지막 말은 사실이다.…㉨

① 김대리, ㉡·㉥　　　　　　　② 박과장, ㉠·㉤
③ 박과장, ㉤·㉨　　　　　　　④ 최부장, ㉡·㉦
⑤ 최부장, ㉡·㉢

05 다음 중 A의 주장에 대해 반박할 수 있는 내용으로 가장 적절한 것은?

> A : 우리나라의 장기 기증률은 선진국에 비해 너무 낮아. 이게 다 부모로부터 받은 신체를 함부로 훼손해서는 안 된다는 전통적 유교 사상 때문이야.
> B : 맞아. 그런데 장기기증 희망자로 등록이 돼 있어도 유족들이 장기기증을 반대하여 기증이 이뤄지지 않는 경우도 많아.
> A : 유족들도 결국 유교 사상으로 인해 신체 일부를 다른 사람에게 준다는 방식을 잘 이해하지 못하는 거야.
> B : 글쎄, 유족들이 동의해서 기증이 이뤄지더라도 보상금을 받고 '장기를 팔았다.'는 죄책감을 느끼는 유족들도 있다고 들었어. 또 아직은 장기기증에 대한 생소함 때문일 수도 있어.

① 제도 변화만으로는 장기 기증률을 높이기 어렵다.
② 장기기증 희망자는 반드시 가족들의 동의를 미리 받아야 한다.
③ 캠페인을 통해 장기기증에 대한 사람들의 인식을 변화시켜야 한다.
④ 유족에게 지급하는 보상금 액수가 증가하면 장기 기증률도 높아질 것이다.
⑤ 장기 기증률이 낮은 이유에는 유교 사상 외에도 여러 가지 원인이 있을 수 있다.

06 다음 글의 내용으로 적절하지 않은 것은?

> 경제학자인 사이먼 뉴컴이 소개한 화폐와 실물 교환의 관계식인 '교환방정식'을 경제학자인 어빙 피셔가 발전시켜 재소개한 것이 바로 '화폐수량설'이다. 사이먼 뉴컴의 교환방정식은 'MV＝PQ'로 나타나는데, M(Money)은 화폐의 공급, V(Velocity)는 화폐유통속도, P(Price)는 상품 및 서비스의 가격, Q(Quantity)는 상품 및 서비스의 수량이다. 즉, 화폐공급과 화폐유통속도의 곱은 상품의 가격과 거래된 상품 수의 곱과 같다는 항등식이다.
> 어빙 피셔는 이러한 교환방정식을 인플레이션율과 화폐공급의 증가율 간 관계를 나타내는 이론인 화폐수량설로 재탄생시켰다. 이중 기본모형이 되는 피셔의 거래모형에 따르면 교환방정식은 'MV＝PT'로 나타나는데, M은 명목화폐수량, V는 화폐유통속도, P는 상품 및 서비스의 평균가격, T(Trade)는 거래를 나타낸다. 다만 거래의 수를 측정하기 어렵기 때문에 최근에는 총거래 수인 T를 총생산량인 Y로 대체하여 소득모형인 'MV＝PY'로 사용되고 있다.

① 교환방정식 'MV＝PT'는 화폐수량설의 기본모형이 된다.
② 사이먼 뉴컴의 교환방정식 'MV＝PQ'에서 Q는 상품 및 서비스의 수량을 의미한다.
③ 어빙 피셔의 화폐수량설은 최근 총거래 수를 총생산량으로 대체하여 사용되고 있다.
④ 어빙 피셔의 교환방정식 'MV＝PT'의 V는 교환방정식 'MV＝PY'에서 Y와 함께 대체되어 사용되고 있다.
⑤ 어빙 피셔는 사이먼 뉴컴의 교환방정식을 인플레이션율과 화폐공급의 증가율 간 관계를 나타내는 이론으로 재탄생시켰다.

07 다음 제시된 문단을 논리적 순서대로 바르게 나열한 것은?

> (가) 덕후에 대한 사회의 시선도 달라졌다. 과거의 덕후는 이해할 수 없는 자기들만의 세계에 빠져 사는 소통 능력이 부족한 잉여 인간이라는 이미지가 강했다. 하지만 이제는 특정 분야에 해박한 지식을 가진 전문가, 독특한 취향을 지닌 조금 특이하지만 멋있는 존재로 받아들여진다. 전문가들은 이제 한국의 덕후는 단어의 어원이었던 일본의 오타쿠와는 완전히 다른 존재로 진화하고 있다고 진단한다.
>
> (나) 현재 진화한 덕후들은 자신만의 취미에 더욱 몰입한다. 취향에 맞는다면 아낌없이 지갑을 연다. 좋아하는 대상도 다양해지고 있다. 립스틱이나 매니큐어 같은 화장품, 스타벅스 컵까지도 덕질(덕후＋질)의 대상이 된다. 이른바 취향 소비를 덕후들이 이끌고 있는 것이다. 덕후들은 자신이 좋아하는 대상을 위해 댓글을 달며 기업이 내놓는 상품에 입김을 발휘하기도 한다. 아예 스스로 좋아하는 대상과 관련된 상품을 제작해 판매하기도 하고, 파생산업까지 나오고 있다.
>
> (다) 덕후는 일본의 오타쿠(御宅)를 한국식으로 발음한 인터넷 신조어 오덕후를 줄인 말이다. 얼마 전까지 덕후 이미지는 사회성이 부족하거나 우스꽝스럽다는 식으로 그다지 긍정적이지 않았다. 하지만 최근 들어 인터넷과 SNS는 물론 일상생활에서도 자신이 덕후임을 만천하에 드러내며 덕밍아웃(덕후＋커밍아웃)하는 사례가 늘고 있다.

① (가) － (나) － (다)
② (가) － (다) － (나)
③ (나) － (가) － (다)
④ (다) － (가) － (나)
⑤ (다) － (나) － (가)

08   다음 글의 빈칸에 들어갈 내용으로 가장 적절한 것은?

> 1979년 경찰관 출신이자 샌프란시스코 시의원이었던 댄 화이트는 시장과 시의원을 살해했다는 이유로 1급 살인죄로 기소되었다. 화이트의 변호인은 피고인이 스낵을 비롯해 컵케이크, 캔디 등을 과다 섭취해 당분 과다로 뇌의 화학적 균형이 무너져 정신에 장애가 왔다고 주장하면서 책임 경감을 요구하였다. 재판부는 변호인의 주장을 인정하여 계획 살인죄보다 약한 일반 살인죄를 적용하여 7년 8개월의 금고형을 선고했다. 이 항변은 당시 미국에서 인기 있던 스낵의 이름을 따 '트윙키 항변'이라 불렸고 사건의 사회성이나 의외의 소송 전개 때문에 큰 화제가 되었다.
> 이를 계기로 1982년 슈엔달러는 교정시설에 수용된 소년범 276명을 대상으로 섭식과 반사회 행동의 상관관계에 대해 실험을 하였다. 기존의 식단에서 각설탕을 꿀로 바꾸어 보고, 설탕이 들어간 음료수에서 천연 과일주스를 주는 등으로 변화를 주었다. 이처럼 정제한 당의 섭취를 원천적으로 차단한 결과 시설 내 폭행, 절도, 규율 위반, 패싸움 등이 실험 전에 비해 무려 45%나 감소했다는 것을 알게 되었다. 따라서 이 실험을 통해 _____

① 과다한 영양 섭취가 범죄 발생에 영향을 미친다는 것을 알 수 있다.
② 과다한 정제당 섭취는 반사회적 행동을 유발할 수 있다는 것을 알 수 있다.
③ 가공식품의 섭취가 일반적으로 폭력 행위를 증가시킨다는 것을 알 수 있다.
④ 정제당 첨가물로 인한 범죄 행위는 그 책임이 경감되어야 한다는 것을 알 수 있다.
⑤ 범죄 예방을 위해 교정시설 내에 정제당을 제공하지 말아야 한다는 것을 알 수 있다.

09 다음 글의 내용으로 가장 적절한 것은?

조선 후기의 대표적인 관료 선발제도 개혁론인 유형원의 공거제 구상은 능력주의적, 결과주의적 인재 선발의 약점을 극복하려는 의도와 함께 신분적 세습의 문제점도 의식한 것이었다. 중국에서는 17세기 무렵 관료 선발에서 세습과 같은 봉건적인 요소를 부분적으로 재도입하려는 개혁론이 등장했다. 고염무는 관료제의 상층에는 능력주의적 제도를 유지하되, 지방관인 지현들은 어느 정도의 검증 기간을 거친 이후 그 지위를 평생 유지시켜 주고 세습의 길까지 열어 놓는 방안을 제안했다. 황종희는 지방의 관료가 자체적으로 관리를 초빙해서 시험한 후에 추천하는 '벽소'와 같은 옛 제도를 되살리는 방법으로 과거제를 보완하자고 주장했다.

이러한 개혁론은 갑작스럽게 등장한 것이 아니었다. 과거제를 시행했던 국가들에서는 수백 년에 걸쳐 과거제를 개선하라는 압력이 있었다. 시험 방식이 가져오는 부작용들은 과거제의 중요한 문제였다. 치열한 경쟁은 학문에 대한 깊이 있는 학습이 아니라 합격만을 목적으로 하는 형식적 학습을 하게 만들었고, 많은 인재들이 수험생활에 장기간 매달리면서 재능을 낭비하는 현상도 낳았다. 또한 학습 능력 이외의 인성이나 실무 능력을 평가할 수 없다는 이유로 시험의 익명성에 대한 회의도 있었다.

과거제의 부작용에 대한 인식은 과거제를 통해 임용된 관리들의 활동에 대한 비판적 시각으로 연결되었다. 능력주의적 태도는 시험뿐 아니라 관리의 업무에 대한 평가에도 적용되었다. 세습적이지 않으면서 몇 년의 임기마다 다른 지역으로 이동하는 관리들은 승진을 위해서 빨리 성과를 낼 필요가 있었기에, 지역사회를 위해 장기적인 전망을 가지고 정책을 추진하기보다 가시적이고 단기적인 결과만을 중시하는 부작용을 가져왔다. 개인적 동기가 공공성과 상충되는 현상이 나타났던 것이다. 공동체 의식의 약화 역시 과거제의 부정적 결과로 인식되었다. 과거제 출신의 관리들이 공동체에 대한 소속감이 낮고 출세 지향적이기 때문에 세습 엘리트나 지역에서 천거된 관리에 비해 공동체에 대한 충성심이 약했던 것이다.

① '벽소'는 과거제를 없애고자 등장한 새로운 제도이다.

② 과거제 출신의 관리들은 공동체에 대한 소속감이 낮고 출세 지향적이었다.

③ 과거제는 학습 능력 이외의 인성이나 실무능력까지 정확하게 평가할 수 있는 제도였다.

④ 과거제를 통해 임용된 관리들은 지역 사회를 위해 장기적인 전망을 가지고 정책을 추진하였다.

⑤ 고염무는 관료제의 상층에는 세습제를 실시하고, 지방관에게는 능력주의적 제도를 실시하자는 방안을 제안했다.

01   다음 〈조건〉을 바탕으로 A~F 6명을 일렬로 줄 세울 때, 가능한 경우의 수는?

> **조건**
> • A는 B의 바로 뒤쪽에 서야 한다.
> • C는 D와 붙어 있어야 한다.
> • E는 맨 앞이나 맨 뒤에 서야 한다.

① 10가지   ② 12가지
③ 24가지   ④ 48가지
⑤ 64가지

02   A팀 직원 10명은 S레스토랑에서 회식을 진행하였다. 다음 〈조건〉과 같이 10명 모두 식사와 후식을 하나씩 선택하였을 때, 양식과 커피를 선택한 직원은 모두 몇 명인가?

> **조건**
> • 식사는 한식과 양식 2종류가 있고, 후식은 커피, 녹차, 홍차 3종류가 있다.
> • 홍차를 선택한 사람은 3명이며, 이 중 2명은 한식을 선택했다.
> • 녹차를 선택한 사람은 홍차를 선택한 사람보다 많지만, 5명을 넘지 않았다.
> • 한식을 선택한 사람 중 2명은 커피를, 1명은 녹차를 선택했다.

① 1명   ② 2명
③ 3명   ④ 4명
⑤ 5명

03 A~F 여섯 명은 경기장에서 배드민턴 시합을 하기로 하였다. 경기장에 도착하는 순서대로 다음과 같은 토너먼트 배치표의 1~6에 한 명씩 배치한 후 모두 도착하면 토너먼트 경기를 하기로 하였다. 다음 〈조건〉을 참고할 때, 항상 거짓인 것은?

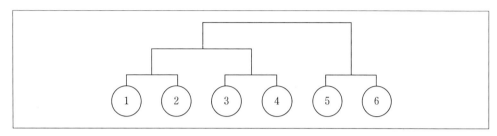

조건

- C는 A 바로 뒤에 도착하였다.
- F는 마지막으로 도착하였다.
- E는 D보다 먼저 도착하였다.
- B는 두 번째로 도착하였다.
- D는 C보다 먼저 도착하였다.

① A는 최대 두 번 경기를 하게 된다.

② B는 최대 세 번 경기를 하게 된다.

③ C는 다섯 번째로 도착하여 최대 두 번 경기를 하게 된다.

④ D는 첫 번째 경기에서 A와 승부를 겨룬다.

⑤ E는 가장 먼저 경기장에 도착하였다.

04 제시된 명제가 모두 참일 때, 반드시 참인 것은?

> • 마포역 부근의 어떤 정형외과는 토요일이 휴진이다.
> • 공덕역 부근의 어떤 치과는 토요일이 휴진이다.
> • 공덕역 부근의 모든 치과는 화요일이 휴진이다.

① 마포역 부근의 어떤 정형외과는 화요일이 휴진이다.
② 모든 공덕역 부근의 치과는 토요일이 휴진이 아니다.
③ 마포역 부근의 모든 정형외과는 화요일이 휴진이 아니다.
④ 공덕역 부근의 어떤 치과는 토요일과 화요일이 모두 휴진이다.
⑤ 마포역 부근의 어떤 정형외과는 토요일과 화요일이 모두 휴진이다.

05 다음 글을 읽고 추론할 수 있는 내용으로 적절하지 않은 것은?

> 한국인의 대표적 만성질환인 당뇨병은 소변을 통해 포도당이 대량으로 유출되는 병이다. 대한당뇨병학회가 공개한 자료에 따르면 2020년 기준 30세 이상 한국인 중 당뇨 유병자는 약 600만 명으로, 6명 중 1명이 당뇨병을 앓는 것으로 나타났다.
> 우리 몸은 식사와 소화를 통해 생산한 포도당을 세포에 저장하기 위해 췌장에서 인슐린을 분비한다. 인슐린은 세포의 겉에 있는 인슐린 수용체와 결합하여 포도당을 글리코겐으로 변환하게 된다. 이 과정에서 문제가 생기면 혈액 속의 포도당을 처리하지 못해 당뇨병에 걸리게 되는데 췌장에 문제가 생겨 인슐린이 분비되지 않으면 1형 당뇨, 인슐린 수용체가 부족하거나 인슐린 저항성이 생겨 인슐린 작용에 문제가 생기면 2형 당뇨로 구분한다. 특히 대부분의 당뇨병 환자는 2형 당뇨로, 전체 당뇨병 환자의 약 90%를 차지한다.
> 유전적 요인이 크게 작용하는 1형 당뇨는 평생 인슐린 주사에 의존해야 하며, 비만, 운동부족 등 생활 습관적 요인이 크게 작용하는 2형 당뇨는 생활 습관 개선이나 경구 혈당강하제로 관리할 수 있지만 지속될 경우 인슐린 주사가 필요할 수 있다.

① 나쁜 생활 습관은 1형 당뇨를 유발할 수 있다.
② 2형 당뇨 초기에는 혈당강하제를 통해 혈당을 관리할 수 있다.
③ 당뇨병은 혈액 속에 남아있는 포도당이 소변을 통해 배출되는 병이다.
④ 2020년 당뇨 유병자 기준 2형 당뇨를 앓고 있는 사람은 약 540만 명이다.
⑤ 포도당이 글리코겐으로 세포에 저장되기 위해서는 인슐린과 인슐린 수용체가 결합해야 한다.

06 다음 글의 내용으로 적절하지 않은 것은?

스톡홀름 증후군은 납치나 인질 상황에서 피해자가 가해자에게 동정심이나 애정을 느끼는 심리적 현상으로, 1973년 8월 스웨덴 스톡홀름의 신용은행(Kreditbanken) 인질극 사건에서 유래하였다. 범인인 얀 에릭 올슨(Jan-Erik Olsson)은 은행에 침입하여 4명을 인질로 잡고 교도소에 복역 중인 친구의 석방, 300만 스웨덴 크로나, 권총 2정, 방탄 헬멧과 조끼, 탈출을 위한 차량을 요구하며 6일 동안 인질극을 벌였는데, 이 과정에서 인질에게 공포감을 주면서도 친절과 호의를 베풀어 그들을 정신적으로 사로잡게 된다. 납치범의 작은 호의에 당시 인질들은 6일간의 감금 동안 경찰들을 적대적으로 대하며 납치범을 경찰로부터 보호하거나 심지어 납치범이 검거 된 후 납치범들을 변호하는 모습을 보였고, 이 사건을 계기로 스톡홀름 증후군이라는 용어가 널리 사용되기 시작하였다.

스톡홀름 증후군은 학술적으로 검증된 현상은 아니지만, 정신과 의사 등 관련 전문가들은 스톡홀름 증후군이 생존 본능에서 비롯된다고 주장한다. 인질극과 같이 극도로 위협적인 상황에서 피해자는 자신의 생명을 지키기 위해 가해자와 감정적 유대를 형성하려고 하며, 특히 위협적인 가해자가 피해자에게 친절을 베풀거나, 폭력을 행사하지 않을 때 더욱 두드러지게 나타난다. 피해자는 극한의 상황에서 가해자의 친절을 실제보다 크게 받아들이게 되고, 나아가 가해자를 긍정적으로 인식하게 된다. 이는 피해자가 자신이 현재 상황을 통제할 수 없다는 무력감을 덜기 위한 일종의 심리적 방어기제이다. 피해자가 가해자에게 동조하거나 연대하는 모습은 외부인의 입장에서 봤을 때는 역설적이고 비합리적으로 보인다. 그러나 스톡홀름 증후군은 심리적으로 궁지에 몰려 극단적인 스트레스를 받아 발생하는 복잡한 감정의 결과이다. 피해자의 입장에서는 자신이 처한 현실을 부정하지 않고 받아들이기 위해, 또는 생존을 위해 가해자에게 동조할 수밖에 없는 것이다.

이러한 스톡홀름 증후군은 인질극과 같은 범죄 현장에서만 발생하는 것이 아니다. 가정 폭력이나 학대 상황에서도 유사한 심리적 현상이 나타날 수 있다. 피해자는 자신보다 더 큰 힘을 가진 사람의 학대에서 벗어나기 어려운 경우, 학대가 덜 고통스럽게 느껴지도록 하기 위해 가해자와 감정적 유대를 형성하려 한다. 이는 피해자가 가해자의 학대로부터 벗어나지 못하게 하는 심각한 문제로 이어지게 된다.

스톡홀름 증후군은 복잡하고 다층적인 심리적 현상이므로 이를 정확히 이해하고 접근하는 것이 중요하다. 특히 피해자들은 자신의 감정이 왜곡되었음을 인식하지 못하는 경우가 많기 때문에 반드시 외부의 도움이 필요하다. 피해자의 입장을 이해하고 심리 상담과 치료를 통해 피해자가 자신의 감정을 객관적으로 바라보고 건강한 인간관계를 회복할 수 있도록 도와주어야 한다.

① 피해자가 무기력한 상황일수록 스톡홀름 증후군 현상이 나타나기 쉽다.

② 스톡홀름 증후군은 위협적인 가해자로부터의 생존을 위한 심리적 현상이다.

③ 스톡홀름 증후군은 극한의 상황에서 일시적으로 발생하는 심리적 현상이다.

④ 스톡홀름 증후군은 피해자의 심리적 방어기제로 인한 감정 왜곡이 원인이다.

⑤ 스톡홀름 증후군을 치료하기 위해서는 피해자의 심리·환경적 상황을 면밀히 살펴보아야 한다.

다음 글에서 〈보기〉의 문장이 들어갈 위치로 가장 적절한 곳은?

베블런 효과는 가격이 오를수록 수요가 증가하는 비정상적인 소비 현상을 설명하는 경제학 이론이다. (가) 일반적인 수요 법칙과 달리 베블런 효과는 주로 사치품이나 명품에서 나타나며, 소비자가 높은 가격을 지불함으로써 사회적 지위나 부를 과시하려는 것이다. (나)

베블런 효과의 문제점은 경제적 불균형과 과도한 소비를 초래할 수 있다는 점이다. 고가의 사치품에 대한 과시적 소비는 소득 격차를 더욱 부각시키고 사회적 불평등을 심화시킬 수 있다. (다) 또한, 이러한 소비 패턴은 실질적인 필요보다는 과시적 욕구에 기반하므로 자원의 비효율적 배분을 초래할 수 있다. (라) 기업 입장에서는 이러한 소비자 심리를 이용해 가격을 인위적으로 높이는 전략을 구사할 수 있지만, 이는 장기적으로 소비자 신뢰를 저하시킬 위험이 있다. (마) 베블런 효과는 소비자 행동 연구와 시장 전략 수립에 중요한 개념이지만, 그 부작용을 고려한 신중한 접근이 필요하다.

보기

예를 들어 고가의 명품 가방이나 시계는 그 자체의 기능보다 소유자의 재력 등 우월의식을 드러내는 역할을 한다.

① (가) ② (나)

③ (다) ④ (라)

⑤ (마)

08 다음 글의 서술상 특징으로 가장 적절한 것은?

> 현대의 도시에서는 정말 다양한 형태를 가진 건축물들을 볼 수 있다. 형태뿐만 아니라 건물 외벽에 주로 사용된 소재 또한 유리나 콘크리트 등으로 다양하다. 이렇듯 현대에는 몇 가지로 규정하는 것이 아예 불가능할 만큼 다양한 건축양식이 존재한다. 그러나 다양하고 복잡한 현대의 건축양식에 비해 고대의 건축양식은 매우 제한적이었다.
>
> 그리스 시기에는 주주식, 주열식, 원형식 신전을 중심으로 몇 가지의 공통된 건축양식을 보인다. 이러한 신전 중심의 그리스 건축양식은 시기가 지나면서 다른 건축물에 영향을 주었다. 신전에만 쓰이던 건축양식이 점차 다른 건물들의 건축에도 사용이 되며 확대되었던 것이다. 대표적으로 그리스 연못은 신전에 쓰이던 기둥의 양식들을 바탕으로 회랑을 구성하기도 하였다.
>
> 헬레니즘 시기를 맞이하면서 건축양식을 포함하여 예술 분야가 더욱 발전하며 고대 그리스 시기에 비해 다양한 건축양식이 생겨났다. 뿐만 아니라 건축 기술이 발달하면서 조금 더 다양한 형태의 건축이 가능해졌다. 다층구조나 창문이 있는 벽을 포함한 건축양식 등 필요에 따라서 실용적이고 실측적인 건축양식이 나오기 시작한 것이다. 또한 연극의 유행으로 극장이나 무대 등의 건축양식도 등장하기 시작하였다.
>
> 로마 시대에 이르러서는 원형 경기장이나 온천, 목욕탕 등 특수한 목적을 가진 건축물에도 아름다운 건축양식이 적용되었다. 현재에도 많은 사람이 관광지로 찾을 만큼, 로마시민들의 위락시설들에는 다양하고 아름다운 건축양식들이 적용되었다.

① 시대별 건축양식의 장단점을 분석하고 있다.

② 전문가의 말을 인용하여 신뢰도를 높이고 있다.

③ 역사적 순서대로 주제의 변천에 대해서 서술하고 있다.

④ 비유적인 표현 방법을 사용하여 문학적인 느낌을 주고 있다.

⑤ 현대에서 찾을 수 있는 건축물의 예시를 들어 독자의 이해를 돕고 있다.

09 다음 글의 주제로 가장 적절한 것은?

현재 우리나라의 진료비 지불제도는 여러 가지 종류를 시행하고 있지만 가장 주도적으로 시행되는 지불제도는 행위별수가제도이다. 행위별수가제는 의료기관에서 의료인이 제공한 의료서비스(행위, 약제, 치료 재료 등)에 대해 서비스 별로 가격(수가)을 정하여 사용량과 가격에 의해 진료비를 지불하는 제도로 의료보험 도입 당시부터 채택하고 있는 지불제도이다. 그러나 최근 관련 전문가들로부터 이러한 지불제도를 개선해야 한다는 목소리가 많이 나오고 있다.

조사에 의하면 우리나라의 국민의료비를 증대시키는 주요 원인은 고령화로 인한 진료비 증가와 행위별수가제로 인한 비용의 무한 증식이다. 현재 우리나라의 국민의료비는 OECD 회원국 중 최상위를 기록하고 있으며 앞으로 더욱 심화될 것으로 예측된다. 특히 행위별수가제는 의료행위를 할수록 지불되는 진료비가 증가하므로 CT, MRI 등 영상검사 등을 중심으로 의료 남용이나 과다 이용 문제가 발생하고 있고, 병원의 이익 증대를 위하여 환자에게는 의료비 부담을, 의사에게는 업무 부담을, 건강보험에는 재정 부담을 증대시키고 있다.

이러한 행위별수가제의 문제점을 개선하기 위해 일부 질병군에서는 환자가 입원해서 퇴원할 때까지 발생하는 진료에 대하여 질병마다 미리 정해진 금액을 내는 제도인 포괄수가제를 시행 중이며, 요양병원, 보건기관에서는 입원 환자의 질병, 기능 상태에 따라 입원 1일당 정액수가를 적용하는 정액수가제를 병행하여 실시하고 있지만 비용 산정의 경직성, 의사 비용과 병원 비용의 비분리 등 여러 가지 문제점이 있어 현실적으로 효과를 내지 못하고 있다는 지적이 나오고 있다.

기획재정부와 보건복지부는 시간이 지날수록 건강보험 적자는 계속 증대되어 머지않아 고갈될 위기에 있다고 발표하였다. 당장 행위별수가제를 전면적으로 폐지할 수는 없으므로 기존의 다른 수가제의 문제점을 개선하여 확대하는 등 의료비 지불방식의 다변화가 구조적으로 진행되어야 할 것이다.

① 신포괄수가제의 정의
② 건강보험의 재정 상황
③ 행위별수가제의 한계점
④ 의료비 지불제도의 역할
⑤ 다양한 의료비 지불제도 소개

01 P회사에 재직 중인 A~D는 각자 서로 다른 지역인 인천, 세종, 대전, 강릉에서 근무하고 있다. 네 명 모두 연수에 참여하기 위해 서울에 있는 본사를 방문한다고 할 때, 다음에 근거하여 바르게 추론한 것은?(단, A~D 모두 같은 종류의 교통수단을 이용하고, 이동시간은 거리가 멀수록 많이 소요되며, 그 외 소요되는 시간은 서로 동일하다)

> • 서울과의 거리가 먼 순서대로 나열하면 강릉 − 대전 − 세종 − 인천 순이다.
> • D가 서울에 올 때, B보다 더 많은 시간이 소요된다.
> • C가 서울에 올 때, A보다는 많이 B보다는 적게 시간이 소요된다.

① B는 세종에 근무한다.
② C는 대전에 근무한다.
③ D는 강릉에 근무한다.
④ C는 B보다 먼저 출발해야 한다.

02 P회사 영업팀의 A~E사원은 출장으로 인해 Y호텔에 투숙하게 되었다. Y호텔은 5층 건물로 A~E사원이 서로 다른 층에 묵는다고 할 때, 다음에 근거하여 바르게 추론한 것은?

> • A사원은 2층에 묵는다.
> • B사원은 A사원보다 높은 층에 묵지만, C사원보다는 낮은 층에 묵는다.
> • D사원은 C사원 바로 아래층에 묵는다.

① E사원은 1층에 묵는다.
② B사원은 4층에 묵는다.
③ E사원은 가장 높은 층에 묵는다.
④ C사원은 D사원보다 높은 층에 묵지만, E사원보다는 낮은 층에 묵는다.

03 다음 글의 내용으로 가장 적절한 것은?

난자는 두 개의 반구로 구분할 수 있다. 하나는 영양소가 다량 함유된 난황이 있어 주로 저장의 역할을 하는 식물 반구, 다른 하나는 세포의 소기관들이 많이 분포해 주로 대사활동을 하는 부분인 동물 반구이다. 이 난자가 정자와 만나면 수정란이 되며 생명체는 이 하나의 단순한 수정란에서 세포의 증식, 분화, 형태형성의 단계를 거치면서 점차 복잡한 상태로 발전한다. 이런 과정을 '발생'이라 한다.

정자가 동물 반구로 진입해 난자와 만나면 색소들이 정자 진입지점 주변으로 모여 검은 점을 이룬다. 이때, 동물 반구의 피질이 진입지점 방향으로 약간 회전하지만, 수정란 안쪽의 세포질은 피질과 함께 회전하지 않기 때문에 정자 진입지점 반대쪽에 있는 동물 반구 경계 부위의 세포질 부위가 회색 초승달처럼 보이게 된다. 이 회색 초승달을 '회색신월환'이라고 한다.

개구리와 같은 양서류의 경우, 다른 생명체와 비교할 수 있는 독특한 특징을 가지고 있다. 식물 반구의 피질에는 색소가 없고, 동물 반구의 피질에는 색소가 많으며 내부 세포질에는 색소가 적게 분포되어 있다는 점이다. 이런 특징으로 양서류의 수정란과 발생과정을 쉽게 관찰할 수 있었으며 많은 학자는 이러한 관찰을 통해 다양한 생물학적 이론을 발표할 수 있었다.

1920년대 독일의 생물학자 한스 슈페만은 도롱뇽을 통해 양서류의 발생을 연구하였다. 슈페만은 도롱뇽의 수정란을 하나는 회색신월환이 양쪽으로 나뉘도록 한 것과 다른 하나는 이것이 한쪽에만 있도록 한 것 두 가지로 분류하여 관찰하였다. 관찰 결과 회색신월환이 둘로 나뉘어 포함된 수정란은 나뉜 두 세포 모두가 정상적인 발생과정을 보여주었으나 회색신월환이 없이 묶인 다른 하나는 정상적인 발생과정을 보이지 않았다.

이 실험을 통해 회색신월환은 정상적인 발생에 결정적인 역할을 하는 요소가 있다는 것을 알 수 있었으며, 1928년에 슈페만은 생명체 발달에 핵이 결정적인 역할을 한다는 사실을 발표하여 1935년 노벨 생리의학상을 받았다.

① 정자가 동물 반구로 진입해 난자와 융합되면 색소들이 정자 진입지점 주변으로 모여 회색 점을 이룬다.
② 생명체는 복잡한 수정란으로부터 시작되어 세포의 증식, 분화, 형성을 통해 발전한다.
③ 한스 슈페만은 개구리의 수정란을 통해 회색신월환의 중요성을 밝혀냈다.
④ 한스 슈페만은 노벨 생리의학상 수상자이다.

04 다음 글과 비슷한 의미를 가진 한자성어는?

성호는 원하는 P그룹에 입사하고자 여러 차례 입사지원서를 제출한 장수생이다. 명절 때만 되면 친척들이 그만 포기하고 다른 일자리를 알아보라고 하였으나, 개의치 않고 끊임없이 도전하였다. 그 결과 작년 하반기에 최종 합격을 하여 P그룹에 입사하게 되었다.

① 가렴주구(苛斂誅求)　　　　　　② 고진감래(苦盡甘來)
③ 오비이락(烏飛梨落)　　　　　　④ 안빈낙도(安貧樂道)

05 다음 글의 주제로 가장 적절한 것은?

> 정부는 탈원전·탈석탄 공약에 발맞춰 2030년까지 전체 국가발전량의 20%를 신재생에너지로 채운다는 정책목표를 수립하였다. 목표를 달성하기 위해 신재생에너지에 대한 송·변전 계획을 제8차 전력 수급기본계획에 처음으로 수립하겠다는 게 정부의 방침이다.
>
> 정부는 기존의 수급계획이 수급 안정과 경제성을 중점적으로 수립된 것에 반해, 8차 계획은 환경성과 안전성을 중점으로 하였다고 밝혔으며 신규 발전설비는 원전, 석탄화력발전에서 친환경, 분산형 재생에너지와 LNG 발전을 우선시하는 방향으로 수요관리를 통합하여 합리적 목표 수용 결정에 주안점을 두었다고 밝혔다.
>
> 그동안 많은 NGO 단체에서 에너지분산에 관한 다양한 제안을 해왔지만 정부 차원에서 고려하거나 논의가 활발히 진행된 적은 거의 없었으며 명목상으로 포함하는 수준이었다. 그러나 이번 정부에서는 탈원전·탈석탄 공약을 제시하는 등 중앙집중형 에너지 생산시스템에서 분산형 에너지 생산시스템으로 정책의 방향을 전환하고자 한다.
>
> 중앙집중형 에너지 생산시스템은 환경오염, 송전선 문제, 지역에너지 불균형 문제 등 다양한 사회적인 문제를 야기하였다. 하지만 그동안은 값싼 전기인 기저 전력을 편리하게 사용할 수 있는 환경을 조성하고자 하는 기존 에너지계획과 전력 수급계획에 밀려 중앙집중형 발전원 확대가 꾸준히 진행되었다. 그러나 현재 중앙집중형 에너지정책에서 분산형 에너지정책으로 전환을 모색하기 위한 다각도의 노력을 하고 있다. 이러한 정부의 정책변화와 아울러 석탄화력발전소가 국내 미세먼지에 주는 영향과 일본 후쿠시마 원자력 발전소 문제, 국내 경주 대지진 및 포항 지진 문제 등으로 인한 원자력에 대한 의구심 또한 커지고 있다.
>
> 제8차 전력 수급계획(안)에 의하면, 우리나라의 에너지정책은 격변기를 맞고 있다. 우리나라는 현재 중앙집중형 에너지 생산시스템이 대부분이며 분산형 전원 시스템은 그 설비용량이 극히 적은 상태이다. 또한 우리나라의 발전설비는 105GW이며, 지난해 최대 전력치를 보면 80GW 수준이므로 25GW 정도의 여유가 있는 상태이다. 25GW라는 여유는 원자력발전소 약 25기 정도의 전력 생산설비가 여유 있는 상황이라고 볼 수 있다. 또한 제7차 전력 수급기본계획에서 전기수요 증가율을 4.3~4.7%라고 예상하였으나 실제 증가율은 1.3~2.8% 수준에 그쳤다는 점은 우리나라의 전력 소비량 증가량이 둔화하고 있는 상태라는 것을 나타내고 있다.

① 에너지 분권의 필요성과 방향
② 중앙집중형 에너지정책의 한계점
③ 전력 소비량과 에너지 공급량의 문제점
④ 중앙집중형 에너지 생산시스템의 발전 과정

01 다음 명제가 모두 참일 때, 반드시 참인 명제는?

> • 창조적인 기업은 융통성이 있다.
> • 오래가는 기업은 건실하다.
> • 오래가는 기업이라고 해서 모두가 융통성이 있는 것은 아니다.

① 융통성이 있는 기업은 건실하다.
② 창조적인 기업이 오래갈지 아닐지 알 수 없다.
③ 융통성이 있는 기업은 오래간다.
④ 어떤 창조적인 기업은 건실하다.
⑤ 창조적인 기업은 오래간다.

02 제시된 내용을 바탕으로 내린 A, B의 결론에 대한 판단으로 항상 옳은 것은?

> • 원숭이를 좋아하면 코끼리를 좋아한다.
> • 낙타를 좋아하면 코끼리를 좋아하지 않는다.
> • 토끼를 좋아하면 원숭이를 좋아하지 않는다.

> A : 코끼리를 좋아하면 토끼를 좋아한다.
> B : 낙타를 좋아하면 원숭이를 좋아하지 않는다.

① A만 옳다.
② B만 옳다.
③ A, B 모두 옳다.
④ A, B 모두 틀리다.
⑤ A, B 모두 옳은지 틀린지 판단할 수 없다.

03 회사원 K씨는 건강을 위해 평일에 다양한 영양제를 먹고 있다. 요일별로 비타민 B, 비타민 C, 비타민 D, 칼슘, 마그네슘을 하나씩 먹는다고 할 때, 다음에 근거하여 바르게 추론한 것은?

- 비타민 C는 월요일에 먹지 않으며, 수요일에도 먹지 않는다.
- 비타민 D는 월요일에 먹지 않으며, 화요일에도 먹지 않는다.
- 비타민 B는 수요일에 먹지 않으며, 목요일에도 먹지 않는다.
- 칼슘은 비타민 C와 비타민 D보다 먼저 먹는다.
- 마그네슘은 비타민 D보다 늦게 먹고, 비타민 B보다는 먼저 먹는다.

① 비타민 C는 금요일에 먹는다.
② 마그네슘은 수요일에 먹는다.
③ 칼슘은 비타민 C보다 먼저 먹지만, 마그네슘보다는 늦게 먹는다.
④ 마그네슘은 비타민 C보다 먼저 먹는다.
⑤ 월요일에는 칼슘, 금요일에는 비타민 B를 먹는다.

04 다음 글의 내용으로 적절하지 않은 것은?

지난해 충청남도에서 청년농업인의 맞춤형 스마트팜인 '온프레시팜 1호'가 문을 열었다. 이는 청년농업인이 안정적으로 농업을 경영하여 자리 잡고 살아갈 수 있는 영농 터전을 마련하기 위한 맞춤형 사업이다. 이를 통해 이제 막 농업에 뛰어든 농작물 재배 능력이 낮고 영농 기반이 부족한 청년농업인들이 농촌 안에서 안정적으로 농작물을 생산하고, 경제적으로 정착할 수 있을 것으로 기대되고 있다. 온프레시팜은 에어로포닉스와 수열에너지를 접목시켜 토양 없이 식물 뿌리와 줄기에 영양분이 가득한 물을 분사해 농작물을 생산하는 방식이다. 이는 화석연료 대비 경제적으로 우수할 뿐만 아니라 병해충의 발생이 적고 시설적으로도 쾌적하다. 또한 토양이 없어 공간 활용에 유리하며, 재배 관리 자동화가 가능해 비교적 관리도 수월하다. 하지만 초기 시설비용이 많이 들고 재배 기술의 확보가 어려워 접근이 쉽지 않다.

① 온프레시팜 사업은 청년농업인들이 영농 활동을 지속할 수 있도록 지원하는 사업이다.
② 온프레시팜은 기존 농업인이 아닌 농촌에 새로 유입되고 있는 청년농업인을 위한 사업이다.
③ 온프레시팜 방식으로 농작물을 재배할 경우 흙 속에 살고 있는 병해충으로 인해 발생하는 피해를 예방할 수 있다.
④ 온프레시팜 방식은 같은 재배 면적에서 기존 농업방식보다 더 많은 농작물의 재배를 가능하게 한다.
⑤ 청년농업인들은 기존의 농업방식보다는 자동화 재배 관리가 가능한 온프레시팜 방식의 접근이 더 수월하다.

05 다음 글을 읽고 알 수 있는 내용이 아닌 것은?

전 세계적인 과제로 탄소중립이 대두되자 친환경적 운송수단인 철도가 주목받고 있다. 특히 국제에너지기구는 철도를 에너지 효율이 가장 높은 운송수단으로 꼽으며, 철도 수송을 확대하면 세계 수송 부문에서 온실가스 배출량이 그렇지 않을 때보다 약 6억 톤이 줄어든다고 하였다.

특히 철도의 에너지 소비량은 도로의 22분의 1이고, 온실가스 배출량은 9분의 1에 불과하기에 탄소 배출이 높은 도로 운행의 수요를 친환경 수단인 철도로 전환한다면 수송 부문 총배출량이 획기적으로 감소할 것으로 전망하고 있다.

이에 발맞추어 우리나라의 S철도공단 역시 '녹색교통'인 철도 중심 교통체계를 구축하기 위해 박차를 가하고 있다. 정부 또한 '2050 탄소중립 실현' 목표에 맞춰 저탄소 철도 인프라 건설·관리로 탄소를 지속적으로 감축하고자 노력하고 있다.

S철도공단은 철도 인프라 생애주기 관점에서 탄소를 감축하기 위해 먼저 철도 건설 단계에서부터 친환경·저탄소 자재를 적용해 탄소 배출을 줄이고 있다. 실제로 중앙선 안동~영천 간 궤도 설계 당시 철근 대신에 저탄소 자재인 유리섬유 보강근을 콘크리트 궤도에 적용했으며, 이를 통한 탄소 감축효과는 약 6,000톤으로 추정된다. 이 밖에도 저탄소 철도 건축물 구축을 위해 2025년부터 모든 철도 건축물을 에너지 자립률 60% 이상(3등급)으로 설계하기로 결정했으며, 도심의 철도 용지는 지자체와의 협업을 통해 도심 속 철길 숲 등 탄소 흡수원이자 지역민의 휴식처로 철도부지 특성에 맞게 조성되고 있다.

S철도공단은 이와 같은 철도로의 수송 전환으로 약 20%의 탄소 감축 목표를 내세웠으며, 이를 위해서는 정부의 노력도 필요하다고 강조하였다. 특히 수송 수단 간 공정한 가격 경쟁이 이루어질 수 있도록 도로 차량에 집중된 보조금 제도를 화물차의 탄소배출을 줄이기 위한 철도 전환교통 보조금으로 확대하는 등 실질적인 방안의 필요성을 제기하고 있다.

① 녹색교통으로 철도 수송이 대두된 배경
② 철도 수송 확대를 통해 기대할 수 있는 효과
③ 국내의 탄소 감축 방안이 적용된 설계 사례
④ 정부가 철도 중심 교통체계 구축을 위해 시행한 조치
⑤ S철도공단의 철도 중심 교통체계 구축을 위한 방안

06 다음 글을 읽고 추론한 내용으로 가장 적절한 것은?

환경 결정론을 간단히 정의하면 모든 인간의 행동, 노동과 창조 등은 환경 내의 자연적 요소들에 의해 미리 결정되거나 통제된다는 것이다. 이에 대하여 환경 가능론은 자연 환경은 단지 인간이 반응할 수 있는 다양한 가능성의 기회를 제공할 뿐이며, 인간은 환경을 변화시킬 수 있는 능동적인 힘을 가지고 있다고 반박한다.

환경 결정론 사조 형성에 영향을 준 사상은 1859년에 발표된 다윈의 진화론이다. 다윈의 진화 사상과 생물체가 환경에 적응한다는 개념은 인간도 특정 환경에 적응해야 한다는 것으로 수용되었다. 이러한 철학적 배경하에 형성되기 시작한 환경 결정론의 발달에 공헌한 사람으로는 라첼, 드모랭, 샘플 등이 있다. 라첼은 인간도 자연 법칙 아래에서 살고 있다고 보았으며, 문화의 형태도 자연적 조건에 의해 결정되고 적응한 결과로 간주하였다. 드모랭은 보다 극단적으로 사회 유형은 환경적 힘의 산물로 보고 초원 지대의 유목 사회, 지중해 연안의 상업 사회를 환경 결정론적 사고에 입각하여 해석하였다.

환경 결정론이 인간의 의지와 선택의 자유를 인정하지 않는다는 점이 문제라면 환경 가능론은 환경이 제공한 많은 가능성 중 왜 어떤 가능성이 선택되어야 하는가를 설명하기 힘들다. 과학 기술의 발달에 의해 인간이 자연의 많은 장애물을 극복하게 된 것은 사실이지만, 실패로 인해 고통받는 사례도 많다. 사실 결정론이냐 가능론이냐 결론을 내리는 것은 그리 중요하지 않다. 인간과 환경의 관계는 매우 복잡하며, 지표상의 경관은 자연적인 힘과 문화적인 힘에 의해 이루어지기 때문에 어떤 한 가지 결정 인자를 과소평가하거나 과장하면 안 된다. 인간 활동의 결과로 인한 총체적인 환경 파괴 문제가 현대 문명 전반의 위기로까지 심화되는 오늘날, 인간과 자연의 진정한 상호 관계는 어떠해야 할지 생각해야 할 것이다. 이제 자연이 부여한 여러 가지 가능성 중에서 자연 환경과 조화를 이룰 수 있는 가능성을 선택해야 할 때이다.

① 인간과 자연은 항상 대립하고 있어. 자연의 위력 앞에서 우리는 맞서 싸워야 해.

② 자연의 힘은 대단해. 몇 해 전 동남아 대해일을 봤지? 인간이 얼마나 무력한지 알겠어.

③ 우리는 잘 살기 위해서 자연을 너무 훼손했어. 이제는 자연과 공존하는 삶을 생각해야 해.

④ 인간은 자연의 위대함 앞에 굴복해야 돼. 인간의 끝없는 욕망이 오늘의 재앙을 불러왔다고 봐야 해.

⑤ 인간의 능력은 초자연적이야. 이런 능력을 잘 살려 나간다면 에너지 부족 사태쯤이야 충분히 해결할 거야.

|삼성|

01	02	03	04	05	06	07	08	09	10
②	②	②	③	⑤	④	③	①	②	②

01

정답 ②

'하루에 두 끼를 먹는 어떤 사람도 뚱뚱하지 않다.'를 다르게 표현하면 '하루에 두 끼를 먹는 모든 사람은 뚱뚱하지 않다.'이다. 따라서 전제2와 연결하면 '아침을 먹는 모든 사람은 하루에 두 끼를 먹고, 하루에 두 끼를 먹는 사람은 뚱뚱하지 않다.'이고, 이를 정리하면 ②가 된다.

02

정답 ②

전제1과 전제3을 연결하면 '명랑한 사람→마라톤을 좋아하는 사람→체력이 좋고, 인내심 있는 사람'이고 전제2는 '몸무게가 무거운 사람→체력이 좋은 사람'이다. '명랑한 사람은 인내심이 있다.'가 참이므로, 그 대우도 참이므로 결론으로 ②가 적절하다.

03

정답 ②

먼저 첫 번째 조건에 따라 A가 출장을 간다고 하면 다음의 두 가지 경우로 나뉜다.

A출장ㅇ	B출장ㅇ, C출장×
	B출장× C출장ㅇ

또한 두 번째 조건에 따라 C가 출장을 가면 D와 E 중 한 명이 출장을 가지 않거나 두 명 모두 가지 않는 3가지 경우가 생기고, C가 출장을 가지 않으면 D와 E의 출장 여부를 정확히 알 수 없으므로 4가지 경우가 된다. 그리고 세 번째 조건에 따라 B가 출장을 가지 않으면 F는 출장을 가므로 이를 정리하면 다음과 같다.

A출장ㅇ	B출장ㅇ, C출장×	D출장ㅇ, E출장×	F출장ㅇ 또는 출장×
		D출장×, E출장ㅇ	
		D출장×, E출장×	
		D출장ㅇ, E출장ㅇ	
	B출장×, C출장ㅇ	D출장ㅇ, E출장×	F출장ㅇ
		D출장×, E출장ㅇ	
		D출장×, E출장×	

따라서 A가 출장을 간다면 최소 인원이 되는 경우는 B와 둘이서 가는 것이다.

04

D가 런던을 고를 경우, A는 뉴욕만 고를 수 있으므로 B는 파리를 고른다.

오답분석

① A가 뉴욕을 고를 경우, D가 런던을 고르면 E는 방콕 또는 베를린을 고른다.
② B가 베를린을 고를 경우, F는 파리를 고른다.
④ E가 뉴욕을 고를 경우, A는 런던을 고르므로 D는 방콕을 고른다.
⑤ A가 런던을 고르고 B가 파리를 고를 경우, F는 뉴욕을 고를 수 있다.

05

제시문은 비휘발성 메모리인 NAND 플래시 메모리에 대해 먼저 소개하고, NAND 플래시 메모리에 데이터가 저장되는 과정을 설명한 후 반대로 지워지는 과정을 설명하고 있다. 따라서 (라) NAND 플래시 메모리의 정의 - (나) 컨트롤 게이트와 기저 상태 사이에 전위차 발생 - (가) 전자 터널링 현상으로 전자가 플로팅 게이트로 이동하며 데이터 저장 - (다) 전위차를 반대로 가할 때 전자 터널링 현상으로 전자가 기저상태로 되돌아가며 데이터 삭제의 순서로 나열하는 것이 적절하다.

06

제시문은 스페인의 건축가 가우디의 건축물에 대해 설명하는 글이다. 따라서 (나) 가우디 건축물의 특징인 곡선과 대표 건축물인 카사 밀라 - (라) 카사 밀라에 대한 설명 - (다) 가우디 건축의 또 다른 특징인 자연과의 조화 - (가) 이를 뒷받침하는 건축물인 구엘 공원의 순서로 나열하는 것이 적절하다.

07

세 번째 문단에 따르면 치료용 항체는 암세포가 스스로 사멸되도록 암세포에 항체를 직접 투여하는 항암제라고 언급되어 있다.

오답분석

① 첫 번째 문단에서 면역 세포는 T세포와 B세포가 있다고 언급되어 있다.
② 두 번째 문단에서 암세포가 면역 시스템을 피하여 성장하면서 다른 곳으로 전이되어 암이 발병할 수 있음을 알 수 있다.
④ 네 번째 문단에서 CAR-T 치료제는 환자의 T세포를 추출하여 암세포를 공격하는 기능을 강화 후 재투여한다고 언급되어 있다.
⑤ 다섯 번째 문단에서 면역 활성물질이 과도하게 분비될 때, 환자에게 치명적인 사이토카인 폭풍을 일으키는 등 신체 이상 증상을 보일 수 있다고 언급되어 있다.

08
정답 ①

레이저 절단 가공은 고밀도, 고열원의 레이저를 쏘아 절단 부위를 녹이고 증발시켜 소재를 절단하는 작업이지만, 다른 열 절단 가공에 비해 열변형의 우려가 적다고 언급되어 있다.

오답분석

② 고밀도, 고열원의 레이저를 쏘아 소재를 녹이고 증발시켜 소재를 절단한다고 하였으므로 절단 작업 중에는 기체가 발생함을 알 수 있다.

③ 레이저 절단 가공은 물리적 변형이 적어 깨지기 쉬운 소재도 다룰 수 있다고 언급되어 있다.

④ 반도체 소자가 나날이 작아지고 정교해졌다고 언급되어 있으므로 과거 반도체 소자는 현재 반도체 소자보다 덜 정교함을 추측할 수 있다.

⑤ 반도체 소자는 나날이 작아지며 정교해지고 있으므로 현재 기술력으로는 레이저 절단 가공 외의 가공법으로는 반도체 소자를 다루기 쉽지 않음을 추측할 수 있다.

09
정답 ②

제시문은 윤리적 상대주의가 참이라는 결론을 내리기 위한 논증이다. 어떤 행위에 대한 문화 간의 지속적인 시비 논란 (윤리적 판단)은 사람들의 윤리적 기준 차이에 의하여 한 문화 안에서 시대마다 다르기도 하고, 동일한 문화와 시대 안에서도 다를 수 있다. 그러므로 올바른 윤리적 기준은 그것을 적용하는 사람에 따라 상대적이고 이것이 윤리적 상대주의가 참이라는 논증이다. 따라서 이 논증에 대한 반박은 '절대적 기준에 의한 보편적 윤리 판단은 존재한다.'가 되어야 한다. 그러나 ②는 '윤리적 판단이 항상 서로 다른 것은 아니다.'라는 내용으로, 제시문에서도 윤리적 판단이 '~ 다르기도 하다.', '다른 윤리적 판단을 하는 경우를 볼 수 있다.'고 했지 '항상 다르다.'고는 하지 않았다. 따라서 ②는 주장을 반박하는 내용으로 적절하지 않다.

10
정답 ②

아리스토텔레스는 관객과 극중 인물의 감정 교류를 강조하지만 브레히트는 관객이 거리를 두고 극을 보는 것을 강조하고 있다. 브레히트는 관객이 극에 지나치게 몰입하게 되면 극과의 거리두기가 어려워져 사건을 객관적으로 바라볼 수 없게 된다고 보았다. 따라서 제기할 만한 의문으로 가장 적절한 것은 ②이다.

01	02	03	04	05	06	07	08	09	
④	③	⑤	⑤	⑤	④	④	②	②	

01

정답 ④

다이아몬드는 광물이고, 광물은 매우 규칙적인 원자 배열을 가지고 있다.
따라서 다이아몬드는 매우 규칙적인 원자 배열을 가지고 있다.

02

정답 ③

만약 갑의 말이 진실이면 을의 말은 거짓, 병의 말은 진실, 정의 말도 진실, 무의 말은 거짓이 되어 진실을 말한 사람이 3명이 되므로 1명만 진실을 말한다는 조건에 맞지 않는다. 따라서 갑의 말은 거짓이다. 또한, 을이나 무의 말이 진실이라면 병의 말이 진실이 되므로 이 역시 1명만 진실을 말한다는 조건에 어긋나 을과 무의 말 역시 거짓이다. 병의 말이 진실이라면 을의 말은 거짓, 정의 말은 진실이 되므로 병의 말도 거짓이다.
따라서 진실을 말한 사람은 정이고, 갑, 을, 병, 무의 말은 모두 거짓이 된다. 그러므로 병이 범인이다.

03

정답 ⑤

재은이가 요일별로 달린 거리를 표로 정리하면 다음과 같다.

월	화	수	목
200−50=150m	200m	200−30=170m	170+10=180m

따라서 재은이가 목요일에 화요일보다 20m 적게 달린 것을 알 수 있다.

04

정답 ⑤

ⓒ과 ⓔ·ⓢ은 상반되며, ⓒ과 ⓗ·ⓞ·ⓩ 역시 상반된다.
• 김대리가 짬뽕을 먹은 경우 : ⓗ, ⓞ, ⓩ 세 개의 진술이 참이 되므로 성립하지 않는다.
• 박과장이 짬뽕을 먹은 경우 : ⓖ, ⓒ, ⓜ 세 개의 진술이 참이 되므로 성립하지 않는다.
• 최부장이 짬뽕을 먹은 경우 : 최부장이 짬뽕을 먹었으므로 ⓖ, ⓓ, ⓞ은 반드시 거짓이 된다. 이때, ⓒ은 반드시 참이 되므로 상반되는 ⓗ, ⓩ은 반드시 거짓이 되고, ⓔ, ⓢ 또한 반드시 거짓이 되므로 상반되는 ⓒ이 참이 되는 것을 알 수 있다.
따라서 짬뽕을 먹은 사람은 최부장이고, 참인 진술은 ⓒ·ⓒ이다.

05

정답 ⑤

우리나라의 낮은 장기 기증률은 전통적 유교 사상 때문이라고 주장하고 있는 A와 달리, B는 이에 대하여 다양한 원인을 제시하고 있다. 따라서 A의 주장에 대해 반박할 수 있는 내용으로 ⑤가 가장 적절하다.

06

어빙 피셔의 교환방정식 'MV＝PT'에서 V는 화폐유통속도를 나타낸다. 따라서 사이먼 뉴컴의 교환방정식인 'MV＝PQ'에서 사용하는 V(Velocity), 즉 화폐유통속도와 동일하며 대체되어 사용되지 않는다.

오답분석
① 교환방정식 'MV＝PT'는 화폐수량설의 기본모형인 거래모형이며, 'MV＝PY'는 소득모형으로 사용된다.
② 사이먼 뉴컴의 교환방정식 'MV＝PQ'에서 Q(Quantity)는 상품 및 서비스의 수량이다.
③ 어빙 피셔의 화폐수량설은 최근 총거래 수 T(Trade)를 총생산량 Y로 대체하여 사용하고 있다.
⑤ 어빙 피셔는 사이먼 뉴컴의 교환방정식을 인플레이션율과 화폐공급의 증가율 간 관계를 나타내는 이론인 화폐수량설로 재탄생시켰다.

07

제시문은 예전과는 달라진 덕후에 대한 사회적 시선과 그와 관련된 소비 산업에 관해 이야기하고 있다. 따라서 (다) 덕후의 어원과 더 이상 숨기지 않아도 되는 존재로의 변화 － (가) 달라진 사회 시선과 일본의 오타쿠와 다른 독자적 존재로서 진화해가는 한국 덕후 － (나) 진화된 덕후들을 공략하기 위해 발달하고 있는 산업 순으로 나열하는 것이 가장 적절하다.

08

제시문에서 '당분 과다로 뇌의 화학적 균형이 무너져 정신에 장애가 왔다고 주장'한 것과 '정제한 당의 섭취를 원천적으로 차단'한 실험 결과를 토대로 추론하면 빈칸에 들어갈 내용은 '과다한 정제당 섭취가 반사회적 행동을 유발할 수 있다.'로 귀결된다. 따라서 빈칸에 ②가 들어가는 것이 가장 적절하다.

09

마지막 문단에서 과거제 출신의 관리들이 공동체에 대한 소속감이 낮고 출세 지향적이었다는 내용을 확인할 수 있다.

오답분석
① 첫 번째 문단에서 황종희가 '벽소'와 같은 옛 제도를 되살리는 방법으로 과거제를 보완하자고 주장했다는 내용을 볼 수 있다. 따라서 벽소는 과거제를 없애고자 등장한 새로운 제도가 아니라 과거제를 보완하고자 되살린 옛 제도이므로 적절하지 않다.
③ 두 번째 문단에서 과거제는 학습 능력 이외의 인성이나 실무 능력을 평가할 수 없다는 이유로 시험의 익명성에 대한 회의도 있었다고 하였으므로 적절하지 않다.
④ 마지막 문단에서 과거제를 통해 임용된 관리들은 승진을 위해서 빨리 성과를 낼 필요가 있었다. 그러나 지역사회를 위해 장기적인 정책을 추진하기보다 가시적이고 단기적인 결과만을 중시하는 부작용을 가져왔다고 하였으므로 적절하지 않다.
⑤ 첫 번째 문단에서 고염무는 관료제의 상층에는 능력주의적 제도를 유지하되, 지방관인 지현들은 그 지위를 평생 유지시켜 주고 세습의 길까지 열어 놓는 방안을 제안했다고 했으므로 적절하지 않다.

01	02	03	04	05	06	07	08	09	
③	①	①	④	①	③	②	③	③	

01
정답 ③

첫 번째 조건에 따라 A는 B의 바로 뒤쪽에 서야 하므로 (AB) 그룹으로 묶을 수 있다. 또한, C와 D는 서로 붙어 있으므로 (CD) 혹은 (DC)로 묶을 수 있다. 그러므로 (AB), (CD / DC), E, F 4그룹으로 분류하고, 세 번째 조건에 따라 E가 맨 앞이나 맨 뒤에 오는 경우를 구하면 된다. 따라서 E를 제외하고 남은 3그룹을 줄 세우는 경우의 수는 3!＝6가지이고, C와 D의 위치가 바뀔 수 있으므로 6×2＝12가지이다. 마지막으로 E가 맨 앞 또는 맨 뒤에 있을 수 있으므로 12×2＝24가지이다.

02
정답 ①

두 번째 조건에 따라 홍차를 선택한 사람은 3명이고, 세 번째 조건에 따라 녹차를 선택한 사람은 4명이다. 따라서 커피를 선택한 사람은 3명이 된다. 이후 네 번째 조건에 따라 한식을 선택한 사람 중 2명이 커피를 선택했으므로 양식과 커피를 선택한 사람은 1명이다.

03
정답 ①

B는 두 번째, F는 여섯 번째로 도착하였고, A가 도착하고 바로 뒤에 C가 도착하였으므로 A는 세 번째 또는 네 번째로 도착하였다. 그런데 D는 C보다 먼저 도착하였고 E보다 늦게 도착하였으므로 A는 네 번째로 도착하였음을 알 수 있다.
따라서 도착한 순서는 E － B － D － A － C － F이고, A는 네 번째로 도착하였으므로 토너먼트 배치표에 의해 최대 세 번 경기를 하게 된다.

04
정답 ④

'어떤'과 '모든'이 나오는 명제는 벤다이어그램으로 정리하면 편리하다. 제시된 명제를 정리하면 다음과 같다.

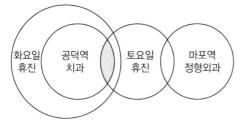

위의 벤다이어그램을 통해 '공덕역 부근의 어떤 치과는 토요일과 화요일이 모두 휴진이다.'를 추론할 수 있다.

오답분석
① 마포역 부근의 어떤 정형외과는 토요일이 휴진이다.
② 공덕역 부근의 어떤 치과는 토요일이 휴진이기 때문에 거짓이다.
③ 제시된 명제만으로는 알 수 없다.
⑤ 마포역 부근의 어떤 정형외과가 화요일도 휴진인지는 알 수 없다.

05

정답 ①

1형 당뇨는 유전적 요인에 의해 췌장에서 인슐린 분비 자체에 문제가 생겨 발생하는 당뇨병이다. 반면 2형 당뇨는 비만, 운동부족 등 생활 습관적 요인에 의해 인슐린 수용체가 부족하거나 인슐린 저항성이 생겨 발생하는 당뇨병이다. 따라서 나쁜 생활 습관은 2형 당뇨를 유발할 수 있다.

오답분석

② 2형 당뇨 초기에는 생활 습관 개선이나 경구 혈당강하제를 통해 혈당을 관리할 수 있지만, 지속될 경우 인슐린 주사가 필요할 수 있다.

③ 당뇨병은 혈액 속에 남은 포도당이 글리코겐으로 변환되지 못하고 잔류하여 소변을 통해 배출되는 병이다.

④ 2020년 기준 한국인 당뇨 유병자는 약 600만 명이며, 이 중 90%가 2형 당뇨를 앓고 있으므로 약 540만 명(=600만×0.9)이다.

⑤ 포도당이 글리코겐으로 세포에 저장되기 위해서는 췌장에서 분비한 인슐린이 세포의 겉에 있는 인슐린 수용체와 결합해야 한다.

06

정답 ③

스톡홀름 신용은행 강도 납치사건에서 인질들은 납치범이 검거되어 상황이 종료된 이후에도 납치범을 변호하는 모습을 보이는 등 스톡홀름 증후군은 사건 이후에도 피해자가 자신의 감정이 왜곡되었음을 인식하지 못하는 경우가 많다. 따라서 극한의 상황에서 일시적으로 발생하는 것이 아니며, 지속적으로 나타날 수 있기 때문에 심리 상담, 치료 등 외부의 도움이 필요하다.

오답분석

① 스톡홀름 증후군은 납치, 학대 등 가해자의 힘에 비해 피해자가 상황을 통제할 수 없는 무기력한 상황일 때 가해자에게 동조하여 심리적 불안을 해소하려는 현상이므로 피해자가 무기력한 상황일수록 스톡홀름 증후군 현상이 나타나기 쉽다.

② 스톡홀름 증후군은 심리적으로 궁지에 몰린 피해자가 자신이 처한 현실을 부정하지 않고 받아들이며, 생존을 위해 가해자에게 동조하는 현상이다.

④ 스톡홀름 증후군은 극단적인 스트레스로 인해 위협적인 가해자의 조그만 친절을 과대 해석하여 발생하는 현상이므로 피해자의 심리적 방어기제로 인한 감정 왜곡이 원인이다.

⑤ 스톡홀름 증후군은 복잡하고 다층적인 심리적 현상이므로 피해자의 심리·환경 등 다방면적인 이해와 접근이 필요하다.

07

정답 ②

보기의 문장은 앞의 내용에 이어서 예시를 드는 문장이므로 재력 등 우월의식을 드러내기 위한 베블런 효과의 원인 뒤에 들어가야 가장 적절하다. 따라서 '사회적 지위나 부를 과시하려는 것이다.'의 뒷부분인 (나)에 그 예시로서 들어가는 것이 가장 적절하다.

08

정답 ③

고대 그리스, 헬레니즘, 로마 시대를 순서대로 나열하여 설명하였으므로, 역사적 순서대로 주제의 변천에 대해 서술하고 있다. 따라서 ③이 제시문의 서술상 특징으로 가장 적절하다.

09

정답 ③

제시문은 행위별수가제에 대한 것으로 환자, 의사, 건강보험 재정 등 많은 곳에서 한계점이 있다고 설명하면서 건강보험 고갈을 막기 위해 다양한 지불방식을 도입하는 등 구조적인 개편이 필요함을 설명하고 있다. 따라서 주제로 '행위별수가제의 한계점'이 가장 적절하다.

| 포스코 |

01	02	03	04	05					
③	①	④	②	①					

01

정답 ③

이동시간이 긴 순서대로 나열하면 'D−B−C−A'이다. 이때 이동시간은 거리가 멀수록 많이 소요된다고 하였으므로 서울과의 거리가 먼 순서에 따라 D는 강릉, B는 대전, C는 세종, A는 인천에서 근무하는 것을 알 수 있다.

02

정답 ①

B사원은 2층에 묵는 A사원보다 높은 층에 묵지만, C사원보다는 낮은 층에 묵으므로 3층 또는 4층에 묵을 수 있다. 그러나 D사원이 C사원 바로 아래층에 묵는다고 하였으므로 D사원이 4층, B사원은 3층에 묵는 것을 알 수 있다. 따라서 A~D사원을 높은 층에 묵는 순서대로 나열하면 'C−D−B−A'가 되며, E는 남은 1층에 묵는 것을 알 수 있다.

03

정답 ④

마지막 문단에 따르면 한스 슈페만은 1935년 노벨 생리의학상을 받았다고 언급되어 있으므로 ④가 가장 적절하다.

오답분석

① 두 번째 문단에 따르면 정자가 동물 반구로 진입해 난자와 만나면 색소들이 정자 진입지점 주변으로 모여 검은 점을 이룬다고 언급되어 있다.
② 첫 번째 문단에 따르면 생명체는 단순한 수정란에서 세포의 증식, 분화, 형성을 통해 복잡한 형태로 발전한다고 언급되어 있다.
③ 네 번째 문단에 따르면 한스 슈페만은 도롱뇽의 수정란을 두 분류로 나누어 회색신월환의 역할이 무엇인지 밝혀냈다고 언급되어 있다.

04

정답 ②

'고진감래(苦盡甘來)'는 '쓴 것이 다하면 단 것이 온다.'는 의미로, 고생(苦生) 끝에 즐거움이 온다는 뜻이다. 제시문은 끊임없이 도전하여 원하는 결과를 이루게 되는 상황에 대한 내용이므로 비슷한 의미를 가진 한자성어는 '고진감래(苦盡甘來)'이다.

오답분석

① 가렴주구(苛斂誅求) : '세금을 가혹하게 거두어들이고, 무리하게 재물을 빼앗는다.'는 의미이다.

③ 오비이락(烏飛梨落) : '까마귀 날자 배 떨어진다.'는 의미로, 아무 관계도 없이 한 일이 공교롭게도 때가 같아 억울하게 의심을 받거나 난처한 위치에 서게 된다는 의미이다.

④ 안빈낙도(安貧樂道) : '가난한 생활을 하면서도 편안한 마음으로 도를 즐겨 지킨다.'는 의미이다.

05

정답 ①

제시문은 정부의 탈원전·탈석탄 공약에 따른 8차 전력 수급기본계획을 수립하면서 기존의 중앙집중형 에너지 생산시스템의 문제점을 지적하고, 분산형 에너지 생산시스템으로 정책의 전환이 필요함을 이야기하고 있다. 따라서 주제로 ①이 가장 적절하다.

오답분석

② 다양한 사회적 문제점들과 기후, 천재지변 등에 의한 문제점들을 언급하고 있으나, 이는 주제를 뒷받침하기 위한 이슈이므로 제시문 전체의 주제로 적절하지 않다.

③·④ 제시문에서 언급되지 않았다.

|KT|

01	02	03	04	05	06				
②	②	⑤	⑤	④	③				

01

정답 ②

창조적인 기업은 융통성이 있고, 융통성이 있는 기업 중의 일부는 오래간다. 따라서 '창조적인 기업이 오래갈지 아닐지 알 수 없다.'는 반드시 참이다.

02

정답 ②

제시된 내용을 정리하면 다음과 같다.

P : 원숭이를 좋아한다.

Q : 코끼리를 좋아한다.

R : 낙타를 좋아한다.

S : 토끼를 좋아한다.

• 원숭이를 좋아하면 코끼리를 좋아한다. : P → Q

• 낙타를 좋아하면 코끼리를 좋아하지 않는다. : R → ~Q

• 토끼를 좋아하면 원숭이를 좋아하지 않는다. : S → ~P

A : 코끼리를 좋아하면 토끼를 좋아한다. : 추론할 수 없음

B : 낙타를 좋아하면 원숭이를 좋아하지 않는다. : R → ~Q → ~P

따라서 B만 옳다.

03

정답 ⑤

월요일에 먹는 영양제는 비타민 B와 칼슘, 마그네슘 중 하나이다. 마그네슘의 경우 비타민 D보다 늦게 먹고, 비타민 B보다는 먼저 먹어야 하므로 마그네슘과 비타민 B는 월요일에 먹을 수 없다. 그러므로 K씨가 월요일에 먹는 영양제는 칼슘이다.

또한 비타민 B는 화요일 또는 금요일에 먹을 수 있는데, 화요일에 먹게 될 경우 마그네슘을 비타민 B보다 먼저 먹을 수 없게 되므로 비타민 B는 금요일에 먹는다. 나머지 조건에 따라 K씨가 요일별로 먹는 영양제를 정리하면 다음과 같다.

월	화	수	목	금
칼슘	비타민 C	비타민 D	마그네슘	비타민 B

따라서 회사원 K씨가 월요일에는 칼슘, 금요일에는 비타민 B를 먹는 것을 알 수 있다.

04

정답 ⑤

농작물 재배 능력이 낮고 영농 기반이 부족한 청년농업인들에게는 기존의 농업방식보다 자동화 재배 관리가 가능한 온프레시팜 방식이 농작물 재배에 더 용이할 수 있으나, 초기 시설비용이 많이 들고 재배 기술의 확보가 어려워 접근이 더 수월하다고 볼 수는 없다.

오답분석

① 온프레시팜 지원 사업은 청년농업인들이 더욱 쉽게 농작물을 재배하는 것은 물론 경제적으로도 정착할 수 있도록 도와주는 사업이다.

② 온프레시팜 방식은 농업에 이제 막 뛰어든 청년농업인들이 더욱 수월하게 농업을 경영할 수 있도록 돕는 사업이다.

③·④ 온프레시팜 방식은 토양 없이 식물 뿌리와 줄기에 영양분이 가득한 물을 분사해 농작물을 생산하는 방식이기 때문에 흙 속에 살고 있는 병해충으로 인한 피해를 예방할 수 있다. 또한 흙이 없어 다층으로의 재배도 가능하기에 동일한 면적에서 기존의 농업방식보다 더 많은 농작물을 재배할 것으로 예상된다.

05

정답 ④

제시문의 세 번째 문단을 통해 정부가 철도를 통한 탄소 감축을 위해 노력하고 있음을 알 수 있으나, 구체적으로 시행한 조치는 언급되지 않았다.

오답분석

① 첫 번째 문단을 통해 전 세계적으로 탄소중립이 주목받자 이에 대한 방안으로 등장한 것이 철도 수송임을 알 수 있다.

② 첫 번째 문단과 두 번째 문단을 통해 철도 수송의 확대가 온실가스 배출량의 획기적인 감축을 가져올 것임을 알 수 있다.

③ 네 번째 문단을 통해 '중앙선 안동~영천 간 궤도' 설계 시 탄소 감축 방안으로 저탄소 자재인 유리섬유 보강근이 철근 대신 사용되었음을 알 수 있다.

⑤ 네 번째 문단을 통해 S철도공단은 철도 중심 교통체계 구축을 위해 건설 단계에서부터 친환경·저탄소 자재를 적용하였고, 탄소 감축을 위해 2025년부터는 모든 철도 건축물을 일정한 등급 이상으로 설계하기로 결정하였음을 알 수 있다.

06

정답 ③

제시문의 논지는 인간과 자연의 진정한 조화이다. 따라서 자연과 공존하는 삶을 주장하고 있는 ③이 제시문을 읽고 추론한 내용으로 가장 적절하다.

교육은 우리 자신의 무지를 점차 발견해 가는 과정이다.

– 윌 듀란트 –

PART 1
어휘 · 어법

핵심이론 | 동의어 · 유의어

동의어

두 개 이상의 어휘가 서로 소리는 다르나 의미가 같은 경우를 말한다. 동의어라 할지라도 방언적 · 계층적 · 함축적 차이를 드러내기 때문에 일상용어에서 둘 이상의 단어가 동의어로 사용되는 경우는 거의 없고, 다만 학술 용어에서 드물게 사용된다.

동의어는 크게 절대적 동의어와 상대적 동의어로 나눌 수 있다.

• 산울림 : 메아리
• 아버지 : 아빠

(1) **절대적 동의어** : 개념과 연상, 주제가 동일하고, 모든 문맥에서 치환이 가능하다. 절대적 동의어는 '두 어휘소가 의미 차이 없이 모든 문맥에서 치환될 수 있을 때만 가능'하지만, 일반적으로 완전한 동의어는 거의 없다. '산울림'과 '메아리'는 절대적 동의어의 예이다.

(2) **상대적 동의어** : 문맥상 치환은 가능하지만 개념의미만 동일하다. '아버지'와 '아빠'가 상대적 동의어의 예이며, 이를 유의어라고 부르기도 한다.

유의어

두 개 이상의 어휘가 서로 소리는 다르나, 의미가 비슷한 경우를 말한다. 유의 관계의 대부분은 동일성을 전제로 한다.

• 과부 : 미망인
• 뚜렷한 : 선명한

'과부'와 '미망인'은 '남편을 잃고 혼자 사는 여자'라는 뜻으로 동의어이고, '뚜렷한'은 '엉클어지거나 흐리지 않고 아주 분명한'으로 '산뜻하고 뚜렷하여 다른 것과 혼동되지 아니한'의 '선명한'과 비슷한 뜻으로 유의어이다.

주요 동의어 · 유의어

각오(覺悟) = 결심(決心), 결의(決意)　　　　간단(簡單) = 간이(簡易), 단순(單純)

강조(強調) = 부각(浮刻), 역점(力點)

개량(改良) = 개선(改善), 개신(改新)

거부(拒否) = 거절(拒絶), 사절(謝絶)

결점(缺點) = 결함(缺陷), 허점(虛點)

결정(決定) = 결의(決意), 결단(決斷)

결핍(缺乏) = 결여(缺如), 부족(不足)

고국(故國) = 조국(祖國), 모국(母國)

고무(鼓舞) = 고취(鼓吹), 독려(督勵)

과오(過誤) = 실수(失手), 과실(過失)

공헌(貢獻) = 기여(寄與), 이바지

구속(拘束) = 속박(束縛), 억압(抑壓)

구별(區別) = 변별(辨別), 분별(分別)

구획(區劃) = 경계(境界), 지구(地區)

규제(規制) = 규정(規定), 한정(限定)

귀감(龜鑑) = 모범(模範), 교훈(敎訓)

기아(飢餓) = 기근(饑饉), 기황(饑荒)

기초(基礎) = 기저(基底), 기본(基本)

나태(懶怠) = 태만(怠慢), 나만(懶慢)

납득(納得) = 요해(了解), 수긍(首肯)

달변(達辯) = 웅변(雄辯), 능변(能辯)

달성(達成) = 성취(成就), 성공(成功)

답습(踏襲) = 모방(模倣), 인습(因襲)

도야(陶冶) = 수양(修養), 수련(修鍊)

독점(獨占) = 전유(專有), 독차지

동조(同祖) = 찬성(贊成), 찬동(贊同)

모두(冒頭) = 허두(虛頭), 서두(序頭)

모반(謀反) = 반역(反逆), 반란(反亂)

모순(矛盾) = 상반(相反), 상충(相衝)

발췌(拔萃) = 요약(要約), 발취(拔取)

방법(方法) = 방도(方道), 방식(方式)

배타(排他) = 배척(排斥), 배제(排除)

백미(白眉) = 출중(出衆), 출등(出等)

사명(捨命) = 임무(任務), 책임(責任)

삭제(削除) = 제거(除去), 제각(除却)

상황(狀況) = 형편(刑鞭), 처지(處地)

손해(損害) = 해손(害損), 손실(損失)

수리(修理) = 수선(修繕), 수장(修粧)

시조(始祖) = 원조(元祖), 태두(泰斗)

실망(失望) = 실의(失意), 낙담(落膽)

실행(實行) = 실천(實踐), 이행(履行)

안전(安全) = 안녕(安寧), 평안(平安)

양성(養成) = 육성(育成), 함양(涵養)

업적(業績) = 공적(功績), 거보(巨步)

영양(營養) = 자양(滋養), 양분(養分)

오만(傲慢) = 거만(倨慢), 교만(驕慢)

운명(運命) = 숙명(宿命), 천운(天運)

운송(運送) = 운반(運搬), 수송(輸送)

윤리(倫理) = 도덕(道德), 윤상(倫常)

위엄(威嚴) = 위세(威勢), 위신(威信)

의견(意見) = 의사(意思), 견해(見解)

이용(利用) = 활용(活用), 응용(應用)

이익(利益) = 이윤(利潤), 수익(收益)

재능(才能) = 능력(能力), 기량(器量)

절약(節約) = 절감(節減), 절용(節用)

정확(正確) = 명확(明確), 확실(確實)

진보(進步) = 발전(發展), 향상(向上)

진퇴(進退) = 추사(趨舍), 거취(去就)

차별(差別) = 차등(差等), 차이(差異)

창공(蒼空) = 창천(蒼天), 창궁(蒼穹)

창립(創立) = 창설(創設), 설립(設立)

추측(推測) = 추리(推理), 예측(豫測)

치욕(恥辱) = 모욕(侮辱), 모멸(侮蔑)

칭찬(稱讚) = 칭송(稱頌), 갈채(喝采)

쾌활(快活) = 활발(活潑), 명랑(明朗)

특수(特殊) = 특별(特別), 특이(特異)

허락(許諾) = 승낙(承諾), 허용(許容)

효용(效用) = 효능(效能), 효과(效果)

희롱(戲弄) = 농락(籠絡), 희설(戲媒)

희망(希望) = 염원(念願), 소망(所望)

힐난(詰難) = 힐책(詰責), 책망(責望)

01 다음 밑줄 친 단어와 같거나 유사한 의미를 가진 것은?

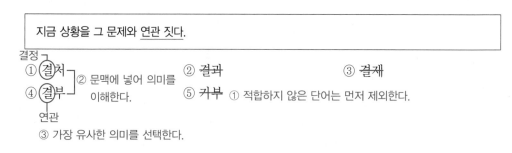

지금 상황을 그 문제와 <u>연관 짓다.</u>

결정 ─┐
① 결처 ─┐ ② 결과   ③ 결재
④ 결부 ─┘ ② 문맥에 넣어 의미를 ⑤ 가부 ① 적합하지 않은 단어는 먼저 제외한다.
           이해한다.
연관
③ 가장 유사한 의미를 선택한다.

02 다음 중 밑줄 친 단어의 의미가 서로 비슷한 것은?

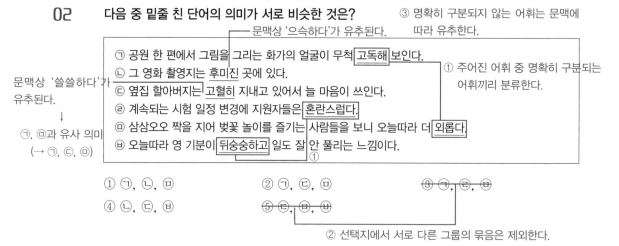

③ 명확히 구분되지 않는 어휘는 문맥에 따라 유추한다.

─ 문맥상 '으슥하다'가 유추된다.

문맥상 '쓸쓸하다'가 유추된다.
↓
㉠, ㉤과 유사 의미
(→ ㉠, ㉢, ㉤)

㉠ 공원 한 편에서 그림을 그리는 화가의 얼굴이 무척 고독해 보인다.
㉡ 그 영화 촬영지는 후미진 곳에 있다.
㉢ 옆집 할아버지는 고혈히 지내고 있어서 늘 마음이 쓰인다.
㉣ 계속되는 시험 일정 변경에 지원자들은 혼란스럽다.
㉤ 삼삼오오 짝을 지어 벚꽃 놀이를 즐기는 사람들을 보니 오늘따라 더 외롭다.
㉥ 오늘따라 영 기분이 뒤숭숭하고 일도 잘 안 풀리는 느낌이다.
①

① 주어진 어휘 중 명확히 구분되는 어휘끼리 분류한다.

① ㉠, ㉡, ㉤   ② ㉠, ㉢, ㉤   ③ ㉠, ㉣, ㉥
④ ㉡, ㉢, ㉥   ⑤ ㉢, ㉥, ㉦

② 선택지에서 서로 다른 그룹의 묶음은 제외한다.

정답 및 해설

정답 01 ④ 02 ②

01
밑줄 친 '연관 짓다'는 '현상이나 사물이 일정한 관계를 맺다.'는 의미를 가진다. 따라서 '일정한 사물이나 현상을 서로 연관시킴'을 뜻하는 '결부(結付)'가 적절하다.

오답분석
① 결처(決處) : 결정하여 조처함
② 결과(結果) : 어떤 원인으로 결말이 생김
③ 결제(決濟) : 일을 처리하여 끝을 냄
⑤ 가부(可否) : 옳고 그름 또는 찬성과 반대

02
• 고독하다 : 세상에 홀로 떨어져 있는 듯이 매우 외롭고 쓸쓸하다.
• 고혈하다 : 가족이나 친척이 없어 외롭다.
• 외롭다 : 혼자가 되거나 의지할 곳이 없어 쓸쓸하다.

오답분석
㉡ 후미지다 : 아주 구석지고 으슥하다.
㉣ 혼란스럽다 : 보기에 뒤죽박죽이 되어 어지럽고 질서가 없는 데가 있다.
㉥ 뒤숭숭하다 : 느낌이나 마음이 어수선하고 불안하다.

반의어

반의어(反意語)는 둘 이상의 단어에서 의미가 서로 짝을 이루어 대립하는 경우, 즉 어휘의 의미가 서로 대립하는 단어를 말하며, 이러한 어휘들의 관계를 반의 관계라고 한다. 한 쌍의 단어가 반의어가 되려면, 두 어휘 사이에 공통적인 의미 요소가 있으면서도 동시에 서로 다른 하나의 의미 요소만 달라야 한다.

반의어는 반드시 한 쌍으로만 존재하는 것이 아니라, 다의어(多義語)이면 그에 따라 반의어가 여러 개로 달라질 수 있다. 즉, 하나의 단어에 대하여 여러 개의 반의어가 있을 수 있다.

• 있다 : 없다
• 크다 : 작다
• 부모 : 자식
• 위 : 아래

(1) 상보 반의어

한쪽 말을 부정하면 다른 쪽 말이 되는 반의어이며, 중간항은 존재하지 않는다. '있다'와 '없다'가 상보적 반의어이며, '있다'와 '없다' 사이의 중간 상태는 존재할 수 없다.

(2) 정도 반의어

한쪽 말을 부정하면 반드시 다른 쪽 말이 되는 것이 아니며, 중간항을 갖는 반의어이다. '크다'와 '작다'가 정도 반의어이며, 크지도 작지도 않은 중간이라는 중간항을 갖는다.

(3) 관계 반의어

관계 반의어는 상대가 존재해야만 자신이 존재할 수 있는 반의어이다. '부모'와 '자식'이 관계 반의어의 예이다.

(4) 방향 반의어

동작의 진행 방향이 대립되는 데서 생겨난, 즉 맞선 방향을 전제로 해 관계나 이동의 측면에서 대립하는 단어의 쌍이 방향 반의어이며, '위'와 '아래'가 방향 반의어의 예이다.

주요 반의어

가결(可決) － 부결(否決)   가열(加熱) － 냉각(冷却)

간헐(間歇) － 지속(持續)   감성(感性) － 이성(理性)

강건(剛健) － 유약(柔弱)   강대(强大) － 약소(弱小)

강림(降臨) － 승천(昇天)   개방(開放) － 폐쇄(閉鎖)

객관(客觀) － 주관(主觀)   객체(客體) － 주체(主體)

거시적(巨視的) － 미시적(微視的)   건조(乾燥) － 습윤(濕潤)

걸작(傑作) － 졸작(拙作)   검약(儉約) － 낭비(浪費)

겸손(謙遜) － 거만(倨慢)   겸손(謙遜) － 거만(倨慢)

경솔(輕率) － 신중(愼重)   고정(固定) － 유동(流動)

공급(供給) － 수요(需要)   과격(過激) － 온건(穩健)

관철(貫徹) － 좌절(挫折)   구속(拘束) － 해방(解放)

구체(具體) － 추상(抽象)   권리(權利) － 의무(義務)

규정(規定) － 자유(自由)   귀납(歸納) － 연역(演繹)

근면(勤勉) － 나태(懶怠)   근소(僅少) － 상당(相當)

기결(旣決) － 미결(未決)   기발(奇拔) － 평범(平凡)

기수(基數) － 서수(序數)   긴장(緊張) － 해이(解弛)

길조(吉兆) － 흉조(凶兆)   낙천(樂天) － 염세(厭世)

남용(濫用) － 절약(節約)   낭독(朗讀) － 묵독(黙讀)

내포(內包) － 외연(外延)   눌변(訥辯) － 능변(能辯)

능멸(凌蔑) － 추앙(推仰)   다원(多元) － 일원(一元)

단순(單純) － 복잡(複雜)   단축(短縮) － 연장(延長)

당황(唐慌) － 침착(沈着)   도심(都心) － 교외(郊外)

동요(動搖) － 안정(安定)   득의(得意) － 실의(失意)

막연(漠然) － 확연(確然)   망각(忘却) － 기억(記憶)

매몰(埋沒) － 발굴(發掘)   명예(名譽) － 치욕(恥辱)

문명(文明) － 야만(野蠻)   문어(文語) － 구어(口語)

문외한(門外漢) － 전문가(專門家)   물질(物質) － 정신(精神)

미봉적(彌縫的) － 근본적(根本的)   민감(敏感) － 둔감(鈍感)

밀집(密集) － 산재(散在)   반항(反抗) － 복종(服從)

대표예제 다음 중 반의어 두 개를 고르면?

① 선택지 중 유사 어휘를 확인한다.

① 은폐 ⇔ 공개, 폭로
③ 모방 ⇔ 창작, 창조
⑤ 희박 ⇔ 농후, 짙음

② 농후 ⇔ 희박, 옅음
④ 밀집 ⇔ 엉성, 드문드문

② 반의어를 유추한다.

정답 및 해설   정답 ②, ⑤

- 농후(濃厚) : 어떤 경향이나 기색 따위가 뚜렷함
- 희박(稀薄) : 감정이나 정신 상태 따위가 부족하거나 약함

오답분석

① 은폐(隱蔽) : 덮어 감추거나 가리어 숨김
③ 모방(模倣) : 다른 것을 본뜨거나 본받음
④ 밀집(密集) : 빈틈없이 빽빽하게 모임

※ 다음 중 밑줄 친 단어와 같거나 유사한 의미를 가진 것을 고르시오. [1~3]

01

> 직원들은 모두 그의 말에 <u>동조했다</u>.

① 찬동   ② 절용
③ 향상   ④ 진보
⑤ 충돌

02

> 최근 들어 물가가 많이 <u>올랐다</u>.

① 앙등   ② 차등
③ 하강   ④ 붕락
⑤ 격동

정답 및 해설   01 ① 02 ① 03 ④ 04 ③

01
- 동조 : 남의 주장에 자기의 의견을 일치시키거나 보조
  를 맞춤
- 찬동 : 어떤 행동이나 견해 따위가 옳거나 좋다고 판
  단하여 그에 뜻을 같이함

오답분석
② 절용(節用) : 아껴 씀
③ 향상(向上) : 실력, 수준, 기술 따위가 나아짐. 또는 나
  아지게 함
④ 진보(進步) : 정도나 수준이 나아지거나 높아짐
⑤ 충돌(衝突) : 서로 맞부딪침

02
- 오르다 : 값이나 수치, 온도, 성적 따위가 이전보다 많
  아지거나 높아짐
- 앙등 : 물건 값이 뛰어오름

오답분석
② 차등(差等) : 차이가 나는 등급
③ 하강(下降) : 높은 데서 아래로 내려옴
④ 붕락(崩落) : 무너져서 떨어짐
⑤ 격동(激動) : 정세 따위가 급격하게 움직임

03

과장은 자신들의 팀원들을 <u>독려</u>했다.

① 달성   ② 구획
③ 낙담   ④ 고취
⑤ 힐난

※ 다음 제시된 단어와 동의 또는 유의 관계인 단어를 고르시오. [4~8]

04

살강

① 옴팡   ② 부뚜막
③ 시렁   ④ 상고대
⑤ 텃도지

03
• 독려 : 감독하며 격려함
• 고취 : 의견이나 사상 따위를 열렬히 주장하며 불어넣음
오답분석
① 달성 : 목적한 것을 이룸
② 구획 : 토지 따위를 경계를 지어 가름. 또는 그런 구역
③ 낙담 : 일이 뜻대로 되지 않아 맥이 풀림
⑤ 힐난 : 트집을 잡아 거북할 만큼 따짐

04
• 살강 : 그릇을 얹어 놓기 위하여 부엌의 벽 중턱에 설치한 선반
• 시렁 : 물건을 얹어 놓기 위하여 방이나 마루 벽에 두 개의 긴 나무를 가로질러 선반처럼 만든 것
오답분석
① 옴팡 : 초가나 오두막 따위의 작은 집
② 부뚜막 : 아궁이 위에 솥을 걸어 놓는 언저리
④ 상고대 : 나무나 풀에 내려 눈처럼 된 서리
⑤ 텃도지(-賭地) : 터를 빌린 값으로 내는 세(貰)

05

허름하다

① 동조하다　　　　　　　　　② 극명하다
③ 결연하다　　　　　　　　　④ 너절하다
⑤ 가붓하다

06

심심하다

① 조용하다　　　　　　　　　② 무료하다
③ 차분하다　　　　　　　　　④ 생각하다
⑤ 간색하다

정답 및 해설　　　　　　　　　　　05 ④ 06 ② 07 ① 08 ④

05
• 허름하다 : 값이 좀 싼 듯하다.
• 너절하다 : 허름하고 지저분하다.

오답분석
① 동조하다 : 남의 주장에 자기의 의견을 일치시키거나 보조를 맞추다.
② 극명하다 : 속속들이 똑똑하게 밝히다.
③ 결연하다 : 마음가짐이나 행동에 있어 태도가 움직일 수 없을 만큼 확고하다.
⑤ 가붓하다 : 조금 가벼운 듯하다.

06
• 심심하다 : 하는 일이 없어 재미없고 지루하다.
• 무료하다 : 흥미 있는 일이 없어 지루하고 심심하다.

오답분석
① 조용하다 : 아무런 소리도 들리지 않고 고요하다.
③ 차분하다 : 마음이 가라앉아 조용하다.
④ 생각하다 : 사물을 헤아리고 판단하다. 또는 어떤 사람이나 일 따위에 대하여 기억하다.
⑤ 간색하다 : 물건의 일부분을 보아 질을 살피다.

07

실팍하다

① 충실하다   ② 사무리다

③ 암만하다   ④ 노회하다

⑤ 사분사분하다

08

빌미

① 총기(聰氣)   ② 걸식(乞食)

③ 축의(祝儀)   ④ 화근(禍根)

⑤ 거간(居間)

07

- 실팍하다 : 사람이나 물건 따위가 보기에 매우 실하다 (≒충실하다, 튼튼하다, 실하다, 크다).

오답분석

② 사무리다 : 햇빛 따위에 눈이 부셔 눈을 찌푸리고 가늘게 뜨다.

③ 암만하다 : 이러저러하게 애를 쓰거나 노력을 들이다. 또는 이리저리 생각하여 보다.

④ 노회(老獪)하다 : 경험이 많고 교활하다.

⑤ 사분사분하다 : 성질이나 마음씨 따위가 부드럽고 너그럽다.

08

- 빌미 : 재앙이나 탈 따위가 생기는 원인
- 화근 : 재앙의 근원

오답분석

① 총기 : 총명한 기운

② 걸식 : 음식 따위를 빌어먹음. 또는 먹을 것을 빎

③ 축의 : 축하하는 뜻을 나타내기 위하여 행하는 의식. 또는 축하한다는 의미로 내는 돈이나 물건

⑤ 거간 : 사고파는 사람 사이에 들어 흥정을 붙임

※ 다음 중 서로 동의 또는 유의 관계인 단어 2개를 고르시오. [9~13]

09 ① 실의   ② 평안
         ③ 재능   ④ 안전
         ⑤ 기교

10 ① 교착   ② 희망
         ③ 효능   ④ 효감
         ⑤ 염원

11 ① 공헌   ② 한계
         ③ 이바지   ④ 귀감
         ⑤ 구획

정답 및 해설

09 ②, ④ 10 ②, ⑤ 11 ①, ③ 12 ②, ⑤ 13 ①, ④

09
• 평안(平安) : 걱정이나 탈이 없음. 또는 무사히 잘 있음
• 안전(安全) : 위험이 생기거나 사고가 날 염려가 없음

오답분석
① 실의(失意) : 뜻이나 의욕을 잃음
③ 재능(才能) : 어떤 일을 하는 데 필요한 재주와 능력
⑤ 기교(技巧) : 재간 있는 기술이나 솜씨

10
• 희망(希望) : 앞일에 대하여 어떤 기대를 가지고 바람
• 염원(念願) : 마음에 간절히 생각하고 기원함

오답분석
① 교착(膠着) : 어떤 상태가 굳어져 그대로 있음

③ 효능(效能) : 효험을 나타내는 능력
④ 효감(孝感) : 효심이 깊은 행동에 하늘과 사람이 모두 감동함

11
• 공헌 : 힘을 써 이바지함
• 이바지 : 도움이 되게 함

오답분석
② 한계 : 사물이나 능력, 책임 따위가 실제 작용할 수 있는 범위
④ 귀감 : 거울로 삼아 본받을 만한 모범
⑤ 구획 : 토지 따위를 경계 지어 가름

12
   ① 사려   ② 수긍
   ③ 모반   ④ 반성
   ⑤ 납득

13
   ① 요약   ② 삭제
   ③ 원조   ④ 발췌
   ⑤ 기초

12
- 수긍 : 옳다고 인정함
- 납득 : 다른 사람의 말이나 행동, 형편 따위를 잘 알아서 긍정하고 이해함

오답분석
① 사려 : 여러 가지 일에 대하여 깊게 생각함
③ 모반 : 배반을 꾀함
④ 반성 : 자신의 언행에 대하여 잘못이나 부족함이 없는지 돌이켜 봄

13
- 요약 : 말이나 글의 요점을 잡아서 간추림
- 발췌 : 책이나 글 따위에서 필요하거나 중요한 부분을 가려 뽑아냄

오답분석
③ 원조 : 어떤 일을 처음으로 시작한 사람
⑤ 기초 : 사물이나 일 따위의 기본이 되는 토대

※ 다음 밑줄 친 단어 중 의미가 서로 비슷한 것을 모두 고르시오. [14~15]

14

> ㉠ 다른 사람을 배려하는 윤아의 모습이 참 예뻐 보였다.
> ㉡ 여기저기 눈치를 살피는 그의 모습이 도무지 미쁘게 보이지 않는다.
> ㉢ 주어진 모든 일에 성실한 민우는 정말 믿음직해 보인다.
> ㉣ 크게 숨을 들이마시고, 마음을 굳세게 먹은 채 시험장으로 들어섰다.
> ㉤ 그의 미더운 목소리는 곧 다정한 속삭임으로 변했다.
> ㉥ 얼핏 보기에 미약해 보이는 힘도 여럿이 모이면 세상을 바꿀 수 있다.

① ㉠, ㉡, ㉢   ② ㉠, ㉢, ㉣
③ ㉡, ㉢, ㉤   ④ ㉢, ㉤, ㉥
⑤ ㉣, ㉤, ㉥

정답 및 해설   14 ③ 15 ⑤

14
• 미쁘다 : 믿음성이 있다.
• 믿음직하다 : 매우 믿을 만하다.
• 미덥다 : 믿음성이 있다.

오답분석
㉠ 예쁘다 : 생긴 모양이 아름다워 눈으로 보기에 좋다.
　　또는 행동이나 동작이 보기에 사랑스럽거나 귀엽다.
㉣ 굳세다 : 힘차고 튼튼하다. 또는 뜻한 바를 굽히지 않
　　고 밀고 나아가는 힘이 있다.
㉥ 미약하다 : 미미하고 약하다.

15

> ㉠ 세상이 무너지는 슬픔을 뒤로 하고, 그는 종교에 <u>의지</u>하며 살았다.
> ㉡ 경서는 일주일 내내 야근했더니, 침대에 눕자마자 몸이 <u>무너져</u> 내리는 듯한 피로감을 느꼈다.
> ㉢ 이 제품은 구조가 간단하여 기계에 <u>무지한</u> 나도 쉽게 조립할 수 있었다.
> ㉣ 사태를 해결하기 위해 늦은 시간까지 대응책을 <u>구상</u>했지만, 도무지 해결방안이 떠오르지 않았다.
> ㉤ 회사는 이번 공채부터 신입사원들을 위한 새로운 제도를 <u>입안</u>했다.
> ㉥ 20살 이후부터 내가 하고 싶은 일에서 해야 하는 일까지 모든 것을 내 스스로 <u>설계</u>했다.

① ㉠, ㉢, ㉣
② ㉡, ㉢, ㉤
③ ㉢, ㉣, ㉤
④ ㉢, ㉤, ㉥
⑤ ㉣, ㉤, ㉥

15

- 구상하다 : 앞으로 이루려는 일에 대하여 그 일의 내용이나 규모, 실현 방법 따위를 어떻게 정할 것인지 이리저리 생각하다.
- 입안하다 : 어떤 안(案)을 세우다.
- 설계하다 : 계획을 세우다.

오답분석

㉠ 의지하다 : 다른 것에 마음을 기대어 도움을 받다.
㉡ 무너지다 : 몸이 힘을 잃고 쓰러지거나 밑바닥으로 내려앉다.
㉢ 무지하다 : 지식이나 아는 것이 없다.

※ 다음 중 서로 반의 관계인 단어 2개를 고르시오. [16~20]

16　　① 조잡　　　　　　　② 해산
　　　　③ 억제　　　　　　　④ 억압
　　　　⑤ 정밀

17　　① 안정　　　　　　　② 획득
　　　　③ 상소　　　　　　　④ 참신
　　　　⑤ 흥분

18　　① 원료　　　　　　　② 차용
　　　　③ 도모　　　　　　　④ 반제
　　　　⑤ 소문

정답 및 해설

16
• 조잡 : 말이나 행동, 솜씨 따위가 거칠고 잡스러워 품위가 없음
• 정밀 : 아주 정교하고 치밀하여 빈틈이 없고 자세함

오답분석
② 해산 : 모였던 사람이 흩어짐. 또는 흩어지게 함
③ 억제 : 감정이나 욕망, 충동적 행동 따위를 내리눌러서 그치게 함
④ 억압 : 자기의 뜻대로 자유로이 행동하지 못하도록 억지로 누름

17
• 안정 : 육체적 또는 정신적으로 편안하고 고요함
• 흥분 : 어떤 자극을 받아 감정이 북받쳐 일어남

오답분석
② 획득 : 얻어 내거나 얻어 가짐
③ 상소 : 임금에게 글을 올리던 일
④ 참신 : 새롭고 산뜻함

18
• 차용 : 돈이나 물건을 빌려 씀
• 반제 : 빌린 돈을 전부 갚음

오답분석
① 원료 : 어떤 물건을 만드는 데 들어가는 재료
③ 도모 : 어떤 일을 이루기 위하여 대책과 방법을 세움
⑤ 소문 : 사람들 입에 오르내려 전하여 들리는 말

19 ① 우량 ② 정착
　　 ③ 전체 ④ 분산
　　 ⑤ 집중

20 ① 막연 ② 발굴
　　 ③ 매몰 ④ 급격
　　 ⑤ 복잡

19
- 분산 : 갈라져 흩어짐. 또는 그렇게 되게 함
- 집중 : 한곳을 중심으로 하여 모임. 또는 그렇게 모음

오답분석
① 우량 : 물건의 품질이나 상태가 좋음
② 정착 : 일정한 곳에 자리를 잡아 붙박이로 있거나 머물러 삶
③ 전체 : 개개 또는 부분의 집합으로 구성된 것을 몰아서 하나의 대상으로 삼는 경우에 바로 그 대상

20
- 발굴 : 땅속이나 흙더미 따위에 묻혀 있는 것을 찾아서 파냄
- 매몰 : 보이지 아니하게 파묻히거나 파묻음

오답분석
① 막연 : 갈피를 잡을 수 없게 아득함
④ 급격 : 변화의 움직임 따위가 급하고 격렬함
⑤ 복잡 : 일이나 감정 따위가 갈피를 잡기 어려울 만큼 여러 가지가 얽혀 있음

※ 다음 제시된 단어와 반의 관계인 단어를 고르시오. [21~25]

21

꿉꿉하다

① 강샘하다   ② 꽁꽁하다
③ 강마르다   ④ 눅눅하다
⑤ 끌탕하다

22

뜨악하다

① 가멸다   ② 옹골지다
③ 푼푼하다   ④ 흐벅지다
⑤ 마뜩하다

정답 및 해설

21 ③   22 ⑤   23 ②   24 ②

21
• 꿉꿉하다 : 조금 축축하다(≒눅눅하다).
• 강마르다 : 물기가 없이 바싹 메마르다.

오답분석
① 강샘하다 : 부부 사이나 사랑하는 이성(異性) 사이에서 상대되는 이성이 다른 이성을 좋아할 경우에 지나치게 시기하다(≒질투하다).
② 꽁꽁하다 : 아프거나 괴로워 앓는 소리를 내다. 강아지가 짖다. 또는 작고 가벼운 물건이 자꾸 바닥이나 물체 위에 떨어지거나 부딪쳐 소리가 나다.
④ 눅눅하다 : 축축한 기운이 약간 있다. 또는 물기나 기름기가 있어 딱딱하지 않고 무르며 부드럽다.
⑤ 끌탕하다 : 속을 태우며 걱정하다.

22
• 뜨악하다 : 마음이 선뜻 내키지 않아 꺼림칙하고 싫다. 또는 마음이나 분위기가 맞지 않아 서먹하다.
• 마뜩하다 : 제법 마음에 들 만하다.

오답분석
① 가멸다 : 재산이나 자원 따위가 넉넉하고 많다(≒가멸차다).
② 옹골지다 : 실속이 있게 속이 꽉 차 있다.
③ 푼푼하다 : 모자람이 없이 넉넉하다. 또는 옹졸하지 아니하고 시원스러우며 너그럽다.
④ 흐벅지다 : 탐스럽게 두툼하고 부드럽다. 또는 푸지거나 만족스럽다.

23

손방

① 손바람   ② 난든집

③ 잡을손   ④ 매무시

⑤ 너울가지

24

소소리바람

① 선풍(旋風)   ② 열풍(熱風)

③ 질풍(疾風)   ④ 소풍(消風)

⑤ 음풍(吟風)

23

• 손방 : 아주 할 줄 모르는 솜씨
• 난든집 : 손에 익어서 생긴 재주

오답분석

① 손바람 : 손을 흔들어서 내는 바람. 또는 일을 치러 내는 솜씨나 힘
③ 잡을손 : 일을 다잡아 해내는 솜씨
④ 매무시 : 옷을 입을 때 매고 여미는 따위의 뒷단속
⑤ 너울가지 : 남과 잘 사귀는 솜씨

24

• 소소리바람 : 이른 봄에 부는 차고 매서운 바람
• 열풍 : 뜨거운 바람

오답분석

① 선풍 : 회오리바람. 또는 돌발적으로 일어나 세상을 뒤흔드는 사건을 비유적으로 이르는 말
③ 질풍 : 몹시 빠르고 거세게 부는 바람
④ 소풍 : 휴식을 취하기 위해 야외에 나갔다 오는 일
⑤ 음풍 : 시(詩)나 노래 등을 읊음

25

가지런하다

① 나란하다   ② 똑바르다

③ 외틀어지다   ④ 들쭉날쭉하다

⑤ 매끄럽다

※ 다음 밑줄 친 단어와 반대되는 의미를 가진 것을 고르시오. [26~27]

26

그는 너무 <u>호들갑</u>을 떤다.

① 관람   ② 관찬

③ 관상   ④ 관조

⑤ 경망

정답 및 해설   25 ④   26 ④   27 ①

25

• 가지런하다 : 층이 나지 않고 고르게 되어 있다.

• 들쭉날쭉하다 : 들어가기도 하고 나오기도 하여 고르지 아니하다.

26

• 관조 : 조용한 마음으로 사물이나 현상을 관찰하거나 비추어 봄

오답분석

① 관람 : 연극, 영화, 경기, 미술품 따위를 구경함

② 관찬 : 관청에서 편찬함

③ 관상 : 사람의 얼굴을 보고 성질, 운명 따위를 판단함

⑤ 경망 : 행동이나 말이 가볍고 조심성이 없음

27

순전히 타의에 의해 우리 팀의 목표를 설정하였다.

① 자의   ② 고의

③ 과실   ④ 임의

⑤ 죄과

27
- 타의 : 다른 사람의 생각이나 뜻
- 자의 : 자기의 생각이나 의견

오답분석

② 고의 : 일부러 하는 생각이나 태도

③ 과실 : 부주의나 태만에서 비롯된 잘못이나 허물

④ 임의 : 일정한 기준이나 원칙 없이 하고 싶은 대로 함

⑤ 죄과 : 죄가 될 만한 허물

CHAPTER 02 다의어

핵심이론 다의어

다의어

하나의 소리가 둘 이상의 다르면서도 서로 연관된 의미를 가지고 있는 어휘들의 관계를 '다의 관계'라 하고, 다의 관계에 있는 어휘를 '다의어'라고 한다. 다의어는 그 단어가 지니는 기본적인 뜻 이외에 문맥에 따라 다른 뜻으로 쓰인다.

다의어의 특징

- 낱말의 의미들 사이에는 상호 연관성이 있다.
- 다의어에는 하나의 중심의미가 있다.
- 여러 개의 주변의미를 가진다.

다의어의 예

| ㉠ 규민이는 숲 속에서 길을 잃고 한참을 헤매었다. |
| ㉡ 종적을 감춘 성수를 찾을 길이 없다. |
| ㉢ 그는 출장 가는 길에 고향에 들렀다. |

㉠의 '길'은 걷거나 탈것을 타고 어느 곳으로 가는 노정(路程)으로, 기본적인 의미의 '길'이고, ㉡의 '길'은 방법이나 수단의 의미이며, ㉢은 어떠한 일을 하는 도중이나 기회를 의미한다. 즉, 다의어는 하나의 단어 형태가 여러 가지의 의미를 지니는 현상이다.

**대표
예제**

다음 밑줄 친 부분과 같은 의미로 쓰인 것은?

┌─ ② 문장 속 어휘 의미 파악 : 일을 하다 도중에 일정 기간/시간 동안 편히 쉼

노는 시간에 잠 좀 그만 자고 책을 읽든지 나가 놀든지 좀 해라.

① 우리 가게는 월요일에 논다. ── : 어떤 일을 하다 일정한 동안을 쉬다. ① 각각 밑줄 친 어휘가 수식하는 주어, 목적어 등을 표시한다.
② 앞니가 흔들흔들 논다. ── : 박힌 것이 흔들리다.
③ 영철이는 워낙 통 크게 노는 녀석이라 사업도 크게 할 것이다. ── : 그런 행동을 취하다.
④ 동생이 공놀이를 하며 논다. ── : 놀이를 하며 놀다.
⑤ 노는 돈이 좀 있으면 빌려다오. ── : 돈이나 시설을 사용하지 않다.

PART 1

▌ 정답 및 해설 　　　　　　　　　　　　　　　　　　　　　　　　　　　　　　　　　　　　　　정답 ①

어떤 일을 하다가 중간에 일정한 동안을 쉬다.

오답분석

② 고정되어 있던 것이 헐거워져서 이리 저리 움직이다.

③ 행동하거나 그런 태도를 보이다.

④ 놀이나 재미있는 일을 하면서 즐겁게 지내다.

⑤ 물자나 시설 따위를 쓰지 않다.

CHAPTER 02 다의어　23

※ 다음 밑줄 친 단어와 같은 의미로 사용된 것을 고르시오. [1~5]

01

> 정아는 눈에 웃음을 가득 <u>싣고</u> 있었다.

① 요즘 인터넷 기사들은 조회 수 때문인지 자극적인 기사를 아무렇지 않게 <u>싣는다</u>.
② 피곤했던 몸을 기차에 <u>싣는</u> 순간 긴장이 풀려 잠이 몰려왔다.
③ 사람들과 함께 연탄을 수레에 <u>싣고</u> 오르막길을 올랐다.
④ 그 배는 돛에 남풍을 <u>싣고</u> 멀리까지 가버리고 없었다.
⑤ 우리는 심사숙고 끝에 그 기사를 1면에 <u>싣기로</u> 했다.

02

> 친구들에게서 온 편지를 모두 한 데 묶어 <u>책</u>으로 보관해 두었다.

① 적이 <u>책</u> 쪽으로 접근해 왔다.
② 일이 그 사람들만 잘못했다고 <u>책</u>을 하기는 어렵게 되었다.
③ 연락과 운송의 <u>책</u>을 맡다.
④ 백지로 <u>책</u>을 매어 낙서를 하거나 삽화를 그리거나 화보를 붙여 놓았다.
⑤ <u>책</u>이 오래되어 일부는 보수하고 일부는 다시 세우기로 했다.

정답 및 해설   01 ④ 02 ④ 03 ③ 04 ③

01
다른 기운을 함께 품거나 띠다.
오답분석
①·⑤ (글, 그림, 사진 등을) 책이나 신문 따위의 출판물
　 에 내다.
② (사람이 어떤 곳에 가기 위하여) 차, 배, 비행기 따위
　 의 탈 것에 오르다.
③ (어떤 사람이 다른 사람이나 물체를 운반하기 위하
　 여) 차, 배, 수레, 비행기, 짐승의 등 따위에 올리다.

02
종이를 여러 장 묶어 맨 물건
오답분석
① 말뚝으로 만든 우리나 울타리
② 책망
③ 책임
⑤ 물결에 둑이 넘어지지 않게 하기 위하여 둑 앞에 말
　 뚝을 듬성듬성 박고 대쪽으로 얽어 놓은 장

03

> 나는 이번 프로젝트에 사활을 <u>걸었다</u>.

① 나는 너와 그 길을 함께 <u>걸었다</u>.
② 계속된 실점으로 감독이 작전 타임을 <u>걸었다</u>.
③ 양만춘은 안시성 전투에서 목숨을 <u>걸었다</u>.
④ 마침내 올림픽 금메달을 목에 <u>걸었다</u>.
⑤ 그는 술만 마시면 사소한 일에도 시비를 <u>걸었다</u>.

04

> 나는 무인도의 정글 속에서 내 짧고 불행한 생애의 마지막을 <u>맞고</u> 싶지 않았다.

① 내 육감을 잘 <u>맞는</u> 편이다.
② 그들은 우리를 반갑게 <u>맞아</u> 주었다.
③ 우리 대학은 설립 60주년을 <u>맞았다</u>.
④ 우박을 <u>맞아</u> 비닐하우스에 구멍이 났다.
⑤ 그 두 나라는 이해관계가 잘 <u>맞는</u> 분야에 한해서 협력하기로 했다.

03
목숨, 명예 따위를 담보로 삼거나 희생할 각오를 하다.

오답분석
① 다리를 움직여 바닥에서 발을 번갈아 떼어 옮기다.
② 긴급하게 명령하거나 요청하다.
④ 벽이나 못 따위에 어떤 물체를 떨어지지 않도록 매달
  아 올려놓다.
⑤ 다른 사람을 향해 먼저 어떤 행동을 하다.

04
시간의 흐름에 따라 오는 어떤 때

오답분석
① 말, 육감, 사실 따위가 틀림이 없다.
② 오는 사람이나 물건을 예의로 받아들이다.
④ 자연 현상에 따라 내리는 눈, 비 따위가 닿다.
⑤ 어떤 행동, 의견, 상황 따위가 다른 것과 서로 어긋나
  지 아니하고 같거나 어울린다.

CHAPTER 02 다의어 **25**

05

> 어머니는 잔칫상을 <u>보느라</u> 바쁘시다.

① 주무실 자리를 <u>봐드려라</u>.
② 며느리를 <u>보다</u>.
③ 이 회사에서 사무를 <u>보고</u> 있다.
④ 궁합을 볼 필요가 있다.
⑤ 이제 끝장을 <u>보자</u>.

※ **다음과 같은 의미로 쓰인 것을 고르시오.** [6~7]

06

> 처리나 결과로 이루어지거나 생기다.

① 만일 그가 비협조적인 태도로 <u>나온다면</u> 상대하지 마라.
② 기다리고 있던 실험 결과가 <u>나오다</u>.
③ 그 사람은 정계에 <u>나온</u> 후 많은 변신을 했다.
④ 어머니는 길에 <u>나오셔서</u> 아들을 기다리셨다.
⑤ 오늘 점심으로는 국수가 <u>나왔다</u>.

정답 및 해설

05 ①   06 ②   07 ③   08 ①

05
음식상이나 잠자리 등의 채비를 하다.

오답분석
② (어떤 관계의 사람을) 출산이나 혼인 등으로 새로 얻거나 맞다.
③ (어떤 일을) 맡아서 하다.
④ 점으로 운수나 미래 등을 알아보다.
⑤ 어떤 결과를 내다.

06

오답분석
① 어떠한 태도나 주장을 겉으로 드러내다.
③ 어떠한 분야에 투신하다.
④ 안에서 밖으로 오다.
⑤ (음식 따위가) 제공되거나 차려지다.

07

| 본바탕을 상하거나 더럽혀서 쓰지 못하게 망치다. |

① 동생이 과자를 다 먹어 <u>버렸다</u>.
② 약속 시간에 조금 늦게 갔더니 친구들은 모두 가 <u>버리고</u> 없었다.
③ 흙탕물이 튀어 새 옷을 <u>버리고</u> 말았다.
④ 그 일을 다 해 <u>버리고</u> 나니 속이 시원하다.
⑤ 수정이는 회의 중에 나가 <u>버렸다</u>.

※ 다음 밑줄 친 부분이 중심의미로 사용된 것을 고르시오. [8~9]

08

① 정오엔 <u>해</u>가 머리 위에 있다.
② <u>해</u>가 바뀌다.
③ <u>해</u>가 거듭될수록 그의 얼굴이 그립다.
④ 밤이 되면 몹시 추워지니 <u>해</u> 안에 돌아와야 한다.
⑤ <u>해</u>를 지우다.

07

오답분석
① · ② · ④ · ⑤ 앞말이 나타내는 행동이 이미 끝났음을 나타내는 말

08

'태양'을 일상적으로 이르는 말

오답분석
② · ③ 지구가 태양을 한 바퀴 도는 동안
④ · ⑤ 날이 밝아서 어두워질 때까지의 동안

09
① 팀원들 사이에 틈이 생기다.
② 학생들 틈에 끼다.
③ 너무 바빠서 잠시도 쉴 틈이 없다.
④ 틈을 보이다.
⑤ 갈라진 틈으로 물이 샌다.

※ 다음 밑줄 친 부분과 문맥적 의미가 가장 가까운 것을 고르시오. [10~11]

10

> 동굴의 우상은 개인마다 각자 자기 나름으로 가지고 있는 편견들이다. 우리는 서로 다른 환경에서 저마다 상이한 인생 경험을 하면서 살아간다. 그러는 가운데 우리는 서로 다른 안경을 끼고 세상을 바라보게 되고, 그러한 세상 모습을 절대적인 것으로 고집하며 서로 옳다고 우기게 된다. 각자 자신의 동굴을 파고 들어가 그 속에서 세상을 바라보고 있는 것이다. 우리는 자기만의 동굴에서 빠져 나와야 할 것이고, 그러기 위해서는 겸허한 태도로 타인들과의 허심탄회한 대화에 참여해야 할 것이다.

① 그는 책을 가지러 서재에 갔다.
② 그는 새로운 직업을 가지기를 원하였다.
③ 그는 매사에 의욕을 가지고 업무에 임한다.
④ 두 나라는 동반자적 관계를 가지기로 합의하였다.
⑤ 이미 지난 일을 가지고 너무 오래 타박하는 거 아니야?

정답 및 해설

09 ⑤ 10 ③ 11 ⑤

09
벌어져 사이가 난 자리

오답분석
① 사람들 사이에 생기는 자리
② 모여 있는 사람의 속
③ 겨를
④ 어떤 행동을 할 만한 기회

10
생각, 사상, 태도 따위를 마음속에 품다.

오답분석
① 손이나 몸에 지니다.
② 직업이나 자격증을 소유하다.
④ 관계를 맺다.
⑤ 대상이나 다른 일의 근거로 삼다.

11

> 특수한 이론도 그 도착점은 보편적인 것이어야 하며, 보편적인 이론도 그 출발점은 특수한 곳이다. 그 둘은 학문하는 사람이라면 마땅히 갖추어야 할 태도를 지적하고 있을 뿐이다. 따라서 그것은 문제 제기가 잘못된 것이다. 특수성이냐 보편성이냐 하는 추상적이고 형식적인 문제가 아니라 구체적인 문제, 예컨대 인간 사회를 따져야 한다. 지금 여기 우리의 이성은 무엇인가. 그것의 구체적인 표현으로서 우리의 언어는 무엇인가. 혹은 우리의 사회 구성체의 현재와 미래는 무엇인가 등등 이런 것을 따져야 할 것이다. 그리고 우리의 학문은 이 단계에 <u>들어서</u>고 있다.

① 집에 <u>들어서</u>자 아이들이 달려 나왔다.
② 열차가 들어올 때면 한 발 <u>들어서</u>야 한다.
③ 그 숲에는 소나무가 울창하게 <u>들어서</u> 있다.
④ 새 정권이 <u>들어섰</u>으니 우리 사회도 많이 바뀔 것이다.
⑤ 신학기에 <u>들어서</u> 나타난 가장 큰 변화는 교복의 자율화이다.

11
어떤 상태나 시기가 시작되다.

오답분석
①·② 밖에서 안으로 옮겨 서다.
③ 어떤 곳에 자리 잡고 서다.
④ 정부나 왕조, 기관 따위가 처음으로 세워지다.

CHAPTER 03 어휘선택

핵심이론 어휘선택

의미의 종류

수많은 어휘의 의미를 이해하고 사용하는 능력은 일상적인 언어생활에서도 필요하다. 평소 글쓰기나 말하기를 하면서 정확한 어휘를 선택할 수 있도록 훈련하고, 유사어를 구분하는 능력도 길러야 한다. 또한, 흔하게 쓰이는 어휘가 문맥 속에서 어떻게 사용되는지 글의 흐름에 따라 유추하는 것도 중요하다.

사전적 의미와 함축적 의미

(1) **사전적 의미** : 단어의 가장 기본적인 의미로 의사소통의 중심 요소를 이룬다. 개념적 의미 또는 인지적 의미라고도 한다.

(2) **함축적 의미** : 개념적 의미에 덧붙어서 연상이나 관습 등에 의해 형성되어 있는 의미로, 연상적 의미 또는 내포적 의미라고도 한다.

문장의 의미 파악

(1) 문장의 주성분인 주어, 목적어(보어), 서술어와 부속 성분인 관형어, 부사어를 구별하여 읽는다.

(2) 요점이 잘 파악되지 않으면 주성분만으로 뜻을 살펴본다.

(3) 서술어를 먼저 찾아 그와 연결되는 주어, 목적어를 찾는다.

① 서술어를 중심으로 읽는다.

우리말은 서술어 중심의 언어로, 서술어에는 필자의 입장이 명확하게 반영되어 있다. 따라서 서술어를 명확하게 읽는다면 문장 전체의 내용을 빠르게 독해할 수 있다. 또한, 글을 읽을 때 필자의 감정이나 견해를 파악하기 위해서는 수식어에도 주목해야 한다.

② 각 문장의 맨 앞에 위치한 지시어와 접속어의 성격에 유의하여 글을 읽는다.

③ 문장의 의미 해석과 추리 : 추리 상상적 사고능력 문제와 연관성

하나의 문장에 담겨 있는 정보는 다른 정보를 전제로 하거나 새로운 정보를 추리할 수 있는 근거가 된다.

ⓐ 전제되어 있는 내용을 추리

ⓑ 제시된 정보를 통한 새로운 정보의 추리

　例 산업혁명 이전에는 환경문제가 심각성을 띠지 않았다. → 산업혁명 이후에 환경문제가 심각성을 띠게 되었다.

문장 간의 관계 파악

(1) 문장과 문장 간의 관계

① 상세화 관계

주지 → 구체적 설명(비교, 대조, 유추, 분류, 분석, 인용, 예시, 비유, 부연, 상술 등)

② 문제(제기)와 해결

한 문장이 문제를 제기하고, 다른 문장이 그 해결책을 제시하는 관계(과제 제시 → 해결 방안, 문제 제기 → 해결 제시)

③ 선후 관계

한 문장이 먼저 발생한 내용을 담고, 다음 문장이 나중에 발생한 내용을 담고 있는 관계

④ 원인과 결과

한 문장이 원인이 되고, 다른 문장이 그 결과가 되는 관계

⑤ 주장과 근거

한 문장이 필자가 말하고자 하는 바(주지)가 되고, 다른 문장이 그 문단의 증거(근거)가 되는 관계(주장 제시 → 근거 제시, 의견 제안 → 이유 설명)

⑥ 전제와 결론 관계

앞 문장에서 조건이나 가정을 제시하고, 뒷 문장에서 이에 따른 결론을 제시하는 관계

(2) 문장의 연결 방식

① 순접 : 원인과 결과, 부연 설명 등의 문장 연결에 쓰임

　例 그리고, 그래서, 그러므로 등

② 역접 : 앞글의 내용을 전면적 또는 부분적으로 부정

　例 그러나, 그렇지만, 그래도, 하지만 등

③ 대등 · 병렬 : 앞뒤 문장의 대비와 반복에 의한 접속

　例 및, 혹은, 또는, 이에 반하여 등

④ 보충 · 첨가 : 앞글의 내용을 강조하거나 부족한 부분을 보충하기 위해 다른 말을 덧붙이는 문맥

　例 단, 곧, 즉, 더욱이, 게다가, 왜냐하면, 이를테면 등

⑤ 화제 전환 : 앞글과는 다른 새로운 내용을 이야기하기 위한 문맥
　예 그런데, 그러면, 다음에는, 이제, 각설하고 등
⑥ 비유 · 예시 : 앞글에 대해 비유적으로 다시 말하거나 구체적인 예를 보임
　예 예를 들면, 예컨대, 마치 등

대표예제

01　다음 글의 빈칸에 순서대로 들어갈 단어로 가장 알맞은 것은?

> 경제 성장으로 중산층이 급속히 늘고 있는 인도에서 포도주 바람이 불고 있다. BBC 방송에 의하면 지난해 인도에선 350만 병의 포도주가 소비되었다. 이에 따라 포도주 제조 및 수입 회사들은 인도 전역의 대도시에서 포도주 시음행사를 열고 있다. 인도에서 프랑스산 포도주를 마시는 사람은 대개 영어를 유창하게 하고, 서구에서 교육받은 남녀들이다. 인도 포도주 붐은 일본, 한국에서와 마찬가지로 건강요인이 (　)하고 있다는 것이 현지 분석이다. 이제 인도 포도주는 서구 시장으로도 (　)하고 있다. 인도에서 처음으로 포도주 생산을 시작한 술라 포도농원의 경우 미국, 이탈리아는 물론 프랑스에까지 수출하고 있다. 이 회사는 현재 생산설비를 대대적으로 (　)하고 있다. 현재 연 50만 병 규모를 150만 병으로 늘릴 예정이다. 인도의 포도주 소비가 앞으로 5년간 연 30%씩 증가할 것이란 (　)을/를 바탕으로 한 증설이다.

① 빈칸 앞뒤의 내용과 주어, 목적어 등을 파악하여 적합하지 않은 어휘는 선택지에서 제외한다.

① 창궐 − 수출 − 증가 − 각설
② 만연 − 복귀 − 증축 − 낭설
③ 작용 − 진출 − 확충 − 예측
④ 궤설 − 진입 − 개편 − 예언
⑤ 침투 − 확장 − 재편 − 사실

② 남은 선택지의 어휘를 빈칸 안에 넣어 의미가 통하는지 확인한다.

02 다음 글의 빈칸에 순서대로 들어갈 알맞은 접속어는?

② '문화인'에 대해 빈칸 다음에 다시 언급하므로 보충 · 첨가의 접속어가 적절하다.

문화란 말은 일반적으로 두 가지로 사용된다. 우리는 '교양 있는' 사람을 문화인이라고 한다. ( ) 창조적 정신의 소산인 문학 작품, 예술 작품, 철학과 종교를 이해하고 사회의 관습을 품위 있게 지켜 나가는 사람을 교양인 또는 문화인이라고 한다. ( ) '문화'라는 말은 한 국민의 '보다 훌륭한' 업적과 그 유산을 지칭한다. 특히 철학, 과학, 예술에 있어서의 업적이 높이 평가된다. ( ) 우리는 여기에서 이미 문화에 대한 우리의 관점이 달라질 수 있는 소지를 발견한다. 즉, 어떤 민족이 이룩한 업적을 '훌륭한 것'으로서 또는 '창조적인 것'으로서 평가할 때, 그 시점은 어느 때이며, 기준은 무엇인가? ( ) 우리는 오늘날 선진국들에 의해 문화적으로 열등하다고 평가받는 많은 나라들이 한때는 이들 선진국보다 월등한 문화 수준을 향유했다는 것을 역사적 사실을 통해 잘 알고 있기 때문이다.

③ '문화'에 대한 다른 의미를 빈칸 뒤에서 설명하고 있으므로 대등 · 병렬의 접속어가 적절하다.

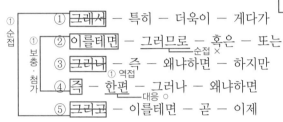

① 순접 / 보충 · 첨가

① 그래서 — 특히 — 더욱이 — 게다가
② 이를테면 — 그러므로 — 혹은 — 또는   순접 ✕
③ 그러나 — 즉 — 왜냐하면 — 하지만   ① 역접
④ 즉 — 한편 — 그러나 — 왜냐하면   대응 ○
⑤ 그리고 — 이를테면 — 곧 — 이제

① 접속사의 연결 방식에 따라 선택지를 분류한다 : 여러 접속어를 찾는 경우, 첫 번째 접속어를 통해 적절하지 않은 선택지는 제외시킨다.

▌정답 및 해설

정답 01 ③ 02 ④

01
- 작용(作用) : 어떠한 현상을 일으키거나 영향을 미침
- 진출(進出) : 어떤 방면으로 활동 범위나 세력을 넓혀 나감
- 확충(擴充) : 늘리고 넓혀 충실하게 함
- 예측(豫測) : 미리 헤아려 짐작함

02
- 즉 : 앞의 내용을 바꾸어 말하거나 간추려 짧게 요약함
- 한편 : 뒤의 내용이 앞의 내용과는 다른, 새로운 생각이나 사실을 서술하여 화제를 바꾸어 이어 줌
- 그러나 : 앞의 내용과 상반되는 내용을 이어 줌
- 왜냐하면 : 앞뒤의 문장을 '원인'과 '결과'로, 또는 '결과'와 '원인'으로 이어 줌

※ 다음 글의 빈칸에 들어갈 단어를 <보기>에서 적절하게 짝지은 것을 고르시오. [1~4]

01

> 광고주들은 광고를 통해 상품의 인지도를 높이고 상품에 대한 호의적 태도를 확산시키려 한다. 간접 광고에서 이러한 광고 ㉮ 을/를 거두기 위해 주류적 배치와 주변적 배치를 ㉯ 한다. 주류적 배치는 출연자가 상품을 ㉰ 하거나 대사를 통해 상품을 언급하는 것이고, 주변적 배치는 화면 속의 배경을 통해 상품을 노출하는 것인데, 시청자들은 주변적 배치보다 주류적 배치에 더 주목하기 때문에 주류적 배치가 광고 ㉱ 이/가 높다.

보기

㉠ 활용   ㉡ 효용   ㉢ 효과   ㉣ 조율   ㉤ 효율   ㉥ 사용   ㉦ 과시   ㉧ 효능

	㉮	㉯	㉰	㉱
①	㉡	㉠	㉥	㉤
③	㉢	㉠	㉥	㉤
⑤	㉤	㉣	㉦	㉧

	㉮	㉯	㉰	㉱
②	㉡	㉣	㉦	㉧
④	㉢	㉠	㉥	㉧

02

> 맥킨타이어는 덕이 실천 활동을 통해 ㉮ 될 수 있다고 말한다. 이때 실천은 그 활동에 ㉯ 하는 선들이 그 활동을 통해 실현되도록 하는 것을 의미한다. 또한 실천은 개인적인 것이 아니라 사회적으로 ㉰ 된 협동적인 활동을 말한다. 그러므로 활동 자체에 있는 선들을 실현하는 활동이라 하더라도 자기가 속한 공동체와의 연관성이 없을 때는 덕을 얻기 어렵다고 본다. 결국 맥킨타이어는 실천에서 공동체성이 중요한 의미를 띤다고 본다. 그렇다면 실천에서 왜 공동체성이 중요한 의미가 있는가? 이를 설명하기 위해 맥킨타이어는 삶을 이야기 양식으로 이해할 것을 ㉱ 한다.

보기

㉠ 내포   ㉡ 내재   ㉢ 성립   ㉣ 확보   ㉤ 취득   ㉥ 획득   ㉦ 장려   ㉧ 요구

	㉮	㉯	㉰	㉱
①	㉤	㉣	㉢	㉦
③	㉥	㉣	㉢	㉦
⑤	㉥	㉡	㉢	㉧

	㉮	㉯	㉰	㉱
②	㉤	㉠	㉣	㉧
④	㉥	㉠	㉣	㉧

03

건축에서 공간이란 건축의 실체로서 가장 중요한 개념이다. 하나의 공간이 존재하기 위해서는 최소한의 물리적 ㉮ 이/가 필요한데 이때 이를 결정짓는 것은 벽체 – 바닥 – 천장이라는 3차원 구도를 ㉯ 하는 경계요소이다. 1900년대 중반까지 대부분의 서양 건물은 경계요소에 의해 내·외부 공간이 엄격하게 ㉰ 되는 형태를 보였다. 공간은 일률적으로 구획되었으며 물리적 구조체와 동일한 것으로 간주되었다. 공간은 기능을 위한 도구로서 의미를 가졌다. 이러한 경향성을 보여주는 대표적인 건축물은 '로스하우스'이다. 이 건물은 지붕과 본체, 기단의 세 부분으로 이루어진 사각의 단순한 ㉱ 로/으로 지어졌다.

보기

㉠ 구성   ㉡ 조성   ㉢ 차폐   ㉣ 격리   ㉤ 구조   ㉥ 설계   ㉦ 구상   ㉧ 구획

	㉮	㉯	㉰	㉱
①	㉤	㉡	㉢	㉦
③	㉧	㉠	㉢	㉤
⑤	㉧	㉠	㉣	㉦

	㉮	㉯	㉰	㉱
②	㉤	㉥	㉣	㉦
④	㉧	㉥	㉣	㉤

정답 및 해설

01
- 효과(效果) : 보람이 있는 좋은 결과
- 활용(活用) : 살려서 잘 응용함
- 사용(使用) : 물건을 쓰거나 사람을 부림
- 효율(效率) : 들인 노력과 얻은 결과의 비율

오답분석

㉡ 효용(效用) : 보람 있게 쓰거나 쓰임. 또는 그런 보람이나 쓸모

㉣ 조율(調律) : 문제를 어떤 대상에 알맞거나 마땅하도록 조절함을 비유적으로 이르는 말

㉦ 과시(誇示) : 자랑해 보임

㉧ 효능(效能) : 효험을 나타내는 능력

02
- 획득(獲得) : 얻어 내거나 얻어 가짐
- 내재(內在) : 어떤 사물이나 범위의 안에 들어 있음
- 성립(成立) : 일이나 관계 따위가 제대로 이루어짐
- 요구(要求) : 필요한 것을 달라고 청함

오답분석

㉠ 내포(內包) : 어떤 성질이나 뜻 따위를 속에 품음

㉣ 확보(確保) : 확실히 보증하거나 가지고 있음

㉤ 취득(取得) : 자기 것으로 만들어 가짐

㉥ 장려(獎勵) : 좋은 일에 힘쓰도록 북돋아줌

03
- 구획(區劃) : 토지 따위를 경계를 지어 가름. 또는 그런 구역
- 구성(構成) : 몇 가지 부분이나 요소들을 모아서 일정한 전체를 짜 이룸. 또는 그 이룬 결과
- 차폐(遮蔽) : 가려 막고 덮음
- 구조(構造) : 부분이나 요소가 어떤 전체를 짜 이룸. 또는 그렇게 이루어진 얼개

오답분석

㉡ 조성(造成) : 만들어서 이룸

㉣ 격리(隔離) : 다른 것과 통하지 못하게 사이를 막거나 떼어놓음

㉥ 설계(設計) : 건축·토목·기계 제작 따위에서 그 목적에 따라 실제적인 계획을 세워 도면 등에 명시하는 일

㉦ 구상(構想) : 앞으로 이루려는 일에 대하여 그 일의 내용이나 규모, 실현 방법 따위를 어떻게 정할 것인지 이리저리 생각함. 또는 그 생각

04

음향은 종종 인물의 생각이나 심리를 극적으로 __㉮__ 하는 데 활용된다. 화면을 가득 채운 얼굴과 함께 인물의 목소리를 들려주면 인물의 속마음이 효과적으로 __㉯__ 된다. 인물의 표정은 드러내지 않은 채 심장 소리만을 크게 들려줌으로써 인물의 불안정한 심정을 __㉰__ 하는 예도 있다. 이처럼 음향은 영화의 장면 및 줄거리와 밀접한 관계를 유지하며 주제나 감독의 의도를 __㉱__ 하는 중요한 요소이다.

> **보기**
> ㉠ 기술 ㉡ 서술 ㉢ 표현 ㉣ 표출 ㉤ 표시 ㉥ 제시 ㉦ 표명 ㉧ 구현

	㉮	㉯	㉰	㉱
①	㉠	㉤	㉦	㉥
③	㉡	㉢	㉦	㉧
⑤	㉥	㉢	㉣	㉧

	㉮	㉯	㉰	㉱
②	㉠	㉡	㉣	㉥
④	㉥	㉡	㉣	㉤

※ 다음 글의 빈칸에 들어갈 단어를 적절하게 짝지은 것을 고르시오. [5~7]

05

대중이 급부상한 두 번째 이유는 문명의 __㉠__ 에 있다. 정치사상에 대한 것이든, 과학 기술에 대한 것이든 지금껏 문명은 꾸준히 발달해 왔다. 자유, 평등의 이념을 바탕으로 __㉡__ 한 사유를 전개하여 만들어 낸 근대 정치사상과 자연에 대한 치밀한 탐구를 통해 발견해 낸 자연 과학적 원리들은 대중의 삶에 __㉢__ 영향을 미쳤다. 그런데 여기서 문제는 대중이 자신들의 삶이 __㉣__ 누리게 된 생활 편의를 아주 당연한 것으로 여기게 되었다는 데 있다.

	㉠	㉡	㉢	㉣
①	퇴보	치열	긍정적인	갑자기
②	퇴보	안일	긍정적인	서서히
③	퇴보	치열	부정적인	서서히
④	발달	치열	긍정적인	갑자기
⑤	발달	안일	부정적인	갑자기

06

오늘날의 사회는 　⑤　로 움직인다. 이른바 세계화라는 물결이 전 세계를 휘감으면서, 사람들은 끊임 없이 이윤 창출을 위해 움직여야 하게 되었다. 이 움직임이 조금만 　⑥　 도태되기 십상이다. 뿐만 아 니라 내가 살아남기 위해 남을 죽여야 하는 　⑥　 사회 풍토 또한 심화되고 있다. 이기는 자가 모든 몫을 가지는 소위 　⑥　 독식 체제가 견고해지고 있기 때문이다.

	⑤	⑥	⑥	⑧
①	저속도	빨라져도	낙천적	패자
②	급속도	늦어져도	경쟁적	승자
③	급속도	늦어져도	낙천적	승자
④	저속도	늦어져도	경쟁적	승자
⑤	급속도	늦어져도	경쟁적	패자

정답 및 해설　　　　　　　　　　　　　　　　04 ⑤　05 ④　06 ②

04

- 제시(提示) : 어떤 의사를 글이나 말로 드러내어 보임
- 표현(表現) : 의사나 감정 등을 드러내어 나타냄
- 표출(表出) : 겉으로 나타냄
- 구현(具顯) : 어떤 내용이 구체적인 사실로 나타나게 함

오답분석

- ⑤ 기술(記述) : 있는 그대로 열거하거나 기록하여 서술 함. 또는 그런 기록
- ⑥ 서술(敍述) : 사건이나 생각 따위를 차례대로 말하거 나 적음
- ⑥ 표시(表示) : 겉으로 나타내 보임
- ⑥ 표명(表明) : 의사, 태도 따위를 분명하게 나타냄

05

앞뒤 문장을 고려할 때 ⑤에는 '발달'이 들어가야 한다. ⑥ 역시 뒤의 자연에 대한 치밀한 탐구라는 말과 호응해 야 하므로 '치열'이 들어가야 한다. ⑥은 앞의 맥락이 긍 정적이므로 역시 '긍정적인'이라는 말이 와야 한다. ⑥은 첫 문장의 '급부상'에서 '갑자기'를 유추할 수 있다.

06

이른바 세계화라는 물결이 전 세계를 휘감으면서 사람 들은 끊임없이 움직여야 한다는 두 번째 문장의 진술로 보아, ⑤에는 '급속도'라는 말이 적절하다. 앞의 맥락을 고려할 때, 조금만 늦어져도 도태되는 것일 테니, ⑥에 는 '늦어져도'가 적절하다. ⑥은 내가 살아남기 위해 남 을 죽여야 하는 풍토를 경쟁적 풍토라고 부르므로 '경쟁 적'이라는 말이 와야 한다. ⑧에는 이기는 자가 모든 몫 을 가진다고 쓰여 있으므로 '승자'가 적절하다.

07

> 언어에 드러난 성 구분을 통해서도 _ ㉠ _ 할 수 있는 게 있다. 여교수, 여의사 등의 말은 있지만 남교수, 남의사 등의 말은 없다는 점, 남녀, 신사숙녀, 아들딸, 일남 일녀 등의 표현에서 알 수 있는 _ ㉡ _ 우선주의, 연놈, 암수, 비복 등의 표현에서 알 수 있듯, _ ㉢ _ 표현은 여성에게 몰아주는 _ ㉣ _ 한 진실을 발견할 수 있다.

	㉠	㉡	㉢	㉣
①	인식	남성	품위 있는	편리
②	인식	남성	저속한	편리
③	인식	여성	품위 있는	불편
④	인식	여성	저속한	불편
⑤	인식	남성	저속한	불편

※ 다음 글의 빈칸에 순서대로 들어갈 알맞은 접속어를 고르시오. [8~10]

08

> 강력한 국가의 등장, _ ㉠ _ 경찰이나 안보 기구의 등장은 해방 이후 필연적으로 발생하게 된 '힘의 공백', 아노미 상태에 대처하는 데에는 나름의 기여를 했다고 볼 수 있을 것이다. _ ㉡ _ 이 힘이 워낙 강력하다 보니 다양한 세력의 경쟁을 통해 정의로운 체제나 이념을 도출하는 데는 무리가 있었다. _ ㉢ _ 강한 세력이 약한 세력을 억압하면서 그들의 목소리는 철저하게 배제될 수밖에 없었기 때문이다. _ ㉣ _ 강력한 국가의 등장은 정의로운 체제를 만드는 것이 아니라 강자의 이익을 중심으로 체제를 형성하게 되는 악영향을 끼치게 된다.

	㉠	㉡	㉢	㉣
①	그러나	왜냐하면	즉	결과적으로
②	그러나	하지만	즉	다시 말해
③	즉	또는	왜냐하면	결과적으로
④	즉	그러나	왜냐하면	결과적으로
⑤	즉	그러나	특히	따라서

09

> 오늘날의 민주주의는 자본주의가 성숙함에 따라 함께 성장한 것이라고 볼 수 있다. ___㉠___ 자본주의가 발달함에 따라 민주주의가 함께 발달한 것이다. ___㉡___ 이러한 자본주의의 성숙을 긍정적이게만 해석할 수는 없다. ___㉢___ 자본주의의 성숙이 민주주의와 그 성장에 부정적 영향을 끼칠 수도 있기 때문이다. 자본주의가 발달하면 돈 많은 사람이 그렇지 않은 사람보다 더 많은 권리 내지는 권력을 갖게 된다. ___㉣___ 시장에서의 권리나 권력뿐만 아니라 정치 영역에서도 그럴 수 있다는 것이 문제다.

	㉠	㉡	㉢	㉣
①	즉	그러나	왜냐하면	비단
②	그러나	즉	비단	왜냐하면
③	비단	즉	그러나	왜냐하면
④	즉	그러나	비단	왜냐하면
⑤	왜냐하면	즉	그러나	비단

정답 및 해설　　　　　　　　　　　　　　　07 ⑤　08 ④　09 ①

07

㉠은 모두 '인식'이라고 선택지에 제시되어 있으므로 굳이 확인할 필요는 없다. ㉡은 남녀, 신사숙녀, 아들딸 등 제시문에서 사례로 든 것들의 첫말이 모두 남성이라는 점에서 충분히 '남성'이라는 답을 고를 수 있다. ㉢ 역시 사례를 보면 '품위 있는'이라는 말보다 '저속한'이 더 어울리며, ㉣은 앞의 내용을 보아 '불편'한 진실임을 유추할 수 있다.

08

㉠의 앞에 있는 말을 뒤에 있는 말이 보충하여 설명해주고 있으므로 '즉'이, ㉡의 앞과 뒤의 문장은 서로 반대되므로 '그러나'가, ㉢ 바로 뒤의 마지막 부분에 있는 '~때문이다'라는 표현 때문에 '왜냐하면'이, ㉣은 시간성 속에서 앞의 현상의 결과가 되므로 '결과적으로'라는 표현이 적절하다.

09

㉠ 뒤의 문장은 앞의 문장 내용을 환기하고 있으므로 '즉'이 알맞고, ㉡의 앞뒤 문장은 서로 반대되는 내용이므로 역접 관계인 '그러나'가 알맞다. ㉢은 바로 뒤의 문장의 마지막에 있는 '~때문이다'라는 표현을 통해 알맞은 말이 '왜냐하면'이라는 점을 알 수 있으며, '뿐만 아니라'라는 표현을 통해 ㉣에는 '비단'이 들어가야 하는 것을 알 수 있다.

10

시의 본질은 시인의 내적 경험이 통일되는 것에서부터 시작된다. ㉠ 대부분의 시가 고백의 형식과 1인칭으로 표현되는 형식을 가지고 있는 것이다. 본질적으로 시인의 개별적 경험으로부터 파생되는 시가 독자들의 공감을 끌어낼 수 있는 이유는 시인의 고백이 언어와 보편적인 정서를 매개로 독자들의 '무언가'를 건들기 때문이다. 내적 경험이 통일되는 그러한 고백은 정직하기 마련이다. ㉡ , 이렇게 정직한 고백은 반드시 아픔을 동반한다. 내가 숨기고 싶은 그 무엇, 저 심연 속에 감추어진 불편한 진실을 관통하고 나서야 비로소 정직한 고백이 그 실체를 드러낼 수 있기 때문이다. ㉢ 고백은 바꾸어 말하자면, 시인에게는 고통스러운 것이다. ㉣ 시인이 이러한 고백 위에 미적인 언어 형식을 덧입혀야 한다는 것까지 생각하면 시 창작이라는 것이 얼마나 힘든 것인지를 알 수 있다.

	㉠	㉡	㉢	㉣
①	그런데	게다가	따라서	그렇기 때문에
②	그렇기 때문에	그런데	따라서	게다가
③	그렇기 때문에	그런데	게다가	따라서
④	그런데	게다가	그렇기 때문에	따라서
⑤	따라서	그런데	그렇기 때문에	게다가

※ 다음 제시된 문장에서 사용이 적절하지 않은 단어를 고르시오. [11~14]

11

- 집필자에게 원고 집필을 (   )하였다.
- 그는 나에게 언제나 (   )이(가) 되는 사람이다.
- 부모에 대한 지나친 (   )은(는) 좋지 않다.
- 두 사람은 서로서로 불쌍히 여기면서 (   )하여 살아가지 않을 수 없었다.
- 약의 힘에 (   )하는 습관은 끊기 어렵다.

① 의지   ② 의존
③ 의식   ④ 의탁
⑤ 의뢰

12

> • 동생은 형과의 관계 (　　)을 위하여 노력했다.
> • 체질을 (　　)하고자 식습관을 바꾸어 보았다.
> • 서류에서 숫자 몇 개를 (　　)하여 보고하였다.
> • 부엌을 신식으로 (　　)하였다.
> • 출판하기 전에 원고의 오타를 꼼꼼히 (　　)하였다.

① 개량   ② 개선
③ 개정   ④ 수정
⑤ 정정

정답 및 해설

10

앞의 문장은 ㉠ 뒤의 문장의 원인이므로 '그렇기 때문에'가 들어가야 한다. ㉡의 앞뒤 문장은 반대되는 것은 아니면서 주제는 변주되는 방식으로 연결되므로 '그런데'가 맞다. ㉢은 앞의 진술들을 토대로 고백이라는 소재가 가지는 의미를 명시하는 것이므로 '따라서'가 알맞다. ㉣은 '것까지 생각하면 ∼'의 부분을 통해서 '게다가'와 호응하기 좋다는 점을 알 수 있다.

11

> • 집필자에게 원고 집필을 (의뢰)하였다.
> • 그는 나에게 언제나 (의지)가 되는 사람이다.
> • 부모에 대한 지나친 (의존)은 좋지 않다.
> • 두 사람은 서로서로 불쌍히 여기면서 (의지 / 의탁)하여 살아가지 않을 수 없었다.
> • 약의 힘에 (의존)하는 습관은 끊기 어렵다.

• 의식(意識) : 깨어 있는 상태에서 자기 자신이나 사물에 대하여 인식하는 작용 또는 사회적 · 역사적으로 형성되는 사물이나 일에 대한 개인적 · 집단적 감정이나 견해나 사상

오답분석

① 의지(依支) : 다른 것에 몸이나 마음을 기댐. 또는 그

렇게 하는 대상
② 의존(依存) : 다른 것에 의지하여 존재함
④ 의탁(依託) : 어떤 것에 몸이나 마음을 의지하여 맡김
⑤ 의뢰(依賴) : 남에게 부탁함

12

> • 동생은 형과의 관계 (개선)을 위하여 노력했다.
> • 체질을 (개선)하고자 식습관을 바꾸어 보았다.
> • 서류에서 숫자 몇 개를 (수정 / 정정)하여 보고하였다.
> • 부엌을 신식으로 (개량)하였다.
> • 출판하기 전에 원고의 오타를 꼼꼼히 (수정 / 정정)하였다.

• 개정(改定) : 이미 정하였던 것을 고쳐 다시 정함

오답분석

① 개량(改良) : 나쁜 점을 보완하여 더 좋게 고침
② 개선(改善) : 잘못된 것이나 부족한 것, 나쁜 것 따위를 고쳐 더 좋게 만듦
④ 수정(修正) : 바로잡아 고침
⑤ 정정(訂正) : 글자나 글 따위의 잘못을 고쳐서 바로잡음

13

- 그렇게 (　)한 일이 아니다.
- 안나는 (　)한 소지품만 챙겨서 집을 빠져 나왔다.
- 아침잠이 많은 규민이는 (　)하게 주스로 요기를 한다.
- 세상일이란 생각처럼 (　)하지가 않다.
- 유미는 (　)로운 일상에 변화를 주고 싶어졌다.

① 간결
② 간단
③ 간편
④ 단순
⑤ 단조

14

- 시험에 대한 부담감이 수험생들의 심리를 (　)하고 있다.
- 그는 고문실에 감금된 상태에서 거짓자백을 (　)받았다고 주장했다.
- 일제의 (　)에도 불구하고, 독립운동의 열기는 식을 줄 몰랐다.
- 독재자가 철권으로 국민을 (　)하였다.
- 치솟는 물가가 서민의 가계를 (　)하고 있다.

① 강요
② 강권
③ 강압
④ 압제
⑤ 압박

15 다음 밑줄 친 단어를 적절하게 수정한 것은?

> 웰빙이란 육체적 · 정신적 건강의 조화를 통해 행복하고 아름다운 삶을 추구하는 삶의 유형이나 문화를 통틀어 일컫는 개념이라고 할 수 있다. 우리나라의 경우 2003년 들어 웰빙 문화가 퍼져 웰빙족이라는 개념이 도입되었는데, 특히 이들의 식습관은 고기 대신 생선과 유기농산물을 선호하며 외식보다는 가정에서 만든 슬로푸드를 즐기는 경향이 있다. 현재 우리나라의 대기업에서 일괄 제조하고 있는 여러 '가공 웰빙 식품'은 아무리 유기농산물을 사용하고, 여러 영양소를 <u>첨가하다</u> 가공식품으로 분류하여야 마땅하다. 그러나 이러한 식품들은 일반적으로 웰빙 식품으로 인식되어 소비되고 있다.

① 첨가해야 하므로
② 첨가하였으니
③ 첨가할 수밖에 없어
④ 첨가했다 하더라도
⑤ 첨가한 후에야

정답 및 해설

13 ① 14 ②

13

> • 그렇게 (단순 / 간단)한 일이 아니다.
> • 안나는 (간단)한 소지품만 챙겨서 집을 빠져 나왔다.
> • 아침잠이 많은 규민이는 (간편)하게 주스로 요기를 한다.
> • 세상일이란 생각처럼 (단순 / 간단)하지가 않다.
> • 유미는 (단조)로운 일상에 변화를 주고 싶어졌다.

• 간결(簡潔) : 간단하고 깔끔한 것

오답분석

② 간단(簡單) : 단순하고 간략한 것
③ 간편(簡便) : 간단하고 편리한 것
④ 단순(單純) : 복잡하지 않고 간단함
⑤ 단조(單調) : 사물이 단순하고 변화가 없어 새로운 느낌이 없음

14

> • 시험에 대한 부담감이 수험생들의 심리를 (압박)하고 있다.
> • 그는 고문실에 감금된 상태에서 거짓자백을 (강요)받았다고 주장했다.
> • 일제의 (강압 / 압제 / 압박)에도 불구하고, 독립운동의 열기는 식을 줄 몰랐다.
> • 독재자가 철권으로 국민을 (강압 / 압제)하였다.
> • 치솟는 물가가 서민의 가계를 (압박)하고 있다.

• 강권(强勸) : 내키지 아니하는 것을 억지로 권함

오답분석

① 강요(强要) : 억지로 또는 강제로 요구함
③ 강압(强壓) : 강한 힘이나 권력으로 강제로 억누름
④ 압제(壓制) : 권력이나 폭력으로 남을 꼼짝 못하게 강제로 누름
⑤ 압박(壓迫) : 강한 힘으로 내리누름

16   다음 대화를 읽고 ㉠, ㉡, ㉢에 들어갈 말로 적절한 것은?

> A사원 : B씨, 저번에 올린 휴가신청서 ___㉠___ 받았어요?
> B사원 : 아니요. 팀장님께서 이번에 새로 시작한 프로젝트 지원 때문에 할 일이 많으니, 이달 둘째 주까지는 휴가를 자제하는 게 좋겠다고 하시면서 제 휴가신청서를 ___㉡___ 하셨어요.
> A사원 : 그렇군요. 그럼 B씨는 주말에도 근무하게 되니 대체휴가를 주시지 않을까요?
> B사원 : 아마도 그렇겠죠. 그런데 A씨 휴가신청은 어떻게 됐어요?
> A사원 : 저도 제가 맡은 일이 좀 많아서 팀장님 ___㉠___ 전에 자체 ___㉢___ 했어요.

	㉠	㉡	㉢
①	결재	반려	회수
②	결재	보류	회수
③	결제	보류	취소
④	결제	반려	회수
⑤	결제	반려	취소

17   다음 〈보기〉의 뜻을 보고 빈칸에 들어갈 말로 가장 적절한 것은?

> 먹고 살기가 무척 _____.

> **보기**
> 1. 처지가 좋지 못해 몹시 힘들다.
> 2. 일이 몹시 피곤할 정도로 힘들다.

① 궁벽하다

② 고단하다

③ 외따름하다

④ 으슥하다

⑤ 아찔하다

18 다음 중 제시문에서의 사용이 적절한 단어들로만 나열된 것은?

> • 머리가 하얗게 (샌 / 센) 노인을 보면 할아버지가 생각난다.
> • 그는 늘 다 (해진 / 헤진) 티셔츠를 입고 다녔다.
> • 좋은 일도 (치루고 / 치르고) 나면 지치기 마련이다.

① 센 － 해진 － 치르고
② 센 － 헤진 － 치루고
③ 센 － 헤진 － 치르고
④ 샌 － 해진 － 치루고
⑤ 샌 － 해진 － 치르고

---

     15 ④   16 ①   17 ②   18 ①

15

'아무리'라는 부사는 주로 연결어미 '－아도/어도'와 호응하여 쓰인다. 그러므로 괄호 안에 들어가기에 알맞은 것은 '첨가했다 하더라도'이다.

16

• 결재(決裁) : 결정할 권한이 있는 상관이 부하가 제출한 안건을 검토하여 허가하거나 승인함
• 반려(返戾) : 서류 등을 결재하지 않고 되돌려 보내는 것
• 회수(回收) : 도로 거두어들임

오답분석

• 결제(決濟) : 일을 처리하여 끝을 냄
• 보류(保留) : 어떤 일을 당장 처리하지 아니하고 나중으로 미루어 둠
• 취소(取消) : 발표한 의사를 거두어들이거나 예정된 일을 없애 버림

17

오답분석

① 궁벽하다 : 매우 후미지고 으슥하다.
③ 외따름하다 : 좀 궁벽한 듯하다.
④ 으슥하다 : 무서움을 느낄 만큼 깊숙하고 후미지다.
⑤ 아찔하다 : 갑자기 정신이 아득하고 조금 어지럽다.

18

첫 번째 문장의 '머리카락이나 수염 따위의 털이 희어지다.'의 뜻을 가진 동사는 '세다'이다. '새다'는 '날이 밝아 오다.'의 뜻이 있다.
두 번째 문장에서 '닳아서 떨어지다.'는 뜻의 단어는 '해지다'이다. '헤지다'는 '헤어지다'의 줄임말이다.
세 번째 문장의 '어떠한 일을 겪다.'라는 뜻의 단어는 '치르다'이다. '치루다'는 '치르다'의 잘못된 표현이다.

19 다음 중 밑줄 친 빈칸에 들어갈 단어로 적절한 것은?

인지부조화는 한 개인이 가지는 둘 이상의 사고, 태도, 신념, 의견 등이 서로 일치하지 않거나 상반될 때 생겨나는 심리적인 긴장상태를 의미한다. 인지부조화는 불편함을 유발하기 때문에 사람들은 이것을 감소시키려고 한다. 인지부조화를 감소시키는 방법은 서로 모순관계에 있어서 양립할 수 없는 인지들 가운데 하나 이상의 인지가 갖는 내용을 바꾸어 양립할 수 있게 만들거나, 서로 모순되는 인지들 간의 차이를 좁힐 수 있는 새로운 인지를 추가하여 부조화된 인지상태를 조화된 상태로 ___ 하는 것이다.

그런데 실제로 부조화를 감소시키는 행동은 비합리적인 면이 있다. 그 이유는 그러한 행동들이 사람들로 하여금 중요한 사실을 배우지 못하게 하고 자신들의 문제에 대해서 실제적인 해결책을 찾지 못하도록 할 수 있기 때문이다. 부조화를 감소시키려는 행동은 자기방어적인 행동이고, 부조화를 감소시킴으로써 우리는 자신의 긍정적인 이미지, 즉 자신이 선하고 현명하며 상당히 가치 있는 인물이라는 긍정적인 측면의 이미지를 유지하게 된다. 비록 자기방어적인 행동이 유용한 것으로 생각될 수 있지만, 이러한 행동은 부정적 결과를 초래할 수 있다.

① 전이
② 전환
③ 변환
④ 이양
⑤ 양여

20 다음 중 밑줄 친 빈칸에 들어갈 수 있는 단어로 적절하지 않은 것은?

> 원상복구는 도배, 장판 등 임대주택 전용 부분에 기본적으로 제공된 시설물을 퇴거 시 입주 당시의 상태로 유지하는 것과 별도설치 품목 및 해당 품목 설치를 위한 천공, 변형 등 부수행위에 대해 입주 당시 상태로 복원하는 것을 말한다. 따라서 임차인은 ___된 부분에 대한 원상복구의 의무를 지닌다.

① 오손
② 박리
③ 망실
④ 고의
⑤ 손모

정답 및 해설   19 ②   20 ④

19

문맥상 빈칸에는 부조화된 인지상태를 조화된 상태로 바꾼다는 뜻의 단어가 들어가야 하므로, '기존의 것을 다른 방향이나 다른 상태로 바꿈'을 뜻하는 '전환(轉換)'이 가장 적절하다.

오답분석

① 전이 : 자리나 위치 등을 다른 곳으로 옮김
③ 변환 : 다르게 하여 바꿈
④ 이양 : 다른 사람에게 넘겨줌
⑤ 양여 : 자신의 소유를 남에게 건네줌

20

문맥상 빈칸에는 천공, 변형 등과 같은 행위로 인해 주택이 훼손되었다는 내용의 단어가 들어가야 하므로, ①·②·③·⑤와 같은 의미의 단어들이 들어가는 것이 적절하다. ④의 '고의(故意)'는 '일부러 하는 행동이나 생각'이라는 뜻으로 빈칸에 적절하지 않다.

오답분석

① 오손 : 더럽히고 손상함
② 박리 : 이격되어 떨어지는 것
③ 망실 : 없어지거나 분실하는 것
⑤ 손모 : 사용함으로써 닳아 없어짐

CHAPTER 04
맞춤법 · 표준어

핵심이론 ┃ 맞춤법

한글 맞춤법

제1장 총칙

제1항 한글 맞춤법은 표준어를 소리대로 적되, 어법에 맞도록 함을 원칙으로 한다.

제2항 문장의 각 단어는 띄어 씀을 원칙으로 한다.

제3항 외래어는 '외래어 표기법'에 따라 적는다.

제2장 자모

제4항 한글 자모의 수는 스물넉 자로 하고, 그 순서와 이름은 다음과 같이 정한다.

ㄱ(기역) ㄴ(니은) ㄷ(디귿) ㄹ(리을) ㅁ(미음) ㅂ(비읍) ㅅ(시옷) ㅇ(이응) ㅈ(지읒)

ㅊ(치읓) ㅋ(키읔) ㅌ(티읕) ㅍ(피읖) ㅎ(히읗)

ㅏ(아) ㅑ(야) ㅓ(어) ㅕ(여) ㅗ(오) ㅛ(요) ㅜ(우) ㅠ(유) ㅡ(으) ㅣ(이)

[붙임 1] 위의 자모로써 적을 수 없는 소리는 두 개 이상의 자모를 어울러서 적되, 그 순서와 이름은 다음과 같이 정한다.

ㄲ(쌍기역) ㄸ(쌍디귿) ㅃ(쌍비읍) ㅆ(쌍시옷) ㅉ(쌍지읒)

ㅐ(애) ㅒ(얘) ㅔ(에) ㅖ(예) ㅘ(와) ㅙ(왜) ㅚ(외) ㅝ(워) ㅞ(웨) ㅟ(위) ㅢ(의)

[붙임 2] 사전에 올릴 적의 자모 순서는 다음과 같이 정한다.

자음	ㄱ ㄲ ㄴ ㄷ ㄸ ㄹ ㅁ ㅂ ㅃ ㅅ ㅆ ㅇ ㅈ ㅉ ㅊ ㅋ ㅌ ㅍ ㅎ
모음	ㅏ ㅐ ㅑ ㅒ ㅓ ㅔ ㅕ ㅖ ㅗ ㅘ ㅙ ㅚ ㅛ ㅜ ㅝ ㅞ ㅟ ㅠ ㅡ ㅢ ㅣ

제3장 소리에 관한 것

제1절 된소리

제5항 한 단어 안에서 뚜렷한 까닭 없이 나는 된소리는 다음 음절의 첫소리를 된소리로 적는다.

1. 두 모음 사이에서 나는 된소리

   소쩍새 어깨 오빠 으뜸 아끼다 기쁘다 깨끗하다 어떠하다 해쓱하다 거꾸로

2. 'ㄴ, ㄹ, ㅁ, ㅇ' 받침 뒤에서 나는 된소리

   산뜻하다 잔뜩 살짝 훨씬 담뿍 움찔 몽땅 엉뚱하다

다만, 'ㄱ, ㅂ' 받침 뒤에서 나는 된소리는, 같은 음절이나 비슷한 음절이 겹쳐 나는 경우가 아니면 된소리로 적지 아니한다.

국수 깍두기 딱지 색시 싹둑(~싹둑) 법석 갑자기 몹시

제2절 구개음화

제6항 'ㄷ, ㅌ' 받침 뒤에 종속적 관계를 가진 '-이(-)'나 '-히-'가 올 적에는, 그 'ㄷ, ㅌ'이 'ㅈ, ㅊ'으로 소리 나더라도 'ㄷ, ㅌ'으로 적는다.

맏이 핥이다 해돋이 굳이 같이 끝이 걷히다 닫히다 묻히다

제3절 'ㄷ' 소리 받침

제7항 'ㄷ' 소리로 나는 받침 중에서 'ㄷ'으로 적을 근거가 없는 것은 'ㅅ'으로 적는다.

덧저고리 돗자리 웃어른 무릇 얼핏 자칫하면 뭇[衆]

제4절 모음

제8항 '계, 례, 몌, 폐, 혜'의 'ㅖ'는 'ㅔ'로 소리 나는 경우가 있더라도 'ㅖ'로 적는다.

계수(桂樹) 혜택(惠澤) 사례(謝禮) 폐품(廢品) 계시다

다만, 다음 말은 본음대로 적는다.

게송(偈頌) 게시판(揭示板) 휴게실(休憩室)

제9항 '의'나 자음을 첫소리로 가지고 있는 음절의 'ㅢ'는 'ㅣ'로 소리 나는 경우가 있더라도 'ㅢ'로 적는다.

의의(意義) 닁큼 본의(本義) 띄어쓰기 무늬[紋] 씌어 틔어 하늬바람 늴리리

제5절 두음 법칙

제10항 한자음 '녀, 뇨, 뉴, 니'가 단어 첫머리에 올 적에는, 두음 법칙에 따라 '여, 요, 유, 이'로 적는다.

여자(女子) 유대(紐帶) 연세(年歲) 이토(泥土) 요소(尿素) 익명(匿名)

다만, 다음과 같은 의존 명사에서는 '냐, 녀'음을 인정한다.

냥(兩) 냥쭝(兩-) 년(年)(몇 년)

[붙임 1] 단어의 첫머리 이외의 경우에는 본음대로 적는다.

남녀(男女) 당뇨(糖尿) 결뉴(結紐) 은닉(隱匿)

[붙임 2] 접두사처럼 쓰이는 한자가 붙어서 된 말이나 합성어에서, 뒷말의 첫소리가 'ㄴ' 소리로 나더라도 두음 법칙에 따라 적는다.

신여성(新女性) 공염불(空念佛) 남존여비(男尊女卑)

[붙임 3] 둘 이상의 단어로 이루어진 고유 명사를 붙여 쓰는 경우에도 [붙임 2]에 준하여 적는다.

한국여자대학 대한요소비료회사

제11항 한자음 '랴, 려, 례, 료, 류, 리'가 단어의 첫머리에 올 적에는, 두음 법칙에 따라 '야, 여, 예, 요, 유, 이'로 적는다.

양심(良心)   용궁(龍宮)   역사(歷史)   이발(理髮)

다만, 다음과 같은 의존 명사는 본음대로 적는다.

리(里) : 몇 리냐?   /   리(理) : 그럴 리가 없다.

[붙임 1] 단어의 첫머리 이외의 경우에는 본음대로 적는다.

개량(改良)   선량(善良)   수력(水力)   협력(協力)   사례(謝禮)   혼례(婚禮)   쌍룡(雙龍)

다만, 모음이나 'ㄴ' 받침 뒤에 이어지는 '렬, 률'은 '열, 율'로 적는다.

나열(羅列)   선열(先烈)   선율(旋律)   비율(比率)   실패율(失敗率)   백분율(百分率)

[붙임 2] 외자로 된 이름을 성에 붙여 쓸 경우에도 본음대로 적을 수 있다.

신립(申砬)   최린(崔麟)   채륜(蔡倫)   하륜(河崙)

[붙임 3] 준말에서 본음으로 소리 나는 것은 본음대로 적는다.

국련(국제 연합)   한시련(한국 시각 장애인 연합회)

[붙임 4] 접두사처럼 쓰이는 한자가 붙어서 된 말이나 합성어에서, 뒷말의 첫소리가 'ㄴ' 또는 'ㄹ' 소리로 나더라도 두음 법칙에 따라 적는다.

역이용(逆利用)   연이율(年利率)   열역학(熱力學)   해외여행(海外旅行)

[붙임 5] 둘 이상의 단어로 이루어진 고유 명사를 붙여 쓰는 경우나 십진법에 따라 쓰는 수(數)도 [붙임 4]에 준하여 적는다.

서울여관   신흥이발관   육천육백육십육(六千六百六十六)

제12항 한자음 '라, 래, 로, 뢰, 루, 르'가 단어의 첫머리에 올 적에는, 두음 법칙에 따라 '나, 내, 노, 뇌, 누, 느'로 적는다.

낙원(樂園)   뇌성(雷聲)   내일(來日)   누각(樓閣)   노인(老人)   능묘(陵墓)

[붙임 1] 단어의 첫머리 이외의 경우에는 본음대로 적는다.

왕래(往來)   부로(父老)   연로(年老)   낙뢰(落雷)   고루(高樓)   광한루(廣寒樓)
가정란(家庭欄)

[붙임 2] 접두사처럼 쓰이는 한자가 붙어서 된 단어는 뒷말을 두음 법칙에 따라 적는다.

내내월(來來月)   중노동(重勞動)   비논리적(非論理的)

제6절 겹쳐 나는 소리

제13항 한 단어 안에서 같은 음절이나 비슷한 음절이 겹쳐 나는 부분은 같은 글자로 적는다.

딱딱   쌕쌕   똑딱똑딱   쓱싹쓱싹   연연불망(戀戀不忘)   쌉쌀하다   씁쓸하다   누누이(屢屢-)
짭짤하다

제4장 형태에 관한 것

제1절 체언과 조사

제14항 체언은 조사와 구별하여 적는다.

떡이	떡을	떡에	떡도	떡만
밤이	밤을	밤에	밤도	밤만
낮이	낮을	낮에	낮도	낮만
꽃이	꽃을	꽃에	꽃도	꽃만
넋이	넋을	넋에	넋도	넋만
값이	값을	값에	값도	값만

제2절 어간과 어미

제15항 용언의 어간과 어미는 구별하여 적는다.

먹다 먹고 먹어 먹으니 / 신다 신고 신어 신으니

넘다 넘고 넘어 넘으니 / 입다 입고 입어 입으니

[붙임 1] 두 개의 용언이 어울려 한 개의 용언이 될 적에, 앞말의 본뜻이 유지되고 있는 것은 그 원형을 밝히어 적고, 그 본뜻에서 멀어진 것은 밝히어 적지 아니한다.

    1. 앞말의 본뜻이 유지되고 있는 것

      넘어지다 늘어나다 늘어지다 들어가다 벌어지다 접어들다 틀어지다

    2. 본뜻에서 멀어진 것

      드러나다 사라지다 쓰러지다

[붙임 2] 종결형에서 사용되는 어미 '-오'는 '요'로 소리 나는 경우가 있더라도 그 원형을 밝혀 '오'로 적는다.

      이것은 책이오. / 이리로 오시오.

[붙임 3] 연결형에서 사용되는 '이요'는 '이요'로 적는다.

      이것은 책이요, 저것은 붓이요, 또 저것은 먹이다.

제17항 어미 뒤에 덧붙는 조사 '요'는 '요'로 적는다.

    읽어 / 읽어요, 좋지 / 좋지요

제3절 접미사가 붙어서 된 말

제19항 어간에 '-이'나 '-음/-ㅁ'이 붙어서 명사로 된 것과 '-이'나 '-히'가 붙어서 부사로 된 것은 그 어간의 원형을 밝히어 적는다.

    1. '-이'가 붙어서 명사로 된 것

      깊이 달맞이 미닫이 벼훑이 살림살이 쇠붙이

    2. '-음/-ㅁ'이 붙어서 명사로 된 것

      걸음 묶음 믿음 얼음 엮음 울음 웃음 졸음 죽음 앎

3. '—이'가 붙어서 부사로 된 것

　　같이　굳이　길이　높이　많이　실없이　좋이　짓궂이

4. '—히'가 붙어서 부사로 된 것

　　밝히　익히　작히

다만, 어간에 '—이'나 '—음'이 붙어서 명사로 바뀐 것이라도 그 어간의 뜻과 멀어진 것은 원형을 밝히어 적지 아니한다.

굽도리　다리[髢]　목거리(목병)　무녀리　노름(도박)

[붙임] 어간에 '—이'나 '—음' 이외의 모음으로 시작된 접미사가 붙어서 다른 품사로 바뀐 것은 그 어간의 원형을 밝히어 적지 아니한다.

　　1. 명사로 바뀐 것

　　　　귀머거리　까마귀　너머　뜨더귀　마중　비렁뱅이　쓰레기

　　2. 부사로 바뀐 것

　　　　거뭇거뭇　도로　뜨덤뜨덤　바투　불긋불긋　비로소

　　3. 조사로 바뀌어 뜻이 달라진 것

　　　　나마　부터　조차

제20항 명사 뒤에 '—이'가 붙어서 된 말은 그 명사의 원형을 밝히어 적는다.

　　1. 부사로 된 것

　　　곳곳이　낱낱이　몫몫이　샅샅이　앞앞이　집집이

　　2. 명사로 된 것

　　　곰배팔이　바둑이　삼발이　애꾸눈이　육손이

[붙임] '—이' 이외의 모음으로 시작된 접미사가 붙어서 된 말은 그 명사의 원형을 밝히어 적지 아니한다.

　　　　꼬락서니　끄트머리　모가치　싸라기　이파리　지붕　지푸라기

제21항 명사나 혹은 용언의 어간 뒤에 자음으로 시작된 접미사가 붙어서 된 말은 그 명사나 어간의 원형을 밝히어 적는다.

　　1. 명사 뒤에 자음으로 시작된 접미사가 붙어서 된 것

　　　값지다　홑지다　넋두리　빛깔　잎사귀

　　2. 어간 뒤에 자음으로 시작된 접미사가 붙어서 된 것

　　　낚시　늙정이　덮개　갉작거리다　뜯적뜯적하다　높다랗다　늙수그레하다

다만, 다음과 같은 말은 소리대로 적는다.

1. 겹받침의 끝소리가 드러나지 아니하는 것

　　　할짝거리다　널따랗다　널찍하다　말짱하다　실쭉하다　얄따랗다　얄팍하다　짤따랗다　실컷

2. 어원이 분명하지 아니하거나 본뜻에서 멀어진 것

　　　넙치　올무　골막하다　납작하다

제22항 용언의 어간에 다음과 같은 접미사들이 붙어서 이루어진 말들은 그 어간을 밝히어 적는다.

　　1. '－기－, －리－, －이－, －히－, －구－, －우－, －추－, －으키－, －이키－, －애－'가 붙는 것

　　　　맡기다 옮기다 / 뚫리다 울리다 / 낚이다 쌓이다
　　　　굳히다 넓히다 / 돋구다 솟구다 / 돋우다 갖추다
　　　　일으키다 / 돌이키다 / 없애다

　　다만, '－이－, －히－, －우－'가 붙어서 된 말이라도 본뜻에서 멀어진 것은 소리대로 적는다.

　　　　도리다(칼로~) 드리다(용돈을~) 바치다(세금을~) 부치다(편지를~)

　　2. '－치－, －뜨리－, －트리－'가 붙는 것

　　　　놓치다 받치다 밭치다 부딪치다
　　　　부딪뜨리다 / 부딪트리다
　　　　쏟뜨리다 / 쏟트리다
　　　　흩뜨리다 / 흩트리다

제23항 '－하다'나 '－거리다'가 붙는 어근에 '－이'가 붙어서 명사가 된 것은 그 원형을 밝히어 적는다.

　　　　깔쭉이 살살이 오뚝이 배불뚝이 푸석이 홀쭉이

　　[붙임] '－하다'나 '－거리다'가 붙을 수 없는 어근에 '－이'나 또는 다른 모음으로 시작되는 접미사가 붙어서 명사가 된 것은 그 원형을 밝히어 적지 아니한다.

　　　　　　개구리 기러기 깍두기 꽹과리 날라리 누더기 두드러기 딱따구리 뻐꾸기 얼루기

제24항 '－거리다'가 붙을 수 있는 시늉말 어근에 '－이다'가 붙어서 된 용언은 그 어근을 밝히어 적는다.

　　　　깜짝이다 속삭이다 꾸벅이다 숙덕이다 끄덕이다 울먹이다 지껄이다

제25항 '－하다'가 붙는 어근에 '－히'나 '－이'가 붙어서 부사가 되거나, 부사에 '－이'가 붙어서 뜻을 더하는 경우에는 그 어근이나 부사의 원형을 밝히어 적는다.

　　1. '－하다'가 붙는 어근에 '－히'나 '－이'가 붙는 경우

　　　　꾸준히 도저히 딱히 / 어렴풋이 깨끗이

　　[붙임] '－하다'가 붙지 않는 경우에는 소리대로 적는다.

　　　　　　갑자기 반드시(꼭) 슬며시

　　2. 부사에 '－이'가 붙어서 역시 부사가 되는 경우

　　　　곰곰이 더욱이 생긋이 오뚝이 일찍이 해죽이

제4절 합성어 및 접두사가 붙은 말

제27항 둘 이상의 단어가 어울리거나 접두사가 붙어서 이루어진 말은 각각 그 원형을 밝히어 적는다.

꺾꽂이 부엌일 싫증 옷안 웃옷 젖몸살 칼날 홀아비

값없다 겉늙다 굶주리다 낮잡다 빗나가다 빛나다 새파랗다

[붙임 2] 어원이 분명하지 아니한 것은 원형을 밝히어 적지 아니한다.

　　　　　골병　골탕　끌탕　며칠　아재비　오라비　업신여기다　부리나케

제28항 끝소리가 'ㄹ'인 말과 딴 말이 어울릴 적에 'ㄹ' 소리가 나지 아니하는 것은 아니 나는 대로 적는다.

　　다달이(달-달-이)　따님(딸-님)　마소(말-소)　바느질(바늘-질)　부삽(불-삽)　화살(활-살)

제29항 끝소리가 'ㄹ'인 말과 딴 말이 어울릴 적에 'ㄹ' 소리가 'ㄷ' 소리로 나는 것은 'ㄷ'으로 적는다.

　　반짇고리(바느질~)　사흗날(사흘~)　삼짇날(삼질~)　섣달(설~)　숟가락(술~)

　　이튿날(이틀~)　잗주름(잘~)　푿소(풀~)　섣부르다(설~)

제30항 사이시옷은 다음과 같은 경우에 받치어 적는다.

　　1. 순우리말로 된 합성어로서 앞말이 모음으로 끝난 경우

　　　(1) 뒷말의 첫소리가 된소리로 나는 것

　　　　　고랫재　귓밥　나룻배　나뭇가지　냇가　댓가지　뒷갈망　맷돌　머릿기름

　　　　　모깃불　못자리　바닷가　뱃길　볏가리　부싯돌　선짓국　쇳조각　아랫집

　　　　　우렁잇속　잇자국　잿더미　조갯살　킷값　핏대

　　　(2) 뒷말의 첫소리 'ㄴ, ㅁ' 앞에서 'ㄴ' 소리가 덧나는 것

　　　　　멧나물　아랫니　텃마당　아랫마을　뒷머리　잇몸　깻묵　냇물　빗물

　　　(3) 뒷말의 첫소리 모음 앞에서 'ㄴㄴ' 소리가 덧나는 것

　　　　　도리깻열　뒷윷　두렛일　뒷일　뒷입맛　베갯잇　욧잇　나뭇잎

　　2. 순우리말과 한자어로 된 합성어로서 앞말이 모음으로 끝난 경우

　　　(1) 뒷말의 첫소리가 된소리로 나는 것

　　　　　귓병　머릿방　뱃병　봇둑　사잣밥　샛강　아랫방　자릿세　전셋집　찻잔

　　　　　찻종　촛국　콧병　탯줄　텃세　핏기　햇수　횟가루　횟배

　　　(2) 뒷말의 첫소리 'ㄴ, ㅁ' 앞에서 'ㄴ' 소리가 덧나는 것

　　　　　곗날　제삿날　훗날　툇마루　양칫물

　　　(3) 뒷말의 첫소리 모음 앞에서 'ㄴㄴ' 소리가 덧나는 것

　　　　　가욋일　사삿일　예삿일　훗일

　　3. 두 음절로 된 다음 한자어

　　　곳간(庫間)　셋방(貰房)　숫자(數字)　찻간(車間)　툇간(退間)　횟수(回數)

제31항 두 말이 어울릴 적에 'ㅂ' 소리나 'ㅎ' 소리가 덧나는 것은 소리대로 적는다.

　　1. 'ㅂ' 소리가 덧나는 것

　　　댑싸리(대ㅂ싸리)　멥쌀(메ㅂ쌀)　볍씨(벼ㅂ씨)　입때(이ㅂ때)

　　2. 'ㅎ' 소리가 덧나는 것

　　　머리카락(머리ㅎ가락)　살코기(살ㅎ고기)　수캐(수ㅎ개)　수컷(수ㅎ것)　수탉(수ㅎ닭)

　　　안팎(안ㅎ밖)　암캐(암ㅎ개)　암컷(암ㅎ것)　암탉(암ㅎ닭)

제5절 준말

제32항 단어의 끝모음이 줄어지고 자음만 남은 것은 그 앞의 음절에 받침으로 적는다.

(본말)	(준말)
기러기야	기럭아
어제그저께	엊그저께
어제저녁	엊저녁
가지고, 가지지	갖고, 갖지

제35항 모음 'ㅗ, ㅜ'로 끝난 어간에 '−아/−어, −았−/−었−'이 어울려 'ㅘ/ㅝ, ㅘ/ㅝ'으로 될 적에는 준 대로 적는다.

[붙임 2] 'ㅚ' 뒤에 '−어, −었−'이 어울려 'ㅙ, ㅚ'으로 될 적에도 준 대로 적는다.

　　　　괴어[→ 괘] 되어[→ 돼] 되었다[→ 됐다] 뵈어[→ 봬] 뵈었다[→ 뵀다]

　　　　쐬었다[→ 쐤다]

제37항 'ㅏ, ㅕ, ㅗ, ㅜ, ㅡ'로 끝난 어간에 '−이−'가 와서 각각 'ㅐ, ㅖ, ㅚ, ㅟ, ㅢ'로 줄 적에는 준 대로 적는다.

　　　　뜨이다[→ 띄다] 보이다[→ 뵈다] 쓰이다[→ 씌다]

제38항 'ㅏ, ㅗ, ㅜ, ㅡ' 뒤에 '−이어'가 어울려 줄어질 적에는 준 대로 적는다.

(본말)	(준말)
뜨이어	띄어
쓰이어	씌어 쓰여
쏘이어	쐬어 쏘여
트이어	틔어 트여

제39항 어미 '−지' 뒤에 '않−'이 어울려 '−잖−'이 될 적과 '−하지' 뒤에 '않−'이 어울려 '−찮−'이 될 적에는 준 대로 적는다.

　　　　그렇지 않은[→ 그렇잖은] 만만하지 않다[→ 만만찮다]

　　　　적지 않은[→ 적잖은] 변변하지 않다[→ 변변찮다]

제40항 어간의 끝음절 '하'의 'ㅏ'가 줄고 'ㅎ'이 다음 음절의 첫소리와 어울려 거센소리로 될 적에는 거센소리로 적는다.

　　　　간편하게[→ 간편케] 다정하다[→ 다정타] 연구하도록[→ 연구토록]

　　　　가하다[→ 가타] 흔하다[→ 흔타]

[붙임 2] 어간의 끝음절 '하'가 아주 줄 적에는 준 대로 적는다.

　　　　　거북하지[→ 거북지] 넉넉하지 않다[→ 넉넉지 않다]

　　　　　생각하건대[→ 생각건대] 못하지 않다[→ 못지않다]

　　　　　생각하다 못해[→ 생각다 못해] 섭섭하지 않다[→ 섭섭지 않다]

　　　　　깨끗하지 않다[→ 깨끗지 않다] 익숙하지 않다[→ 익숙지 않다]

[붙임 3] 다음과 같은 부사는 소리대로 적는다.

　　　　　결단코 결코 기필코 무심코 아무튼 요컨대

　　　　　정녕코 필연코 하마터면 하여튼 한사코

제5장 띄어쓰기

제1절 조사

제41항 조사는 그 앞말에 붙여 쓴다.

꽃이 꽃마저 꽃밖에 꽃에서부터 꽃으로만 꽃이나마 꽃처럼 어디까지나

제2절 의존 명사, 단위를 나타내는 명사 및 열거하는 말 등

제42항 의존 명사는 띄어 쓴다.

아는 것이 힘이다.   나도 할 수 있다.

먹을 만큼 먹어라.   아는 이를 만났다.

네가 뜻한 바를 알겠다.   그가 떠난 지가 오래다.

제43항 단위를 나타내는 명사는 띄어 쓴다.

한 개 차 한 대 금 서 돈 소 한 마리 옷 한 벌 열 살 조기 한 손

연필 한 자루 버선 한 죽 집 한 채 신 두 켤레 북어 한 쾌

다만, 순서를 나타내는 경우나 숫자와 어울리어 쓰이는 경우에는 붙여 쓸 수 있다.

두시 삼십분 오초 제일과 삼학년 육층 1446년 10월 9일 2대대

16동 502호 제1실습실 80원 10개 7미터

제44항 수를 적을 적에는 '만(萬)' 단위로 띄어 쓴다.

십이억 삼천사백오십육만 칠천팔백구십팔

12억 3456만 7898

제45항 두 말을 이어 주거나 열거할 적에 쓰이는 다음의 말들은 띄어 쓴다.

국장 겸 과장 열 내지 스물 청군 대 백군

책상, 걸상 등이 있다 이사장 및 이사들 사과, 배, 귤 등등

사과, 배 등속 부산, 광주 등지

제46항 단음절로 된 단어가 연이어 나타날 적에는 붙여 쓸 수 있다.

좀더 큰것 이말 저말 한잎 두잎

제3절 보조 용언

제47항 보조 용언은 띄어 씀을 원칙으로 하되, 경우에 따라 붙여 씀도 허용한다(ㄱ을 원칙으로 하고, ㄴ을 허용함).

[ㄱ]	[ㄴ]
불이 꺼져 간다.	불이 꺼져간다.
내 힘으로 막아 낸다.	내 힘으로 막아낸다.
어머니를 도와 드린다.	어머니를 도와드린다.

그릇을 깨뜨려 버렸다.	그릇을 깨뜨려버렸다.
비가 올 듯하다.	비가 올듯하다.
그 일은 할 만하다.	그 일은 할만하다.
일이 될 법하다.	일이 될법하다.
비가 올 성싶다.	비가 올성싶다.
잘 아는 척한다.	잘 아는척한다.

다만, 앞말에 조사가 붙거나 앞말이 합성 동사인 경우, 그리고 중간에 조사가 들어갈 적에는 그 뒤에 오는 보조 용언은 띄어 쓴다.

잘도 놀아만 나는구나!   책을 읽어도 보고…….

네가 덤벼들어 보아라.   이런 기회는 다시없을 듯하다.

그가 올 듯도 하다.   잘난 체를 한다.

제4절 고유 명사 및 전문 용어

제48항 성과 이름, 성과 호 등은 붙여 쓰고, 이에 덧붙는 호칭어, 관직명 등은 띄어 쓴다.

　　김양수(金良洙)　서화담(徐花潭)　채영신 씨

　　최치원 선생　박동식 박사　충무공 이순신 장군

　　다만, 성과 이름, 성과 호를 분명히 구분할 필요가 있을 경우에는 띄어 쓸 수 있다.

　　남궁억/남궁 억　독고준/독고 준　황보지봉(皇甫芝峰)/황보 지봉

제49항 성명 이외의 고유 명사는 단어별로 띄어 씀을 원칙으로 하되, 단위별로 띄어 쓸 수 있다(ㄱ을 원칙으로 하고, ㄴ을 허용함).

[ㄱ]	[ㄴ]
대한 중학교	대한중학교
한국 대학교 사범 대학	한국대학교 사범대학

제50항 전문 용어는 단어별로 띄어 씀을 원칙으로 하되, 붙여 쓸 수 있다(ㄱ을 원칙으로 하고, ㄴ을 허용함).

[ㄱ]	[ㄴ]
만성 골수성 백혈병	만성골수성백혈병
중거리 탄도 유도탄	중거리탄도유도탄

제6장 그 밖의 것

제51항 부사의 끝음절이 분명히 '이'로만 나는 것은 '-이'로 적고, '히'로만 나거나 '이'나 '히'로 나는 것은 '-히'로 적는다.

1. '이'로만 나는 것

    깨끗이 느긋이 따뜻이 산뜻이 의젓이 많이 적이 헛되이

    겹겹이 번번이 일일이 틈틈이

2. '히'로만 나는 것

    급히 딱히 속히 족히 특히 엄격히 정확히

3. '이, 히'로 나는 것

    솔직히 가만히 간편히 나른히 무단히 각별히 소홀히 쓸쓸히

    정결히 과감히 꼼꼼히 심히 열심히 급급히 답답히 섭섭히

    공평히 능히 당당히 분명히 상당히 조용히 간소히 고요히 도저히

제52항 한자어에서 본음으로도 나고 속음으로도 나는 것은 각각 그 소리에 따라 적는다.

제53항 다음과 같은 어미는 예사소리로 적는다.

    -(으)ㄹ거나 -(으)ㄹ걸 -(으)ㄹ게 -(으)ㄹ세라

    -(으)ㄹ시 -(으)ㄹ진대 -(으)ㄹ진대 -올시다

다만, 의문을 나타내는 다음 어미들은 된소리로 적는다.

    -(으)ㄹ까? -(으)ㄹ꼬? -(스)ㅂ니까? -(으)리까? -(으)ㄹ쏘냐?

제54항 다음과 같은 접미사는 된소리로 적는다.

    심부름꾼 귀때기 익살꾼 볼때기 일꾼 판자때기 장꾼

    뒤꿈치 지게꾼 이마빼기 때깔 코빼기 객쩍다

제55항 두 가지로 구별하여 적던 다음 말들은 한 가지로 적는다(ㄱ을 취하고, ㄴ을 버림).

[ㄱ]	[ㄴ]
맞추다(입을 맞춘다. 양복을 맞춘다.)	마추다
뻗치다(다리를 뻗친다. 멀리 뻗친다.)	뻐치다

제56항 '-더라, -던'과 '-든지'는 다음과 같이 적는다.

1. 지난 일을 나타내는 어미는 '-더라, -던'으로 적는다.

    지난겨울은 몹시 춥더라.   깊던 물이 얕아졌다.

    그렇게 좋던가?   그 사람 말 잘하던데!

    얼마나 놀랐던지 몰라.

2. 물건이나 일의 내용을 가리지 아니하는 뜻을 나타내는 조사와 어미는 '(-)든지'로 적는다.

    배든지 사과든지 마음대로 먹어라.

    가든지 오든지 마음대로 해라.

제57항 다음 말들은 각각 구별하여 적는다.

- 가름 : 둘로 가름 / 갈음 : 새 책상으로 갈음하였다.
- 거치다 : 영월을 거쳐 왔다. / 걷히다 : 외상값이 잘 걷힌다.
- 걷잡다 : 걷잡을 수 없는 상태 / 겉잡다 : 겉잡아서 이틀 걸릴 일
- 그러므로(그러니까) : 그는 부지런하다. 그러므로 잘 산다.

  그럼으로(써) : 그는 열심히 공부한다. 그럼으로(써) (그렇게 하는 것으로) 은혜에 보답한다.
- 노름 : 노름판이 벌어졌다. / 놀음(놀이) : 즐거운 놀음
- 느리다 : 진도가 너무 느리다.

  늘이다 : 고무줄을 늘인다.

  늘리다 : 수출량을 더 늘린다.
- 다리다 : 옷을 다린다. / 달이다 : 약을 달인다.
- 다치다 : 부주의로 손을 다쳤다.

  닫히다 : 문이 저절로 닫혔다.

  닫치다 : 문을 힘껏 닫쳤다.
- 마치다 : 벌써 일을 마쳤다. / 맞히다 : 여러 문제를 더 맞혔다.
- 바치다 : 나라를 위해 목숨을 바쳤다. / 받치다 : 우산을 받치고 간다.

  받히다 : 쇠뿔에 받혔다. / 밭치다 : 술을 체에 밭친다.
- 반드시 : 약속은 반드시 지켜라. / 반듯이 : 고개를 반듯이 들어라.
- 부딪치다 : 차와 차가 마주 부딪쳤다. / 부딪히다 : 마차가 화물차에 부딪혔다.
- 부치다 : 힘이 부치는 일이다. 편지를 부친다. 논밭을 부친다. 식목일에 부치는 글.

  삼촌 집에 숙식을 부친다. 빈대떡을 부친다. 회의에 부치는 안건

  붙이다 : 우표를 붙인다. 책상을 벽에 붙였다. 흥정을 붙인다. 불을 붙인다.

  감시원을 붙인다. 조건을 붙인다. 취미를 붙인다.
- 아름 : 세 아름 되는 둘레

  알음 : 전부터 알음이 있는 사이

  앎 : 앎이 힘이다.
- 저리다 : 다친 다리가 저린다. / 절이다 : 김장 배추를 절인다.
- 조리다 : 생선을 조린다. 통조림 / 졸이다 : 마음을 졸인다.
- 하노라고 : 하노라고 한 것이 이 모양이다.

  하느라고 : 공부하느라고 밤을 새웠다.
- −느니보다(어미) : 나를 찾아오느니보다 집에 있거라.

  −는 이보다(의존 명사) : 오는 이가 가는 이보다 많다.
- −(으)리만큼(어미) : 나를 미워하리만큼 그에게 잘못한 일이 없다.

  −(으)ㄹ 이만큼(의존 명사) : 찬성할 이도 반대할 이만큼이나 많을 것이다.
- −(으)로서(자격) : 사람으로서 그럴 수는 없다.

  −(으)로써(수단) : 닭으로써 꿩을 대신했다.
- −(으)므로(어미) : 그가 나를 믿으므로 나도 그를 믿는다.

  (−ㅁ, −음)으로(써)(조사) : 그는 믿음으로(써) 산 보람을 느꼈다.

01 다음 밑줄 친 ㉠~㉤ 중 어법상 옳은 것은?

① 제시문에서 확인해야 하는 어법을 체크한다.

② 얇다 / 가늘다   몇일 / 며칠

오늘날 여성들은 지나치게 ㉠ 얇은 허리와 팔, 다리를 선호하고 있어, 과도한 다이어트가 사회적 문제로 떠오르고 있다. 심지어 온라인상에서는 특정 식품만 섭취하여 ㉡ 몇일 만에 5kg 이상을 뺄 수 있다는 이른바 '원푸드 다이어트'가 유행하고 있으며, 몇몇 여성들은 어떤 제품이 다이어트 효과가 좋다고 소문만 나면 ㉢ 서슴치 않고 검증되지 않은 다이어트약을 사서 복용하기도 한다. 그러나 무리한 다이어트는 영양실조 등으로 이어져 건강을 악화시키며, 오히려 요요현상을 부추겨 이전 몸무게로 되돌아가거나 심지어 이전 몸무게보다 체중이 더 불어나게 만들기도 한다. 전문가들은 무리하게 음식 섭취를 줄이는 대신 생활 속에서 운동량을 조금씩 ㉣ 늘여 열량을 소모할 것과, 무작정 유행하는 다이어트법을 따라할 것이 아니라 자신의 컨디션과 체질에 ㉤ 알맞은 다이어트 방법을 찾을 것을 권하고 있다.

서슴치 / 서슴지   알맞은   늘여 / 늘려

① ㉠   ② ㉡   ② 헷갈리는 부분을 적어보며 문제를 풀어나간다.
③ ㉢   ④ ㉣
⑤ ㉤

02 다음 중 띄어쓰기가 바르게 된 것은?

① 띄어쓰기를 확인해야 하는 부분을 체크한다.
② '조사'는 붙여 쓰고, '의존 명사'는 띄어 쓴다는 점에 따라 오답을 체크한다.
③ 헷갈리는 띄어쓰기는 경우에 따른 띄어쓰기에 유의하면서 문제를 풀어나간다.

의존 명사
① 철수가 떠난지가 한 달이 지났다.
② 얼굴도 예쁜데다가 마음씨까지 곱다.
③ 허공만 바라볼뿐 아무 말도 하지 않았다.
④ 회의 중에는 잡담을 하지 마시오.
⑤ 그 일을 책임지기는커녕 모른척 하기 바쁘다.
보조사

'일이나 것'을 나타내는 의존 명사 '데'는 띄어 쓴다.

'오직 그렇게 하거나 그러하다는 것'을 나타내는 의존 명사 '뿐'은 띄어 쓴다.

'무엇을 하는 동안' 또는 '어떤 상태에 있는 동안'의 의존 명사 '중'은 띄어 쓴다.

정답 및 해설

01

'알맞다'는 '일정한 기준이나 조건, 정도 따위에 넘치거나 모자라지 않다.'라는 의미의 형용사이므로, 어간 '알맞-'에 '-는'이 아닌 '-은'이 붙어야 한다.

오답분석

① 얇은 허리와 팔, 다리 → 가는 허리와 팔, 다리. 허리·다리·몸통 등 가늘고 긴 물체의 둘레나 너비, 부피 등과 관련하여서는 '가늘다'가 쓰여야 한다.

② 몇일 → 며칠. 어원이 분명하지 아니한 것은 원형을 밝히어 적지 아니하므로(한글맞춤법 제27항 붙임 2), '몇일'이 아닌 '며칠'이 되어야 한다.

③ 서슴치 → 서슴지. ⓒ의 기본형은 '서슴다'로, 본래 '하'가 없는 말이다. 따라서 어간 '서슴-'에 어미 '-지'가 붙어 '서슴지'가 되어야 한다.

④ 늘여 → 늘려. '본래보다 많거나 크게 하다.'라는 의미의 동사는 '늘리다'이다.

참고

'몇일'이 아닌 '며칠'인 이유

만약에 몇+일(日)이라면 실질형태소+실질형태소의 결합이기 때문에, ㄴ첨가+비음화 규칙에 따라 '몇일 → 몃일 → 몃닐 → 면닐'이 되어 [면닐]로 소리가 나야 한다(예 잡일[잠닐]). 그러나 [며칠]로 발음하고 있기 때문에, 실질형태소 일(日)로 보기 어려우며, 실제로 며칠의 옛말 '며츨'은 과거에 존재하다가 지금은 사라진 접미사 '-을'이 붙어서 만들어진 파생어였다는 설도 있다. 따라서 어원이 분명하다고 볼 수 없으므로 소리 나는 대로 '며칠'로 적는다.

02

의존 명사는 반드시 관형어가 있어야 문장에 쓰일 수 있는 명사이지만, 다른 명사들과 마찬가지로 독립된 어절로 띄어쓰기를 해야 한다.

오답분석

① 어미 '-지'는 붙여 쓰지만, '경과한 시간'을 나타내는 의존 명사 '지'는 앞말과 띄어 쓴다.

② '-ㄴ 데다가'는 앞 말이 나타내는 행동이나 상태가 더해짐을 나타내거나 이미 일어난 사실·상황이 더해짐을 나타내는 표현으로 '-ㄴ 데다가'와 같이 띄어 쓴다.

③ 체언 뒤에서 한정의 뜻을 나타내는 접미사 '뿐'은 앞말과 붙여 쓰지만, 용언의 관형사형 '-을' 뒤에서 '따름'이라는 뜻으로 쓰이는 의존 명사 '뿐'은 앞말과 띄어 쓴다.

⑤ '커녕'은 '어떤 사실을 부정하는 것은 물론 그보다 덜하거나 못한 것까지 부정함'을 뜻하는 보조사이므로 붙여 쓴다.

표준어 규정

제1장 총칙

제1항 표준어는 교양 있는 사람들이 두루 쓰는 현대 서울말로 정함을 원칙으로 한다.

제2항 외래어는 따로 사정한다.

제2장 발음 변화에 따른 표준어 규정

제1절 자음

제3항 다음 단어들은 거센소리를 가진 형태를 표준어로 삼는다.

끄나풀 나팔꽃 녘 부엌 살쾡이 칸('초가 삼간, 윗간'의 경우에는 '간'임)

제4항 다음 단어들은 거센소리로 나지 않는 형태를 표준어로 삼는다.

가을-갈이 거시기 분침

제5항 어원에서 멀어진 형태로 굳어져서 널리 쓰이는 것은, 그것을 표준어로 삼는다.

강낭-콩 고삿 사글-세 울력-성당

제6항 다음 단어들은 의미를 구별함이 없이, 한 가지 형태만을 표준어로 삼는다.

돌 둘-째('제2, 두 개째'의 뜻) 셋-째('제3, 세 개째'의 뜻) 넷-째

빌리다(빌려주다, 빌려 오다)

다만, '둘째'는 십 단위 이상의 서수사에 쓰일 때에 '두째'로 한다.

열두-째(열두 개째의 뜻은 '열둘째'로)

스물두-째(스물두 개째의 뜻은 '스물둘째'로)

제7항 수컷을 이르는 접두사는 '수-'로 통일한다.

수-꿩 수-나사 수-놈 수-사돈 수-소('황소'도 표준어임)

다만 1. 다음 단어에서는 접두사 다음에서 나는 거센소리를 인정한다. 접두사 '암-'이 결합되는 경우에도 이에 준한다.

수-캉아지 수-캐 수-컷 수-키와 수-탉 수-탕나귀 수-톨쩌귀 수-태지 수-평아리

다만 2. 다음 단어의 접두사는 '숫-'으로 한다.

숫-양 숫-염소 숫-쥐

제2절 모음

제8항 양성 모음이 음성 모음으로 바뀌어 굳어진 다음 단어는 음성 모음 형태를 표준어로 삼는다.

깡충-깡충(큰말은 '껑충껑충'임) -둥이 발가-숭이 오뚝-이

다만, 어원 의식이 강하게 작용하는 다음 단어에서는 양성 모음 형태를 그대로 표준어로 삼는다.

부조(扶助) 사돈(査頓) 삼촌(三寸)

제9항 'ㅣ' 역행 동화 현상에 의한 발음은 원칙적으로 표준 발음으로 인정하지 아니하되, 다만 다음 단어들은 그러한 동화가 적용된 형태를 표준어로 삼는다.

-내기(서울-, 시골-, 신출-, 풋-) 냄비 동댕이-치다

[붙임 1] 다음 단어는 'ㅣ' 역행 동화가 일어나지 아니한 형태를 표준어로 삼는다.

아지랑이(아지랭이 ×)

[붙임 2] 기술자에게는 '-장이', 그 외에는 '-쟁이'가 붙는 형태를 표준어로 삼는다.

미장이 유기장이 멋쟁이 소금쟁이 담쟁이-덩굴 골목쟁이 발목쟁이

제10항 다음 단어는 모음이 단순화한 형태를 표준어로 삼는다.

괴팍-하다 -구먼 미루-나무 여느 온-달(만 한 달)

으레 케케-묵다 허우대

제11항 다음 단어에서는 모음의 발음 변화를 인정하여, 발음이 바뀌어 굳어진 형태를 표준어로 삼는다.

깍쟁이 나무라다 미수(미숫-가루) 바라다['바램(所望)'은 비표준어임]

주책 지루-하다 허드레(허드렛-일)

제12항 '웃-' 및 '윗-'은 명사 '위'에 맞추어 '윗-'으로 통일한다.

윗-넓이 윗-눈썹 윗-니 윗-도리 윗-막이 윗-배 윗-변 윗-입술

다만 1. 된소리나 거센소리 앞에서는 '위-'로 한다.

위-짝 위-쪽 위-채 위-층 위-치마 위-턱 위-팔

다만 2. '아래, 위'의 대립이 없는 단어는 '웃-'으로 발음되는 형태를 표준어로 삼는다.

웃-돈 웃-비(한창 내리다가 잠시 그친 비. 웃비걷다)

웃-어른 웃-옷(맨 겉에 입는 옷. '윗옷'은 '아랫옷'의 반대임)

제13항 한자 '구(句)'가 붙어서 이루어진 단어는 '귀'로 읽는 것을 인정하지 아니하고, '구'로 통일한다.

구법(句法) 구절(句節) 시구(詩句) 어구(語句) 인용구(引用句) 절구(絕句)

제3절 준말

제14항 준말이 널리 쓰이고 본말이 잘 쓰이지 않는 경우에는, 준말만을 표준어로 삼는다.

또리 무 생-쥐 온-갖

제15항 준말이 쓰이고 있더라도, 본말이 널리 쓰이고 있으면 본말을 표준어로 삼는다.

궁상-떨다 귀이-개 내왕-꾼 돗-자리

뒤웅-박 마구-잡이 살얼음-판 수두룩-하다

제16항 준말과 본말이 다 같이 널리 쓰이면서 준말의 효용이 뚜렷이 인정되는 것은, 두 가지를 다 표준어로 삼는다.

본말	준말	본말	준말
거짓-부리	거짓-불	서투르다	서툴다
노을	놀	시-누이	시-뉘/시-누
막대기	막대	오-누이	오-뉘/오-누
머무르다	머물다	외우다	외다

제4절 단수 표준어

제17항 비슷한 발음의 몇 형태가 쓰일 경우, 그 의미에 아무런 차이가 없고, 그중 하나가 더 널리
　　　쓰이면, 그 한 형태만을 표준어로 삼는다.

　　　거든-그리다　귀-고리　꼭두-각시

　　　냠냠-거리다　네[四](너 돈, 너 말, 너 발 등)　넉[四](넉 냥, 넉 되, 넉 자 등)

　　　-던('-던'은 회상의 뜻을 나타내는 어미. 선택, 무관의 뜻을 나타내는 어미는 '-든'임)

　　　-던가　-던데　-던지

　　　망가-뜨리다　본새　봉숭아

　　　뺨-따귀　빠개다[斫](두 조각으로 가르다)　뻐기다[誇](뽐내다)

　　　상-판대기　쏨벅-쏨벅　짓-무르다　천장(天障)

제5절 복수 표준어

제18항 다음 단어는 ㄱ을 원칙으로 하고, ㄴ도 허용한다.

ㄱ	ㄴ	비고
네	예	–
쇠-	소-	쇠(소)가죽, 쇠(소)고기, 쇠(소)기름, 쇠(소)머리, 쇠(소)뼈
괴다	고이다	물이 괴다(고이다). 밑을 괴다(고이다).
꾀다	꼬이다	어린애를 꾀다(꼬이다). 벌레가 꾀다(꼬이다).
쐬다	쏘이다	바람을 쐬다(쏘이다).
죄다	조이다	나사를 죄다(조이다).
쬐다	쪼이다	볕을 쬐다(쪼이다).

제19항 어감의 차이를 나타내는 단어 또는 발음이 비슷한 단어들이 다 같이 널리 쓰이는 경우에
　　　는, 그 모두를 표준어로 삼는다.

　　　거슴츠레-하다(게슴츠레-하다)　고까(꼬까)　고린-내(코린-내)　교기(驕氣)(갸기)

　　　구린-내(쿠린-내)　꺼림-하다(께름-하다)　나부랭이(너부렁이)

제3장 어휘 선택의 변화에 따른 표준어 규정

제1절 고어

제20항 사어(死語)가 되어 쓰이지 않게 된 단어는 고어로 처리하고, 현재 널리 사용되는 단어를
표준어로 삼는다.

낭떠러지   설거지-하다(설겆다 ×)   애달프다(애닯다 ×)   오동-나무   자두

제2절 한자어

제21항 고유어 계열의 단어가 널리 쓰이고 그에 대응되는 한자어 계열의 단어가 용도를 잃게 된
것은 고유어 계열의 단어만을 표준어로 삼는다.

길품-삯   까막-눈   나뭇-갓   늙-다리   메-찰떡   박달-나무
사래-밭   삯-말   솟을-무늬   잎-담배   지겟-다리   흰-말(백-말 ×. '백마'는 표준어임)

제3절 방언

제23항 방언이던 단어가 표준어보다 더 널리 쓰이게 된 것은, 그것을 표준어로 삼는다. 이 경우
원래의 표준어는 그대로 표준어로 남겨 두는 것을 원칙으로 한다.

멍게(우렁쉥이)   물-방개(선두리)   애-순(어린-순)

제24항 방언이던 단어가 널리 쓰이게 됨에 따라 표준어이던 단어가 안 쓰이게 된 것은, 방언이던
단어를 표준어로 삼는다.

귀밑-머리   까-뭉개다   막상   빈대-떡   생인-손   역-겹다   코-주부

제4절 단수 표준어

제25항 의미가 똑같은 형태가 몇 가지 있을 경우, 그중 어느 하나가 압도적으로 널리 쓰이면, 그
단어만을 표준어로 삼는다.

-게끔   고구마   고치다   골목-쟁이   길-잡이   나룻-배
농-지거리   다사-스럽다   담배-꽁초   뒤통수-치다   등-나무   등-때기
먼-발치   바가지   바람-꼭지   반-나절   버젓-이   부스러기   부지깽이
빙충-이   상투-쟁이   샛-별   선-머슴
안쓰럽다   안절부절-못하다   앉은뱅이-저울   알-사탕

제5절 복수 표준어

제26항 한 가지 의미를 나타내는 형태 몇 가지가 널리 쓰이며 표준어 규정에 맞으면, 그 모두를 표준어로 삼는다.

가는-허리/잔-허리	-거리다/-대다
가락-엿/가래-엿	거위-배/횟-배
가뭄/가물	것/해
가엾다/가엽다	게을러-빠지다/게을러-터지다
감감-무소식/감감-소식	고깃-간/푸줏-간
개수-통/설거지-통	곰곰/곰곰-이
개숫-물/설거지-물	관계-없다/상관-없다
갱-엿/검은-엿	교정-보다/준-보다
구들-재/구재	만큼/만치
귀퉁-머리/귀퉁-배기	말-동무/말-벗
극성-떨다/극성-부리다	매-갈이/매-조미
기세-부리다/기세-피우다	매-통/목-매
기승-떨다/기승-부리다	먹-새/먹음-새
깃-저고리/배내-옷/배냇-저고리	멀찌감치/멀찌가니/멀찍이
꼬까/때때/고까	멱통/산-멱/산-멱통
꼬리-별/살-별	면-치레/외면-치레
꽃-도미/붉-돔	모-내다/모-심다
나귀/당-나귀	모쪼록/아무쪼록
날-걸/세-뿔	목판-되/모-되
내리-글씨/세로-글씨	목화-씨/면화-씨
넝쿨/덩굴	무심-결/무심-중
녘/쪽	물-봉숭아/물-봉선화
눈-대중/눈-어림/눈-짐작	물-부리/빨-부리
느리-광이/느림-보/늘-보	물-심부름/물-시중
늦-모/마냥-모	물추리-나무/물추리-막대
다기-지다/다기-차다	물-타작/진-타작
다달-이/매-달	민둥-산/벌거숭이-산
-다마다/-고말고	밑-층/아래-층
다박-나룻/다박-수염	바깥-벽/밭-벽
닭의-장/닭-장	바른/오른[右]
댓-돌/툇-돌	발-모가지/발-목쟁이
덧-창/겉-창	버들-강아지/버들-개지
독장-치다/독판-치다	벌레/버러지
동자-기둥/쪼구미	변덕-스럽다/변덕-맞다
돼지-감자/뚱딴지	보-조개/볼-우물
되우/된통/되게	보통-내기/여간-내기/예사-내기
두동-무늬/두동-사니	볼-따구니/볼-퉁이/볼-때기
뒷-갈망/뒷-감당	부침개-질/부침-질/지짐-질
뒷-말/뒷-소리	불똥-앉다/등화-지다/등화-앉다
들락-거리다/들랑-거리다	불-사르다/사르다
들락-날락/들랑-날랑	비발/비용(費用)
딴-전/딴-청	뽀두라지/뽀루지
땅-콩/호-콩	살-쾡이/삵
땔-감/땔-거리	삽살-개/삽사리
-뜨리다/-트리다	상두-꾼/상여-꾼

뜬-것/뜬-귀신
마룻-줄/용총-줄
마-파람/앞-바람
생-철/양-철
서럽다/섧다
서방-질/화냥-질
성글다/성기다
-(으)세요/-(으)셔요
송이/송이-버섯
수수-깡/수숫-대
술-안주/안주
-스레하다/-스름하다
시늉-말/흉내-말
시새/세사(細沙)
신/신발
신주-보/독보(褓)
심술-꾸러기/심술-쟁이
씁쓰레-하다/씁쓰름-하다
아귀-세다/아귀-차다
아래-위/위-아래
아무튼/어떻든/어쨌든/하여튼/여하튼
앉음-새/앉음-앉음
알은-척/알은-체
애-갈이/애벌-갈이
애꾸눈-이/외눈-박이
양념-감/양념-거리
어금버금-하다/어금지금-하다
어기여차/어여차
어림-잡다/어림-치다
어이-없다/어처구니-없다
어저께/어제
언덕-바지/언덕-배기
얼렁-뚱땅/엄벙-땡
여왕-벌/장수-벌
여쭈다/여쭙다
여태/입때
여태-껏/이제-껏/입때-껏
역성-들다/역성-하다
연-달다/잇-달다
엿-가락/엿-가래
엿-기름/엿-길금
엿-반대기/엿-자박

상-씨름/소-걸이
생/새앙/생강
생-뿔/새앙-뿔/생강-뿔
왕골-기직/왕골-자리
오사리-잡놈/오색-잡놈
옥수수/강냉이
외겹-실/외올-실/홑-실
외손-잡이/한손-잡이
욕심-꾸러기/욕심-쟁이
우레/천둥
우지/울-보
을러-대다/을러-메다
의심-스럽다/의심-쩍다
-이에요/-이어요
이틀-거리/당-고금
일일-이/하나-하나
일찌감치/일찌거니
입찬-말/입찬-소리
자리-옷/잠-옷
자물-쇠/자물-통
장가-가다/장가-들다
재롱-떨다/재롱-부리다
제-가끔/제-각기
좀-처럼/좀-체
줄-꾼/줄-잡이
중신/중매
짚-단/짚-뭇
쪽/편
차차/차츰
책-씻이/책-거리
척/체
천연덕-스럽다/천연-스럽다
철-따구니/철-딱서니/철-딱지
추어-올리다/추어-주다
축-가다/축-나다
침-놓다/침-주다
통-꼭지/통-젖
파자-쟁이/해자-쟁이
편지-투/편지-틀
한턱-내다/한턱-하다
해웃-값/해웃-돈
혼자-되다/홀로-되다
흠-가다/흠-나다/흠-지다

다음 중 표준어끼리 묶인 것은?

① 초콜렛 ─ 악세사리 ⎡ 초콜릿

객쩍다 ─┐ ③ 객적다 ─ 몇일

⑤ 깨끗이 ─ 사글세

② 날으는 ─ 구렛나루 ⎡ 나는

④ 웬지 ─ 생각컨대

─ 생각건대

눈에 보이는 오답부터 선택지에서 제거해나간다.

정답 ⑤

깨끗이(○) / 깨끗히(×) ─ 사글세(○) / 삭월세(×)

> **표준어규정 제2장**
> 제5항 어원에서 멀어진 형태로 굳어져서 널리 쓰이는 것은, 그것을 표준어로 삼는다.
> 예 울력성당(위력성당 ×), 고삿(고샅 ×)

오답분석

① 초콜렛(×) → 초콜릿(○) / 악세사리(×) → 액세서리(○)

② 날으는(×) → 나는(○) / 구렛나루(×) → 구레나룻(○)

③ 객적다(×) → 객쩍다(○) / 몇일(×) → 며칠(○)

④ 웬지(×) → 왠지(○) / 생각컨대(×) → 생각건대(○)

표준어 Tip

눈에 보이는 확실한 오답을 단계별로 제거한다.

두 단어가 모두 표준어라는 확신이 없더라도, 문제 조건상 한 단어가 맞지 않으면 정답이 되지 않으므로 문제를 푸는 것에는 어려움이 없다.

ⅰ) ② 날으는 → 나는, ③ 객적다 → 객쩍다, ④ 생각컨대 → 생각건대

ⅱ) ①과 ⑤가 보기 중 가장 혼동이 가는 선택지이다. 이때 ①의 '악세사리'가 올바른 외래어 표기법인지 확실히 알지 못하더라도, '초콜렛'이 규정상 옳지 않기 때문에 정답은 ⑤이다.

> **외래어 표기법 – 제1장 표기의 원칙**
> 제5항 이미 굳어진 외래어는 관용을 존중하되, 그 범위와 용례는 따로 정한다.

어휘 문제는 많은 어휘를 알고 있을수록 문제 풀기가 수월하다. 하지만 뜻을 명확히 알지 못하는 어휘라도 단계 별로 선택지를 추려 나가는 방법을 통해 전략적으로 접근한다면 충분히 해결할 수 있다.

01   다음 밑줄 친 부분이 맞춤법 규정에 어긋나는 것은?

① 그는 목이 <u>메어</u> 한동안 말을 잇지 못했다.
② 어제는 종일 아이를 <u>치다꺼리</u>하느라 잠시도 쉬지 못했다.
③ <u>왠일</u>로 선물까지 준비했는지 모르겠다.
④ 노루가 나타난 것은 나무꾼이 도끼로 나무를 <u>베고</u> 있을 때였다.
⑤ 그는 입술을 <u>지그시</u> 깨물었다.

02   다음 밑줄 친 단어의 표기가 적절한 것은?

① 그는 손가락으로 북쪽을 <u>가르켰다</u>.
② <u>뚝배기</u>에 담겨 나와서 시간이 지나도 식지 않았다.
③ 열심히 하는 것은 좋은데 <u>촛점</u>이 틀렸다.
④ 몸이 너무 약해서 보약을 <u>다려</u> 먹어야겠다.
⑤ 벽을 가득 덮고 있는 <u>덩쿨</u> 덕에 여름 분위기가 난다.

정답 및 해설   01 ③ 02 ② 03 ① 04 ①

01
'어찌 된'의 뜻을 나타내는 관형사는 '웬'이므로, '어찌
된 일로'라는 함의를 가진 '웬일'이 맞는 말이다.

오답분석
① 메다 : 어떤 감정이 북받쳐 목소리가 잘 나지 않음
② 치다꺼리 : 남의 자잘한 일을 보살펴서 도와줌
④ 베다 : 날이 있는 연장 따위로 무엇을 끊거나 자르거
　　나 가름
⑤ 지그시 : 슬며시 힘을 주는 모양

02
'찌개 따위를 끓이거나 설렁탕 따위를 담을 때 쓰는 그
릇'을 뜻하는 어휘는 '뚝배기'이다.

오답분석
① '손가락 따위로 어떤 방향이나 대상을 집어서 보이거
　나 말하거나 알리다.'의 의미를 가진 어휘는 '가리키
　다'이다.
③ '사람들의 관심이나 주의가 집중되는 사물의 중심 부
　분'의 의미를 가진 어휘는 '초점'이다.
④ '액체 따위를 끓여서 진하게 만들다. 약재 따위에 물
　을 부어 우러나도록 끓이다.'의 의미를 가진 어휘는
　'달이다'이다.
⑤ '길게 뻗어 나가면서 다른 물건을 감기도 하고 땅바
　닥에 퍼지기도 하는 식물의 줄기'의 의미를 가진 어
　휘는 '넝쿨', '덩굴'이다.

03　다음 중 밑줄 친 부분의 맞춤법이 적절하지 않은 것은?

① <u>윗층</u>에 누가 사는지 모르겠다.
② <u>오뚝이</u>는 아무리 쓰러뜨려도 잘도 일어난다.
③ 새 컴퓨터를 살 생각에 좋아서 <u>깡충깡충</u> 뛰었다.
④ 그의 초라한 모습이 내 호기심에 불을 <u>당겼다</u>.
⑤ 형은 끼니도 거른 <u>채</u> 일에 몰두했다.

04　다음 중 맞춤법에 맞도록 적절하게 고친 것은?

① <u>번번히</u> 지기만 하다 보니 게임이 재미없어졌다. → 번번이
② 방문 <u>횟수</u>가 늘어날수록 얼굴에 생기가 돌기 시작했다. → 회수
③ <u>널따란</u> 마당에 낙엽이 수북이 쌓여있다. → 넓다란
④ <u>왠지</u> 예감이 좋지 않아 발걸음을 재게 놀렸다. → 웬지
⑤ 대문을 제대로 <u>잠갔는지</u> 기억이 나지 않았다. → 잠궜는지

03
'웃-' 및 '윗-'은 명사 '위'에 맞추어 통일한다.
예 윗넓이, 윗니, 윗도리 등
다만 된소리나 거센소리 앞에서는 '위-'로 한다.
예 위짝, 위쪽, 위층 등
오답분석
⑤ '채'는 '이미 있는 상태 그대로 있다'는 뜻을 나타내는
　의존 명사이므로 띄어 쓴다.

04
부사 '번번이'와 '번번히'는 뜻이 다르므로 문맥을 살펴야
한다. '번번이'는 '매 때마다'라는 뜻이고, '번번히'는 '구
김살이나 울퉁불퉁한 데가 없이 번듯하게'라는 뜻이다.

따라서 ①에서는 문맥상 '번번이'가 맞다.
오답분석
② 회수(×) → 횟수(○). 두 음절로 된 한자어 중 예외적
　으로 '곳간, 셋방, 숫자, 찻간, 툇간, 횟수'에는 사이시
　옷을 받치어 적는다.
③ 실제 발음 할 때 받침의 'ㅂ'은 소리가 나지 않는다는
　점 때문에 '넓다란'이 아닌 '널따란'으로 쓰인다.
④ '왠지'는 '왜인지'의 줄임말로 '뚜렷한 이유 없이', '왜
　그런지 모르게'와 같은 의미로 쓰인다.
⑤ '잠그다'는 어간에 모음으로 된 어미가 연결되면 '으'
　가 탈락하는 불규칙 동사다. '잠그다'의 어간은 '잠ㄱ
　~'로 어간 끝음절 모음이 'ㅏ'이므로 양성모음 연결
　어미 '-아'가 온다. 그래서 '잠가'로 활용된다.

※ 다음 중 맞춤법이 적절한 것을 고르시오. [5~6]

05

> • (내노라 / 내로라 / 내놔라)하는 사람들이 다 모였다.
> • 팀장님이 (결제 / 결재)해야 할 수 있는 일이다.

① 내노라, 결제
② 내노라, 결재
③ 내로라, 결제
④ 내로라, 결재
⑤ 내놔라, 결재

06

> • 이번 일은 (금새 / 금세) 끝날 것이다.
> • 이 사건에 대해 (일절 / 일체) 말하지 않았다.
> • 새 프로젝트가 최고의 결과를 (낳았다 / 나았다).

① 금세, 일체, 낳았다
② 금새, 일체, 나았다
③ 금세, 일절, 나았다
④ 금새, 일절, 나았다
⑤ 금세, 일절, 낳았다

정답 및 해설　　　　　　　　　　　　　　　　05 ④ 06 ⑤ 07 ② 08 ②

05
• 내로라 : '내로라하다(어떤 분야를 대표할 만하다)'의 어근
• 결재 : 결정할 권한이 있는 상관이 부하가 제출한 안건을 검토하여 허가하거나 승인함

오답분석
• 결제 : 일을 처리하여 끝을 냄. 또는 경제증권 또는 대금을 주고받아 매매 당사자 사이의 거래 관계를 끝맺는 일

06
• 금세 : 지금 바로. '금시에'가 줄어든 말로 구어체에서 많이 사용된다.
• 일절 : 아주, 전혀, 절대로의 뜻으로, 흔히 행위를 그치게 하거나 어떤 일을 하지 않을 때에 사용된다.
• 낳았다 : 어떤 결과를 이루거나 가져오다.

오답분석
• 금새 : 물건의 값. 또는 물건 값의 비싸고 싼 정도
• 일체 : 모든 것
• 나았다 : 감기 등의 병이 나았을 때 사용된다.

07 다음 중 맞춤법이 적절한 것은?

① 나의 바램대로 내일은 흰 눈이 왔으면 좋겠다.
② 엿가락을 고무줄처럼 늘였다.
③ 학생 신분에 알맞는 옷차림을 해야 한다.
④ 계곡물에 손을 담구니 시원하다.
⑤ 지리한 장마가 끝나고 불볕더위가 시작되었다.

08 다음 밑줄 친 부분의 맞춤법이 적절하지 않은 것은?

① 우리는 첨단산업을 <u>개발하고</u> 육성해야 한다.
② 기술자가 없어서 고가의 장비를 <u>썩이고</u> 있다.
③ 생선 장수들이 좌판을 <u>벌이고</u> 손님을 맞아들였다.
④ 메모지를 벽에 덕지덕지 <u>붙여</u> 놓아 지저분해 보인다.
⑤ 언제인지 모르게 그 아이가 자신과 <u>맞먹고</u> 있다는 걸 느꼈다.

07
본디보다 더 길게 하는 것이므로 '늘여'는 적절한 표현이다.

늘리다
• 물체의 길이나 넓이, 부피 따위를 본디보다 크게 하다.
• 수나 분량, 시간 따위를 본디보다 많아지게 하다.
• 힘이나 기운, 세력 따위를 이전보다 큰 상태가 되게 하다.
• 살림을 넉넉하게 하다.

오답분석
① 바램(×) → 바람(○)
③ 알맞는(×) → 알맞은(○)
④ 담구니(×) → 담그니(○)
⑤ 지리한(×) → 지루한(○)

08
썩이고(×) → 썩히고(○)
'썩이다'는 '걱정이나 근심으로 몹시 괴로운 상태가 되게 하다.'라는 뜻으로, '물건이나 사람 또는 사람의 재능 따위가 쓰여야 할 곳에 제대로 쓰이지 못하고 내버려진 상태에 있게 하다.'라는 뜻의 '썩히다'로 고쳐야 한다.

09 다음 중 우리말 어법으로 적절한 것은?

① 바닥을 <u>쓱삭쓱삭</u> 열심히 닦는다.

② 오늘이 몇 월 <u>몇일</u>인가요?

③ 부디 건강하기를 <u>바래</u>.

④ 감기를 예방하려면 손을 <u>깨끗이</u> 씻어야 한다.

⑤ 그녀는 약속 시간이 한참 지나고 <u>느즈막하게</u> 나타났다.

정답 및 해설   09 ④ 10 ③

09

'-하다'가 붙는 어근에 '-히'나 '-이'가 붙어 부사가 되는 경우 그 어근이나 부사의 원형을 밝히어 적는다(한글맞춤법 제25항).

오답분석

① 쓱삭쓱삭(×) → 쓱싹쓱싹(○) : 한 단어 안에서 같은 음절이나 비슷한 음절이 겹쳐 나는 부분은 같은 글자로 적는다(한글맞춤법 제13항).

② 몇일(×) → 며칠(○) : 어원이 분명하지 아니한 것은 원형을 밝히어 적지 아니한다(한글맞춤법 제27항 붙임 2).

③ 바래(×) → 바라(○) : 기본형이 '바라다'이기 때문에 어근 '바라-'에 '어/아'가 붙으면 '바라'가 된다.

⑤ 느즈막하다(×) → 느지막하다(○) : '느지막하다'와 '느즈막하다' 중에서 '느지막하다'가 널리 쓰이므로, '느지막하다'를 표준어로 삼는다(표준어규정 제2장 제4절 17항).

10　다음 중 밑줄 친 부분의 띄어쓰기가 모두 적절한 것은?

① 최선의 세계를 만들기 위해서 <u>무엇 보다</u> 이 세계에 있는 모든 대상들이 지닌 성질을 정확하게 <u>인식해야 만</u> 한다.

② 일과 여가 <u>두가지를</u> 어떻게 <u>조화시키느냐하는</u> 문제는 항상 인류의 관심대상이 되어 왔다.

③ <u>내로라하는</u> 영화배우 중 내 고향 출신도 상당수 된다. 그래서 어릴 때부터 자연스럽게 영화배우를 꿈꿨고, <u>그러다 보니</u> 영화는 내 생활의 일부가 되었다.

④ 실기시험은 까다롭게 <u>심사하는만큼</u> 준비를 철저히 해야 한다. <u>한 달 간</u> 실전처럼 연습하면서 시험에 대비하자.

⑤ 우주의 <u>삼라 만상</u>은 우리에게 온갖 경험을 제공하지만 많은 경험의 결과들이 서로 <u>모순 되는</u> 때가 많다.

10

- 내로라하다 : 어떤 분야를 대표할 만하다.
- 그러다 보니 : 보조용언 '보다'가 앞 단어와 연결 어미로 이어지는 '－다 보다'의 구성으로 쓰이면 앞말과 띄어 쓴다.

오답분석

① 무엇 보다 → 무엇보다 / 인식해야 만 → 인식해야만
- 무엇보다 : 앞말이 부사어임을 나타내는 조사로 붙여 쓴다.
- 인식해야만 : '만'은 한정, 강조를 의미하는 보조사로 붙여 쓴다.

② 두가지를 → 두 가지를 / 조화시키느냐하는 → 조화시키느냐 하는

- 두 가지를 : 수 관형사는 뒤에 오는 명사 또는 의존 명사와 띄어 쓴다.
- 조화시키느냐 하는 : 어미 다음에 오는 말은 띄어 쓴다.

④ 심사하는만큼 → 심사하는 만큼 / 한 달 간 → 한 달간
- 심사하는 만큼 : 뒤에 나오는 내용의 원인, 근거를 의미하는 의존 명사로 띄어 쓴다.
- 한 달간 : '동안'을 의미하는 접미사로 붙여 쓴다.

⑤ 삼라 만상은 → 삼라만상은 / 모순 되는 → 모순되는
- 삼라만상은 : 우주에 있는 온갖 사물과 현상을 의미하는 명사로 붙여 쓴다.
- 모순되는 : '모순되다'는 두 사실이 이치상 서로 맞지 않음을 뜻하는 동사이므로 붙여 쓴다.

※ 다음 중 띄어쓰기가 적절하지 않은 것을 고르시오. [11~12]

11
① 나는 책을 읽어도 보고 했으나 머릿속에 들어오지 않았다.
② "어디, 나한테 덤벼들어 봐라!"
③ 신발이 그만 물에 떠내려가 버렸다.
④ 하늘을 보니 비가 올듯도 하다.
⑤ 넌 오늘 쉬는 게 좋을 것 같다.

12
① 강아지가 집을 나간지 사흘 만에 돌아왔다.
② 북어 한 쾌는 북어 스무 마리를 이른다.
③ 박승후 씨는 국회의원 출마 의사를 밝혔다.
④ 나는 주로 삼학년을 맡아 미술을 지도했다.
⑤ 아는 것이 힘이다.

11
'듯'은 의존 명사이므로 앞에 오는 관형형 '올'과 띄어 써야 한다.

12
어미 '-지'는 붙여 쓰지만, '경과한 시간'을 나타내는 의존 명사 '지'는 앞말과 띄어 쓴다.
예 언제 도착할지 모른다. / 그가 떠난 지 보름이 지났다.
참고
띄어쓰기 조사 · 의존 명사
• 조사는 그 앞말에 붙여 쓴다.
   → 꽃이, 꽃마저, 웃고만 등
• 의존 명사는 띄어 쓴다.

13
'데'는 '장소'를 의미하는 의존 명사이므로 띄어 쓴다.
오답분석
② 목포간에 → 목포 간에 : '간'은 '한 대상에서 다른 대상까지의 사이'를 의미하는 의존 명사이므로 띄어 쓴다.
③ 있는만큼만 → 있는 만큼만 : '만큼'은 '정도'를 의미하는 의존명사이므로 띄어 쓴다.
④ 같은 데 → 같은데 : '데'가 연결형 어미일 때는 붙여 쓴다.
⑤ 떠난지가 → 떠난 지가 : '지'는 '어떤 일이 있었던 때로부터 지금까지의 동안'을 나타내는 의존 명사이므로 띄어 쓴다.

13 다음 중 띄어쓰기가 바르게 된 것은?

① 그녀가 사는 데는 회사에서 한참 멀다.
② KTX를 타면 서울과 목포간에 3시간이 걸린다.
③ 드실 수 있는만큼만 가져가 주십시오.
④ 비가 올 것 같은 데 우산을 챙겨가야지.
⑤ 철수가 떠난지가 한 달이 지났다.

14 다음 중 밑줄 친 부분의 띄어쓰기가 모두 적절한 것은?

① 그를 <u>만난지도</u> 꽤 오래됐다. 대학 때 만났으니 올해로 <u>3년 째다.</u>
② 그녀는 공부 <u>밖에</u> 모르는 사람이지만 <u>한 번</u> 놀 때는 누구보다도 열심히 논다.
③ 편지글에 <u>나타 난</u> 선생님의 견해는 암기 위주의 공부 방법은 <u>안된다는</u> 것이다.
④ 이제 남은 것은 오직 <u>배신뿐이라는</u> 내 말에 그는 <u>어찌할 바를</u> 모르고 쩔쩔맸다.
⑤ 드실 수 <u>있는만큼만</u> 가져가 주십시오. 음식을 남기지 않고 드신 <u>고객님 께는</u> 저희 매
장에서 마련한 타월을 드리겠습니다.

14
• 뿐 : '그것만이고 더는 없음'을 의미하는 보조사로 붙여 쓴다.
• 바 : '방법, 일'의 뜻을 의미하는 의존 명사로 띄어 쓴다.

오답분석
① 만난지도 → 만난 지도 / 3년 째다 → 3년째다
 • 지 : '어떤 일이 있었던 때로부터 지금까지의 동안'을 의미하는 의존 명사로 띄어 쓴다.
 • 째 : '계속된 그동안'을 의미하는 접미사로 붙여 쓴다.
② 공부 밖에 → 공부밖에 / 한 번 → 한번
 • 밖 : '그것 말고는'을 의미하는 조사로 붙여 쓴다.
 • 한번 : '기회 있는 어떤 때'를 의미하는 명사로 붙여 쓴다.

③ 나타 난 → 나타난 / 안된다는 → 안 된다는
 • 나타나다 : '보이지 않던 어떤 것이 겉으로 드러나다.'는 뜻의 동사이므로 붙여 쓴다.
 • 안 : 부정의 뜻인 '아니 되다.'로 쓸 경우에는 띄어 쓴다.
⑤ 있는만큼만 → 있는 만큼만 / 고객님 께는 → 고객님께는
 • 만큼 : '정도'를 의미하는 의존 명사로 띄어 쓴다.
 • 께 : '에게'의 높임말을 의미하는 조사로 붙여 쓴다.

15 다음 글을 수정하려고 할 때, ㉠~㉤ 중 어법에 맞지 않는 단어를 고르면?

> 여행의 재미 가운데 ㉠ 빼놓을 수 없는 것이 자신이 다녀온 곳에 대한 기억을 평생의 추억으로 바꿔 주는 사진 찍기라고 할 수 있다. 사진을 찍을 때 가장 중요한 것은 어떤 카메라로 찍느냐보다는 ㉡ 어떻게 찍느냐 하는 것이다. 으리으리한 카메라 장비를 ㉢ 둘러메고 다니며 사진을 찍는 사람을 보면서 기가 죽을 필요는 없다. 아무리 ㉣ 변변찮은 카메라도 약간의 방법만 익히면 무엇을 ㉤ 찍던지 생각 이상으로 멋진 작품을 만들 수 있다.

① ㉠   ② ㉡

③ ㉢   ④ ㉣

⑤ ㉤

※ 다음 중 어법에 맞고 자연스러운 문장을 고르시오. [16~17]

16 ① 이 배는 사람이나 짐을 싣고 하루에 다섯 번씩 운행한다.
② 운전기사와 잡담을 하거나 과속을 금지한다.
③ 영이는 노래를 하고, 순이는 키가 크다.
④ 사람은 남에게 속기도 하고 속이기도 한다.
⑤ 아버님, 그이가 출근하셨어요.

15
찍던지 → 찍든지
- –던지 : 막연한 의문이 있는 채로 그것을 뒤 절의 사실이나 판단과 관련시키는 데 쓰는 연결 어미
- –든지 : 나열된 동작이나 상태, 대상들 중에서 어느 것이든 선택될 수 있음을 나타내는 연결 어미

16
2016년 11월 이전까지는 자동차나 배, 비행기 등 탈것에 사람을 '싣다'는 쓰지 못하고 사동사 '태우다'만 쓸 수 있었다. 2016년 국립국어원 규정이 변경됨에 따라 '싣다'도 쓸 수 있게 되었다.

<u>오답분석</u>
② · ③ 평행 구조의 호응이 되지 않는다.
④ '속이다'는 사동사이므로 목적어 '남을'이 앞에 와야만 한다.
⑤ 압존법에서는 청자보다 주체가 낮을 때 주체를 높이지 않으므로 '~ 출근했어요'로 고친다.

17

① 문학은 다양한 삶의 체험을 보여 주는 예술의 장르로서 문학을 즐길 예술적 본능을 지닌다.

② 그는 부모님의 말씀을 거스른 적이 없고 그는 친구들과 어울리다가도 정해진 시간에 반드시 들어오곤 했다.

③ 피로연은 성대하게 치러졌다. 신랑과 신부는 결혼식을 마치고 신혼여행을 떠났다. 하례객들이 식당 안으로 옮겨 앉으면서 시작되었다.

④ 신은 인간을 사랑하기도 하지만, 때로는 인간에게 시련의 고통을 주기도 한다.

⑤ 주가가 다음 주부터는 오를 전망입니다.

18 다음 중 복수 표준어로 적절하지 않은 것은?

① 무 − 무우

② 어림잡다 − 어림치다

③ 넝쿨 − 덩굴

④ 쇠고기 − 소고기

⑤ 가엾다 − 가엽다

17

오답분석

① '~ 문학을 즐길 예술적 본능을 지닌다.'의 주어가 생략되었다.

② '그는'이 중복되었다.

③ '~ 시작되었다.'의 주어가 생략되었다.

⑤ '전망'은 동작성 명사이므로, '~ㄹ 것으로 전망됩니다.'처럼 쓰인다.

18

'무우'는 비표준어이고, '무'가 표준어이다(표준어규정 제 14항, 제18항, 제26항).

19 다음 중 복수 표준어로 적절한 것은?

① 붉으락푸르락 — 푸르락붉으락
② 천둥 — 우뢰
③ 허섭스레기 — 허접쓰레기
④ 좀체 — 좀체로
⑤ 우미다 — 매만지다

정답 및 해설   19 ③ 20 ⑤

19
'허섭스레기 / 허접쓰레기'는 복수 표준어이다.

오답분석
① 붉으락푸르락(○), 푸르락붉으락(×)
② 우뢰(×), 천둥(○), 우레(○)
④ 좀체로(×), 좀체(○), 좀처럼(○)
⑤ 우미다(×), 매만지다(○)

참고
2011~2024년 추가된 복수 표준어
건울음 / 강울음
까다롭다 / 까탈스럽다
날개 / 나래
냄새 / 내음
만날 / 맨날
먹을거리 / 먹거리
메우다 / 메꾸다
잎사귀 / 잎새
자장면 / 짜장면
주책없다 / 주책이다
헛디디다 / 헛딛다
섣달그믐 / 섣달그믐날

20 다음은 표준어 규정 중의 일부이다. ㉮~㉺에 대한 구체적 예시로 적절하지 않은 것은?

> ㉮ 기술자에게는 '–장이', 그 외에는 '–쟁이'가 붙는 형태를 표준어로 삼는다.
> ㉯ 준말이 널리 쓰이고 본말이 잘 쓰이지 않는 경우에는, 준말만을 표준어로 삼는다.
> ㉰ 어원에서 멀어진 형태로 굳어져서 널리 쓰이는 단어는, 그것을 표준어로 삼는다.
> ㉱ 양성 모음이 음성 모음으로 바뀌어 굳어진 단어는 음성 모음 형태를 표준어로 삼는다.
> ㉲ '웃–' 및 '윗–'은 명사 '위'에 맞추어 '윗–'으로 통일하지만, '아래, 위'의 대립이 없는 단어는 '웃–'으로 발음되는 형태를 표준어로 삼는다.

① ㉮ – '소금쟁이'를 표준어로 삼고, '소금장이'를 버림
② ㉯ – '솔개'를 표준어로 삼고, '소리개'를 버림
③ ㉰ – '사글세'를 표준어로 삼고, '삭월세'를 버림
④ ㉱ – '깡충깡충'을 표준어로 삼고, '깡총깡총'을 버림
⑤ ㉲ – '웃도리'를 표준어로 삼고, '윗도리'를 버림

20
윗도리가 맞는 표현이다. '위, 아래'의 대립이 있는 단어는 '윗'으로 발음되는 형태를 표준어로 삼는다.

CHAPTER

05 관용적 표현

핵심이론   관용적 표현

관용적 표현

① 두 개 이상의 단어로 이루어져 있으면서 그 단어들의 의미만으로 전체의 의미를 알 수 없는, 특수한 의미를 나타내는 표현을 말하며, 관용적 표현에는 숙어(熟語)와 속담(俗談)이 있다.

[예] 그는 발이 넓다(숙어 : 사교적이어서 아는 사람이 많다).

이 일은 언 발에 오줌누기다(속담 : 쓸데없는 일이다).

② 관용적 표현에서는 두 개 이상의 단어가 한 단어처럼 쓰이므로, 그 표현 방법을 달리 바꿀 수 없다.

[예] 그는 발이 넓어진다.

이 일은 언 발에만 오줌누기다.

대표예제 다음 제시된 관용어구들의 빈칸에 공통으로 들어갈 적당한 말은?

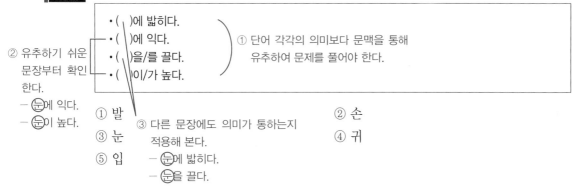

② 유추하기 쉬운
문장부터 확인한다.
- ㉠에 익다.
- ㉠이 높다.

- ( )에 밟히다.
- ( )에 익다.
- ( )을/를 끌다.
- ( )이/가 높다.

① 단어 각각의 의미보다 문맥을 통해 유추하여 문제를 풀어야 한다.

① 발
③ 눈
⑤ 입

③ 다른 문장에도 의미가 통하는지 적용해 본다.
- ㉠에 밟히다.
- ㉠을 끌다.

② 손
④ 귀

│ 정답 및 해설

정답 ③

관용구로 쓰이는 말 중에서 빈칸에 들어갈 적당한 말은 '눈'이다.
- (눈)에 밟히다 : 잊히지 않고 자꾸 보이는 것 같다.
- (눈)에 익다 : 여러 번 보아서 익숙하다.
- (눈)을 끌다 : 주목을 받는다.
- (눈)이 높다 : 정도 이상의 좋은 것을 찾는다.

오답분석

관용어는 우리말의 독특한 표현 방법의 하나로, 오랫동안 습관이 되어온 말이다. 특히 새로운 의미로 재미있게 돌려 말할 때 쓰는 말이기 때문에 사전적인 의미만으로 정답을 찾으려고 해서는 안 된다.

① (발)에 밟히다 / (발)에 익다 / (발)을 끌다 / (발)이 높다
② (손)에 밟히다 / (손)에 익다 / (손)을 끌다 / (손)이 높다
④ (귀)에 밟히다 / (귀)에 익다 / (귀)를 끌다 / (귀)가 높다
⑤ (입)에 밟히다 / (입)에 익다 / (입)을 끌다 / (입)이 높다

01 다음 중 왼쪽 문장의 의미를 잘못 해석한 것은?

① 가슴을 태우다 — 마음에 상처를 입다.
② 가슴을 열다 — 속마음을 털어놓거나 받아들이다.
③ 가슴이 미어지다 — 마음이 슬픔이나 고통으로 가득 차 견디기 힘들다.
④ 가슴이 뜨끔하다 — 양심의 가책을 받다.
⑤ 가슴이 뜨겁다 — 깊고 큰 사랑과 배려를 받아 고마움으로 마음의 감동이 크다.

02 다음 중 밑줄 친 관용 표현의 쓰임이 적절하지 않은 것은?

① 학생들은 쉬는 시간마다 난장을 치고 논다.
② 그녀는 말이 없는 편인데, 항상 달다 쓰다 말이 없어서 답답하다.
③ 그들은 부정한 방법으로 한몫 잡고 해외로 도주했다.
④ 그는 승진을 위해서 간이라도 꺼내어 줄 것이다.
⑤ 그와 나는 눈 위의 혹처럼 막역한 사이이다.

정답 및 해설   01 ① 02 ⑤ 03 ② 04 ②

01
가슴을 태우다 : 몹시 애태우다.

02
눈 위의 혹 : 몹시 미워서 눈에 거슬리는 사람을 비유하는 말

오답분석
① 난장을 치다 : 함부로 마구 떠들다.
② 달다 쓰다 말이 없다 : 아무런 반응도 나타내지 않다.
③ 한몫 잡다 : 단단히 이득을 취하다.
④ 간을 꺼내어 주다 : 비위를 맞추기 위해 중요한 것을 아낌없이 주다.

03 다음 중 밑줄 친 관용어가 적절하게 사용되지 않은 것은?

① <u>눈 가리고 아웅</u>해도 네 잔꾀에는 속아 넘어가지 않는다.
② <u>눈에 쌍심지를 켠</u> 얼굴을 보니 슬픔이 충분히 짐작된다.
③ <u>눈에 헛거미가 잡혀서</u> 누나의 진정한 사랑을 알지 못했다.
④ <u>눈에 흙이 들어가기</u> 전까지는 너를 용서하지 않으리라.
⑤ <u>눈앞이 캄캄하여</u> 아무것도 할 수 없었다.

04 다음 밑줄 친 관용어의 뜻풀이로 가장 적절한 것은?

우리 형제는 어머니가 돌아가시고부터 <u>의가 나기</u> 시작했다.

① 사이가 좋다.
② 사이가 나빠지다.
③ 우애가 생기다.
④ 서로를 의심하다.
⑤ 흥이 생기다.

03
'눈에 쌍심지를 켜다.'는 '몹시 화가 나서 눈을 부릅뜨는 것'을 의미하는 말이므로, ②의 쓰임은 적절하지 않다.

오답분석
① 눈 가리고 아웅하다 : 얕은수로 남을 속이려 하다.
③ 눈에 헛거미가 잡히다 : 욕심에 눈이 어두워 사물을 바로 보지 못하다.
④ 눈에 흙이 들어가다 : 죽어서 땅에 묻히다.
⑤ 눈앞이 캄캄하다 : 어찌할 바를 몰라 아득하다.

04
의가 나다 : 사이가 나빠지다.

05 다음 중 '위기'와 관련된 사자성어로 적절하지 않은 것은?

① 철천지원(徹天之冤)

② 누란지위(累卵之危)

③ 백척간두(百尺竿頭)

④ 초미지급(焦眉之急)

⑤ 풍전등화(風前燈火)

06 다음 중 사자성어 의미가 다른 하나는?

① 혼용무도(昏庸無道)

② 오합지졸(烏合之卒)

③ 무법천지(無法天地)

④ 예괴악붕(禮壞樂崩)

⑤ 일사불란(一絲不亂)

정답 및 해설

05

철천지원(徹天之冤)은 '하늘에서 사무치도록 크나큰 원한'이라는 뜻으로, 위기와 관련된 한자성어가 아니다.

오답분석

② 누란지위(累卵之危) : 몹시 아슬아슬한 위기를 비유적으로 이르는 말

③ 백척간두(百尺竿頭) : 몹시 어렵고 위태로운 지경을 이르는 말

④ 초미지급(焦眉之急) : 눈썹에 불이 붙었다는 뜻으로, 매우 급함을 이르는 말

⑤ 풍전등화(風前燈火) : 바람 앞의 등불이라는 뜻으로, 존망이 달린 매우 위급한 처지를 비유하는 말

06

일사불란(一絲不亂)은 '질서 정연하여 조금도 어지러운 데가 없음'을 뜻하는 말이고, 나머지는 모두 뒤죽박죽되어 어지럽고 질서가 없는 것을 나타내는 말이다.

오답분석

① 혼용무도(昏庸無道) : 나라 상황이 마치 암흑에 뒤덮인 것처럼 온통 어지러움

② 오합지졸(烏合之卒) : 임시로 모여들어서 규율이 없고 무질서한 병졸 또는 군중을 이르는 말

③ 무법천지(無法天地) : 법이나 제도가 확립되지 않고 질서가 문란한 세상

④ 예괴악붕(禮壞樂崩) : 예의와 음악이 붕괴되었음을 뜻하는 말로, 세상이 어지러움을 비유하는 말

※ 다음 중 제시된 내용의 의미를 가진 속담으로 적절한 것을 고르시오. [7~8]

07

> 말을 마치지 못하여서 구름이 걷히니 호승이 간 곳이 없고, 좌우를 돌아보니 팔 낭자가 또한 간 곳이 없는지라 정히 경황(驚惶)하여 하더니, 그런 높은 대와 많은 집이 일시에 없어지고 제 몸이 한 작은 암자 중의 한 포단 위에 앉았으되, 향로(香爐)에 불이 이미 사라지고, 지는 달이 창에 이미 비치었더라.

① 공든 탑이 무너지랴.
② 산 까마귀 염불한다.
③ 열흘 붉은 꽃이 없다.
④ 고양이가 쥐 생각해 준다.
⑤ 소 잃고 외양간 고친다.

08

> 아무리 사소한 것이라도 그것이 거듭되면 무시하지 못할 정도로 크게 됨을 비유적으로 이르는 말

① 거미줄에 목을 맨다.
② 갈수록 태산이다.
③ 약방에 감초
④ 가랑비에 옷 젖는 줄 모른다.
⑤ 두부 먹다 이 빠진다.

07

제시문은 『구운몽』의 일부 내용으로 주인공이 부귀영화를 누렸던 한낱 꿈으로부터 현실로 돌아오는 부분이다. 따라서 부귀영화란 일시적인 것이어서 그 한때가 지나면 반드시 쇠하여짐을 비유적으로 이르는 말인 ③이 가장 적절하다.

오답분석

① 힘을 다하고 정성을 다하여 한 일은 그 결과가 반드시 헛되지 아니함을 비유적으로 이르는 말
② 무엇을 전혀 모르던 사람도 오랫동안 보고 듣노라면 제법 따라 할 수 있게 됨을 비유적으로 이르는 말
④ 속으로는 해칠 마음을 품고 있으면서, 겉으로는 생각해 주는 척함을 비유적으로 이르는 말
⑤ 일이 이미 잘못된 뒤에는 손을 써도 소용이 없다는 것을 비유적으로 이르는 말

08

• 가랑비에 옷 젖는 줄 모른다 : 사소한 것이라도 그것이 거듭되면 무시하지 못할 정도로 크게 된다는 뜻

오답분석

① 어처구니없는 일로 몹시 억울하고 원통하다는 뜻
② 갈수록 더 어려운 지경에 처하게 되는 경우를 뜻함
③ 어떤 일에나 빠짐없이 끼어드는 사람 또는 꼭 있어야 할 물건을 뜻함
⑤ 전혀 그렇게 될 리가 없음에도 일이 안 되거나 꼬이는 경우

※ 다음 제시된 단어와 같거나 유사한 의미를 가진 것을 고르시오. [1~3]　　　　　유의어

01

비등

① 소급　　　　　　　　　② 쇄도
③ 속박　　　　　　　　　④ 상당
⑤ 방비

02

한둔

① 하숙　　　　　　　　　② 숙박
③ 투숙　　　　　　　　　④ 노숙
⑤ 야영

03

미쁘다

① 헛물켜다　　　　　　　② 함초롬하다
③ 미덥다　　　　　　　　④ 벼리다
⑤ 뻐기다

04

능변

① 달변　　　　　　　　② 웅변
③ 논변　　　　　　　　④ 가변
⑤ 눌변

05

취약하다

① 유약하다　　　　　　② 유연하다
③ 취합하다　　　　　　④ 촉진하다
⑤ 강인하다

06

망각

① 망실　　　　　　　　② 유실
③ 입수　　　　　　　　④ 차지
⑤ 기억

07
① 설립　　　　　　　　② 명랑
③ 손해　　　　　　　　④ 육성
⑤ 쾌활

08
① 처지　　　　　　　　② 사심
③ 수리　　　　　　　　④ 수선
⑤ 사려

09

무엇이라고 말하다.

① 노력도 하지 않고 포기하기엔 아직 이르다.
② 이른 아침부터 부지런히 움직여야 한다.
③ 그 선생님은 아이들에게 도로에서는 항상 주의해야 한다고 일렀다.
④ 아직 시도하기에는 이른 감이 있다.
⑤ 이른 새끼가 살 안찌는 법이라고 했던가.

10

> 한 구역을 이루는 공간의 일정한 범위

① 우리 가족은 난리 통에 뿔뿔이 헤어졌다.

② 은정이는 통이 큰 사람이다.

③ 뱃삯은 짐작대로 호되어 옥양목 열댓 통 값인 백 원이었다.

④ 그는 사실상 이 통 안의 권리를 제 주먹 안에 쥐고 쥐락펴락하였다.

⑤ 정석이는 그 자리에서 막걸리 한 통을 다 마셨다.

※ 다음 제시된 문장의 밑줄 친 부분과 같은 의미로 사용된 것을 고르시오. [11~16]　　　　다의어

11

> 앞으로 이태만 더 고생하면 논 몇 마지기는 잡을 수 있을 것 같다.

① 한밑천을 잡다.

② 밧줄을 잡고 올라가다.

③ 그는 개를 잡아 개장국을 끓였다.

④ 심야에는 택시를 잡기가 다른 시간대보다 더 어렵다.

⑤ 그는 멱살을 잡고 사장과 싸우기 시작했다.

12

> 대한민국 국군은 연평도 포격 당시 전군에 비상을 걸었다.

① 그녀는 4년 만에 금메달을 목에 걸었다.

② 자신의 일에 나를 걸고 넘어지는 그가 미웠다.

③ 그가 아들에게 거는 기대가 크다는 것은 모두가 아는 사실이다.

④ 차는 발동을 걸고 있었으며 그들이 올라타자 차는 무섭게 쿨렁이기 시작했다.

⑤ 게임이 풀리지 않아 감독은 작전 타임을 걸었다.

13

> 우리나라 사람들은 일반적으로 책에 관심이 적은 것 <u>같다</u>.

① 마치 구름을 탄 것과 <u>같다</u>.
② 너 <u>같으면</u> 어떤 말을 했겠니?
③ 마음 <u>같아서는</u> 한 대 때려주고 싶다.
④ 비가 올 것 <u>같으니</u> 우산을 준비해라.
⑤ 우리 선생님 <u>같은</u> 분은 세상에 없을 거야.

14

> 나는 너와의 관계의 끝을 <u>보았다</u>.

① 나는 수상한 사람을 <u>보았다</u>.
② 나는 너의 일기를 <u>보다</u> 잠이 들었다.
③ 나는 너를 <u>보기</u> 위해 그곳으로 향했다.
④ 고소를 취하하기로 서로 합의를 <u>보았다</u>.
⑤ 손해를 <u>보면서까지</u> 할 일은 아니다.

15

> <u>돌아오는</u> 어버이날에는 어머님을 찾아뵈어야겠다.

① 어머니 얼굴에 혈색이 <u>돌아왔다</u>.
② 그들의 비난이 나에게 <u>돌아왔다</u>.
③ 고향집에 드디어 <u>돌아간다</u>.
④ 회식이 한 달에 한 번씩 <u>돌아온다</u>.
⑤ 처음에 왔던 길을 다시 <u>돌아왔다</u>.

16

> 소비자들은 기능과 디자인, 어느 쪽에 중점을 <u>두느냐</u>에 따라 다른 선택을 할 것이다.

① 책상 위에 공책을 <u>두었다</u>.
② 너를 <u>두고</u> 가려니 마음이 좋지 않다.
③ 그 단체는 세계 각지에 지사를 <u>두고</u> 있다.
④ 그 안건을 <u>두고</u> 찬성파와 반대파가 격하게 대립하고 있다.
⑤ 별일 아니니 크게 의미 <u>두지</u> 마세요.

※ 다음 밑줄 친 부분과 문맥적 의미가 가장 가까운 것을 고르시오. [17~18]   다의어

17

> 내이스비트가 우리에게 던진 보다 큰 충격은 우리가 수치스럽게만 생각했던 삼풍 사건 속에서 한국의 몰락이 아니라 오히려 아직도 한국에 남아 있는 소중한 정신적 가치를 발견하고 지키려 한 그의 지성이다. 더 직설적으로 <u>말하면</u> 내이스비트가 들을 수 있었던 것을 왜 우리는 들을 수 없었는가 하는 충격이다. 그의 눈에는 크게 보이는 것이 어째서 우리 눈에는 그처럼 하찮게 비쳤는가 하는 충격이다. 우리에게는 절망으로만 보이는 암흑이, 어떻게 해서 그에게는 전 세계를 점화하는 희망의 불꽃으로 보이는가 하는 충격이다.

① 그는 아무리 <u>말해도</u> 시키는 대로 하지 않았다.
② 그 사람을 좋게 <u>말하지</u> 않는 사람을 보지 못했다.
③ 그에게 여러 번 <u>말해</u> 보았지만 끝내 들어주지 않았어.
④ 그렇게 빙빙 돌리지 말고 좀 더 쉽고 분명하게 <u>말해</u> 줘.
⑤ 동생에게 남의 물건을 훔치지 말라고 아무리 <u>말해도</u> 듣지를 않는다.

18

> ○○기업에서 근무하는 김과장은 올해 60세가 되어 정년퇴직을 준비하고 있다. 김과장은 인생의 전환점을 맞이하여 은퇴 후에 아내와 함께 귀농할 수 있도록 농사와 관련된 전문 서적을 찾아 읽거나 귀농인들을 위한 사이트에 가입하여 여러 정보를 모으고 있다.

① 그들은 우리를 반갑게 <u>맞아</u> 주었다.
② 그들은 자신의 목숨이 다하도록 적군을 <u>맞아</u> 싸웠다.
③ 그 신문은 창간 7주년을 <u>맞아</u> 푸짐한 사은품을 준비했다.
④ 이번 학기에도 학사 경고를 <u>맞으면</u> 퇴학이다.
⑤ 갑자기 쏟아진 우박을 <u>맞아</u> 배추들이 모조리 주저앉아 있었다.

19 **다음 중 밑줄 친 단어의 쓰임이 적절하지 않은 것은?**   다의어

① 너의 성공을 <u>바란다</u>.
② 대가를 <u>바라고</u> 도운 것이 아니다.
③ 우리는 명동을 <u>바라고</u> 뛰었다.
④ 너의 성공에 대한 나의 <u>바램은</u> 한 치의 거짓도 없다.
⑤ 그 아이를 얻은 다음부터 다시 자식을 <u>바라지</u> 않았다면 거짓말이겠지.

20 **다음 글의 밑줄 친 단어로 짧은 글짓기를 했을 때, 적절하지 않은 것은?**   어휘선택

> 최근 들어 도시의 경쟁력 향상을 위한 새로운 (가) <u>전략</u>의 하나로 창조 도시에 대한 논의가 (나) <u>활발</u>하게 진행되고 있다. 창조 도시는 창조적 인재들이 창의성을 발휘할 수 있는 환경을 갖춘 도시이다. 즉 창조 도시는 인재들을 위한 문화 및 거주 환경의 창조성이 풍부하며, 혁신적이고도 (다) <u>유연한</u> 경제 시스템을 갖추고 있는 도시인 것이다. 창조 도시에 대한 논의를 주도한 랜드리는, 창조성이 도시의 유전자 코드로 바뀌기 위해서는 다음과 같은 환경적 (라) <u>요소</u>들이 필요하다고 보았다. 개인의 자질, 의지와 리더십, 다양한 재능을 가진 사람들과의 접근성, 조직 문화, 지역 정체성, 도시의 공공 공간과 시설, 역동적 네트워크의 (마) <u>구축</u> 등이 그것이다.

① (가) : 그가 기획한 신제품의 판매 전략이 큰 성공을 거두었다.

② (나) : 아이들은 활발하게 산과 들을 뛰어다니며 자라났다.

③ (다) : 그는 상대방이 아무리 흥분해도 유연한 태도를 잃지 않았다.

④ (라) : 한 개인의 성격 형성에는 유전적 요소뿐 아니라 성장 환경도 영향을 끼친다.

⑤ (마) : 국제적인 판매망을 구축하는 것을 장기적인 목표로 한다.

※ 다음 글의 빈칸에 들어갈 단어를 〈보기〉에서 적절하게 짝지은 것을 고르시오. [21~22]　　어휘선택

21

> 상업적 농업이란 전통적인 자급자족 형태의 농업과 달리 판매를 위해 경작하는 농업을 일컫는다. 농업이 상업화된다는 것은 (㉮)할 수 있는 최대의 수익을 얻기 위해 경작이 이루어짐을 뜻한다. 이를 위해 쟁기질, 제초작업 등과 같은 생산 과정의 일부를 인간보다 (㉯)이/가 높은 기계로 작업하게 되고, 농장에서 일하는 노동자도 다른 산업 분야처럼 경영상의 이유에 따라 쉽게 고용되고 해고된다. 이처럼 상업적 농업의 (㉰)은/는 근대 사회의 상업화를 (㉱)한 측면이 있다.

> **보기**
> ㉠ 산출　㉡ 표출　㉢ 구현　㉣ 효율　㉤ 이율　㉥ 도입　㉦ 촉진　㉧ 촉구

	㉮	㉯	㉰	㉱
①	㉠	㉣	㉢	㉦
②	㉠	㉣	㉥	㉦
③	㉡	㉤	㉢	㉧
④	㉡	㉣	㉥	㉦
⑤	㉢	㉤	㉥	㉦

22

토의란, 어떤 공통된 문제에 대한 최선의 해결안을 얻기 위하여 여러 사람이 모여서 ___㉮___ 하는 말하기 양식이다. 토의에서는 하나의 문제에 대하여 다양한 의견이 ___㉯___ 되어야 하므로, 가능한 참가자 전원이 의견을 제시하고 여러 방안에 대한 검토와 협의가 이루어지는 것이 바람직하다. 토의는 중요한 ___㉰___ 을/를 하므로 그 목적이나 경우에 알맞은 여러 방식이 ___㉱___ 되어 왔다. 그 결과 토의에는 많은 종류가 생겨났다.

보기

㉠ 모의   ㉡ 의논   ㉢ 교환   ㉣ 합의   ㉤ 구실   ㉥ 결실   ㉦ 도출   ㉧ 개발

	㉮	㉯	㉰	㉱
①	㉠	㉢	㉤	㉦
②	㉠	㉣	㉥	㉦
③	㉠	㉢	㉤	㉧
④	㉡	㉢	㉤	㉧
⑤	㉡	㉣	㉥	㉧

※ 다음 제시된 문장에서 사용이 적절하지 않은 단어를 고르시오. [23~26]   어휘선택

23

• 개는 후각이 뛰어나서 냄새에 (   )하다.
• 그는 중요한 대회를 앞두고 신경이 (   )해져 있다.
• 그는 남들의 평가에 (   )한 반응을 보인다.
• 복지정책은 사회적으로 아주 (   )한 사안이다.
• 그는 한 번 읽은 책의 내용을 달달 외울 만큼 무척 (   )하다.

① 예민   ② 기민
③ 영민   ④ 과민
⑤ 민감

24

> • 영웅설화는 역사적인 (　) 사건과는 전혀 다르게 꾸며지는 경우가 허다하다.
> • 함께 가고 있다는 느낌뿐 (　)은/는 느껴지지 않았다.
> • 사회 과학은 객관적 (　)로서의/으로서의 사회적 제 관계를 연구 대상으로 한다.
> • 그림에는 식물의 (　)적인 모습을 본떠 일정한 형식으로 도안화한 것이 많았다.
> • 겉으로 태연해 보이나 (　)은/는 그렇지 아니하다.

① 실상　　　　　　　　　　② 실재
③ 실제　　　　　　　　　　④ 실질
⑤ 실체

25

> • 한숨 자고 일어났더니 머리가 (　)하구나!
> • 강사가 (　)하게 설명해 주어서 어려운 내용도 이해가 쏙쏙 된다.
> • 논리적 반박에 아무 말도 못하는 그를 보니 아주 (　)했다.
> • 여름날 오후지만 그늘에 앉아 있으니 (　)했다.
> • 아침에 어머니께서 (　)한 콩나물국을 끓여주셨다.

① 시원　　　　　　　　　　② 개운
③ 선득　　　　　　　　　　④ 통쾌
⑤ 명쾌

26

> • 위기가 닥쳐도 극복할 수 있다는 (　)을/를 잃지 말아야 한다.
> • 그 자리에 머무르기에는 그의 (　)이/가 너무 컸다.
> • 늙으신 아버지의 오랜 (　)을/를 풀어드릴 수 있어서 기쁘다.
> • 애초에 (　)이/가 크지 않아서 그런지 덤덤하다.
> • 한때는 장래가 (　)되는 인재였던 그가 실패할 줄은 아무도 몰랐다.

① 신망　　　　　　　　　　② 희망
③ 숙원　　　　　　　　　　④ 야망
⑤ 기대

27 다음 빈칸에 들어갈 알맞은 말을 순서대로 나열한 것은?

어휘선택

> 귤동마을 지나 다산초당이 있는 다산을 오르자면 갑자기 청신한 바람이 답사객의 온몸을 휘감고 돈다. ___ 들어서 하늘이 감추어진 대밭과 아름드리 소나무가 ___ 자라 초당으로 오르는 길은 언제나 어둡고 서늘하다. 이것도 올봄에 갔더니 높은 데서 지시했는지 대밭도 솔밭도 시원스레 솎아내서 ___ 훤해졌는데 그래도 ___ 울창했던 것인지라 청신한 공기에는 변함이 없었다.
>
> –유홍준, 『나의 문화유산답사기 1』

① 빽빽이 – 무성히 – 미처 – 자못

② 무성히 – 촘촘히 – 겨우 – 미처

③ 촘촘히 – 빽빽이 – 워낙에 – 겨우

④ 빽빽이 – 무성히 – 자못 – 워낙에

⑤ 무성히 – 촘촘히 – 미처 – 겨우

28 다음 빈칸에 들어갈 접속어를 순서대로 적절하게 나열한 것은?

어휘선택

> 도덕적 명분관은 인간의 모든 행위에 대해 인간의 본성에 근거하는 도덕적 정당성의 기준을 제시함으로써 개인의 정의감이나 용기를 뒷받침한다. 즉, 불의에 대한 비판 의식이라든가 타협을 거부하는 선비의 강직한 정신 같은 것이 바로 그것인데, 이는 우리 사회를 도덕적으로 건전하게 이끌어 오는 데 기여하였던 것이다. 또한 사회적 행위에 적용되는 도덕적 명분은 공동체의 정당성을 확고하게 하여 사회를 통합하는 데 기여해 왔다. ___ 자신의 정당성에 대한 신념이 지나친 나머지 경직된 비판 의식을 발휘하게 되면 사회적 긴장과 분열을 초래할 수도 있다. ___ 조선 후기의 당쟁(黨爭)은 경직된 명분론의 대립으로 말미암아 심화된 측면이 있는 것이다.

① 게다가, 예컨대

② 그리고, 왜냐하면

③ 하지만, 그리고

④ 그러나, 예컨대

⑤ 또한, 반면에

29 다음의 밑줄 친 단어 중 맞춤법이 적절한 것은?

맞춤법 · 표준어

① 나는 보약을 먹어서 기운이 <u>뻗쳤다</u>.

② 한약을 <u>다릴</u> 때는 불 조절이 중요하다.

③ 가을이 되어 찬바람이 부니 몸이 <u>으시시</u> 추워진다.

④ 밤을 새우다시피 하며 시험을 <u>치루고</u> 나니 몸살이 났다.

⑤ 그는 항상 퇴근하기 전에는 자물쇠로 서랍을 단단히 <u>잠궜다</u>.

30 다음 중 밑줄 친 부분의 어문 규범이 적절한 것은?　　　　　　　맞춤법 · 표준어

① 각 분야에서 <u>내로라하는</u> 사람들이 모였다.
② <u>생각컨대</u> 그가 거짓말을 하는 것이 분명했다.
③ 철수야, 친구를 괴롭히면 <u>안되요</u>.
④ 그를 <u>만난지</u> 한 달이 지났다.
⑤ 그녀는 일을 하는 <u>틈틈히</u> 공부를 했다.

31 다음 중 밑줄 친 부분의 맞춤법이 적절하게 쓰인 것은?　　　　　맞춤법 · 표준어

① 언니는 상냥한데 동생은 너무 <u>냉냉하다</u>.
② 추석에는 <u>햅쌀로</u> 송편을 빚는다.
③ <u>요컨데</u>, 행복은 마음 먹기에 달렸다는 것이다
④ 올해는 모두 건강하리라는 작은 <u>바램을</u> 가져본다.
⑤ 회의에서 나온 의견을 <u>뭉뚱거려</u> 말했다.

32 다음 중 밑줄 친 어휘의 표기가 적절하지 않은 것은?　　　　　맞춤법 · 표준어

① 우리 고향이 주요 <u>개발</u> 대상지로 선정되어서 마을 잔치를 했다.
② 평소에 자기 <u>계발</u>을 계속한 사람은 기회가 왔을 때 그것을 잡을 확률이 높다.
③ 5년간의 연구 끝에 신제품 <u>개발</u>에 성공했다.
④ 이 정부가 가장 중점을 두고 있는 부분이 경제 <u>개발</u>이라는 것은 정책을 보면 알 수 있다.
⑤ 인류는 미래를 위해서 화석 연료 대체 에너지 <u>계발</u>에 힘써야 한다.

33 다음 중 밑줄 친 어휘의 표기가 적절한 것은?　　　　　　　맞춤법 · 표준어

① 조금 바쁘기야 <u>하지만서도</u> 당신이 부탁하는 일이라면 무조건 돕겠어요.
② 그는 수년 간의 경험과 노하우로 해당 분야에서 <u>길앞잡이</u> 역할을 하고 있다.
③ 선수가 그라운드 안으로 <u>쏜살로</u> 뛰어 들어갔다.
④ 원숭이가 무리를 지어 인간처럼 사회를 이루며 살아가는 모습이 <u>신기롭다</u>.
⑤ 그렇게 중요한 물건을 <u>빠치고</u> 오면 어떡하니?

34 다음 중 밑줄 친 부분의 띄어쓰기가 적절한 것은?

① 내가 믿을 사람은 너 뿐이야.
② 막 외출을 하려던 차에 전화가 왔다.
③ 강당은 숨소리가 들릴만큼 조용했다.
④ 선생님께 만큼은 솔직하게 말하고 싶었다.
⑤ 아무리 생각해봐도 연락할 사람이 너 밖에 없었다.

35 다음 중 밑줄 친 부분이 표준어가 아닌 것은?

① 그가 이리로 걸어오고 있었다.
② 얼씨구, 경사 났네, 경사 났어.
③ 양반이라는 것이 제우 이 뿐이오!
④ 그, 머시, 지난번에 갔던 곳 거기 있잖아.
⑤ 그거참 귀신이 곡할 노릇이구만.

36 다음 중 밑줄 친 부분과 같은 의미로 쓰인 것은?

> 가족들은 모두 멀리 여행을 떠나고 나 혼자 집을 보고 있는데, 오늘따라 낯선 손님들이 많이 찾아와서 제대로 공부를 할 수 없었다.

① 손에 꼽히다.
② 손을 맞이하다.
③ 손이 부족하다.
④ 손이 달리다.
⑤ 손이 크다.

37

아무개는 어릴 때부터 능력이 뛰어났다. 학교를 다니며 전교 1등을 놓친 적이 없고, 운동도 잘해서 여러 운동부에서 가입을 권유 받기도 하였다. 그런 아무개는 주변 사람들을 무시하면서 살았고, 시간이 지나자 그의 주변에는 아무도 없게 되었다. 후에 아무개는 곤경에 처해 도움을 청해 보려했지만 연락을 해도 아무도 도와주지 않았다. 아무개는 이 상황에 처해서야 지난날의 자신의 삶을 반성하며 돌아보게 되었다. 이후 아무개는 더 이상 주변 사람을 무시하거나 우쭐대지 않고, 자신의 재능을 다른 사람을 위해 사용하기 시작했다.

① 새옹지마(塞翁之馬)　　　　② 개과천선(改過遷善)
③ 전화위복(轉禍爲福)　　　　④ 사필귀정(事必歸正)
⑤ 자과부지(自過不知)

38

세계에서 가장 높은 산맥은 히말라야 산맥이다. 지금부터 약 3,400만 년 전의 지구는 북쪽으로 앙가라 대륙, 남쪽으로 곤도와나 대륙이 펼쳐지고 그 양 대륙의 사이에 테디스 해라는 바다가 습곡 작용으로 인해 오늘날의 알프스-히말라야 조산대를 이루게 되고, 이 중에서 가장 높은 산맥인 히말라야 산맥이 형성되었다는 것이다. 따라서 히말라야 산맥은 예전에는 바다였던 것이다. 반면에, 남쪽의 곤드와나 대륙은 지금은 대서양 밑으로 가라앉아 바다가 되었다는 것이다. 이것이 지질학에서 이야기하는 신비의 고대륙이라 한다. 놀라운 사실이지만 이처럼 바다가 산으로, 산이 바다로 변화해 왔고, 또 앞으로도 변해 갈 것이다.

지금도 알프스산 정상을 오르면 조개껍데기와 같은 수백만 년 전의 바다 생물의 화석을 발견할 수 있다고 한다. 지구의 연령이 45억 년이므로 수십억 년의 세월 속에서 수백 수천 번의 변화가 거듭되어 온 셈이다.

① 제행무상(諸行無常)　　　　② 물아일체(物我一體)
③ 공수래공수거(空手來空手去)　④ 남가일몽(南柯一夢)
⑤ 후자처상(後者處上)

39

> 기부문화가 변하고 있다. 성탄절과 연말에만 등장하던 '기부'가 이제 자신의 재능을 담보로 일년 내내 사회 곳곳에서 이뤄진다. 여름이면 떠나던 대학 '농활'도 육체노동 대신 자신의 전공에 맞춘 전문적 재능기부 활동으로 변모하고 있다.
>
> 지난 17일에는 장애인을 포함한 곰두리봉사단이 농어촌 재능기부에 나섰고, ○○대 한의대학생들도 전남 나주에서 의료봉사를 펼치기도 했다. 또 농식품부 A장관도 강원도 평창군을 찾아 '농어촌 집 고 쳐주기' 재능기부에 동참하는 등 각계각층의 재능기부 활동도 늘어나고 있다.

① 낙숫물은 떨어지던 데 또 떨어진다.

② 지렁이도 밟으면 꿈틀한다.

③ 쥐구멍에도 볕들 날이 있다.

④ 공든 탑이 무너지랴.

⑤ 흘러가는 물도 떠 주면 공이다.

40

런던올림픽에서 1일 벌어진 배드민턴 여자복식 선수 8명의 무더기 실격은 올림픽 사상 초유의 사태이다. 이번 사태는 세계배드민턴연맹(BWF)의 잘못된 경기방식 변경과 참가국들의 지나친 메달 욕심으로 빚어졌다. 가뜩이나 중국 메달 편중 현상과 한국, 인도네시아의 강세 때문에 배드민턴의 올림픽 정식종목 지위가 안정적이지 않은 가운데 이 같은 '고의 패배'는 배드민턴의 미래에도 영향을 미칠 것으로 전망된다.

런던조직위는 1일 가진 정례브리핑에서 배드민턴 고의 패배 사태에 대해 "BWF의 대응에 따라 결정될 것"이라면서도 "궁극적 대책을 고려할 가능성도 있다."라고 말했다. 궁극적 대책이란 배드민턴 종목의 올림픽 퇴출을 뜻한다. BWF가 전원 실격이라는 중징계를 내린 배경에는 IOC의 '퇴출 압력'이 있었을 것이라는 관측이 나오고 있다.

① 산소 등에 꽃이 피었다.
② 하늘 보고 주먹질한다.
③ 달아나는 노루 보고 얻은 토끼 놓쳤다.
④ 제 얼굴 못나서 거울 깬다.
⑤ 개를 따라가면 측간으로 간다.

많이 보고 많이 겪고 많이 공부하는 것은 배움의 세 기둥이다.

- 벤자민 디즈라엘리 -

PART 2

글의 구조

CHAPTER
01 문장배열

대표예제

다음 제시된 문장을 적절하게 배열한 것은?

④ (가)에서 핵심어를 찾는다. : 글쓴이가 하고 싶은 말은 첫 문장에 있기 마련이므로 첫 문장에서 글의 핵심이 되는 단어 또는 내용을 확인한다.

(가) 상품의 가격은 기본적으로 수요와 공급의 힘으로 결정된다. 시장에 참여하고 있는 경제 주체들은 자신이 가진 정보를 기초로 하여 수요와 공급을 결정한다.

(나) 이런 경우에는 상품의 가격이 우리의 상식으로는 도저히 이해하기 힘든 수준까지 일시적으로 뛰어오르는 현상이 나타날 가능성이 있다. 이런 현상은 특히 투기의 대상이 되는 자산의 경우 자주 나타나는데, 우리는 이를 '거품 현상'이라고 부른다. ② 정의된 단어를 확인한다. : '거품 현상'이라는 단어가 들어간 문장은 (나) 외에 (라)밖에 없으므로 (나) 뒤에 (라)가 위치해야 옳다.

① 먼저 접속사 및 지시대명사를 찾아 확인한다.

(다) 그러나 현실에서는 사람들이 서로 다른 정보를 갖고 시장에 참여하는 경우가 많다. 어떤 사람은 특정한 정보를 갖고 있는데 거래 상대방은 그 정보를 갖고 있지 못한 경우도 있다.

(라) 일반적으로 거품 현상이란 것은 어떤 상품 – 특히 자산 – 의 가격이 지속해서 급격히 상승하는 현상을 가리킨다. 이와 같은 지속적인 가격 상승이 일어나는 이유는 애초에 발생한 가격 상승이 추가적인 가격 상승의 기대로 이어져 투기 바람이 형성되기 때문이다.

(마) 이들이 똑같은 정보를 함께 갖고 있으며 이 정보가 아주 틀린 것이 아닌 한, 상품의 가격은 어떤 기본적인 수준에서 크게 벗어나지 않을 것이라고 예상할 수 있다.

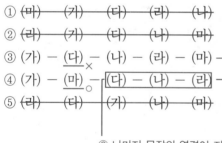

① (마) – (가) – (다) – (라) – (나)
② (라) – (가) – (다) – (나) – (마)
③ (가) – (다) – (나) – (라) – (마)
④ (가) – (마) – (다) – (나) – (라)
⑤ (라) – (다) – (가) – (나) – (마)

⑥ 나머지 문장의 연결이 자연스러운지 확인한다.

③ ①과 ②에 따라 첫 문장으로 적합하지 않은 선택지를 삭제한다. → 선택지 ①, ②, ⑤ 삭제 : 첫 문장은 (가)

⑤ (가)에 이어질 두 번째 문장을 선택지를 이용하여 찾는다.
• (다) : '그러나'로 시작하는 (다)는 (가)의 주장을 뒤집는 내용이다.
• (마) : 지시대명사 '이들이'와 '이 정보'는 각각 '경제 주체들'과 '자신이 가진 정보'로 (가)에 대한 부연 설명을 하고 있다.
따라서 (가)에 대한 부연 설명을 하고 있는 (마)가 (가) 뒤에 오는 것이 적절하다.

정답 및 해설

정답 ④

먼저 (가)~(마) 문단의 맨 앞 글자만 빠르게 보면서 접속사나 지시대명사가 있는지 확인하여 (나) 문단의 '이런 경우', (다) 문단의 '그러나'와 (마) 문단의 '이들이', '이 정보'에 표시를 해놓는다. 또한 따옴표로 거품 현상을 정의한 (나)의 마지막 문장은 큰 힌트가 된다. (나) 문단을 제외하고 거품 현상에 대해서 설명한 문단은 (라)밖에 없으므로 (나) 문단 다음에 (라) 문단을 배치하는 것이 자연스럽다. 이를 종합해 보면 접속사 및 지시대명사가 있는 문단을 제외하면 (가) 문단과 (라) 문단이 첫 문단이 될 수 있는데 (라) 문단은 (나) 문단 뒤에 연결되므로 (가) 문단이 이 글의 첫 문단이 된다.

(가) 문단이 맨 앞에 배치된 선택지는 ③과 ④로 (가) 문단 다음으로 (다) 문단 또는 (마) 문단임을 알 수 있다. 연결되는 문단을 찾기 위해서 (가) 문단의 핵심어를 찾아보면 (가) 문단에서 상품의 가격은 경제 주체들이 자신이 가진 정보를 기초로 하여 정한 수요와 공급으로 결정된다고 하였으므로 궁극적으로 '상품의 가격'이 핵심어가 된다.

연결되는 문단 후보인 (다) 문단부터 살펴보면, 접속사 '그러나'로 시작하며 앞의 내용을 뒤집고 있다. 반면 (마) 문단은 (가) 문단의 '경제 주체들'과 '자신이 가진 정보'를 각각 '이들이'와 '이 정보'로 지시하면서 부연 설명을 하고 있다. 따라서 내용을 뒤집기 전에 부연 설명을 하는 것이 적절하므로 (가) 문단 뒤에 (마) 문단이 오는 ④가 정답이다.

※ 다음 문장을 논리적 순서대로 적절하게 배열한 것을 고르시오. [1~8]

01

> (가) 그래서 부모나 교사로부터 영향을 받을 가능성이 크다.
> (나) 이는 성인들이 경험을 통해서 자신의 판단력을 향상할 수 있는 데 비해 청소년들은 그럴 기회가 별로 없기 때문이다.
> (다) 대다수 청소년은 정치적 판단 능력이 성숙하지 않다.
> (라) 따라서 청소년에게 정치적 판단에 대한 책임을 지우기 전에 이를 감당할 수 있도록 돕는 것이 우선이라고 본다.

① (다) ─ (나) ─ (라) ─ (가)
② (나) ─ (다) ─ (가) ─ (라)
③ (다) ─ (라) ─ (가) ─ (나)
④ (다) ─ (가) ─ (나) ─ (라)
⑤ (나) ─ (가) ─ (라) ─ (다)

정답 및 해설   01 ④ 02 ③ 03 ①

01
(다)는 문제에 대한 주장으로, 그 뒤에 '그래서'로 이어지는 주장에 따른 결과 (가)가 나온다. 그 결과에 대한 이유가 (나)에 나오는데 이는 문맥의 흐름과 '때문이다'라는 표현을 통해 알 수 있다. 마지막으로 주장에 대한 결론이 제시되는데 (라)는 '따라서'라는 결론을 나타내는 부사어를 사용하여 주장을 정리하고 있다.

02

(가) 그러나 인권 침해에 관한 문제 제기도 만만치 않아 쉽게 결정할 수 없는 상황이다.
(나) 지난 석 달 동안만 해도 벌써 3건의 잔혹한 살인 사건이 발생하였다.
(다) 반인륜적인 범죄가 갈수록 증가하고 있다.
(라) 이에 따라 반인륜적 범죄에 대한 처벌을 강화해야 한다는 목소리가 날로 높아지고 있다.

① (가) — (나) — (다) — (라)　　② (나) — (다) — (가) — (라)
③ (다) — (나) — (라) — (가)　　④ (다) — (라) — (나) — (가)
⑤ (나) — (가) — (라) — (다)

03

(가) 논리적 사고란 사물을 사리에 맞게 차근차근 따지고 앞뒤를 가려 모순 없이 여러 가지를 생각하는 것을 말한다.
(나) 사물을 논리적으로 따져 생각할 수 있는 논리적 사고력은 일상 생활과 과학 연구에 있어서 중요한 도구가 될 뿐만 아니라, 인류의 문화를 발전시키는 창조력의 원천이 된다.
(다) 오늘날 인류가 이룩한 문명과 인류가 누리는 풍부하고 윤택한 생활도 논리적 사고력에 그 바탕을 두고 있다.
(라) 예를 들면, 컴퓨터의 복잡한 원리도 인간의 이러한 능력을 체계적으로 탐구하는 논리학에서 온 것이다.
(마) 오늘날에 있어서 논리의 역할은 많은 지식과 정보를 보다 신속하고 정확하게 다룰 수 있게 하는 데 있다고 할 수 있다.

① (가) — (나) — (다) — (라) — (마)　② (가) — (다) — (나) — (라) — (마)
③ (나) — (가) — (다) — (마) — (라)　④ (마) — (라) — (나) — (가) — (다)
⑤ (마) — (나) — (라) — (가) — (다)

02

제시문은 반인륜적 범죄에 대한 처벌과 이에 따른 인권 침해에 대해 언급하고 있다. 따라서 (다) 반인륜적 범죄의 증가 — (나) 지난 석 달 동안 3건의 범죄(살인 사건) 발생 — (라) 반인륜적 범죄에 대한 처벌 강화 — (가) 인권 침해에 관한 문제 제기의 순서대로 연결하는 것이 자연스럽다.

03

제시문은 논리적 사고에 대해 언급하고 있으므로 가장 처음에 개념을 설명하는 (가)가 와야 한다. 그리고 (다)는 '~생활도'로 보아 그 앞에 유사한 내용인 (나)의 논리적 사고력이 인류의 문화를 발전시킨다는 내용이 와야 한다. (마)의 '지식과 정보를 보다 신속하고 정확하게 ~'는 (라)의 컴퓨터와 밀접하며, 또 컴퓨터는 '인류의 풍부하고 윤택한 생활'과 밀접하다.
따라서 (가) — (나) — (다) — (라) — (마)의 순서가 적절하다.

04

(가) 가령 해당 주민을 다른 지역으로 일시 대피시키는 소개의 경우 주민의 불안감 증대, 소개 과정의 혼란 등 부작용이 예상되기 때문입니다.

(나) 이러한 조치를 취하게 되면 방사능 피폭선량을 줄일 수는 있지만 그 부작용도 고려해야 합니다.

(다) 방사능 비상사태 시 영향 지역 내의 주민에 대해 방사능 피폭을 줄이기 위해 취하는 조치로써 옥내 대피, 갑상선 보호제 투여, 이주 등이 있습니다.

(라) 따라서 보호 조치의 기본 원칙은 그 조치로 인한 이로움이 동반되는 해로움보다 커야 한다는 것입니다.

① (가) − (다) − (나) − (라)　　　　② (나) − (가) − (다) − (라)

③ (다) − (나) − (가) − (라)　　　　④ (다) − (가) − (라) − (나)

⑤ (다) − (나) − (라) − (가)

05

(가) 최초로 입지를 선정하는 업체는 시장의 어디든 입지할 수 있으나 소비자의 이동 거리를 최소화하기 위하여 시장의 중심에 입지한다.

(나) 최대수요입지론은 산업입지와 상관없이 비용은 고정되어 있다고 가정한다. 이 이론에서는 경쟁업체와 가격 변동을 고려하여 수요가 극대화되는 입지를 선정한다.

(다) 그 다음 입지를 선정해야 하는 경쟁 업체는 가격 변화에 따라 수요가 변하는 정도가 크지 않은 경우, 시장의 중심에서 멀어질수록 시장을 뺏기게 되므로 경쟁 업체가 있더라도 가능한 중심에 가깝게 입지하려고 한다.

(라) 하지만 가격 변화에 따라 수요가 크게 변하는 경우에는 두 경쟁자는 서로 적절히 떨어져 입지하여 보다 낮은 가격으로 제품을 공급하려고 한다.

정답 및 해설　　　　　　　　　　　　　　　　　　04 ③　05 ①　06 ②

04

제시문은 방사능 비상사태에 대한 조치를 언급하면서, 조치에는 부작용이 따르므로 조치로 인한 이로움이 그로 인한 해로움보다 커야 한다고 설명하는 글이다. 따라서 (다) 방사능 비상사태 시 조치 종류 − (나) '이러한 조치'로 인한 부작용 − (가) 부작용의 예 − (라) 보호 조치의 기본 원칙은 해로움보다 이로움이 커야함의 순서가 적절하다.

05

제시문은 최대수요입지론에 의해 업체가 입지를 선택하는 방법을 설명하는 글이다. 최초로 입지를 선택하는 업체와 그 다음으로 입지를 선택하는 업체가 입지를 선정하는 기준과, 변인이 생기는 경우 두 업체가 입지를 선정하는 기준을 설명하는 글이다. 따라서 (나) 최대수요입지론에서 입지를 선정할 때 고려하는 요인 − (가) 최초로 입지를 선정하는 업체의 입지 선정법 − (다) 다음으로 입지를 선정하는 업체의 입지 선정법 − (라) 다른 변인이 생기는 경우 두 경쟁자의 입지 선정법의 순서가 적절하다.

① (나) − (가) − (다) − (라)　　② (나) − (라) − (다) − (가)
③ (라) − (가) − (나) − (다)　　④ (라) − (가) − (다) − (나)
⑤ (가) − (나) − (라) − (다)

06

> (가) 글의 구조를 고려한 독서의 방법에는 내용 요약하기와 조직자 활용하기 방법이 있다. 내용 요약
> 하기는 문단의 중심 화제를 한두 문장으로 표현해 보는 일이다. 조직자란 내용을 조직하는 단위
> 들이다. 이를 잘 찾아내면 글의 요점을 파악하기 쉽다.
> (나) 한 편의 완성된 글은 구조를 갖고 있으며 그 속에는 글쓴이의 중심 생각은 물론 글쓰기 전략도
> 들어 있다. 이때 글을 쓰는 목적이 무엇이냐에 따라 글쓰기 전략이 달라진다.
> (다) 정보를 전달하는 글은 정보를 쉽고 명료하게 조직하는 전략을 사용하고, 설득하는 글은 서론 −
> 본론 − 결론의 짜임을 취하며 주장을 설득력 있게 펼친다.
> (라) 독자 입장에서는 글이 구조를 갖고 있다는 점을 염두에 두고 글쓴이가 글을 쓴 목적이나 의도를
> 추리하며 글을 읽어야 한다.

① (가) − (나) − (라) − (다)　　② (나) − (다) − (라) − (가)
③ (가) − (다) − (나) − (라)　　④ (나) − (라) − (가) − (다)
⑤ (가) − (라) − (나) − (다)

06

제시문은 글쓴이가 글을 쓸 때 전략이 있어야 하고, 독
자 역시 글을 읽을 때 글쓴이의 의도를 파악해야 함을
구체적인 예를 들어 설명하는 글이다. 따라서 (나) 글쓴
이가 글을 쓰는 목적에 따라 달라지는 글쓰기 전략 −
(다) 글을 쓰는 목적에 따른 글쓰기 전략의 예 − (라) 독
자가 글을 읽는 방법 − (가) 독자가 글의 구조를 고려하
여 글을 읽는 방법에 대한 구체적인 예시의 순서대로 연
결되어야 한다.

(가) 그렇지만 그러한 위험을 감수하면서 기술 혁신에 도전했던 기업가와 기술자의 노력 덕분에 산업의 생산성은 지속적으로 향상되었고, 지금 우리는 그 혜택을 누리고 있다.

(나) 산업 기술은 적은 비용으로 더 많은 생산이 가능하도록 제조 공정의 효율을 높이는 방향으로 발전해 왔다.

(다) 기술 혁신의 과정은 과다한 비용 지출이나 실패의 위험이 도사리고 있는 험난한 길이기도 하다.

(라) 이러한 기술 발전은 제조 공정의 일부를 서로 결합함으로써 대폭적인 비용 절감을 가능하게 하는 기술 혁신을 통하여 이루어진다.

① (나) － (라) － (다) － (가)
② (나) － (다) － (가) － (라)
③ (다) － (나) － (가) － (라)
④ (다) － (라) － (가) － (나)
⑤ (가) － (라) － (나) － (다)

07

(라)의 '이러한 기술 발전'은 (나)의 내용에 해당하고, (가)의 '그러한 위험'은 (다)의 내용에 해당한다. 내용상 기술 혁신에 대해 먼저 설명하고 뒤에 그 위험성에 대한 내용이 나와야 하므로, 가장 적절한 순서는 (나) － (라) － (다) － (가)이다.

(가) 그렇기 때문에 이 간극을 줄이려면 남녀 고용 평등의 확대를 위해 채용 목표제를 강화할 필요가 있다.

(나) 우리나라 대졸 이상 여성의 고용 비율은 OECD 국가 중 최하위인데 이는 채용 과정에서 여성이 부당한 차별을 받는 경우가 많다는 것을 보여준다.

(다) 우리나라 남녀 전체의 평균 고용 비율 격차는 31.8%로 남성에 비해 여성의 고용 비율이 현저히 낮다.

(라) 이러한 차별을 없애기 위해 강화된 법규가 준수될 수 있도록 정부의 계도와 감독 기능을 강화해야 할 것이다.

(마) 고용 시 여성에게 일정 비율을 할애하는 것은 남성에 대한 역차별이라는 주장이 있기는 하지만 남녀 고용 평등이 어느 정도 실현될 때까지 여성에 대한 배려는 불가피하다.

① (라) - (나) - (마) - (다) - (가)
② (다) - (가) - (마) - (나) - (라)
③ (다) - (나) - (라) - (가) - (마)
④ (라) - (다) - (가) - (나) - (마)
⑤ (라) - (가) - (나) - (다) - (마)

08
제시문은 우리나라 여성의 고용 비율이 남성보다 낮기 때문에 여성의 고용에 대한 배려가 필요하다는 글이다. 따라서 (다) 우리나라는 남성에 비해 여성의 고용 비율이 현저히 낮음 - (가) 남녀 고용 평등의 확대를 위한 채용 목표제의 강화 필요 - (마) 역차별이라는 주장과 현실적인 한계 - (나) 대졸 이상 여성의 고용 비율이 OECD 국가 중 최하위인 대한민국의 현실 - (라) 강화된 법규가 준수될 수 있도록 정부의 계도와 감독 기능의 강화 필요의 순서대로 연결되어야 한다.

※ 다음 제시된 글을 읽고, 이어질 글을 논리적 순서대로 적절하게 배열한 것을 고르시오. [9~10]

09

> 초콜릿은 많은 사람이 좋아하는 간식이다. 어릴 때 초콜릿을 많이 먹으면 이가 썩는다는 부모님의 잔소리를 안 들어본 사람은 별로 없을 것이다. 그러면 이러한 초콜릿은 어떻게 등장하게 된 것일까?

> (가) 한국 또한 초콜릿의 열풍을 피할 수는 없었는데, 한국에 초콜릿이 전파된 것은 개화기 이후 서양 공사들에 의해서였다고 전해진다. 일제강점기 이후 한국의 여러 제과회사는 다양한 변용을 통해 다채로운 초콜릿 먹거리를 선보이고 있다.
>
> (나) 초콜릿의 원료인 카카오 콩의 원산지는 남미로 전해진다. 대항해시대 이전, 즉 유럽인들이 남미에 진입하기 이전에는 카카오 콩은 예식의 예물로 선물하기도 하고 의약품의 대용으로 사용되는 등 진귀한 대접을 받는 물품이었다.
>
> (다) 유럽인들이 남미로 진입한 이후, 여타 남미산 작물이 그러하였던 것처럼 카카오 콩도 유럽으로 전파되어 선풍적인 인기를 끌게 된다. 다만 남미에서는 카카오 콩에 첨가물을 넣지 않았던 것과는 달리 유럽에서는 설탕을 넣어 먹었다고 한다.
>
> (라) 카카오 콩에 설탕을 넣어 먹은 것이 바로 우리가 간식으로 애용하는 초콜릿의 원형이라고 생각된다. 설탕과 카카오 콩의 결합물로서의 초콜릿은 알다시피 이후 세계를 풍미하는 간식의 대표주자가 된다.

① (나) － (다) － (라) － (가)
② (나) － (라) － (다) － (가)
③ (나) － (라) － (가) － (다)
④ (다) － (나) － (라) － (가)
⑤ (다) － (나) － (가) － (라)

정답 및 해설   09 ① 10 ④

09
제시된 단락의 마지막 문장을 통해, 이어질 내용이 초콜릿의 기원임을 유추할 수 있다. 역사적 순서에 따라 나열하면 (나) － (다) － (라)가 되고, 그러한 초콜릿의 한국에 전해진다는 내용은 각론에 해당하므로 (가)가 마지막에 위치하는 것이 가장 적절하다.

10

'낙수 이론(Trickle Down Theory)'은 '낙수 효과(Trickle Down Effect)'에 의해서 경제 상황이 개선될 수 있다는 것을 골자로 하는 이론이다. 이 이론은 경제적 상위계층의 생산 혹은 소비 등의 전반적 경제활동에 따라 경제적 하위계층에게도 그 혜택이 돌아간다는 모델에 기반을 두고 있다.

(가) 한국에서 이 낙수 이론에 의한 경제구조의 변화를 실증적으로 나타내는 것이 바로 70년대 경제 발전기의 경제 발전 방식과 그 결과물이다. 한국은 대기업 중심의 경제 발전을 통해서 경제의 규모를 키웠고, 이는 기대 수명 증가 등 긍정적 결과로 나타났다.

(나) 그러나 낙수 이론에 기댄 경제정책이 실증적인 효과를 낸 전력이 있음에도 불구하고, 낙수 이론에 의한 경제발전모델이 과연 전체의 효용을 바람직하게 증가시켰는지에 대해서는 비판들이 있다.

(다) 사회적 측면에서는 계층 간 위화감 조성이라는 문제점 또한 제기된다. 결국 상류층이 돈을 푸는 것으로 인하여 하류층의 경제적 상황에 도움이 되는 것이므로, 상류층과 하류층의 소비력의 차이가 여실히 드러나고, 이는 사회적으로 위화감을 조성시킨다는 것이다.

(라) 제일 많이 제기되는 비판은 경제적 상류계층이 경제활동을 할 때까지 기다려야 한다는 낙수 효과의 본질적인 문제점에서 연유한다. 결국 낙수 효과는 상류계층의 경제활동에 의해 이루어지는 것이므로, 당사자가 움직이지 않는다면 발생하지 않기 때문이다.

① (가) ─ (라) ─ (나) ─ (다)
② (가) ─ (다) ─ (라) ─ (나)
③ (다) ─ (가) ─ (라) ─ (나)
④ (가) ─ (나) ─ (라) ─ (다)
⑤ (가) ─ (나) ─ (다) ─ (라)

10

제시문은 낙수 이론에 대해 설명하고, 그 실증적 효과를 논한 후에 비판을 제기하고 있다. 따라서 일반론에 이은 효과를 설명하는 (가)가 처음에 나오고 그 뒤에 비판을 시작하는 (나)가 와야 한다. (라)에는 '제일 많이'라는 수식어가 있고, (다)에는 '또한 제기된다'라고 명시되어 있어 (라)가 (다) 앞에 오는 것이 글의 구조상 적절하다. 따라서 (가) ─ (나) ─ (라) ─ (다)의 순서대로 연결되어야 한다.

11

(가) 좋은 체력은 하루 이틀 사이에 이루어지지 않으며 이를 위해서는 공부, 식사, 수면, 운동의 개인별 특성에 맞는 규칙적인 생활관리와 알맞은 영양공급이 필수적이다. 또 이 시기는 신체적으로도 급격한 성장과 성숙이 이루어지는 중요한 시기로 좋은 영양상태를 유지하는 것은 수험을 위한 체력의 기반을 다지는 것뿐만 아니라 건강하고 활기찬 장래를 위한 준비가 된다는 점을 간과해서는 안 된다.

(나) 우리나라의 중·고교생들은 많은 수가 입시전쟁을 치러야 하는 입장에 있다. 그러나 입시 준비 기간이라는 어려운 기간을 잘 이겨내어 각자가 지닌 목표를 달성하려면 꾸준한 노력과 총명한 두뇌도 중요하지만 마지막 승부수는 체력일 것이다.

(다) 그러나 학생들은 많은 학습량, 수험으로 인한 스트레스, 밤새우기 등 불규칙한 생활을 하기도 한다. 식생활에 있어서도 아침을 거르고 제한된 도시락 반찬으로 인한 불충분한 영양소 섭취, 잦은 야식, 미용을 위하여 무리하게 식사를 거르거나 절식을 하여 건강을 해치기도 한다. 또한 집 밖에서 보내는 시간이 많아 주로 패스트푸드, 편의식품점, 자동판매기를 통해 식사를 해결하고 있다.

① (가) － (나) － (다)
② (가) － (다) － (나)
③ (나) － (가) － (다)
④ (다) － (가) － (나)
⑤ (나) － (다) － (가)

정답 및 해설   11 ③ 12 ③

11
(나) 입시 준비를 잘하기 위해서는 체력이 관건 － (가) 좋은 체력을 위해서는 규칙적인 생활관리와 알맞은 영양공급이 필수적이며 특히 청소년기에는 좋은 영양상태를 유지하는 것이 중요 － (다) 그러나 우리나라 학생들의 식습관을 살펴보면 충분한 영양섭취가 이루어지지 못함의 순서가 적절하다.

12

(가) 베커는 "주말이나 저녁에는 회사들이 문을 닫기 때문에 활용할 수 있는 시간의 길이가 길어지고 이에 따라 특정 행동의 시간 비용이 줄어든다."라고도 지적한다. 시간의 비용이 가변적이라는 개념은, 기대수명이 늘어나서 사람들에게 더 많은 시간이 주어지는 것이 시간의 비용에 영향을 미칠 수 있다는 점에서 의미가 있다.

(나) 베커와 린더는 사람들에게 주어진 시간을 고정된 양으로 전제했다. 1965년 당시의 기대수명은 약 70세였다. 하루 24시간 중 8시간을 수면에 쓰고 나머지 시간에 활동이 가능하다면, 평생 408,800시간의 활동가능 시간이 주어지는 셈이다. 하지만 이 방정식에서 변수 하나가 바뀌면 어떻게 될까? 기대수명이 크게 늘어난다면 시간의 가치 역시 달라져서, 늘 시간에 쫓기는 조급한 마음에도 영향을 주게 되지 않을까?

(다) 시간의 비용이 가변적이라고 생각한 이는 베커만이 아니었다. 스웨덴의 경제학자 스테판 린더는 서구인들이 엄청난 경제성장을 이루고도 여유를 누리지 못하는 이유를 논증한다. 경제가 성장하면 사람들의 시간을 쓰는 방식도 달라진다. 임금이 상승하면 직장 밖 활동에 들어가는 시간의 비용이 늘어난다. 일하는 데 쓸 수 있는 시간을 영화나 책을 보는 데 소비하면 그만큼의 임금을 포기하는 것이다. 따라서 임금이 늘어난 만큼 일 이외의 활동에 들어가는 시간의 비용도 함께 늘어난다는 것이다.

(라) 1965년 노벨상 수상자 게리 베커는 '시간의 비용'이 시간을 소비하는 방식에 따라 변화한다고 주장하였다. 예를 들어 수면이나 식사 활동은 영화 관람에 비해 단위 시간당 시간의 비용이 작다. 그 이유는 수면과 식사가 생산적인 활동에 기여하기 때문이다. 잠을 못 자거나 식사를 제대로 하지 못해 체력이 떨어진다면, 생산적인 활동에 제약을 받기 때문에 수면과 식사 활동에 들어가는 시간의 비용이 영화관람에 비해 작다고 할 수 있다.

① (가) − (라) − (다) − (나) ② (라) − (다) − (가) − (나)
③ (라) − (가) − (다) − (나) ④ (가) − (다) − (나) − (라)
⑤ (라) − (나) − (다) − (가)

12
1965년 노벨상 수상자인 게리 베커에 대한 내용은 베커가 주장한 '시간의 비용' 개념을 소개하는 (라)가 처음에 위치하고, (라)를 보충하는 내용으로 베커의 '시간의 비용이 가변적'이라는 개념을 언급한 (가), 베커와 같이 시간의 비용이 가변적이라고 주장한 경제학자 린더의 주장을 소개한 (다), 마지막으로 베커와 린더의 공통적 전제인 사람들에게 주어진 시간이 고정된 양이라는 사실과 기대수명이 늘어남으로써 시간의 가치가 달라질 것이라는 내용의 (나)가 순서대로 연결된다.
따라서 (라) − (가) − (다) − (나) 순서가 적절하다.

CHAPTER

02 문장삽입

대표예제 다음 글에서 〈보기〉의 내용이 들어갈 위치로 가장 적절한 곳은?

④ 제시된 전체 지문을 읽으며, 각 문단의 표지를 파악하기 쉽도록 핵심어를 표시한다.

⑤ 앞 문단과 뒷 문단의 연결이 자연스러운지 확인하여 읽는다.

⑥ 〈보기〉가 들어갈 자리의 앞, 뒤 문단의 연결이 자연스러운지 확인한다.

(가) 생물학에 있어서의 이기주의와 이타주의에 대한 문제는 학문적으로 흥미로울 뿐 아니라 인간사 일반에서도 중요한 의미를 갖는다. 예를 들어 사랑과 증오, 다툼과 도움, 주는 것과 훔치는 것, 그리고 욕심과 자비심 등이 모두 이 문제와 밀접히 연관되어 있다.

(나) 만약 인간 사회를 지배하는 유일한 원리가 인간 유전자의 철저한 이기주의라면 이 세상은 매우 삭막한 곳이 될 것이다. 그럼에도 불구하고 우리가 원한다고 해서 인간 유전자의 철저한 이기성이 사라지는 것도 아니다. 인간이나 원숭이나 모두 자연의 선택 과정을 거쳐 진화해 왔다. 그리고 자연이 제공하는 선택 과정의 살벌함을 이해한다면 그 과정을 통해서 살아남은 모든 개체는 이기적일 수밖에 없음을 알게 될 것이다. ┐부연 설명

(다) 따라서 만약 우리가 인간, 원숭이 혹은 어떤 살아있는 개체를 자세히 들여다보면 그들의 행동양식이 매우 이기적일 것이라고 예상할 수 있다. 우리의 이런 예상과 달리, 인간의 행동양식이 진정한 이타주의를 보여준다면 이는 상당히 놀라운 일이며 뭔가 새로운 설명을 필요로 한다.

(라) 이 문제에 대해서는 이미 많은 연구와 저서가 있었다. 그러나 이 연구들은 대부분 진화의 원리를 정확히 이해하지 못해서 잘못된 결론에 도달했다. 즉, 기존의 이기주의 – 이타주의 연구에서는 진화에 있어서 가장 중요한 것이 '개체'의 살아남음이 아니라 '종 전체' 혹은 '어떤 종에 속하는 한 그룹'의 살아남음이라고 가정했다.

(마) 진화론의 관점에서 이기주의 – 이타주의의 문제를 들여다보는 가장 타당한 견해는 자연의 선택이 유전의 가장 기본적인 단위에서 일어난다고 생각하는 것이다. 즉, 나는 자연의 선택이 일어나는 근본 단위는 혹은 생물의 이기주의가 작동하는 기본 단위는, 종이나 종에 속하는 한 그룹 혹은 개체가 아니며 바로 유전자라고 주장한다.

① 전체 지문을 읽기 전 〈보기〉를 먼저 확인한다.

② 내용의 핵심어에 표시를 한다. – 이후 지문에서 핵심어의 흐름을 통해 자연스럽게 연결이 되는지 확인하기 편리하다.

보기

나는 성공적인 유전자가 갖는 가장 중요한 특성은 이기주의이며 이러한 유전자의 이기성은 개체의 행동 양식에 철저한 이기주의를 심어주었다고 주장한다. 물론 어떤 특별한 경우에 유전자는 그 이기적 목적을 달성하기 위해서 개체로 하여금 제한된 형태의 이타적 행태를 보이도록 하기도 한다. 그럼에도 불구하고 조건 없는 사랑이나 종 전체의 이익이라는 개념은, 우리에게 그런 개념들이 아무리 좋아 보이더라도, 진화론과는 상충되는 생각들이다.

③ 〈보기〉의 적절한 위치를 유추한다. → 〈보기〉는 서론도, 결론도, 반론도 아닌 본론에 녹아 있어야 할 문단으로 판단된다.

① (가) 문단의 뒤
② (나) 문단의 뒤
③ (다) 문단의 뒤
④ (라) 문단의 뒤
⑤ (마) 문단의 뒤

정답 및 해설

보기가 들어갈 위치를 고르는 문제를 풀 때는 보기부터 읽고 내용을 파악하는 것이 중요하다. 보기는 논점에 대한 글쓴이의 주장을 다룬다. 글쓴이는 '개체별 이기적 유전자가 자연선택의 중요한 특징이며, 종 전체의 이익이라는 개념은 부가적일 뿐 주된 동기는 되지 못한다.'라고 주장하고 있다. 보기의 앞부분과 뒷부분에 핵심어를 하나씩 찾아놓으면 나중에 앞, 뒤 문단과의 연결이 자연스러운지 확인할 때 편리하다.

보기의 앞부분은 '성공적인 유전자가 갖는 가장 중요한 특성으로 이기주의'를 주장하고 있고, 뒷부분은 '그럼에도 불구하고 ~ 개념들이 아무리 좋아 보이더라도, 진화론과는 상충되는 생각들'이라고 주장하고 있으므로 '이기주의'와 '진화론'이 핵심어라고 볼 수 있다. 보기는 서론도, 결론도, 반론도 아닌 앞과 뒤에 부연 설명이 필요한 본론 내용임을 알 수 있다.

보기의 분석을 마치고 제시문을 순서대로 읽으며 각 문단의 요지를 파악해 본다. (가) 문단은 이기주의와 이타주의에 대한 문제를 언급하며 서론을 시작하고 있다. (나) 문단은 살아남은 모든 개체가 이기적일 수밖에 없음을 강조하고 있고, 부연 설명으로 (다) 문단이 이어지면서 만약 이타주의를 보인다면 다른 새로운 설명을 필요로 한다고 지적하고 있다. 이에 (라) 문단에서 '이 문제'에 대해 잘못된 결론에 도달한 연구와 저서에 대해서 말하며 '개체'의 살아남음이 중요한 것임을 주장하고 있다. (마) 문단에서는 갑자기 진화론의 관점을 이야기하고 있으므로 (라) 문단과 (마) 문단 사이에 보기가 들어가야 함을 알 수 있다. 보기는 (라) 문단의 '개체'의 살아남음을 성공적인 유전자로 받아 설명하고 보기에서 진화론과는 상충되는 생각들이라고 한 것에 대한 부연 설명을 (마) 문단이 하고 있다.

※ 다음 글에서 〈보기〉의 문장이 들어갈 위치로 가장 적절한 곳을 고르시오. [1~5]

01

기억이 착오를 일으키는 프로세스는 인상적인 사물을 받아들이는 단계부터 이미 시작된다. (가) 감각적인 지각의 대부분은 무의식 중에 기록되고 오래 유지되지 않는다. (나) 대개는 수 시간 안에 사라져 버리며, 약간의 본질만이 남아 장기 기억이 된다. 무엇이 남을지는 선택에 의해서, 그리고 그 사람의 견해에 따라서도 달라진다. (다) 분주하고 정신이 없는 장면을 보여 주고, 나중에 그 모습에 대해서 이야기하게 해 보자. (라) 어느 부분에 주목하고, 또 어떻게 그것을 해석했는지에 따라 즐겁기도 하고 무섭기도 하다. (마) 단순히 정신 사나운 장면으로만 보이는 경우도 있다. 기억이란 원래 일어난 일을 단순하게 기록하는 것이 아니다.

보기

일어난 일에 대한 묘사는 본 사람이 무엇을 중요하게 판단하고, 무엇에 흥미를 가졌느냐에 따라 크게 다르다.

① (가)   ② (나)
③ (다)   ④ (라)
⑤ (마)

02

루트비히 판 베토벤(Ludwig Van Beethoven)의 「교향곡 9번 d 단조」 Op. 125는 그의 청력이 완전히 상실된 상태에서 작곡한 교향곡으로 유명하다. (가) 1824년에 완성된 이 작품은 4악장에 합창 및 독창이 포함된 것이 특징이다. 당시 시대적 배경을 볼 때, 이는 처음으로 성악을 기악곡에 도입한 획기적인 작품이었다. (나) 이 작품은 베토벤의 다른 작품들을 포함해 서양음악 전체에서 가장 뛰어난 작품 가운데 하나로 손꼽히며, (다) 현재 유네스코의 세계기록유산으로 지정되어 있다. (라) 또한, 4악장의 전주 부분은 유럽 연합의 공식 상징가로 사용되며, 자필 원본 악보는 2003년 런던 소더비 경매에서 210만 파운드에 낙찰되기도 했다. (마)

보기

이 작품에 '합창교향곡'이라는 명칭이 붙은 것도 바로 4악장에 나오는 합창 때문이다.

① (가)   ② (나)
③ (다)   ④ (라)
⑤ (마)

03

(가) ○○공사는 스마트 그리드 확산사업 구축대상 1호인 서울 성동구 금호대우아파트에서 ○○공사 컨소시엄, 지자체 등이 참여하는 가운데 스마트 그리드 확산사업 착공 기념식을 시행하였다. (나) 이번 착공식을 계기로 전국의 아파트와 상가 11만 호에 실시간 전기요금 정보와 에너지절감 컨설팅 서비스를 제공하는 스마트 그리드 확산사업을 본격 추진한다. (다) 사업대상은 고압으로 전력을 공급받는 아파트와 에너지 다소비 일반상가로 노후 기계식 전력량계를 전자식 전력량계로 교체하고, 실시간 전력사용량과 전기요금 등의 정보를 휴대폰이나 전용 홈페이지로 제공하여 소비자의 전기요금 절감을 가능하게 하는 사업이며, 공모방법은 ○○공사 홈페이지에서 확인할 수 있다. (라) 2016년부터 본격 서비스가 시행되는 AMI 기반 전력서비스와 에너지소비 컨설팅 서비스를 위해 2018년까지 정부와 8개 지자체에서 지원금 190억 원 등 총 301억 원의 사업비가 투자되어 원격검침 인프라와 태양광발전설비 10kW, EMS 등을 구축한다. (마)

> **보기**
>
> 스마트 그리드 확산사업은 제주 스마트 그리드 실증사업 성과를 활용하여 2018년까지 전국단위로 스마트 그리드를 확산하는 사업으로, 고객에게는 전기요금 절감과 에너지의 효율적인 사용을 유도하고, 정부와 지자체는 에너지효율화로 온실가스 감축과 지역경제 활성화를 목표로 하는 사업이다.

① (가) ② (나)
③ (다) ④ (라)
⑤ (마)

정답 및 해설

01 ④ 02 ② 03 ③

01

제시된 문장의 '묘사(描寫)'는 '어떤 대상이나 현상 등을 있는 그대로 언어로 서술하거나 그림으로 그려서 나타내는 것'이다. 보기에 '묘사'에 대한 언급이 있으므로 보기의 앞에는 어떤 모습이나 장면이 나와야 한다. (다) 뒤에 '분주하고 정신없는 장면'이라는 표현이 있으므로 보기는 (라)에 들어가는 것이 좋다.

또한 보기에서 묘사는 '본 사람이 무엇을 중요하게 판단하고, 무엇에 흥미를 가졌느냐에 따라 크게 다르다.'고 했으므로 보기는 '어느 부분에 주목하고, 또 어떻게 그것을 해석했는지에 따라 즐겁기도 하고 무섭기도 하다.'의 구체적 내용의 앞부분인 (라)에 위치해야 한다.

02

제시문은 베토벤의 9번 교향곡에 대해 설명하고 있으며, 보기는 9번 교향곡이 '합창교향곡'이라는 명칭이 붙은 이유에 대해 말하고 있다. 제시문의 세 번째 문장까지는 교향곡에 대해 설명을 하고 있으며, 네 번째 문장부터는 교향곡에 대한 현대의 평가 및 가치에 대해 설명을 하고 있다. 보기는 교향곡에 대한 설명과 교향곡에 성악이 도입되었다는 설명을 한 다음인 (나)에 들어가는 것이 가장 적절하다.

03

보기는 스마트 그리드의 확산사업의 내용과 의의에 대해서 이야기하고 있다. '스마트 그리드 확산사업을 본격 추진한다.'는 내용 뒤에 스마트 그리드 확산사업이 무엇인지 이야기해 주는 것이 옳으므로 (다)가 적절하다.

CHAPTER 02 문장삽입 **121**

04

밥상에 오르는 곡물이나 채소가 국내산이라고 하면 보통 그 종자도 우리나라의 것으로 생각하기 쉽다. (가) 하지만 실상은 벼, 보리, 배추 등을 제외한 많은 작물의 종자를 수입하고 있어 그 자급률이 매우 낮다고 한다. (나) 또한 청양고추 종자는 우리나라에서 개발했음에도 현재는 외국 기업이 그 소유권을 가지고 있다. (다) 국내 채소 종자 시장의 경우 종자 매출액의 50% 가량을 외국 기업이 차지하고 있다는 조사 결과도 있다. (라) 이런 상황이 지속될 경우, 우리 종자를 심고 키우기 어려워질 것이고 종자를 수입하거나 로열티를 지급하는 데 지금보다 훨씬 많은 비용이 들어가는 상황도 발생할 수 있다. (마) 또한 전문가들은 세계 인구의 지속적인 증가와 기상 이변 등으로 곡물 수급이 불안정하고, 국제 곡물 가격이 상승하는 상황을 고려할 때, 결국에는 종자 문제가 식량 안보에 위협 요인으로 작용할 수 있다고 지적한다.

보기

양파, 토마토, 배 등의 종자 자급률은 약 16%, 포도는 약 1%에 불과할 정도다.

① (가)   ② (나)
③ (다)   ④ (라)
⑤ (마)

05

(가) 우리는 보통 공간을 배경으로 사물을 본다. 그리고 시간이나 사유를 비롯한 여러 개념을 공간적 용어로 표현한다. 이처럼 공간에 대한 용어가 중의적으로 쓰이는 과정에서, 일상적으로 쓰는 용법과 달라 혼란을 겪기도 한다. (나) 공간에 대한 용어인 '차원' 역시 다양하게 쓰인다. 차원의 수는 공간 내에 정확하게 점을 찍기 위해 알아야 하는 수의 개수이다. (다) 특정 차원의 공간은 한 점을 표시하기 위해 특정한 수가 필요한 공간을 의미한다. (라) 따라서 다차원 공간은 집을 살 때 고려해야 하는 사항들의 공간처럼 추상적일 수도 있고, 실제의 물리 공간처럼 구체적일 수도 있다. 이러한 맥락에서 어떤 사람을 1차원적 인간이라고 표현했다면 그것은 그 사람의 관심사가 하나밖에 없다는 것을 의미한다. (마)

보기

집에 틀어박혀 스포츠만 관람하는 인간은 오로지 스포츠라는 하나의 정보로 기술될 수 있고, 그 정보를 직선 위에 점을 찍은 1차원 그래프로 표시할 수 있는 것이다.

① (가)   ② (나)
③ (다)   ④ (라)
⑤ (마)

06 다음 중 〈보기〉의 문장들이 들어갈 위치로 가장 적절한 곳은?

탄수화물은 사람을 비롯한 동물이 생존하는 데 필수적인 에너지원이다. (가) 탄수화물은 섬유소와 비섬유소로 구분된다. 사람은 체내에서 합성한 효소를 이용하여 곡류의 녹말과 같은 비섬유소를 포도당으로 분해하고 이를 소장에서 흡수하여 에너지원으로 이용한다. (나) 소, 양, 사슴과 같은 반추 동물도 섬유소를 분해하는 효소를 합성하지 못하는 것은 마찬가지이지만, 비섬유소와 섬유소를 모두 에너지원으로 이용하며 살아간다. (다) 위(胃)가 넷으로 나누어진 반추 동물의 첫째 위인 반추위에는 여러 종류의 미생물이 서식하고 있다. 반추 동물의 반추위에는 산소가 없는데, 이 환경에서 왕성하게 생장하는 반추위 미생물들은 다양한 생리적 특성이 있다. (라) 식물체에서 셀룰로스는 그것을 둘러싼 다른 물질과 복잡하게 얽혀 있는데, F가 가진 효소 복합체는 이 구조를 끊어 셀룰로스를 노출시킨 후 이를 포도당으로 분해한다. F는 이 포도당을 자신의 세포 내에서 대사 과정을 거쳐 에너지원으로 이용하여 생존을 유지하고 개체 수를 늘림으로써 생장한다. (마) 이런 대사 과정에서 아세트산, 숙신산 등이 대사산물로 발생하고 이를 자신의 세포 외부로 배출한다. 반추위에서 미생물들이 생성한 아세트산은 반추 동물의 세포로 직접 흡수되어 생존에 필요한 에너지를 생성하는 데 주로 이용되고 체지방을 합성하는 데에도 쓰인다. (바)

보기

㉠ 반면, 사람은 풀이나 채소의 주성분인 셀룰로스와 같은 섬유소를 포도당으로 분해하는 효소를 합성하지 못하므로 섬유소를 소장에서 이용하지 못한다.
㉡ 그 중 피브로박터 숙시노젠(F)은 섬유소를 분해하는 대표적인 미생물이다.

	㉠	㉡		㉠	㉡
①	(가)	(라)	②	(가)	(마)
③	(나)	(라)	④	(나)	(마)
⑤	(다)	(바)			

정답 및 해설

04
보기의 문장은 우리나라 작물의 낮은 종자 자급률을 보여주는 구체적인 수치이다. 따라서 우리나라 작물의 낮은 종자 자급률을 이야기하는 '하지만 실상은 벼, 보리, 배추 등을 제외한 많은 작물의 종자를 수입하고 있어 그 자급률이 매우 낮다고 한다.'의 뒤인 (나)에 위치하는 것이 적절하다.

05
보기의 문장은 관심사가 하나뿐인 사람을 1차원 그래프로 표시할 수 있다는 내용이다. 이는 1차원적 인간에 대한 구체적인 예시에 해당하므로 (마)에 들어가는 것이 가장 적절하다.

06
• ㉠의 '사람은 섬유소를 분해하는 효소를 합성하지 못한다.'는 내용과 (나) 바로 뒤의 문장의 '반추 동물도 섬유소를 분해하는 효소를 합성하지 못하는 것은 마찬가지'라는 내용으로 보아 ㉠의 적절한 위치는 (나)임을 알 수 있다.
• ㉡은 대표적인 섬유소 분해 미생물인 피브로박터 숙시노젠(F)을 소개하고 있으므로 계속해서 피브로박터 숙시노젠을 설명하는 문장의 앞인 (라)에 위치하는 것이 적절하다.

03 도식화

**대표
예제** 다음 글의 구조를 적절하게 분석한 것은?

③ 글을 처음부터 읽어가며
선택지와 비교한다.

① 먼저 접속사 및
지시대명사를 찾
아 확인한다. —
'그런데'를 기점
으로 내용이 나누
어진다.

⊙ 역사 속에서 사건들이 진행해 나가는 거대한 도식 또는 규칙성을 인간이 발견할 수 있다는 생각
은, 분류, 연관, 예측의 측면에서 자연과학이 이룩한 성공에 깊은 인상을 받은 사람들을 자연스럽
게 매혹시켰다.

ⓛ 따라서 그들은 과학적 방법, 즉 형이상학적 또는 경험적 체계를 적용하여, 자기들이 보유하고 있는
확실한 사실 또는 사실상 확실한 지식의 섬을 기반으로 발진하였다. 이를 통해 과거 안에 있는 빈
틈들을 메울 수 있도록 역사적 지식을 확장할 길을 구하였다.

ⓒ 그들은 알려진 바에서 출발하여 알지 못했던 것을 주장하거나, 조금 아는 것을 기반으로 그보다
더 조금밖에 몰랐던 것에 관하여 주장하였다. 이 과정에서 여타 분야에서나 역사의 분야에서 많은
성취가 있었고 앞으로도 있으리라는 점에는 의문의 여지가 없다.

ⓔ 그런데 어떤 전체적인 도식이나 규칙성의 발견이, 과거나 미래에 관한 특정 가설들의 탄생이나 증
명에 얼마나 도움을 주는지 상관없이, 그 발상은 우리 시대의 관점을 결정하는 데에도 일정한 역
할을 해왔고, 그 역할을 점점 더 강화해 나가고 있다.

ⓜ 그 발상은 인간 존재들의 활동과 성격을 관찰하고 서술하는 방법에만 영향을 미친 것이 아니라,
그들을 대하는 도덕적 · 정치적 · 종교적 자세에도 영향을 미쳐왔다.

ⓗ 왜냐하면 사람들이 '왜' 그리고 '어떻게' 그처럼 행동하고 사는 것인지를 고려하다 보면 떠오를 수
밖에 없는 질문에는 '인간의 동기와 책임'에 관한 질문들이 있기 때문이다.

결론

부연

전환

부연

이유

② ⊙, ⓛ, ⓒ / ⓔ,
ⓜ, ⓗ로 나누어진
선택지를 찾는다.

① ┌ ⊙ – ⓛ – ⓒ
  └ ⓔ – ⓜ – ⓗ

② ┌ ⓛ – ⓒ
  ⊙ ├ ⓔ – ⓜ
  └ ⓗ

③ ┌ ⊙ – ⓔ – ⓜ
  ├ ⓛ
  └ ⓒ – ⓗ

④ ┌ ⊙ ┌ ⓒ
  │   └ ⓔ
  └ ⓛ ┌ ⓜ
       └ ⓗ

⑤ ┌ ⓛ – ⓒ
  ⊙ ├ ⓔ
  └ ⓜ – ⓗ

먼저 문단의 첫 부분을 빠르게 훑어 접속사 및 지시대명사를 찾아보면, ⓒ, ⓒ, ⓔ, ⓓ, ⓗ 순서대로 '따라서', '그들은', '그런데', '그 발상은', '왜냐하면'을 찾을 수 있다. 여기서 '그런데'를 제외한 접속사 및 지시대명사는 결론, 이유나 부연 설명 정도이므로 '그런데'를 기점으로 글이 나뉨을 알 수 있다.

따라서 ㉠, ㉡, ㉢ / ㉣, ㉤, ㉥으로 나뉘진 선택지 ①이 정답 후보가 되며, 다시 제시문으로 돌아가 처음부터 순서대로 읽으며 확인해 보면 ㉡은 ㉠의 결론, ㉢은 ㉡의 부연, ㉣은 전환되는 부분, ㉤은 ㉣에 대한 부연, ㉥은 ㉤에 대한 이유로 ①이 답임을 알 수 있다.

오답분석

② · ⑤와 같은 구조가 되기 위해서는, ㉠이 서론으로 제시문 전체를 포괄적으로 품어야 한다. 하지만 ㉣의 전환되는 내용을 통해 ㉠이 전체를 어우르는 서론이 될 수 없음을 알 수 있으므로 ② · ⑤는 답이 될 수 없다.

PART 2

※ 다음 글의 구조를 적절하게 분석한 것을 고르시오. [1~3]

01

(가) 나는 주위의 부랑자들을 인간적 자료로 평가하기 시작하였다. 곧 난생 처음으로 얼굴을 뜯어보는 사람이 되었다.

(나) 잘생긴 얼굴도 눈에 띈다. 젊은이들 중에 그런 얼굴들이 있다. 몇 사람의 중년과 노년의 얼굴은 그런대로 가꾸어져 있었다.

(다) 그러나 대다수는 상처를 입고 찌그러져 있다. 얼굴은 많은 주름살로 구겨진 데다가 부어올라 있었으며, 껍질 벗긴 건포도처럼 쭈글쭈글한 모습도 보였다.

(라) 어떤 이의 코는 자줏빛이고 부풀어 있으며, 약간 째져 있기도 한다. 또한 어떤 코는 큰 숨구멍으로 파여 있다. 많은 사람들은 이가 없었다(78명 정도). 눈들은 총기가 사라져 희미했고 충혈이 되어 있었다.

(마) 나는 늙은이들이 그들의 나이를 주로 얼굴에 나타낸다는 사실을 보게 된 것이다.

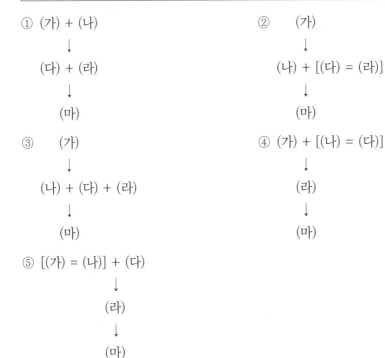

① (가) + (나)
↓
(다) + (라)
↓
(마)

② (가)
↓
(나) + [(다) = (라)]
↓
(마)

③ (가)
↓
(나) + (다) + (라)
↓
(마)

④ (가) + [(나) = (다)]
↓
(라)
↓
(마)

⑤ [(가) = (나)] + (다)
↓
(라)
↓
(마)

02

(가) 한편 각각의 원소들이 개별적으로 어떤 성질을 지니고 있다는 내용의 전제로부터 그 원소들을 결합한 집합 전체도 역시 그 성질을 지니고 있다는 결론을 도출하는 경우가 결합의 오류이고, 반대로 집합이 어떤 성질을 지니고 있다는 내용의 전제로부터 그 집합의 각각의 원소들 역시 개별적으로 그 성질을 지니고 있다는 결론을 도출하는 경우가 분해의 오류이다.

(나) 논리학에서 비형식적 오류 유형에는 우연의 오류, 애매어의 오류, 결합의 오류, 분해의 오류 등이 있다.

(다) 애매어의 오류는 동일한 한 단어가 한 논증에서 맥락마다 서로 다른 의미를 지니는 것으로 사용될 때 생기는 오류를 말한다. "김씨는 성격이 직선적이다. 직선적인 모든 것들은 길이를 지닌다. 고로 김씨의 성격은 길이를 지닌다."가 그 예이다.

(라) 우선 우연의 오류란 거의 대부분의 경우에 적용되는 일반적인 원리나 규칙을 우연적인 상황으로 인해 생긴 예외적인 특수한 경우에까지도 무차별적으로 적용할 때 생기는 오류이다. 그 예로 "인간은 이성적인 동물이다. 중증 정신 질환자는 인간이다. 그러므로 중증 정신 질환자는 이성적인 동물이다."를 들 수 있다.

(마) 전자의 예로는 "그 연극단 단원들 하나하나가 다 훌륭하다. 고로 그 연극단은 훌륭하다."를, 후자의 예로는 "그 연극단은 일류급이다. 박씨는 그 연극단 일원이다. 그러므로 박씨는 일류급이다."를 들 수 있다.

① (나) ─┬─ (라)
         ├─ (다)
         └─ (가) ─ (마)

② (가) ─┬─ (나)
         ├─ (다) ─(라)
         └─ (마)

③ ┌─ (가) ─┬─ (나)
   │   └─ (다)
   └─ (라) ─(마)

④ ┌─ (가) ─(나) ─(다)
   └─ (라) ─(마)

⑤ (가) ─┬─ (나) ─(다)
         └─ (라) ─(마)

정답 및 해설   01 ③ 02 ①

01
(가)는 글의 도입, (나)·(다)·(라)는 일반적 진술, (마)는 이에 대한 결론으로 구조를 파악할 수 있다.

02
(나)는 논리학에서의 비형식적 오류 유형에 대해 제시하고 있으며, (라)와 (다), (가)는 이러한 비형식적 오류 유형인 우연의 오류, 애매어의 오류, 결합과 분해의 오류에 대해 설명하고 있다. 즉, (라), (다), (가)는 (나)의 하위 항목에 대해 각각 설명하며, (마)는 (가)에서 설명하는 결합의 오류와 분해의 오류의 예를 들어 이해를 돕는다. 따라서 제시문의 순서는 (나) ─ (라) ─ (다) ─ (가) ─ (마)이며, 구조로는 ①이 가장 적절하다.

03

> (가) 한국의 공공도서관 이용을 활성화하기 위해서는 어떻게 해야 하는가? 지역주민이 이용 가능한 공공도서관을 더욱 확보해야 한다.
> (나) 대부분의 OECD 국가들의 공공도서관 수를 비교했을 때 한국의 도서관 수가 터무니없이 부족하다는 것을 알 수 있다.
> (다) 또한 국민들의 정보에 대한 수요가 늘어나면서 이에 대한 요구가 증가하고 있다.
> (라) 예컨대, 서울의 마포구를 대상으로 한 설문에서 이용자 대부분이 공공도서관의 필요성을 느끼고 있었다.
> (마) 그러나 공공도서관 수의 증가가 이용률 향상으로 이어지지 않는다는 점에서 접근성에 대한 고려가 필요하다.
> (바) 연구결과, 도서관 이용자의 대부분은 도서관 반경 2km 이내에 대부분 거주하는 것으로 나타났다. 또한 이용 가능한 대중교통 수단의 수가 많은 경우 이용률이 올라가는 것으로 나타났다.

① (가) ┌ (나) – (다)
　　　 └ (라) – (마) – (바)

② (가) ┌ (나) – (다)
　　　 └ (라) ┬ (마)
　　　　　　 └ (바)

③ (가) ┌ (나) – (다)
　　　 ├ (라) – (마)
　　　 └ (바)

④ (가) ┌ (나)
　　　 ├ (다)
　　　 └ (라) – (마) – (바)

⑤ (가) ┬ (나)
　　　 ├ (다) – (라)
　　　 └ (마) – (바)

04　다음 글을 내용에 따라 세 부분으로 적절하게 나눈 것은?

> (가) 오늘날과 같이 자본주의가 꽃을 피우게 된 가장 결정적인 이유는 생산력의 증가에 있었다. 그 시초는 16세기에서 18세기까지 지속된 영국의 섬유 공업 발달이었다. 그 시기에 영국 섬유 공업은 비약적으로 생산력이 발달하여 소비를 빼고 남은 생산 잉여가 과거와는 비교할 수 없을 만큼 엄청난 양으로 증가되었다. 생산량이 증대했음에도 불구하고 소비는 과거 시절과 비슷한 정도였으므로 생산 잉여는 당연한 것이었다.
> (나) 물론 그 이전에도 이따금 생산 잉여가 발생했지만 그렇게 남은 이득은 대개 경제적으로 비생산적인 분야에 사용되었다. 이를테면 고대에는 이집트의 피라미드를 짓는 데에, 그리고 중세에는 유럽의 대성당을 건축하는 데에 그것을 쏟아 부었던 것이다. 그러나 자본주의 시대의 서막을 올린 영국의 섬유 공업의 생산 잉여는 종전과는 달리 공업 생산을 더욱 확장하는 데 재투자되었다.

(다) 더구나 새로이 부상한 시민 계급의 요구에 맞춰 성립된 국민 국가의 정책은 경제 발전에 필수적인 단일 통화 제도와 법률 제도 등의 사회적 조건을 만들어 주었다. 자본주의가 점차 사회적으로 공인되어 감에 따라 그에 맞게 화폐 제도나 경제와 관련된 법률 제도도 자본주의적 요건에 맞게 정비되었던 것이다.

(라) 이러한 경제적·사회적 측면 이외에 정신적인 측면에서 자본주의를 가능하게 한 계기는 종교 개혁이었다. 잘 알다시피 16세기 독일의 루터(M. Luther)가 교회의 면죄부 판매에 대해 85개조 반박문을 교회 벽에 내걸고 교회에 맞서 싸우면서 시작된 종교 개혁의 결과, 구교에서부터 신교가 분리되기에 이르렀다. 가톨릭의 교리에서는 현실적인 부, 즉 재산을 많이 가지는 것을 금기시하고 현세에서보다 내세에서의 행복을 강조했다. 그러면서도 막상 내세와 하느님의 사도인 교회와 성직자들은 온갖 부정한 방법으로 축재하고 농민들을 착취했으니 실로 아이러니가 아닐 수 없었다.

(마) 당시의 타락한 가톨릭교회에 대항하여 청교도라 불린 신교 세력의 이념은 기도와 같은 종교적 활동 외에 현실에서의 세속적 활동도 하느님의 뜻에 어긋나는 것이 아니라고 가르쳤다. 특히, 정당한 방법으로 재산을 모은 것은 근면하고 부지런하게 살았다는 증표이며, 오히려 하느님의 영광을 나타내 보인다는 것이었다. 기업의 이윤 추구는 하느님이 '소명'하신 것이며, 돈을 빌려주고 이자를 받는 일도 부도덕한 것이 아니었다. 재산은 중요한 미덕이므로 경제적 불평등은 정당화될 수 있었다. 근면한 사람은 부자인 것이 당연하고 게으른 사람은 가난뱅이일 수밖에 없다고 생각했던 것이다. 이러한 이념은 도시의 상공업적 경제 질서를 옹호해 주었으므로 한창 떠오르고 있는 시민 계급의 적극적인 호응을 받았다. 현세에서의 성공이 장차 천국의 문으로 들어갈 수 있는 입장권이라는 데 반대할 자본가는 아무도 없었다.

① (가) / (나), (다) / (라), (마)
② (가) / (나), (다), (라) / (마)
③ (가), (나) / (다) / (라), (마)
④ (가), (나) / (다), (라) / (마)
⑤ (가), (나), (다) / (라) / (마)

03
(가) 문제 제기 및 주장, (나) 주장의 논거1, (다) 주장의 논거2, (라) 논거2의 사례, (마) 주장의 논거3, (바) 논거3의 지지'로 구조를 파악할 수 있다.

04
제시문은 자본주의의 발달 요인에 대한 내용으로 (가)·(나)에서는 경제적 측면을, (다)에서는 사회적 측면을, (라)·(마)에서는 정신적 측면을 이야기하고 있다.

**대표
예제** 다음 글의 빈칸에 들어갈 내용으로 가장 적절한 것은?

② 첫 번째 문장을 통해 정답과 관련 없는 선택지는 제외한다. ― ②, ③, ⑤ 제외

① 빈칸의 앞, 뒤 문장을 통해 글의 흐름을 파악한다.

발전은 항상 변화를 내포하고 있다. 그러나 모든 형태의 변화가 전부 발전에 해당하는 것은 아니다. 이를테면 교통신호등이 빨강에서 파랑으로, 파랑에서 빨강으로 바뀌는 변화를 발전으로 생각할 수는 없다. 즉, _____ 좀 더 구체적으로 말해, 사태의 진전 과정에서 나중에 나타나는 것은 적어도 그 이전 단계에 내재적으로나마 존재했던 것의 전개에 해당한다는 것이다. 이렇게 볼 때, 발전은 선적(線的)인 특성이 있다. 순전한 반복의 과정으로 보이는 것을 발전이라고 규정하지 않는 이유는 그 때문이다. 반복과정에서는 최후에 명백히 나타나는 것이 처음에 존재했던 것과 거의 다르지 않다. 그러나 또 한편으로 우리는 비록 반복의 경우라도 때때로 그 과정 중의 특정 단계를 따로 떼 그것을 발견이라고 생각하기도 한다. 즉, 전체 과정에서 어떤 종류의 질이 그 시기에 특정의 수준까지 진전된 경우이다.

① 발전은 어떤 특정한 방향으로 일어나는 변화라는 의미를 내포하고 있다.

② 변화는 특정한 방향으로 발전하는 것을 의미한다.

③ 발전은 불특정 방향으로 일어나는 변모라는 의미이다.

④ 발전은 어떤 특정한 반복으로 일어나는 변화라는 의미로 사용된다.

③ 반례 : 교통신호등

⑤ 변화는 어떤 특정한 방향으로 일어나는 발전이라는 의미로 사용된다.

```
빈칸추론 Tip
```

1. 빈칸이 있는 문단을 읽으며 내용을 대략적으로 유추한다.
2. 빈칸 앞, 뒤에 위치하고 있는 한두 문장을 통해 빈칸과 어떤 관계로 연결되어 있는지 파악한다.
3. 선택지 중 확실한 오답을 제외한 후, 남은 선택지를 빈칸에 넣어보며 내용이 자연스럽게 이어지는 것을 고른다.

정답 및 해설

정답 ①

제시문은 '발전'에 대한 개념을 설명하고 있다. 이러한 유형의 문제는 빈칸 앞, 뒤의 문맥을 먼저 살피는 것이 하나의 요령이다. 빈칸 앞에는 '발전'에 대해 '모든 형태의 변화가 전부 발전에 해당하는 것은 아니다.'라고 하면서 '교통신호 등'을 예로 들고 있다. 빈칸 뒤에는 '사태의 진전 과정에서 나중에 나타나는 것은 적어도 그 이전 단계에 내재적으로나마 존재했던 것의 전개에 해당한다.'라고 상술하고 있다. 여기에 제시문의 첫 번째 문장까지 고려한다면, ①의 내용이 빈칸에 들어가는 것이 자연스럽다.

※ 다음 중 밑줄 친 빈칸에 들어갈 내용으로 가장 적절한 것을 고르시오. [1~7]

01

> _____ 20세기 대량생산체제의 생산성 경쟁은 21세기에는 걸맞지 않은 주제다. 국경의 의미가 사라지는 글로벌 시대에는 남의 제품을 모방하여 많이 만드는 것으로는 살아남지 못한다. 누가 더 차별화된 제품을 소비자의 다양한 입맛에 맞게 만들어 내느냐가 성장의 관건이다. 이를 위해서는 창의성이 무엇보다 중요하다.

① 최근 기업의 과제는 구성원의 창의성을 최대한으로 이끌어내는 것이다.
② 21세기 기업은 전보다 더욱 품질 향상에 주력해야 한다.
③ 기업이 글로벌 시대에 살아남기 위해서는 생산성을 극대화해야 한다.
④ 21세기의 기업 환경은 20세기에 비해 한결 나아지고 있다.
⑤ 때로는 모방이 창의성보다 효과를 발휘할 수 있다.

02

> 19세기 중반 화학자 분젠은 불꽃 반응에서 나타나는 물질 고유의 불꽃색에 대한 연구를 진행하고 있었다. 그는 버너 불꽃의 색을 제거한 개선된 버너를 고안함으로써 물질의 불꽃색을 더 잘 구별할 수 있도록 하였다. _____ 이에 물리학자 키르히호프는 프리즘을 통한 분석을 제안했고 둘은 협력하여 불꽃의 색을 분리시키는 분광 분석법을 창안했다. 이것은 과학사에 길이 남을 업적으로 이어졌다.

① 이를 통해 잘못 알려져 있었던 물질 고유의 불꽃색을 정확히 판별할 수 있었다.
② 하지만 두 종류 이상의 금속이 섞인 물질의 불꽃은 색깔이 겹쳐서 분간이 어려웠다.
③ 그러나 불꽃색은 물질의 성분뿐만 아니라 대기의 상태에 따라 큰 차이를 보였다.
④ 이 버너는 현재에도 실험실에서 널리 이용되고 있다.
⑤ 그렇지만 육안으로는 불꽃색의 미세한 차이를 구분하기 어려웠다.

03

> 글을 쓰다 보면 어휘력이 부족하여 적당한 단어를 찾지 못하고 고민을 하는 경우가 많이 있다. 특히 사용빈도가 낮은 단어들은 일상적인 회화 상황에서 자연스럽게 익힐 기회가 적다. 대개 글에서는 일상적인 회화에서 사용하는 것보다 훨씬 고급 수준의 단어를 많이 사용하게 되므로 이런 어휘력 습득은 광범위한 독서를 통해서 가능하다. _____

① 그러므로 평소 국어사전을 활용하여 어휘력을 습득하는 습관이 필요하다.

② 그러므로 사용빈도가 낮은 단어들은 사용하지 않는 것이 좋다.

③ 그러므로 고급수준의 단어들을 사용하는 것보다는 평범한 단어를 사용하는 것이 의미 전달을 분명히 한다.

④ 그러므로 평소에 수준 높은 좋은 책들을 많이 읽는 것이 필요하다.

⑤ 그러므로 독서보다는 자기 학습을 통해 어휘력을 습득해야 한다.

정답 및 해설

01 ① 02 ② 03 ④

01
글로벌 시대에서는 남의 것을 모방하는 것이 아닌 창의적인 개발이 중요하다고 말하고 있다.

02
빈칸의 내용 때문에 불꽃의 색을 분리시키는 분석법을 창안해 냈으므로, 불꽃의 색이 여럿 겹쳐 보이는 게 문제였음을 추측할 수 있다.

03
고급 수준의 어휘력을 습득하기 위해서는 광범위한 독서를 해야 하므로 평소에 수준 높은 좋은 책들을 읽어야 한다는 결론이 와야 한다.

04

현대 자본주의 사회에서 대중은 예술미보다 상품미에 더 민감하다. 상품미란 이윤을 얻기 위해 대량으로 생산하는 상품이 가지는 아름다움을 의미한다. '_____'라고, 요즈음 생산자는 상품을 많이 팔기 위해 디자인과 색상에 신경을 쓰고, 소비자는 같은 제품이라도 겉모습이 화려하거나 아름다운 것을 사려고 한다. 결국, 우리가 주위에서 보는 거의 모든 상품은 상품미를 추구하고 있다. 그래서인지 모든 것을 다 상품으로 취급하는 자본주의 사회에서는 돈벌이를 위해서라면 모든 사물, 심지어는 인간까지도 상품미를 추구하는 대상으로 삼는다.

① 원님 덕에 나팔 분다
② 술 익자 체 장수 지나간다
③ 같은 값이면 다홍치마
④ 구슬이 서 말이라도 꿰어야 보배
⑤ 바늘 가는 데 실 간다

05

자연계는 무기적인 환경과 생물적인 환경이 상호 연관되어 있으며, 그것은 생태계로 불리는 한 시스템을 이루고 있음이 밝혀진 이래, 이 이론은 자연을 이해하기 위한 가장 기본이 되는 것으로 받아들여지고 있다. 그동안 인류는 보다 윤택한 삶을 누리기 위하여 산업을 일으키고 도시를 건설하며 문명을 이룩해 왔다. 이로써 우리의 삶은 매우 윤택해졌으나 우리의 생활환경은 오히려 훼손되고 있으며, 환경오염으로 인한 공해가 누적되고 있고, 우리 생활에서 없어서는 안 될 각종 자원도 바닥이 날 위기에 놓이게 되었다. _____ 따라서 우리는 낭비되는 자원, 그리고 날로 황폐해져가는 자연에 대하여 우리가 해야 할 시급한 임무가 무엇인지를 깨닫고, 이를 실천하기 위해 우리 모두의 지혜와 노력을 모아야만 한다.

① 만약 우리가 이 위기를 슬기롭게 극복해내지 못한다면 인류는 머지않아 파멸에 이르게 될 것이다.
② 이러한 위기를 초래하게 된 인류의 무분별한 자연 이용과 자연 정복의 태도는 크게 비판받아 마땅하다.
③ 그리고 과학 기술을 제 아무리 고도로 발전시킨다 해도 이러한 위기가 근본적으로 해소되기를 기대할 수는 없는 노릇이다.
④ 이처럼 인류가 환경 및 자원의 위기에 놓이게 된 것은 각국이 자국의 이익만을 앞세워 발전을 꾀했기 때문이다.
⑤ 때문에 과학기술을 이용하여 환경오염 방지 시스템을 신속히 개발해 더 이상의 자연 훼손이 일어나지 않도록 막아야 한다.

06

전통문화는 근대화의 과정에서 해체되는 것인가, 아니면 급격한 사회 변동의 과정에서도 유지될 수 있는 것인가? 전통문화의 연속성과 재창조는 왜 필요하며, 어떻게 이루어지는가? 외래문화의 토착화(土着化), 한국화(韓國化)는 사회 변동과 문화 변화의 과정에서 무엇을 의미하는가? 이상과 같은 의문들은 오늘날 한국 사회에서 논란의 대상이 되고 있으며, 입장에 따라 상당한 견해 차이도 드러내고 있다.

전통의 유지와 변화에 대한 견해 차이는 오늘날 한국 사회에서 단순하게 보수주의와 진보주의의 차이로 이해될 성질의 것이 아니다. 한국 사회의 근대화는 이미 한 세기의 역사를 가지고 있으며, 앞으로도 계속되어야 할 광범하고 심대(深大)한 사회 구조적 변동이다. 그렇기 때문에 성향이 보수주의적인 사람들도 전통문화의 변질을 어느 정도 수긍하지 않을 수 없는가 하면, 사회 변동의 강력한 추진 세력 또한 문화적 전통의 확립을 주장하지 않을 수 없다.

또, 한국 사회에서 전통문화의 변화에 관한 논의는 단순히 외래문화이냐 전통문화이냐의 양자택일적인 문제가 될 수 없다는 것도 명백하다. 근대화는 전통문화의 연속성과 변화를 다 같이 필요로 하며, 외래문화의 수용과 그 토착화 등을 다 같이 요구하는 것이기 때문이다. 그러므로 전통을 계승하고 외래문화를 수용할 때에 무엇을 취하고 무엇을 버릴 것이냐 하는 문제도 단순히 문화의 보편성(普遍性)과 특수성(特殊性)이라고 하는 기준에서만 다룰 수 없다. 근대화라고 하는 사회 구조적 변동이 문화 변화를 결정지을 것이기 때문에, 전통문화의 변화 문제를 _____에서 다루어 보는 분석이 매우 중요하리라고 생각한다.

① 보수주의의 시각
② 진보주의의 시각
③ 사회 변동의 시각
④ 외래와 전통의 시각
⑤ 보편성과 특수성의 시각

정답 및 해설

04 ③ 05 ① 06 ③

04

제시문은 소비자들이 같은 가격의 제품일 경우 이왕이면 겉모습이 더 아름다운 것을 추구한다는 내용이다. 따라서 '같은 조건이라면 좀 더 낫고 편리한 것을 택함'의 뜻을 지닌 '같은 값이면 다홍치마'가 적절하다.

05

빈칸 앞부분은 위기 상황을 제시해 놓았고, 뒷부분은 인류의 각성을 촉구하는 내용을 다루고 있다. 앞뒤의 내용을 논리적이고 자연스럽게 연결시키기 위해서는 각성의 당위성을 이끌어내는 데 필요한 전제가 들어가야 하므로 ①이 적절하다.

06

두 번째 문단에서 전통의 유지와 변화에 대한 견해 차이는 보수주의와 진보주의의 차이로 이해될 성질의 것이 아니며, 한국 사회의 근대화는 앞으로도 계속되어야 할 광범하고 심대한 '사회 구조적 변동'이라고 하였다. 또한 마지막 문단에서 '근대화라고 하는 사회 구조적 변동이 문화 변화를 결정지을 것이기 때문'이라고 하였으므로 전통문화의 변화 문제를 사회 변동의 시각에서 다루는 것이 적절하다.

CHAPTER 04 빈칸추론 **135**

동물들은 홍채에 있는 근육의 수축과 이완을 통해 눈동자를 크게 혹은 작게 만들어 눈으로 들어오는 빛의 양을 조절하므로 눈동자 모양이 원형인 것이 가장 무난하다. 그런데 고양이와 늑대와 같은 육식 동물은 세로로, 양이나 염소와 같은 초식동물은 가로로 눈동자 모양이 길쭉하다. 특별한 이유가 있는 것일까?

모든 육식동물의 눈동자가 세로로 길쭉한 것은 아니다. 주로 매복형 육식동물의 눈동자가 세로로 길 쭉하다. 이는 숨어서 기습을 하는 사냥 방식과 밀접한 관련이 있는데, 세로로 길쭉한 눈동자가 _____ _____ 일반적으로 매복형 육식동물은 양쪽 눈으로 초점을 맞춰 대상을 보는 양안시로, 각 눈으로부터 얻는 영상의 차이인 양안시차를 하나의 입체 영상으로 재구성하면서 물체와의 거리를 파악한다. 그런데 이러한 양안시차뿐만 아니라 거리지각에 대한 정보를 주는 요소로 심도 역시 중요 하다. 심도란 초점이 맞는 공간의 범위를 말하며, 심도는 눈동자의 크기에 따라 결정된다. 즉 눈동자 의 크기가 커져 빛이 많이 들어오게 되면, 커지기 전보다 초점이 맞는 범위가 좁아진다. 이렇게 초점 의 범위가 좁아진 경우를 심도가 '얕다'고 하며, 반대인 경우를 심도가 '깊다'고 한다.

① 사냥감의 주변 동태를 정확히 파악하는 데 효과적이기 때문이다.
② 사냥감의 움직임을 정확히 파악하는 데 효과적이기 때문이다.
③ 사냥감의 위치를 정확히 파악하는 데 효과적이기 때문이다.
④ 사냥감과의 거리를 정확히 파악하는 데 효과적이기 때문이다.
⑤ 사냥감과의 경로를 정확히 파악하는 데 효과적이기 때문이다.

다음 글의 빈칸에 들어갈 내용을 〈보기〉에서 순서대로 나열한 것은?

_____ 완전국가가 퇴화해 가는 최초의 형태, 곧 야심 있는 귀족들이 지배 하는 명예정치체제는 거의 모든 점에서 완전국가 자체와 비슷하다고 한다. 주목할 만한 점은, 플라톤 이 현존하는 국가 중에서 가장 우수하고 가장 오래된 이 국가를 명백히 스파르타와 크레타의 도리아 식 정체와 동일시했으며, 이들 부족적인 귀족정치체제는 그리스 안에 남아 있는 가장 오랜 정치형태 를 대표했다는 것이다.

_____ 한때는 통일되어 있던 가부장적 지배계급이 이제 분열되며, 이 분열 이 바로 다음 단계인 과두체제로의 퇴화를 초래한다. 분열을 가져온 것은 야심이다. 플라톤은 젊은 명 예정치가에 관해 이야기하면서 "처음, 그는 자기 아버지가 지배자에 들지 않았음을 한탄하는 어머니 의 말을 듣는다."라고 말하고 있다. 이리하여 그는 야심을 가지게 되고 저명해지기를 갈망한다.

_____ 플라톤의 기술은 탁월한 정치적 선전이다. 뛰어난 학자이며, 『국가』 의 편찬자인 애덤과 같은 이도 플라톤의 아테네에 대한 힐난의 변론술에 맞설 수 없다는 점을 감안하 면, 그것이 끼쳤을 해독이 어떠했으리라는 것을 짐작할 수 있다. 애덤은 "민주적 인간의 출현에 대한 플라톤의 기술은 고금의 문헌을 통틀어서 가장 고귀하고 위대한 걸작이다."라고 쓰고 있다.

보기

⊙ 민주체제에 대한 플라톤의 기술은 아테네 사람들의 정치생활과 페리클레스가 표현했던 민주주의
  신조에 대한 풍자로서, 생생하긴 하나 지극히 적대적이고 공정치 못한 풍자이다.
⊙ 플라톤의 완전국가를 자세히 논하기에 앞서, 타락해 가는 네 가지 국가형태의 이행과정에서 경제
  적인 동기가 차지하는 역할과 계급투쟁에 대한 플라톤의 분석을 간략히 설명하기로 한다.
⊙ 최선의 국가 또는 이상적인 국가와 명예정치체제의 주요한 차이는 후자가 불완전성이라는 요소를
  안고 있다는 점이다.

① ㉠, ㉡, ㉢

② ㉠, ㉢, ㉡

③ ㉡, ㉠, ㉢

④ ㉡, ㉢, ㉠

⑤ ㉢, ㉡, ㉠

07

빈칸 뒤에 나오는 내용을 살펴보면, 양안시에 대해 설명
하면서 양안시차를 통해 물체와의 거리를 파악한다고
설명하고 있다. 따라서 빈칸에 거리와 관련된 내용이 나
왔음을 짐작할 수 있고, 빈칸에 들어갈 적절한 문장은
④이다.

08

• 첫 번째 빈칸 ― 첫 번째, 두 번째 문단은 완전국가에
  서 귀족정치체제, 과두체제로 퇴화하는 내용을 단계
  별로 제시하고 있다. 또 빈칸 뒤의 문장이 그 첫 단계
  를 언급하고 있으므로 빈칸에는 '타락해 가는 네 가지

국가형태'에 대한 개괄적인 진술이 와야 하므로 ㉡이
적절하다.
• 두 번째 빈칸 ― 두 번째 문단은 정치가의 야심과 명
  예욕에 대해 설명하고 있으므로 '명예정치체계'를 언
  급하는 ㉢이 적절하다.
• 세 번째 빈칸 ― 민주주의에 대한 플라톤의 기술(記
  述)을 설명하고 있으므로 '민주체제에 대한 플라톤의
  기술'을 언급하고 있는 ㉠이 적절하다.

**대표
예제** 다음 개요를 수정·보완하여 글을 쓰고자 한다. 이에 대한 방안으로 적절하지 않은 것은?

① 전체적인 개요를 확인한다. — 제목과 주제문, 글의 목적을 파악할 수 있으므로 꼼꼼히 확인한다.

제목 : 수입 개방에 대한 우리의 자세
주제문 : 수입 개방이 불가피한 것이라면 오히려 적극적으로 대응하는 것이 참다운 지혜일 수 있다.
구성
(1) 서론 : 국제화와 수입 개방은 피할 수 없는 추세
(2) 본론
  ① 수입 개방의 긍정적 측면
    ㉠ 소비자의 소비문화 향상
    ㉡ 우리 상품의 국제 경쟁력 강화   ② 개요에서 핵심이 되는 단어를 표시한다.
    ㉢ 밀수품 반입의 억제 효과
  ② 수입 개방의 부정적 측면
    ㉠ 사치 소비 풍조의 조장
    ㉡ 국내 산업의 위축
    ㉢ 문화적 주체성의 상실
    ㉣ 외래문화의 과다한 유입
(3) 결론 : 주체성을 바탕으로 수입 개방의 부작용을 최소화하면서 적극적으로 수용해야 함

① 결론의 방향에 맞추어 부정적 측면을 먼저 언급하고 긍정적 측면을 나중에 서술한다.

③ 선택지와 개요를 대조해 가면서 옳은지 비교·확인한다.

② 서론에 구한말에 개항을 하지 않아 국제 사회에서 낙오했던 우리의 쓰라린 역사적 교훈의 예화를 덧붙인다.
③ '기 — 승 — 전 — 결'로 재구성해 무제한적인 수입 개방은 바람직하지 않다는 전환의 단계를 설정한다.
④ 수입과 수출의 불균형 상태를 초래한 수입 개방의 문제점을 집중적으로 부각해 부정적 측면에 덧붙인다. 결론과 부합하지 않음
⑤ 수입 개방이 밀수품 반입의 억제에 도움을 준 해외사례를 ①—㉢에 보강하여 덧붙인다.

개요수정 Tip

1. 개요를 전체적으로 살펴본 후 글의 주제 및 목적을 파악한다.
2. 글의 전반적인 흐름을 인지한 후, 선택지를 읽으면서 조건에 따른 개요 수정항목들이 적절한지 대조하며 문제를 풀어나간다.

정답 및 해설   정답 ④

수입 개방의 문제점을 집중적으로 부각시키는 것은 제시문의 주제와 목적을 흐릴 수 있다. 따라서 ④의 방안은 바람직하지 않다.

오답분석

① 결론이 '수입 개방에 대한 적극적 대처'로 유도되기 때문에, ①과 같이 부정적 측면을 전제로 해서 긍정적 측면을 검토하는 것이 바람직하다.
③ 결론이 긍정과 부정을 아우르고 있으므로 ③과 같은 '전환'의 단계를 따로 설정하는 것도 바람직한 방안이다.

01 다음 개요의 흐름을 고려할 때, 밑줄 친 빈칸에 들어갈 내용으로 가장 적절한 것은?

Ⅰ. 서론 : 재활용이 어려운 포장재 쓰레기가 늘고 있다.
Ⅱ. 본론 : 1. 포장재 쓰레기가 늘고 있는 원인
　　　　　　(1) 기업들이 과도한 포장 경쟁을 벌이고 있다.
　　　　　　(2) 소비자들이 호화로운 포장을 선호하는 경향이 있다.
　　　　　2. 포장재 쓰레기의 양을 줄이기 위한 방안
　　　　　　(1) 기업은 과도한 포장 경쟁을 자제해야 한다.
　　　　　　(2) _____
Ⅲ. 결론 : 상품의 생산과 소비 과정에서 환경을 먼저 생각하는 자세를 지녀야 한다.

---

① 정부의 지속적인 감시와 계몽 활동이 필요하다.
② 실속을 중시하는 합리적인 소비 생활을 해야 한다.
③ 상품 판매를 위한 지나친 경쟁이 자제되어야 한다.
④ 재정 상태를 고려하여 분수에 맞는 소비를 해야 한다.
⑤ 환경 친화적인 상품개발을 위한 투자가 있어야 한다.

02 '일본 문화 개방에 대한 제언'에 대한 글을 쓰기 위해 개요를 작성하였다. 다음 중 밑줄 친 빈칸에 들어갈 말로 가장 적절한 것은?

주제 : 일본 문화 개방에 대한 제언
주제문 : 일본 문화 개방에 대비하여 ＿＿＿＿＿＿＿＿＿＿＿＿＿＿＿＿
서론 : 일본 문화 개방에 대한 신중한 검토의 필요성
본론
가. 최근 일본 문화의 무차별적 유입 실태 분석
　　1. 청소년 사이에 나타나는 일본 문화의 유행
　　2. 문화적 주체성 위협
나. 일본 문화의 음성적 유입 원인
　　1. 정부의 적극적 대처 방안 미흡
　　2. 위성 방송 청취 시설의 확산
다. 개방의 불가피성
　　1. 통신망의 확대
　　2. 국제화라는 시대 조류
라. 일본 문화 개방 대비책
　　1. 대책 위원회의 구성
　　2. 선별적 · 단계적 수용
　　3. 저질 문화 유입 방지책 수립
결론 : 본론의 요약 강조 및 향후 전망

---

① 전통 문화의 창달을 위한 대비책을 조속히 마련해야 한다.
② 전통 문화를 지키기 위한 정부의 적극적인 대책이 수립되어야 한다.
③ 일본 문화의 음성적 유입 원인에 대한 철저한 분석이 선행되어야 한다.
④ 단계적 수용 대책과 저질 문화의 유입 방지책을 수립하여야 한다.
⑤ 일본 문화를 적극적으로 유입하기 위해 규제를 철폐해야 한다.

정답 및 해설　　　　　　　　　　　　　　　　　　01 ② 02 ④

01
제시된 개요의 '본론 1'에서는 '포장재 쓰레기가 늘고 있는 원인'을, '본론 2'에서는 '포장재 쓰레기의 양을 줄이기 위한 방안'을 각각 기업과 소비자 차원으로 나누어 다루고 있다. 그러므로 ㉠에는 '본론 1-(2)'에서 제시한 원인과 연결하여, 소비자 차원에서 포장재 쓰레기의 양을 줄이기 위한 방안을 제시하는 내용이 들어가야 한다.

02
개요의 내용으로 볼 때, 앞으로 일본 문화의 개방은 불가피하다는 관점에 있음을 알 수 있다.
따라서 개방이 불가피하다면 이에 걸맞은 대비책을 세워야 하는데, 그것은 선별적 · 단계적 수용과 저질 문화의 유입 방지이다.

03 '지역 축제의 문제점과 발전 방안'에 대한 글을 쓰기 위해 개요를 작성하였다. 다음 중 개요에 대한 수정 · 보완 방안으로 적절하지 않은 것은?

주제 : 지역 축제의 문제점과 발전 방안
Ⅰ. 지역 축제의 실태
　　가. 지역 축제에 대한 관광객의 외면
　　나. 지역 축제에 대한 지역 주민의 무관심
Ⅱ. 지역 축제의 문제점
　　가. 지역마다 유사한 내용의 축제
　　나. 관광객을 위한 편의 시설 낙후
　　다. 행사 전문 인력의 부족
　　라. 인근 지자체 협조 유도
　　마. 지역 축제 시기 집중
Ⅲ. 지역 축제 발전을 위한 방안
　　가. 지역적 특성을 보여줄 수 있는 프로그램 개발
　　나. 관광객을 위한 편의 시설 개선
　　다. 원활한 진행을 위한 자원봉사자 모집
　　라. 지자체 간 협의를 통한 축제 시기의 분산
Ⅳ. 결론 : 지역 축제가 가진 한계 극복

---

① 'Ⅱ-라. 인근 지자체 협조 유도'는 상위 항목에 해당하지 않으므로 삭제한다.
② 'Ⅲ-다. 원활한 진행을 위한 자원봉사자 모집'은 'Ⅱ-다'와 연계하여 '지역 축제에 필요한 전문 인력 양성'으로 수정한다.
③ 'Ⅳ. 결론 : 지역 축제가 가진 한계 극복'은 주제와 부합하도록 '내실 있는 지역 축제로의 변모 노력 촉구'로 수정한다.
④ 'Ⅱ-가. 지역마다 유사한 내용의 축제'는 '관광객 유치를 위한 홍보 과열'로 수정한다.
⑤ Ⅰ의 가, 나를 '지역 축제에 대한 사람들의 무관심'으로 통합하고 '유명무실하거나 금방 폐지됨'을 추가한다.

04 '농촌 지역 환경오염 대책'에 대한 글을 쓰기 위해 개요를 작성하였다. 개요를 수정 · 보완한 내용으로 적절하지 않은 것은?

서론 : 농촌 지역 환경오염의 심각성
본론
Ⅰ. 농촌 지역 환경오염의 요소 …… ㉠
　　1. 농촌 거주자들의 건강 악화
　　2. 농업 생산물의 안전성 위협
Ⅱ. 농촌 지역 환경오염의 원인
　　1. 농촌 지역의 무분별한 개발 및 공업화
　　2. 비용해성 생활 쓰레기의 재활용 …… ㉡
　　3. 농약 및 화학 비료를 이용한 영농 방법의 확산
　　4. 대규모 축산 폐기물의 관리 소홀
Ⅲ. 농촌 지역 환경오염 방지를 위한 방안 …… ㉢
　　1. 농약 및 화학 비료 사용의 자제 촉구
　　2. 축산물 유통 구조의 개선 …… ㉣
　　3. 농촌 지역 경제 활성화를 위한 정책 마련 …… ㉤
결론 : 농촌 지역 환경오염 방지를 위한 노력 촉구

---

① ㉠은 하위 항목의 내용을 고려하여 '농촌 지역 환경오염의 폐해'로 고친다.
② ㉡은 상위 항목과의 연관성을 고려하여 'Ⅰ'의 하위 항목으로 옮긴다.
③ ㉢에는 'Ⅱ－1'의 내용을 고려하여 '농촌의 특성에 맞는 친환경적인 환경 조성'을 하위 항목으로 추가한다.
④ ㉣은 'Ⅱ－4'의 내용을 고려하여 '축산 폐기물 처리에 대한 관리 · 감독 강화'로 바꾼다.
⑤ ㉤은 글의 주제를 고려하여 삭제한다.

03
지역 축제들 각각의 특색이 없는 것은 사람들이 축제를 찾지 않는 충분한 이유가 되며, 이에 대해 그 지역만의 특성을 보여줄 수 있는 프로그램을 개발한다는 방안은 적절하다.

04
㉡은 '농촌 지역 환경오염의 원인'이 아닐 뿐 아니라 '농촌 지역 환경오염의 폐해'에도 해당되지 않는다. 그러므로 ㉡을 'Ⅰ'의 하위 항목으로 옮기기보다는 삭제하는 것이 적절하다.

05 다음과 같이 '독서 심리 치료'와 관련한 개요를 작성하였다. 다음 중 개요의 수정 · 보완 방안으로 적절하지 않은 것은?

주제문 : _____ ㉠ _____

Ⅰ. 처음 : 독서 심리 치료에 대한 관심의 증대
Ⅱ. 중간
　1. 독서 심리 치료의 방법
　　(1) 독서 심리 치료의 유래
　　(2) 독서 심리 치료의 개념
　2. 독서 심리 치료의 이론적 기초
　　(1) 정신분석 이론
　　(2) 사회학습 이론
　3. 독서 심리 치료의 과정
　　(1) _____ ㉡ _____
　　(2) 참여자에게 필요한 정보를 제공
　　(3) 참여자의 자발적인 해결을 유도
　4. 독서 심리 치료의 효과
　　(1) 단기적 효과
　　(2) 장기적 효과
Ⅲ. 끝 : 독서 심리 치료의 활성화

① ㉠은 '독서 심리 치료를 바르게 이해하고 활성화하자.'로 한다.
② Ⅰ에서 관련 신문 기사를 인용하여 흥미를 불러일으킨다.
③ 'Ⅱ - 1'은 '독서 심리 치료의 정의'로 바꾼다.
④ 'Ⅱ - 2'의 하위 항목으로 '독서 심리 치료의 성공 사례'를 추가한다.
⑤ ㉡은 '참여자의 심리 상태를 진단'으로 한다.

06 다음과 같이 '국내 외국인 노동자 문제 해결 방안'에 대한 글을 쓰기 위해 개요를 작성하였다. 개요 수정 및 자료 제시 방안으로 적절하지 않은 것은?

> Ⅰ. 처음 : 국내에서 일하고 있는 외국인 노동자의 현황 …… ㉠
> Ⅱ. 중간
>   1. 외국인 노동자의 국내 유입 원인
>   (1) 국내 중소기업 생산직의 인력난 …… ㉡
>   (2) 가난에서 벗어나기 위한 외국인 노동자의 선택
>   2. 국내 외국인 노동자에 대한 문제 및 실태 …… ㉢
>   (1) 국내 문화에 대한 부적응
>   (2) 과중한 노동시간과 저임금
>   (3) 내국인 직원에 의한 신체 및 정서적 폭력
>   3. 국내 외국인 노동자 문제에 대한 해결 방안
>   (1) 인간다운 생활을 보장하기 위한 사회제도 마련 …… ㉣
>   (2) 노동기본권을 보장하기 위한 법적 조치
>   (3) _____ …… ㉤
> Ⅲ. 끝 : 국내 외국인 노동자도 인간으로서의 권리를 갖고 있음을 강조

① ㉠은 우리의 산업 현장에서 일하고 있는 외국인 노동자의 수를 통계 수치로 제시한다.

② ㉡은 중소기업의 생산직을 피하고 싶다는 예비 직장인의 직업선호도 조사 자료를 제시한다.

③ ㉢은 외국인 노동자라는 이유로 법에서 정한 근로 조건을 보장받지 못하고 있는 사례를 제시한다.

④ ㉣은 'Ⅱ-2-(1)'을 고려하여 '기술습득을 돕기 위한 정부 차원의 제도 마련'으로 수정한다.

⑤ ㉤은 'Ⅱ-2-(3)'을 고려하여 '국내 외국인 노동자에 대한 내국인 직원의 의식 개선 교육 강화'라는 항목을 추가한다.

정답 및 해설   05 ④ 06 ④

05
'독서 심리 치료의 성공 사례'는 이론적 기초에 해당하지 않는다.

06
'Ⅱ-2-(1)'은 국내에 있는 외국인 노동자가 국내 문화에 적응을 하지 못하고 있다는 점을 지적하고 있다. 따라서 'Ⅱ-2-(1)'을 고려할 때 ㉣에는 국내 외국인 노동자가 국내 문화에 잘 적응할 수 있도록 하는 방안이 제시되어야 한다.

CHAPTER
06 내용수정

대표예제 다음 ㉠~㉤을 수정한 것으로 적절하지 않은 것은?

┌─ 문장, 흐름 파악

① 수정해야 할 부분의 범위를 확인하여, 수정할 것을 확인한다.

> 수험생이 실제로 하고 있는 건강관리는 전문가들이 추천한 건강관리 활동과 차이가 있다. 수험생들은 건강이 나빠지면 가장 먼저 보양 음식을 챙겨 먹는 것으로 ㉠ 건강을 되찾으려고 한다. ㉡ 수면 시간을 늘리는 것으로 건강관리를 시도한다. 이러한 시도는 대부분의 사람들이 신체에 적신호가 일어났을 때 컨디션 관리를 통해 그것을 해결하려고 하는 자연스러운 활동으로 볼 수 있다. ㉢ 그래서 수험생은 다른 사람들보다 학업에 대한 부담감과 미래에 대한 불안감, 시험에서 오는 스트레스가 높다는 점을 생각해본다면 신체적 건강과 정신적 건강의 연결 고리에 대해 생각해 봐야 한다. 실제로 ㉣ 전문가들이 수험생 건강관리를 위한 조언을 보면 정신적 스트레스를 다스리는 것이 중요하다는 점을 알 수 있다. 수험생의 건강에 가장 악영향을 끼치는 것은 자신감과 긍정적인 생각의 부족이다. 시험에 떨어지거나 낮은 성적을 받는 것에 대한 심리적 압박감이 건강을 크게 위협한다는 것이다. ㉤ 성적에 대한 부담감은 누구에게나 있지만 성적을 통해서 인생이 좌우되는 것은 아니다. 전문가들은 수험생에게 명상을 하면서 마음을 진정하는 것과, 취미 활동을 통해 긴장을 완화하는 것이 스트레스의 해소에 도움이 된다고 조언한다.

문장, 흐름 파악
적절한 어휘 선택
문장, 흐름 파악
문장, 흐름 파악

② 수정해야 할 부분을 토대로, 선택지에서 제시한 수정 부분이 맞는지 확인한다.

① 의미를 분명히 하기 위해 ㉠을 '건강을 찾으려고 한다.'로 수정한다. ×/되찾다○
② 자연스러운 연결을 위해 ㉡ 앞에 '그 다음으로'를 넣는다. ○
③ 앞뒤 내용이 전환되므로 ㉢을 '하지만'으로 바꾼다. ○
④ 호응관계를 고려하여 ㉣을 '전문가들의 수험생 건강관리를 위한 조언'으로 수정한다. ○
⑤ ㉤은 글의 전개상 불필요한 내용이므로 삭제한다. ○

내용수정 Tip

수정해야 할 부분의 범위에 따라 전략적으로 문제를 해결한다.
- 어휘 / 어법 : 어법의 오류나 적절한 어휘 선택을 중점으로 수정사항을 파악한다.
- 문장 전체 : 문장의 앞뒤를 통해 문장 내용이 글의 흐름에 적절한지를 중점적으로 확인한다.

정답 및 해설

정답 ①

수험생의 건강이 나빠진 상황에서 다시 예전의 건강했던 상태로 되돌아가려는 것이므로 '찾다'보다 '되찾다'가 적절하다.

오답분석

⑤ 밑줄 친 ⓔ의 앞뒤 내용을 살펴보면, 시험에 떨어지거나 낮은 성적을 받는 것에 대한 심리적 압박감이 건강을 위협하며, 전문가들은 이러한 스트레스 해소를 위해 명상 및 취미활동을 통한 긴장 완화가 도움이 된다고 조언한다는 내용이다. 하지만 ⓔ의 내용은 앞뒤 내용 사이에 삽입되기에는, 흐름상 매끄럽지 못하므로 ⑤의 수정사항은 적절하다.

01　　다음 글의 수정방안으로 적절한 것은?

> 최근 사물 인터넷에 대한 사람들의 관심이 부쩍 늘고 있는 추세이다. 사물 인터넷은 '인터넷을 기반으로 모든 사물을 연결하여 사람과 사물, 사물과 사물 간에 정보를 상호 소통하는 지능형 기술 및 서비스'를 말한다.
>
> 　통계에 따르면 사물 인터넷은 전 세계적으로 민간 부문 14조 4,000억 달러, 공공 부문 4조 6,000억 달러에 달하는 경제적 가치를 창출할 것으로 ⓒ 예상되며 그 가치는 더욱 커질 것으로 기대된다. 그래서 사물 인터넷 사업은 국가 경쟁력을 확보할 수 있는 미래 산업으로서 그 중요성이 강조되고 있으며, 이에 선진국들은 에너지, 교통, 의료, 안전 등 다양한 분야에 걸쳐 투자를 하고 있다.
> ㉠ 그러나 우리나라는 정부 차원의 경제적 지원이 부족하여 사물 인터넷 산업이 활성화되는 데 어려움이 있다. 또한 국내의 기업들은 사물 인터넷 시장의 불확실성 때문에 적극적으로 투자에 나서지 못하고 있으며, 사물 인터넷 관련 기술을 확보하지 못하고 있는 실정이다. ⓒ 그 결과 우리나라의 사물 인터넷 시장은 선진국에 비해 확대되지 못하고 있다.
>
> 그렇다면 국내 사물 인터넷 산업을 활성화하기 위한 방안은 무엇일까? 우선 정부에서는 사물 인터넷 산업의 기반을 구축하는 데 필요한 정책과 제도를 정비하고, 관련 기업에 경제적 지원책을 마련해야 한다. 또한 수익성이 불투명하다고 느끼는 기업으로 하여금 투자를 하도록 유도하여 사물 인터넷 산업이 발전할 수 있도록 해야 한다. 그리고 기업들은 이동 통신 기술 및 차세대 빅데이터 기술 개발에 집중하여 사물 인터넷으로 인해 발생하는 대용량의 데이터를 원활하게 수집하고 분석할 수 있는 기술력을 ⓔ 확증해야 할 것이다.
>
> ⓜ 사물 인터넷은 세상을 연결하여 소통하게 하는 끈이다. 이런 사물 인터넷은 우리에게 편리한 삶을 약속할 뿐만 아니라 경제적 가치를 창출할 미래 산업으로 자리매김할 것이다.

① ㉠ : 서로 다른 내용을 다루고 있는 부분이 있으므로 문단을 두 개로 나눈다.

② ⓒ : 불필요한 피동 표현에 해당하므로 '예상하며'로 수정한다.

③ ⓒ : 앞 문장의 결과라기보다는 원인이므로 '그 이유는 우리나라의 사물 인터넷 시장은 선진국에 비해 확대되지 못하고 있기 때문이다.'로 수정한다.

④ ⓔ : 문맥상 어울리지 않는 단어이므로 '확인'으로 바꾼다.

⑤ ⓜ : 불필요한 내용이므로 삭제한다.

02 다음 글에서 ㉠~㉤의 수정방안으로 적절하지 않은 것은?

> 실제로 예상보다 많은 청소년이 아르바이트를 하고 있거나, 아르바이트를 했던 경험이 있다고 응답했다. ㉠ <u>청소년들이 가장 많은</u> 아르바이트는 '광고 전단 돌리기'였다. 전단지 아르바이트는 ㉡ <u>시급이 여간 낮지만</u> 아르바이트 중에서도 가장 짧은 시간에 할 수 있는 대표적인 단기 아르바이트로 유명하다. 이러한 특징으로 인해 대부분의 사람이 전단지 아르바이트를 꺼리게 되고, 돈은 필요하지만 학교에 다니면서 고정적으로 일하기는 어려운 청소년들이 주로 하게 된다고 한다. 전단지 아르바이트 다음으로는 음식점에서 아르바이트를 해보았다는 청소년들이 많았다. 음식점 중에서도 패스트푸드점에서 아르바이트를 하고 있거나 해보았다는 청소년들이 가장 많았는데, 패스트푸드점은 ㉢ <u>대체로 최저임금을 받거나</u> 대형 프랜차이즈가 아닌 경우에는 최저임금마저도 주지 않는다는 조사 결과가 나왔다. 또한 식대나 식사를 제공하지 않아서 몇 시간 동안 서서 일하면서도 ㉣ <u>끼니만도</u> 제대로 해결하지 못했던 경험을 한 청소년이 많은 것으로 밝혀졌다. ㉤ <u>근로자로써</u> 당연히 보장받아야 할 권리를 청소년이라는 이유로 보호받지 못하고 있다.

① ㉠ : 호응 관계를 고려하여 '청소년들이 가장 많이 경험해 본'으로 수정한다.
② ㉡ : '여간'은 뒤에 부정어만 호응하므로 '매우'로 수정한다.
③ ㉢ : 호응 관계를 고려하여 '대체로 최저임금으로 받거나'로 수정한다.
④ ㉣ : 호응 관계를 고려하여 '끼니조차'로 수정한다.
⑤ ㉤ : '로써'는 어떤 일의 수단이나 도구를 나타내는 격조사이므로 '근로자로서'로 수정한다.

정답 및 해설 01 ① 02 ③

01
㉠에서 다섯 번째 줄의 접속사 '그러나'를 기준으로 앞부분은 사물 인터넷 사업의 경제적 가치 및 외국의 사물 인터넷 투자 추세, 뒷부분은 우리나라의 사물 인터넷 사업 현황에 대하여 설명하고 있다. 따라서 두 문단으로 나누는 것이 적절하다.

오답분석
② 문장 앞부분에서 '통계에 따르면'으로 시작하고 있으므로, 이와 호응되는 서술어를 능동 표현인 '예상하며'로 바꾸는 것은 어색하다.
③ 우리나라의 사물 인터넷 시장이 선진국에 비해 확대되지 못하고 있는 것은 사물 인터넷 관련 기술을 확

보하지 못한 결과이다. 따라서 수정하는 것은 적절하지 않다.
④ 문맥상 '기술력을 갖추다.'라는 의미가 되어야 하므로 '확보'로 바꾸어야 한다.
⑤ 사물 인터넷의 의의와 기대효과로 글을 마무리하고 있는 문장이므로 삭제할 필요는 없다.

02
주어가 '패스트푸드점'이기 때문에 임금을 받는 것이 아니라 주는 주체이므로 '대체로 최저임금을 주거나'로 수정하는 것이 적절하다.

※ 다음 글을 논리적 순서대로 적절하게 배열한 것을 고르시오. [1~3] 문장배열

01

> (가) 흡연자와 비흡연자 사이의 후두암, 폐암 등의 질병별 발생위험도에 대해서 건강보험공단은 유의
> 미한 연구결과를 내놓기도 했는데, 연구결과에 따르면 흡연자는 비흡연자에 비해서 후두암 발생
> 률이 6.5배, 폐암 발생률이 4.6배 등 각종 암에 걸릴 확률이 높은 것으로 나타났다.
>
> (나) 건강보험공단은 이에 대해 담배회사가 절차적 문제로 방어막을 치고 있는 것에 지나지 않는다
> 하여 비판을 제기하고 있다. 아직 소송이 처음 시작한 만큼 담배회사와 건강보험공단 간의 '담배
> 소송'의 결과를 보려면 오랜 시간을 기다려야 할 것이다.
>
> (다) 이와 같은 담배의 유해성 때문에 건강보험공단은 현재 담배회사와 소송을 진행하고 있는데, 당해
> 소송에서는 담배의 유해성에 관한 인과관계 입증 이전에 다른 문제가 부상하였다. 건강보험공단
> 이 소송당사자가 될 수 있는지가 문제가 된 것이다.
>
> (라) 담배는 임진왜란 때 일본으로부터 호박, 고구마 등과 함께 들어온 것으로 알려져 있다. 그러나 선
> 조들이 알고 있던 것과는 달리, 담배는 약초가 아니다. 담배의 유해성은 우선 담뱃갑이 스스로를
> 경고하는 경고 문구에 나타나 있다. 담뱃갑에는 '흡연은 폐암 등 각종 질병의 원인'이라는 문구를
> 시작으로, '담배 연기에는 발암성 물질인 나프틸아민, 벤젠, 비닐 크롤라이드, 비소, 카드뮴이 들
> 어 있다.'라고 적시하고 있다.

① (가) - (다) - (라) - (나)
② (라) - (가) - (다) - (나)
③ (가) - (라) - (다) - (나)
④ (라) - (다) - (가) - (나)
⑤ (가) - (라) - (나) - (다)

(가) 개념사를 역사학의 한 분과로 발전시킨 독일의 역사학자 코젤렉은 '개념은 실재의 지표이자 요소'라고 하였다. 이 말은 실타래처럼 얽혀 있는 개념과 정치·사회적 실재, 개념과 역사적 실재의 관계를 정리하기 위한 중요한 지침으로 작용한다. 그에 의하면 개념은 정치적 사건이나 사회적 변화 등의 실재를 반영하는 거울인 동시에 정치·사회적 사건과 변화의 실제적 요소이다.

(나) 개념은 정치적 사건과 사회적 변화 등에 직접 관련되어 있거나 그것을 기록, 해석하는 다양한 주체들에 의해 사용된다. 이러한 주체들, 즉 '역사 행위자'들이 사용하는 개념은 여러 의미가 포개어진 층을 이룬다. 개념사에서는 사회·역사적 현실과 관련하여 이러한 층들을 파헤치면서 개념이 어떻게 사용되어 왔는가, 이 과정에서 그 의미가 어떻게 변화했는가, 어떤 함의들이 거기에 투영되었는가, 그 개념이 어떠한 방식으로 작동했는가 등에 대해 탐구한다.

(다) 이상에서 보듯이 개념사에서는 개념과 실재를 대조하고 과거와 현재의 개념을 대조함으로써, 그 개념이 대응하는 실재를 정확히 드러내고 있는가, 아니면 실재의 이해를 방해하고 더 나아가 왜곡하는가를 탐구한다. 이를 통해 코젤렉은 과거에 대한 '단 하나의 올바른 묘사'를 주장하는 근대 역사학의 방법을 비판하고, 과거의 역사 행위자가 구성한 역사적 실재와 현재 역사가가 만든 역사적 실재를 의미있게 소통시키고자 했다.

(라) 사람들이 '자유', '민주', '평화' 등과 같은 개념들을 사용할 때, 그 개념이 서로 같은 의미를 갖는 것은 아니다. '자유'의 경우, '구속받지 않는 상태'를 강조하는 개념으로 쓰이는가 하면, '자발성'이나 '적극적인 참여'를 강조하는 개념으로 쓰이기도 한다. 이러한 정의와 해석의 차이로 인해 개념에 대한 논란과 논쟁이 늘 있어 왔다. 바로 이러한 현상에 주목하여 출현한 것이 코젤렉의 '개념사'이다.

(마) 또한 개념사에서는 '무엇을 이야기 하는가.'보다는 '어떤 개념을 사용하면서 그것을 이야기하는가.'에 관심을 갖는다. 개념사에서는 과거의 역사 행위자가 자신이 경험한 '현재'를 서술할 때 사용한 개념과 오늘날의 입장에서 '과거'의 역사 서술을 이해하기 위해 사용한 개념의 차이를 밝힌다. 그리고 과거의 역사를 현재의 역사로 번역하면서 양자가 어떻게 수렴될 수 있는가를 밝히는 절차를 밟는다.

① (라) - (가) - (나) - (마) - (다)
② (라) - (나) - (가) - (다) - (마)
③ (나) - (마) - (가) - (다) - (라)
④ (가) - (라) - (나) - (다) - (마)
⑤ (가) - (나) - (다) - (라) - (마)

(가) 하지만 영화를 볼 때 소리를 없앤다면 어떤 느낌이 들까? 아마 내용이나 분위기, 인물의 심리 등을 파악하기 힘들 것이다. 이런 점을 고려할 때 영화 속 소리는 영상과 분리해서 생각할 수 없는 필수 요소라고 할 수 있다. 소리는 영상 못지않게 다양한 기능이 있기 때문에 현대 영화감독들은 영화 속 소리를 적극적으로 활용하고 있다.

(나) 이와 같이 영화 속 소리는 다양한 기능을 수행하기 때문에 영화의 예술적 상상력을 빼앗는 것이 아니라 오히려 더 풍부하게 해 준다. 그래서 현대 영화에서 소리를 빼고 작품을 완성한다는 것은 생각하기 어려운 일이 되었다.

(다) 영화의 소리에는 대사, 음향 효과, 음악 등이 있으며, 이러한 소리들은 영화에서 다양한 기능을 수행한다. 우선, 영화 속 소리는 다른 예술 장르의 표현 수단보다 더 구체적이고 분명하게 내용을 전달하는 데 도움을 줄 수 있다. 그리고 줄거리 전개에 도움을 주거나 작품의 상징적 의미를 전달할 뿐만 아니라 주제 의식을 강조하는 역할을 하기도 한다. 또 영상에 현실감을 줄 수 있으며, 영상의 시공간적 배경을 확인시켜 주는 역할도 한다. 또한 영화 속 소리는 영화의 분위기를 조성하고 인물의 내면 심리도 표현할 수 있다.

(라) 유성영화가 등장했던 1920년대 후반에 유럽의 표현주의나 형식주의 감독들은 영화 속의 소리에 대한 부정적인 견해가 컸다. 그들은 가장 영화다운 장면은 소리 없이 움직이는 그림으로만 이루어진 장면이라고 믿었다. 그래서 그들은 영화 속 소리가 시각 매체인 영화의 예술적 효과와 영화적 상상력을 빼앗을 것이라고 내다보았다.

① (라) ─ (가) ─ (다) ─ (나)

② (가) ─ (다) ─ (라) ─ (나)

③ (라) ─ (다) ─ (가) ─ (나)

④ (나) ─ (라) ─ (가) ─ (다)

⑤ (나) ─ (가) ─ (라) ─ (다)

04

케인스학파에서는 시장에서 임금이나 물가 등의 가격 변수가 완전히 탄력적으로 작용하지는 않기 때문에 경기적 실업은 자연스럽게 해소될 수 없다고 주장한다.

(가) 그래서 경기 침체에 의해 물가가 하락하더라도 화폐환상현상으로 인해 노동자들은 명목임금의 하락을 받아들이지 않게 되고, 결국 명목임금은 경기적 실업이 발생하기 이전의 수준과 비슷하게 유지된다. 이는 기업에서 노동의 수요량을 늘리지 못하는 결과로 이어지게 되고 실업은 지속된다. 따라서 케인스학파에서는 정부가 정책을 통해 노동의 수요를 늘리는 등의 경기적 실업을 감소시킬 수 있는 적극적인 역할을 해야 한다고 주장한다.

(나) 이에 대해 케인스학파에서는 여러 가지 이유를 제시하는데 그중 하나가 화폐환상현상이다. 화폐환상현상이란 경기 침체로 인해 물가가 하락하고 이에 영향을 받아 명목임금이 하락하였을 때의 실질임금이, 명목임금의 하락 이전과 동일하다는 것을 노동자가 인식하지 못하는 현상을 의미한다.

(다) 즉, 명목임금이 변하지 않은 상태에서 경기 침체로 인한 물가 하락으로 실질임금이 상승하더라도, 고전학파에서 말하는 것처럼 명목임금이 탄력적으로 하락하는 현상은 일어나기 어렵다고 본 것이다.

① (가) - (나) - (다)
② (다) - (나) - (가)
③ (가) - (다) - (나)
④ (다) - (가) - (나)
⑤ (나) - (가) - (다)

05

현대의 대부분 국가가 선택하는 정치체제는 민주주의이다. 민주주의는 물론 단점도 가지고 있지만, 여태까지 성립된 정치체제 중에서 가장 나은 체제라는 평가를 받고 있다.

(가) 일반적으로 민주주의에서 가장 중요한 것은 국민주권이며, 따라서 사회적 계급은 존재할 수 없다. 민주주의 체제가 성립되기 이전에 대부분 국가의 정치체제는 전제주의였는데, 전제주의에서는 특권자인 국왕에게 주권이 있는 것과 극명히 대비되는 부분이다.

(나) 입헌군주제에서 국왕은 통치능력이 없다. 일종의 국가 상징으로서만 받아들여지는 것이다. 이러한 입헌군주제에서의 국왕을 가장 잘 표현하는 말이 '군림하나 통치하지 않는다.'일 것이다.

(다) 아무리 상징으로서만 국왕이 존재한다고 해도 영국에서 입헌군주제를 폐기하자는 움직임이 존재한다. 이들은 입헌군주제를 옹호하는 '근왕파'와 대비되어 '공화파'라 불리며, 어떤 신문은 공화파를 위한 신문 사이트를 따로 개설, 국왕의 소식이 보이지 않게 하기도 했다.

(라) 그럼에도 불구하고 민주주의가 시작된 나라 중 하나인 영국에는 아직도 국왕이 있다. 이러한 정치체제를 입헌군주제라 하는데, 입헌군주제에서의 왕은 입법, 사법, 행정의 모든 권력을 행사하던 전제주의에서의 국왕과는 다르다.

① (가) ─ (다) ─ (나) ─ (라)

② (가) ─ (라) ─ (나) ─ (다)

③ (가) ─ (라) ─ (다) ─ (나)

④ (라) ─ (나) ─ (다) ─ (가)

⑤ (라) ─ (다) ─ (나) ─ (가)

구체적 행위에 대한 도덕적 판단 문제를 다루는 것이 규범 윤리학이라면, 옳음의 의미 문제, 도덕적 진리의 존재 문제 등과 같이 규범 윤리학에서 사용하는 개념과 원칙에 대해 다루는 것은 메타 윤리학이다. 메타 윤리학에서 도덕 실재론과 정서주의는 '옳음'과 '옳지 않음'의 의미를 이해하는 방식과 도덕적 진리의 존재 여부에 대해 상반된 주장을 펼친다.

(가) 따라서 '옳다' 혹은 '옳지 않다'라는 도덕적 판단을 내리지만, 과학적 진리와 같은 도덕적 진리는 없다는 입장을 보인다.

(나) 도덕 실재론에서는 도덕적 판단과 도덕적 진리를 과학적 판단 및 과학적 진리와 마찬가지라고 본다.

(다) 한편, 정서주의에서는 어떤 도덕적 행위에 대해 도덕적으로 옳음이나 도덕적으로 옳지 않음이라는 성질은 객관적으로 존재하지 않는 것이고, 도덕적 판단도 참 또는 거짓으로 판정되는 명제를 나타내지 않는다.

(라) 즉, 과학적 판단이 '참' 또는 '거짓'을 판정할 수 있는 명제를 나타내고 이때 참으로 판정된 명제를 과학적 진리라고 부르는 것처럼, 도덕적 판단도 참 또는 거짓으로 판정할 수 있는 명제를 나타내고 참으로 판정된 명제가 곧 도덕적 진리라고 규정하는 것이다.

① (다) － (라) － (나) － (가)
② (나) － (가) － (다) － (라)
③ (가) － (나) － (다) － (라)
④ (나) － (라) － (다) － (가)
⑤ (다) － (가) － (나) － (라)

다음 글을 〈보기〉와 같은 순서로 재구성하려고 할 때 논리적 순서대로 적절하게 배열한 것은?

(가) 최근 전자 상거래 시장에서 소셜 커머스 열풍이 거세게 불고 있다. 할인율 50%라는 파격적인 조건으로 검증된 상품을 구매할 수 있다는 입소문이 나면서 국내 소셜 커머스 시장의 규모가 급성장하고 있다. 시장 규모가 커지다 보니 개설된 소셜 커머스 사이트가 수백 개에 달하고, 소셜 커머스 모임 사이트까지 등장할 정도로 소셜 커머스의 인기가 날로 높아지고 있다.

(나) 현재 국내 소셜 커머스는 일정 수 이상의 구매자가 모일 경우 파격적인 할인가로 상품을 판매하는 방식의 소셜 쇼핑이 주를 이루고 있다. 그러나 소셜 쇼핑 외에도 SNS상에 개인화된 쇼핑 환경을 만들거나 상거래 전용 공간을 여는 방식의 소셜 커머스도 등장하고 있다. 소셜 커머스의 소비자는 판매자(생산자)의 상품을 하는 데서 그치지 않고 판매자들로 하여금 자신들이 원하는 물건을 판매하도록 유도할 수 있으며, 자신들 스스로가 새로운 소비자를 끌어 모을 수도 있다. 이러한 소비자의 변모는 소비자의 역할뿐만 아니라 상거래 지형이 크게 변화할 것임을 시사한다. 소셜 커머스 시대에는 소비자가 상거래의 주도권을 쥐는 일이 가능해진 것이다.

(다) 소셜 커머스란 소셜 네트워크 서비스(SNS)를 통하여 이루어지는 전자 상거래를 가리키는 말이다. 소셜 커머스는 상품의 구매를 원하는 사람들이 할인을 성사하기 위하여 공동 구매자를 모으는 과정에서 주로 SNS를 이용하는 데서 그 명칭이 유래되었다. 소셜 커머스는 2005년 '야후(Yahoo)'의 장바구니 공유 서비스인 '쇼퍼스피어(Shopersphere)' 같은 사이트를 통하여 처음 소개되었다.

보기

국내 소셜 커머스의 현황 → 소셜 커머스의 명칭 유래 및 등장 배경 → 소셜 커머스의 유형 및 전망

---

① (가) - (나) - (다)

② (가) - (다) - (나)

③ (나) - (가) - (다)

④ (나) - (다) - (가)

⑤ (다) - (나) - (가)

08

그럼 이제부터 제형에 따른 특징과 복용 시 주의점을 알아보겠습니다. 먼저 산제나 액제는 복용해야 하는 용량에 맞게 미세하게 조절이 가능합니다. 그리고 정제나 캡슐제에 비해 노인이나 소아가 약을 삼키기 쉽고 약효도 빠르게 나타납니다. (가) 캡슐제는 캡슐로 약물을 감싸서 자극이 강한 약물을 복용할 때 생기는 불편을 줄일 수 있고, 정제로 만들면 약효가 떨어질 수 있는 경우에 사용되어 약효를 유지할 수 있습니다. (나) 하지만 캡슐제는 캡슐이 목구멍이나 식도에 달라붙을 수 있기 때문에 충분한 양의 물과 함께 복용해야 합니다. (다)

그리고 정제는 일정한 형태로 압축되어 있어 산제나 액제에 비해 보관이 간편하고 정량을 복용하기 쉽습니다. 이러한 정제는 약물의 성분이 빠르게 방출되는 속방정과 서서히 지속적으로 방출되는 서방정으로 구분할 수 있습니다. (라) 서방정은 오랜 시간 일정하게 약의 효과를 유지할 수 있어 복용 횟수를 줄일 수 있습니다. 그런데 서방정은 함부로 쪼개거나 씹어서 먹으면 안 됩니다. 왜냐하면 약물의 방출 속도가 달라져 부작용의 위험이 커질 수 있기 때문입니다.

오늘 강연 내용은 유익하셨나요? 이번 강연이 약에 대한 이해를 높일 수 있는 계기가 되었으면 합니다. 또한 약과 관련해 더 궁금한 내용이 있다면 '온라인 의약 도서관'을 통해 찾아보실 수 있습니다. (마) 마지막으로 상세한 복약 정보는 꼭 의사나 약사에게 확인하시기 바랍니다. 경청해 주셔서 감사합니다.

> **보기**
>
> 하지만 이 둘은 정제에 비해 변질되기 쉬우므로 특히 보관에 주의해야 하고 복용 전 변질 여부를 잘 확인해야 합니다.

① (가)　　　　　　　　　　　② (나)

③ (다)　　　　　　　　　　　④ (라)

⑤ (마)

한국의 전통문화는 근대화의 과정에서 보존되어야 하는가, 아니면 급격한 사회 변동에 따라 해체되어야 하는가? 한국 사회 변동 과정에서 외래문화는 전통문화에 흡수되어 토착화되는가, 아니면 전통문화 자체를 전혀 다른 것으로 변질시키는가? 이러한 질문에 대해서 오늘날 한국 사회는 진보주의와 보수주의로 나뉘어 뜨거운 논란을 빚고 있다. ㉠ 그러나 전통의 유지와 변화에 대한 견해 차이는 단순하게 진보주의와 보수주의로 나눌 성질의 것이 아니다. 한국 사회는 한 세기 이상의 근대화 과정을 거쳐 왔으며 앞으로도 광범위하고 심대한 사회 구조의 변동을 가져올 것이다. ㉡ 이런 변동 때문에 보수주의적 성향을 가진 사람들도 전통문화의 변질을 어느 정도 수긍하지 않을 수 없고, 진보주의 성향을 가진 사람 또한 문화적 전통의 가치를 인정하지 않을 수 없다. ㉢ 근대화는 전통문화의 계승과 끊임없는 변화를 다 같이 필요로 하며 외래문화의 수용과 토착화를 동시에 요구하기 때문이다. ㉣ 근대화에 따르는 사회 구조적 변동이 문화를 결정짓기 때문에 전통문화의 변화 문제는 특수성이나 양자택일이라는 기준으로 다룰 것이 아니라 끊임없는 사회 구조의 변화라는 시각에서 바라보고 분석하는 것이 중요하다. ㉤

보기

또한 이 논란은 단순히 외래문화나 전통문화 중 양자택일을 해야 하는 문제도 아니다.

① ㉠   ② ㉡

③ ㉢   ④ ㉣

⑤ ㉤

10

자본주의 경제 체제는 이익을 추구하려는 인간의 욕구를 최대한 보장해 주고 있다. 기업 또한 이익 추구라는 목적에서 탄생하여, 생산의 주체로서 자본주의 체제의 핵심적 역할을 수행하고 있다. 곧, 이익은 기업가로 하여금 사업을 시작하게 하는 동기가 된다. ㉠

이익에는 단기적으로 실현되는 이익과 장기간에 걸쳐 지속적으로 실현되는 이익이 있다. 기업이 장기적으로 존속, 성장하기 위해서는 단기 이익보다 장기 이익을 추구하는 것이 더 중요하다. 실제로 기업은 단기 이익의 극대화가 장기 이익의 극대화와 상충할 때에는 단기 이익을 과감히 포기하기도 한다. ㉡

자본주의 초기에는 기업이 단기 이익과 장기 이익을 구별하여 추구할 필요가 없었다. 소자본끼리의 자유 경쟁 상태에서는 단기든 장기든 이익을 포기하는 순간에 경쟁에서 탈락하기 때문이다. 그에 따라 기업은 치열한 경쟁에서 살아남기 위해 주어진 자원을 최대한 효율적으로 활용하여 가장 저렴한 가격으로 상품을 공급하게 되었다. ㉢ 이 단계에서는 기업의 소유자가 곧 경영자였기 때문에, 기업의 목적은 자본가의 이익을 추구하는 것으로 집중되었다.

그러나 기업의 규모가 점차 커지고 경영 활동이 복잡해지면서 전문적인 경영 능력을 갖춘 경영자가 필요하게 되었다. ㉣ 이에 따라 소유와 경영이 분리되어 경영의 효율성이 높아졌지만, 동시에 기업이 단기 이익과 장기 이익 사이에서 갈등을 겪게 되는 일도 발생하였다. 주주의 대리인으로 경영을 위임받은 전문 경영인은 기업의 장기적 전망보다 단기 이익에 치중하여 경영 능력을 과시하려는 경향이 있기 때문이다. 주주는 경영자의 이러한 비효율적 경영 활동을 감시함으로써 자신의 이익은 물론 기업의 장기 이익을 극대화하고자 하였다. ㉤

보기

이는 기업의 이익 추구가 결과적으로 사회 전체의 이익도 증진시켰다는 의미이다.

① ㉠

② ㉡

③ ㉢

④ ㉣

⑤ ㉤

다음 글의 구조를 적절하게 분석한 것은?   도식화

> 전통의 계승에는 긍정적 계승도 있고 부정적 계승도 있다는 각도에서 설명할 때 문화의 지속성과 변화에 대한 더욱 명확한 이해가 이루어진다. 전통은 앞 시대 문학이 뒤 시대 문학에 미치는 작용이다. 일단 이루어진 앞 시대의 문학은 어떻게든지 뒤 시대 문학에 작용을 미친다. 다만, 그 작용이 퇴화할 수도 있고 생동하는 모습을 지닐 수도 있지만, 퇴화가 전통의 단절은 아니다. 전통이 단절되면 다시 계승하는 것이 불가능하지만, 퇴화된 전통은 필요에 따라서 다시 계승할 수 있는 잠재적인 가능성이 있다. 앞 시대 문학이 뒤 시대 문학에 미치는 작용에 있어 생동하는 모습을 지닐 때, 이것을 전통의 계승이라고 할 수 있다. 이때, 계승은 단절과 반대되는 것이 아니고, 퇴화와 반대되는 것이다. 그런데 전통의 계승은 반드시 긍정적인 계승만이 아니고, 부정적인 계승일 수도 있다. 긍정적인 계승에서는 변화보다는 지속성이 두드러지게 나타나고, 부정적인 계승에서는 지속성보다 변화가 두드러지게 나타난다. 앞 시대 문학의 작용이 뒤 시대에도 계속 의의가 있다고 생각해서 이 작용을 그대로 받아들이고자 하면 긍정적 계승이 이루어진다. 앞 시대 문학의 작용은 뒤 시대에 이르러서 극복해야 할 장애라고 생각해서 이 작용을 극복하고자 하면 부정적 계승이 이루어진다. 부정적 계승은 앞 시대 문학의 작용을 논쟁과 극복의 대상으로 인식하는 점에서, 전통의 퇴화를 초래하는 앞 시대 문학의 작용에 대한 무관심과는 구별된다. 부정적 계승은 전통 계승의 정상적인 방법의 하나이고 문학의 발전을 초래하지만, 전통의 퇴화는 문학의 발전에 장애가 생겼을 때 나타나는 현상이다.

① 전통 ┌ 지속 – 계승
　　　 └ 변화 – 단절

② 전통 ┌ 지속 ┌ 긍정적 계승
　　　 │　　　└ 부정적 계승
　　　 └ 변화

③ 전통 ┌ 계승 – 긍정적 계승
　　　 └ 퇴화 – 부정적 계승

④ 전통 ┌ 계승 ┌ 긍정적 계승
　　　 │　　　└ 부정적 계승
　　　 ├ 퇴화
　　　 └ 단절

⑤ 전통 ┌ 계속 – 긍정적 계승
　　　 ├ 퇴화 ┐
　　　 └ 단절 ┴ 부정적 계승

다음 글을 읽고 글을 구조화한 것으로 가장 적절한 것은? 　　도식화

(가) 비가 내리는 날에는 시야도 가려지고, 젖은 도로로 인해 미끄러워 운전하기 훨씬 어려워진다. 실제로 장마철에 교통사고 발생률이 매우 높아진다고 한다. 곧 다가오는 장마철, 안전한 운전과 쾌적한 환경을 위한 차량 관리가 꼭 필요하다.

(나) 장마철 발생하는 교통사고의 치사율이 높은 이유는 바로 수막현상 때문이다. 수막현상이란 빗물로 인해 미끄러워진 도로에서 타이어와 노면 사이에 수막이 생겨, 타이어가 노면에 대한 접지력을 상실하여 제동이 어려워지는 현상이다. 제동이 어려워지는 만큼 사고로 쉽게 이어질뿐만 아니라 대형사고로 번질 확률도 높다. 그럼 수막현상으로 발생할 수 있는 사고는 어떻게 예방할 수 있을까?

(다) 수막현상을 완전히 막을 수는 없지만, 타이어 공기압 체크와 마모의 정도를 확인하는 것만으로도 자동차의 제동력을 향상시킬 수 있다. 여름철에는 타이어의 공기압을 평소보다 높이고, 타이어의 홈 깊이가 조금만 낮아져도 타이어 교체를 고려해보는 것을 추천한다.

(라) 타이어 상태 확인으로 제동력이 향상되었을지라도, 앞이 제대로 보이지 않는다면 위험한 것은 마찬가지이다. 운전 중 갑작스럽게 비가 내리는 상황에서 와이퍼가 고장이 난다거나 와이퍼 블레이드(고무날)가 낡아 시야 확보가 어려워진다면 위험한 상황에 처할 수 있다. 장마나 태풍이 시작되기 전에는 와이퍼의 상태와 워셔액 양을 체크해주는 것이 좋다. 와이퍼뿐만 아니라 빗방울이 차 유리에 맺히지 않고 미끄러지듯 흘러내려, 많은 양의 비가 쏟아져도 선명한 시야를 확보할 수 있는 유리 방수 관리 역시 장마철에는 필수이다.

(마) 전조등은 시야 확보에 도움을 주는 기능을 하지만 빗속에서는 다른 차량에게 자신의 위치를 알려주는 기능을 하기도 한다. 그래서 비 오는 날에는 안전을 위해 항상 전조등을 켜고 다니는 것이 좋다. 장마철이 시작되기 전 전조등의 등화 여부를 확인해야 한다.

(바) 여름철에는 에어컨 작동과 각종 전기장치의 사용이 많아진다. 그렇기 때문에 배터리의 상태를 체크하는 것이 좋다. 배터리 상태의 확인은 자동차 보닛을 연 뒤, 배터리 윗면의 인디게이터를 확인하면 된다. 녹색이면 정상인 상태, 검정색이면 충전이 필요한 상태를 의미한다.

① (가) ─ (나) ─ (다)
　　　 ├ (라) ─ (마)
　　　 └ (바)

② (가) ─ (다) ─ (라)
　　　 └ (나) ─ (마) ─ (바)

③ (가) ─ (나)
　　　 ├ (다)
　　　 ├ (라)
　　　 ├ (마)
　　　 └ (바)

④ (가) ─ (나) ─ (다)
　　　 ├ (라)
　　　 ├ (마)
　　　 └ (바)

⑤ ─ (가) ─ (라)
　 ├ (나) ─ (마)
　 └ (다) ─ (바)

13 다음 글의 빈칸에 들어갈 말로 적절한 것은?

미학은 자연, 인생, 예술에 담긴 아름다움의 현상이나 가치 그리고 체험 따위를 연구하는 학문으로, 미적 현상이 지닌 본질이나 법칙성을 명백히 밝히는 학문이다. 본래 미학은 플라톤에서 비롯되었지만, 오늘날처럼 미학이 독립된 학문으로 불린 것은 18세기 중엽 독일의 알렉산더 고틀리프 바움가르텐(Alexander Gottlieb Baumgarten)의 저서 『미학』에서 시작된다. 바움가르텐은 '미(美)'란 감성적 인식의 완전한 것으로, 감성적 인식의 학문은 미의 학문이라고 생각했다. 여기서 근대 미학의 방향이 개척되었다.

미학에 대한 연구는 심리학 · 사회학 · 철학 등 다양한 각도에서 시도할 수 있다. 또한 미적 사실을 어떻게 보느냐에 따라서 미학의 성향도 달라지며, _____ 예컨대 고전 미학은 영원히 변하지 않는 초감각적 존재로서의 미의 이념을 추구하고, 근대 미학은 감성적 인식 때문에 포착된 현상으로서 미적인 것을 대상으로 한다. 여기서 미적인 것은 우리들의 인식에 비치는 아름다움을 말한다.

미학을 연구하는 사람들은 이러한 미적 의식 및 예술의 관계를 해명하는 것을 주된 과제로 삼는다. 그들에게 '아름다움'을 성립시키는 주관적 원리는 가장 중요한 것으로, 미학은 우리에게 즐거움과 기쁨을 안겨주며 인생을 충실하고 행복하게 해준다. 더 나아가 오늘날에는 이러한 미적 현상의 해명에 사회학적 방법을 적용하려는 '사회학적 미학'이나, 분석 철학의 언어 분석 방법을 미학에 적용하려고 하는 '분석미학' 등 다채로운 연구 분야가 개척되고 있다.

① 최근에는 미학의 새로운 분야를 개척하고 있다.
② 근대 미학은 고전 미학의 개념에서 부분적으로 응용한 것이다.
③ 따라서 미학은 이분법적인 원리로 적용할 수 없다.
④ 다른 학문과 달리 미학의 경계는 모호하다.
⑤ 추구하는 이념과 대상도 시대에 따라 다르다.

※ 다음 글의 빈칸에 들어갈 문장을 〈보기〉에서 찾아 순서대로 나열한 것으로 가장 적절한 것을 고르시오.
[14~15]

14

먹을거리가 풍부한 현대인의 가장 큰 관심사 중 하나는 웰빙과 다이어트일 것이다. 현대인은 날씬한 몸매에 대한 열망이 지나쳐서 비만한 사람들이 나태하다고 생각하기도 하고, 심지어는 거식증으로 인해 사망한 패션모델까지 있었다. _____

물론 과도한 지방 섭취, 특히 몸에 좋지 않은 지방은 비만의 원인이 되고 당뇨병, 심장병, 고혈압과 같은 각종 성인병을 유발하지만, 사실 지방은 우리 몸이 정상적으로 활동하는 데 필수적인 성분이다.

사실 비만과 다이어트의 문제는 찰스 다윈(Charles R. Darwin)의 진화론과 밀접한 관련이 있다. 찰스 다윈은 19세기 영국의 생물학자로 『종의 기원』이라는 책을 써서 자연선택을 통한 생물의 진화 과정을 설명하였다. 생물체가 살아남고 번식을 해서 자손을 남길 수 있느냐 하는 것은 주위 환경과의 관계가 중요한 역할을 하는데, 자연선택이란 주위 환경에 따라 생존하기에 적합한 성질 또는 기능을 가진 종들이 그렇지 못한 종들보다 더 잘 살아남게 되어 자손을 남기게 된다는 개념이다.

약 100년 전만 해도 우리나라를 비롯한 전 세계 대부분의 국가는 식량이 그리 풍족하지 않았다. 실제로 수십만 년 지속된 인류의 역사에서 인간이 매일 끼니 걱정을 하지 않고 살게 된 것은 최근 수십 년의 일이다. _____

그러므로 인류는 이러한 축적 능력이 유전적으로 뛰어난 사람들이 그렇지 않은 사람들보다 상대적으로 더 잘 살아남았을 것이다. 그렇게 살아남은 자들의 후손인 현대인들이 달거나 기름진 음식을 좋아하는 것은 진화의 당연한 결과였다. _____

지방이 풍부한 음식을 찾는 경향은 지나치게 지방을 축적하게 했고, 결국 부작용으로 이어졌다.

보기

㉠ 그리하여 음식이 풍부한 현대 사회에서는 이러한 유전적 특성은 단점으로 작용하게 되었다.
㉡ 이러한 사회적 경향 때문에 우리가 먹는 음식물에 포함된 지방이나 기름 성분은 몸에 좋지 않은 '나쁜 성분'으로 매도당하기도 한다.
㉢ 먹을 것이 풍족하지 않은 상황에서 생존에 필수적인 능력은 다름 아닌 에너지를 몸 안에 축적하는 능력이었다.

① ㉠, ㉡, ㉢
② ㉠, ㉢, ㉡
③ ㉡, ㉢, ㉠
④ ㉡, ㉠, ㉢
⑤ ㉢, ㉡, ㉠

15

언젠가부터 우리 바다 속에 해파리나 불가사리와 같이 특정한 종들만이 지나치게 번식하고 있다는 우려의 말이 들린다. 한마디로 다양성이 크게 줄었다는 이야기다. 척박한 환경에서는 몇몇 특별한 종들만이 득세한다는 점에서 자연 생태계와 우리 사회는 닮은 것 같다. 어떤 특정 집단이나 개인들에게 앞으로 어려워질 경제 상황은 새로운 기회가 될지도 모른다.

_____ 왜냐하면 자원과 에너지 측면에서 보더라도 이들 몇몇 집단들만 존재하는 세계에서는 이들이 쓰다 남은 물자와 이용하지 못한 에너지는 고스란히 버려질 수밖에 없고 따라서 효율성이 극히 낮기 때문이다.

다양성 확보는 사회 집단의 생존과도 무관하지 않다. 조류 독감이 발생할 때마다 해당 양계장은 물론 그 주변 양계장의 닭까지 모조리 폐사시켜야 하는 참혹한 현실을 본다. 단 한 마리 닭이 걸려도 그렇게 많은 닭들을 죽여야 하는 이유는 인공적인 교배로 인해 이들 모두가 똑같은 유전자를 가졌기 때문이다. _____

이처럼 다양성의 확보는 자원의 효율적 사용과 사회 안정에 중요하지만 많은 비용이 든다. 출산 휴가를 주고, 노약자를 배려하고, 장애인에게 보조 공학기기와 접근성을 제공하는 것을 비롯해 다문화 가정, 외국인 노동자를 위한 행정제도 개선 등은 결코 공짜가 아니다. _____

보기

㉠ 따라서 다양한 유전 형질을 확보하는 길만이 재앙의 확산을 막고 피해를 줄이는 길이다.

㉡ 하지만 이는 사회 전체로 볼 때 그다지 바람직한 현상이 아니다.

㉢ 그럼에도 불구하고 다양성 확보가 중요한 이유는 우리가 미처 깨닫고 있지 못하는 넓은 이해와 사랑에 대한 기회를 사회 구성원 모두에게 제공하기 때문이다.

① ㉠, ㉡, ㉢   ② ㉠, ㉢, ㉡

③ ㉡, ㉢, ㉠   ④ ㉡, ㉠, ㉢

⑤ ㉢, ㉠, ㉡

16 나노와 관련된 글을 쓰기 위해 (가)와 같은 개요를 작성했다가 (나)의 자료를 추가로 접하였다. (가)와 (나)를 종합하여 작성한 개요의 내용으로 적절하지 않은 것은? 개요수정

(가) 제목 : 나노 기술의 유용성
  Ⅰ. 나노 기술과 나노 물질 소개
  Ⅱ. 나노 기술의 다양한 이용 사례
    1. 주방용품
    2. 건축 재료
    3. 화장품
  Ⅲ. 나노 기술의 무한한 발전 가능성
(나) 나노 물질의 위험성 : 우리 몸의 여과 장치 그대로 통과
  인간을 비롯한 지구상 동물들의 코 점막이나 폐의 여과 장치 등은 나노 입자보다 천 배나 더 큰 마이크로 입자를 걸러내기에 적당하게 발달해 왔기 때문에, 나노 크기의 물질은 우리 몸의 여과 장치를 그대로 통과하여 건강에 악영향을 끼칠 가능성이 크다는 경고가 나왔다. 쥐를 대상으로 한 실험을 통해 쥐의 폐에 주입된 탄소나노튜브가 폐 조직을 훼손한다는 사실을 확인했을 뿐만 아니라, 다양한 크기의 입자를 쥐에게 흡입시켰을 때 오직 나노 수준의 미세한 입자만이 치명적인 피해를 준다는 사실도 확인했다는 것이다.

제목 : 나노 기술의 양면성 … ㉠
Ⅰ. 나노 기술과 나노 물질 소개 … ㉡
Ⅱ. 나노 기술의 양면성
  1. 나노 기술의 유용성 … ㉢
    인간생활의 다양한 분야에서 활용
  2. 나노 기술의 위험성 … ㉣
    인간과 동물의 건강에 악영향
Ⅲ. 요구되는 태도
  나노 기술의 응용 분야 확대 … ㉤

---

① ㉠

② ㉡

③ ㉢

④ ㉣

⑤ ㉤

17 다음과 같이 '의료 서비스 수출의 실태와 대처 방안'에 대한 개요를 작성하였다. 개요의 수정·보완 방안으로 적절하지 않은 것은?

Ⅰ. 서두
  1. 한국을 찾는 외국인 환자 증가 ········ ㉠
  2. 외국인 환자들이 한국을 찾는 이유 ········ ㉡
Ⅱ. 본문
  1. 실태 분석 및 진단
    (1) 지속적인 유치의 어려움
    (2) 의료 수출국으로의 전환 기회
  2. 외국인 환자 유치 장애의 요인
    (1) 관련 정보의 제공 부족
    (2) 환자 유치, 광고 등에 대한 제도적 규제 ········ ㉢
    (3) 정부 차원의 지원 부족
  3. 의료 서비스 수출 전략 방안
    (1) 비자 발급 간소화 ········ ㉣
    (2) 해외 환자 유치를 위한 광고 규제 완화
    (3) _____ ········ ㉤
Ⅲ. 결말
  의료 수출에 대비하기 위한 적극적인 노력 촉구

---

① ㉠ : 국내 병원에 입원한 외국인 환자의 연도별 현황 자료를 제시한다.

② ㉡ : 진료비 대비 높은 국내 의료 수준을 선진국과 비교하여 제시한다.

③ ㉢ : 언어 장벽이나 까다로운 국내 병원 이용 절차로 외국인 환자를 유치하지 못한 사례를 활용한다.

④ ㉣ : 'Ⅱ-2-(1)'를 고려하여 '국내 의료기관 종합 사이트 구축 및 운영'으로 수정한다.

⑤ ㉤ : 글의 완결성을 고려하여 '경쟁력 있는 의료기관 선정, 인증제를 통한 지원'이라는 내용을 추가한다.

㉠ 일반적인 사전적 의미의 '취미'는 '전문적으로 하는 것이 아니라 즐기기 위하여 하는 일'이지만 좀 더 철학적 관점에서 본다면 취미(Geschmack)는 주관적인 인간의 감정적 영역으로, 미적 대상을 감상하고 비판하는 능력이다. 스페인의 작가 발타사르 그라시안(Baltasar Gracian)에 따르면 취미는 충동과 자유, 동물성과 정신의 중간적인 것으로 각종 일에 대해 거리를 취하고 구별하여 선택하는 능력으로 일종의 인식방식이다.

취미에 대한 정의와 관점은 다양하다. 취미를 감각 판단으로 바라볼 것인가에 대해 서로 맞서고 있는 감각주의 전통과 합리주의 전통의 논쟁이 있어 왔으며, 현대사회에서는 취미 연구를 심리학적, 사회적 두 가지 관점에서 본다. 심리학적인 관점에서 취미는 개인의 생애를 통해서 변화하며 동시에 개인, 시대, 민족, 지역 등에 따라 ㉡ 틀리다. 개인의 취미는 넓고 깊은 교양에 의한 것이며, 통속적으로는 여가나 오락을 뜻하는 것으로 쓰이기도 한다. ㉢ 하지만 이와 동시에 일정한 시대, 민족에 있어서는 공통된 취미가 '객관적 정신'으로 전체를 지배하기도 한다. ㉣ 따라서 취미는 그 누구도 '취미란 이런 것이다.'라고 정의내릴 수 없다.

이 과정에서 우리는 '한 사회 내에서 일정 기간 동안 유사한 문화양식과 행동양식이 일정 수의 사람들에게 공유되는 사회적 동조 현상'인 유행과의 차이에 대해 의문을 가지게 된다. 유행은 취미와 아주 밀접하게 결부된 현상이다. ㉤ 그러나 유행은 경험적 일반성에 의존하는 공동체적 감각이고, 취미는 경험보다는 규범적 일반성에 의존하는 감각이다. 다시 말해 유행은 공동체 속에서 활동하고 또 그것에 종속되지만, 취미는 그것에 종속되지 않는다. 취미는 자신의 판단력에 의존한다는 점에서 유행과 구별된다.

① ㉠ : 문장이 너무 길어 호흡이 길어지므로 '… 하는 일'이다. 하지만 …'으로 수정한다.

② ㉡ : 의미상 '비교가 되는 대상이 서로 같지 아니하다.'라는 뜻의 '다르다'로 바꾼다.

③ ㉢ : 자연스러운 연결을 위해 '또한'으로 바꾼다.

④ ㉣ : 글의 전개상 불필요한 내용이므로 삭제한다.

⑤ ㉤ : 앞뒤 내용의 자연스러운 흐름을 위해 '그래서'로 바꾼다.

우울증을 잘 초래하는 성향은 창조성과 결부되어 있기 때문에 생존에 유리한 측면이 있었다. 따라서 우울증과 관련이 있는 유전자는 오랜 역사를 거쳐 오면서도 사멸하지 않고 살아남아 오늘날 현대인에게도 그 유전자가 상당수 존재할 가능성이 있다. 베토벤, 뉴턴, 헤밍웨이 등 위대한 음악가, 과학자, 작가들의 상당수가 우울한 성향을 갖고 있었다. ㉠ 천재와 우울증은 어찌 보면 동전의 양면으로, 인류 문명의 진보를 이끈 하나의 동력이자 그 부산물이라 할 수 있을지도 모른다.

우울증은 일반적으로 자기 파괴적인 질환으로 인식되어 왔지만 실은 자신을 보호하고 미래를 준비하기 위한 보호 기제일 수도 있다. 달성할 수 없거나 달성하기 매우 어려운 목표에 도달하기 위해 엄청난 에너지를 소모하는 것은 에너지와 자원을 낭비할 뿐만 아니라, 정신과 신체를 소진시킴으로써 사회적 기능을 수행할 수 없게 하고 주위의 도움이 없으면 생명을 유지하기 어려운 상태에 ㉡ 이르게도 할 수 있다. 이를 막기 위한 기제가 스스로의 자존감을 낮추고 그 목표를 포기하게 만드는 것이다. 이를 통해 고갈된 에너지를 보충하고 다시 도전할 수 있는 기회를 모색할 수 있다. ㉢ 또한 지금과 같은 경쟁 사회는 새로운 기술이나 생각에 대한 사회적 요구가 커지기 때문에 정신적 소진 상태를 초래하기 쉬운 환경이 되고 있다.

오늘날 우울증은 왜 이렇게 급격하게 늘어나는 것일까? 창조성이란 그 사회에 존재하고 있는 기술이나 생각에 대한 도전이자 대안 제시이며, 기존의 기술이나 생각을 엮어서 새로운 조합을 만들어 내는 것이다. 과거에 비해 현대 사회는 경쟁이 심화되고 혁신들이 더 가치를 인정받기 때문에 창조성이 있는 사람은 상당히 큰 선택적 이익을 갖게 된다. ㉣ 그렇지만 현대 사회처럼 기존에 존재하는 기술이나 생각이 엄청나게 많아 우리의 뇌가 그것을 담기에도 벅찬 경우에는 새로운 조합을 만들어 내는 일은 무척이나 많은 에너지를 요한다. 결국 경쟁은 창조성을 ㉤ 발휘하게 하지만 지나친 경쟁은 정신적 소진을 초래하기 때문에 우울증이 많이 발생할 수 있다.

① ㉠ - 문단과 관련 없는 내용이므로 삭제한다.

② ㉡ - 문장의 주어와 호응되지 않으므로 '이른다'로 수정한다.

③ ㉢ - 두 번째 문단의 내용과 어울리지 않으므로 세 번째 문단으로 옮긴다.

④ ㉣ - 뒷 문장이 앞 문장의 결과이므로 '그리하여'로 수정한다.

⑤ ㉤ - 문맥상의 내용과 반대되는 내용이므로 '억제하지만'으로 수정한다.

20 다음 중 글의 흐름상 필요 없는 문장으로 적절한 것은?   내용수정

가을을 맞아 기획바우처 행사가 전국 곳곳에서 마련된다.

(가) 기획바우처는 문화소외계층을 상대로 '모셔오거나 찾아가는' 맞춤형 예술 체험 프로그램이다.

(나) 서울 지역의 '함께 하는 역사 탐방'은 독거노인을 모셔와서 역사 현장을 찾아 연극을 관람하고 체험하는 프로그램이다.

(다) 경기도에서도 가족과 함께 낭만과 여유를 즐길 수 있는 다양한 문화행사를 준비하고 있다.

(라) 강원도 강릉과 영월에서는 저소득층 자녀를 대상으로 박물관 관람 프로그램을 준비하고 있다.

(마) 부산 지역의 '어울림'은 방문 공연 서비스로서 지역예술가들이 가난한 동네를 돌아다니며 직접 국악, 클래식, 미술 등 재능을 기부한다.

---

① (가)   ② (나)

③ (다)   ④ (라)

⑤ (마)

훌륭한 가정만한 학교가 없고,
덕이 있는 부모만한 스승은 없다.

– 마하트마 간디 –

PART 3

추리

핵심이론   어휘추리

어휘의 상관 관계

① 동의 관계 : 두 개 이상의 어휘가 소리는 다르나 의미가 같은 경우
② 유의 관계 : 두 개 이상의 어휘가 소리는 다르나 의미가 비슷한 경우
③ 반의 관계 : 두 개 이상의 어휘의 의미가 서로 대립하는 경우
④ 상하 관계 : 어휘의 의미적 계층 구조에서 한쪽이 의미상 다른 쪽을 포함하거나 다른 쪽에 포함되는 의미 관계
⑤ 부분 관계 : 한 어휘가 다른 어휘의 부분이 되는 관계
⑥ 인과 관계 : 원인과 결과의 관계
⑦ 순서 관계 : 위치의 상하 관계, 시간의 흐름 관계

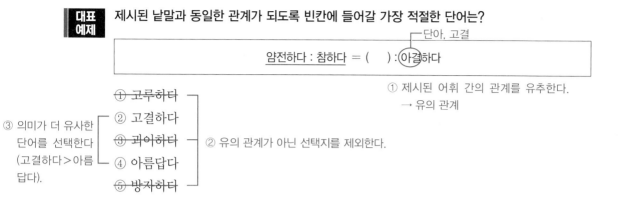

대표예제 제시된 낱말과 동일한 관계가 되도록 빈칸에 들어갈 가장 적절한 단어는?

┌단아, 고결

얌전하다 : 참하다 = ( ) : (아결하다)

① 제시된 어휘 간의 관계를 유추한다.
  → 유의 관계

① 고루하다 ┐
② 고결하다 │
③ 괴이하다 ├ ② 유의 관계가 아닌 선택지를 제외한다.
④ 아름답다 │
⑤ 방자하다 ┘

③ 의미가 더 유사한 단어를 선택한다 (고결하다>아름답다).

정답 및 해설   정답 ②

제시된 단어는 유의 관계이다. '참하다'는 성질이 찬찬하고 얌전하다는 뜻으로 '얌전하다'와 같은 의미이며, '아결하다'는 단아하며 깨끗하다는 뜻으로 '고결하다'와 같은 의미이다.

오답분석

① 고루하다 : 낡은 습관이나 관념에 젖어 고집을 부리며 새로운 것을 잘 받아들이지 아니하다.

③ 괴이하다 : 정상적이지 않고 괴상하고 별나다.

⑤ 방자하다 : 제멋대로 하며 무례하고 건방지다.

※ 제시된 단어와 동일한 관계가 되도록 빈칸에 들어갈 적절한 것을 고르시오. [1~4]

01

가랑비 : 옷 = ( ) : 댓돌

① 정화수   ② 심층수   ③ 낙숫물
④ 도랑물   ⑤ 아리수

02

노가리 : 명태 = 고도리 : ( )

① 고등어   ② 고라니   ③ 도다리
④ 고슴도치   ⑤ 고래

03

행성 : 항성 = 지사 : ( )

① 물품   ② 본사   ③ 영업
④ 회사   ⑤ 가게

정답 및 해설   01 ③ 02 ① 03 ② 04 ① 05 ④ 06 ③

01
'가랑비에 옷 젖는 줄 모른다.'는 속담에 '낙숫물이 댓돌
뚫는다.'는 속담이 대응한다.

02
'명태'의 새끼는 '노가리'이며, '고도리'는 '고등어'의 새끼
이다.

03
제시된 단어는 주변 － 중심 관계이다. '행성'은 스스로
빛을 낼 수 없어 '항성' 주위를 돌고, '지사'는 '본사'의
업무를 대신 맡아주는 곳을 뜻한다.
• 행성(行星) : 중심별의 강한 인력의 영향으로 타원 궤
도를 그리며 중심별의 주위를 도는 천체
• 항성(亢星) : 천구 위에서 서로의 상대 위치를 바꾸지
아니하고 별자리를 구성하는 별

04

환율 : 금리 = 가격 : (　)

① 수요   ② 공급   ③ 이자
④ 대출   ⑤ 이윤

※ 제시된 단어와 동일한 관계가 성립하도록 빈칸에 들어갈 단어를 순서대로 나열한 것을 고르시오.
[5~6]

05

(　) : 추출하다 = (　) : 올리다

① 용질, 물   ② 고체, 공기   ③ 액체, 공간
④ 용매, 물건   ⑤ 기체, 수증기

06

(　) : 마디 = 음악 : (　)

① 피부, 음표   ② 몸, 오선지   ③ 손가락, 절
④ 골절, 리듬   ⑤ 관절, 템포

04
'환율'과 '금리'는 반비례 관계이고, '가격'과 '수요'도 반비례 관계이다.

05
목적어와 동사의 관계이다. '용매'를 '추출'하고, '물건'을 '올린다'.

06
'손가락'은 '마디'로 나뉘고, '음악'은 '절'로 나뉜다.

※ 다음 중 제시된 단어들의 관계가 다른 하나를 고르시오. [7~9]

07

눈보라 – 시련

① 번개 – 신속   ② 서리 – 피해

③ 백합 – 순결   ④ 화산 – 분노

⑤ 비둘기 – 평화

08

쓰다 – 달다

① 때리다 – 맞다   ② 채우다 – 비우다

③ 꾸다 – 빌리다   ④ 사다 – 팔다

⑤ 들어가다 – 나오다

09

존귀 – 비천

① 평범 – 비범   ② 통제 – 방임

③ 보수 – 신진   ④ 영원 – 순간

⑤ 융성 – 쇠퇴

정답 및 해설

07 ②   08 ③   09 ③   10 ①   11 ④   12 ①

07
제시된 단어와 ①·③·④·⑤의 오른쪽 단어는 왼쪽 단어가 상징하는 단어이다. 하지만 ②의 피해는 서리로 인해 발생되는 것을 의미한다.

08
제시된 단어와 ①·②·④·⑤는 반의 관계이다. 하지만 ③은 동의 관계이다.

09
제시된 단어와 ①·②·④·⑤는 반의 관계이다. 하지만 보수(保守)의 반의어는 진보(進步)로, 반의 관계가 아니다.

10 다음 중 밑줄 친 단어의 관계와 다른 것은?

> 아이는 곱디 고운 뽀오얀 <u>손</u>을 내밀었다. 그의 <u>손톱</u>에는 붉은 봉숭아 물이 수줍게 물들어 있었다.

① 참새 : 텃새   ② 암술 : 꽃
③ 코 : 얼굴   ④ 페달 : 자전거
⑤ 태엽 : 시계

※ 다음 제시된 단어에서 공통적으로 연상할 수 있는 것을 고르시오. [11~12]

11

> 늑대, 극장, 홍익

① 소년   ② 영화   ③ 단군
④ 인간   ⑤ 예매

12

> 내밀다, 지갑, 주고받다

① 명함   ② 손   ③ 도둑
④ 소매치기   ⑤ 대화

10
제시된 문장에서 밑줄 친 단어인 '손'과 '손톱', ② · ③ · ④ · ⑤는 전체와 부분 관계이다. 반면 '참새'와 '텃새'는 계층적인 구조를 가진 상하 관계이므로 다른 단어 관계와 동일하지 않다.

11
늑대(인간), (인간)극장, 홍익(인간)

12
(명함)을 내밀다, (명함)지갑, (명함)을 주고받다

※ 다음 제시된 9개의 단어 중 3개의 단어로 공통 연상되는 단어를 고르시오. [13~16]

13

눈	신발	구미호
패총	꼬리	실
반짓고리	공룡	간식

① 유혹
② 스키장
③ 바느질
④ 발자국
⑤ 화석

14

도래지	계좌	전기
모래	누룽지	노란색
단풍	선상지	가마솥

① 퇴적
② 세금
③ 철새
④ 은행
⑤ 시골

13
눈, 신발, 공룡을 통해 '발자국'을 연상할 수 있다.

14
계좌, 노란색, 단풍을 통해 '은행'을 연상할 수 있다.

15

경찰	사춘기	경주
상처	벌금	기념품
군인	구두	구두솔

① 구두약　　　　　　② 딱지
③ 제복　　　　　　　④ 여드름
⑤ 수학여행

16

이름표	소란	떼다
옷자락	넓다	매
생선	두통	좁다

① 오지랖　　　　　　② 시치미
③ 밴댕이　　　　　　④ 야단법석
⑤ 골머리

15
경찰, 상처, 벌금을 통해 '딱지'를 연상할 수 있다.

16
이름표, 떼다, 매를 통해 '시치미'를 연상할 수 있다.

핵심이론 명제추리

1. 연역 추론

이미 알고 있는 판단(전제)을 근거로 새로운 판단(결론)을 유도하는 추론이다. 연역 추론은 진리일 가능성을 따지는 귀납 추론과는 달리, 명제 간의 관계와 논리적 타당성을 따진다. 즉, 연역 추론은 전제들로부터 절대적인 필연성을 가진 결론을 이끌어내는 추론이다.

(1) 직접 추론 : 한 개의 전제로부터 중간적 매개 없이 새로운 결론을 이끌어내는 추론이며, 대우명제가 그 대표적인 예이다.

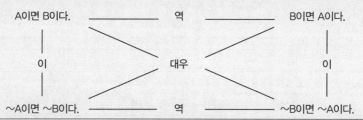

- 한국인은 모두 황인종이다. (전제)
- 그러므로 황인종이 아닌 사람은 모두 한국인이 아니다. (결론 1)
- 그러므로 황인종 중에는 한국인이 아닌 사람도 있다. (결론 2)

(2) 간접 추론 : 둘 이상의 전제로부터 새로운 결론을 이끌어내는 추론이다. 삼단논법이 가장 대표적인 예이다.

① **정언 삼단논법** : 세 개의 정언명제로 구성된 간접추론 방식이다. 세 개의 명제 가운데 두 개의 명제는 전제이고, 나머지 한 개의 명제는 결론이다. 세 명제의 주어와 술어는 세 개의 서로 다른 개념을 표현한다(P는 대개념, S는 소개념, M은 매개념이다).

• 모든 곤충은 다리가 여섯이다.	M은 P이다. (대전제)
• 모든 개미는 곤충이다.	S는 M이다. (소전제)
• 그러므로 모든 개미는 다리가 여섯이다.	S는 P이다. (결론)

② **가언 삼단논법** : 가언명제로 이루어진 삼단논법을 말한다. 가언명제란 두 개의 정언명제가 '만일 ~이라면'이라는 접속사에 의해 결합된 복합명제이다. 여기서 '만일'에 의해 이끌리는 명제를 전건이라고 하고, 그 뒤의 명제를 후건이라고 한다. 가언 삼단논법의 종류로는 혼합가언 삼단논법과 순수가언 삼단논법이 있다.

㉠ **혼합가언 삼단논법** : 대전제만 가언명제로 구성된 삼단논법이다. 긍정식과 부정식 두 가지가 있으며, 긍정식은 'A면 B다. A다. 그러므로 B다.'이고, 부정식은 'A면 B다. B가 아니다. 그러므로 A가 아니다.'이다.

> • 만약 A라면 B다.
> • B가 아니다.
> • 그러므로 A가 아니다.

㉡ **순수가언 삼단논법** : 대전제와 소전제 및 결론까지 모두 가언명제들로 구성된 삼단논법이다.

> • 만약 A라면 B다.
> • 만약 B라면 C다.
> • 그러므로 만약 A라면 C다.

③ **선언 삼단논법** : '~이거나 ~이다'의 형식으로 표현되며 전제 속에 선언 명제를 포함하고 있는 삼단논법이다.

> • 내일은 비가 오거나 눈이 온다.　　　　　　　　　　　A 또는 B이다.
> • 내일은 비가 오지 않는다.　　　　　　　　　　　　　　A가 아니다.
> • 그러므로 내일은 눈이 온다.　　　　　　　　　　　　그러므로 B다.

④ **딜레마 논법** : 대전제는 두 개의 가언명제로, 소전제는 하나의 선언명제로 이루어진 삼단논법으로, 양도추론이라고도 한다.

> • 만일 네가 거짓말을 하면, 신이 미워할 것이다.　　　　　　　　　(대전제)
> • 만일 네가 거짓말을 하지 않으면, 사람들이 미워할 것이다.　　　(대전제)
> • 너는 거짓말을 하거나, 거짓말을 하지 않을 것이다.　　　　　　(소전제)
> • 그러므로 너는 미움을 받게 될 것이다.　　　　　　　　　　　　(결론)

2. 귀납 추론

특수한 또는 개별적인 사실로부터 일반적인 결론을 이끌어 내는 추론을 말한다. 귀납 추론은 구체적 사실들을 기반으로 하여 결론을 이끌어 내기 때문에 필연성을 따지기보다는 개연성과 유관성, 표본성 등을 중시하게 된다. 여기서 개연성이란, 관찰된 어떤 사실이 같은 조건 하에서 앞으로도 관찰될 수 있는가 하는 가능성을 말하고, 유관성은 추론에 사용된 자료가 관찰하려는 사실과 관련되어야 하는 것을 일컬으며, 표본성은 추론을 위한 자료의 표본 추출이 공정하게 이루어져야 하는 것을 가리킨다. 이러한 귀납 추론은 일상생활 속에서 많이 사용하고, 우리가 알고 있는 과학적 사실도 이와 같은 방법으로 밝혀졌다.

> - 히틀러도 사람이고 죽었다.
> - 스탈린도 사람이고 죽었다.
> - 그러므로 모든 사람은 죽는다.

그러나 전제들이 참이어도 결론이 항상 참인 것은 아니다. 단 하나의 예외로 인하여 결론이 거짓이 될 수 있다.

> - 성냥불은 뜨겁다.
> - 연탄불도 뜨겁다.
> - 그러므로 모든 불은 뜨겁다.

위 예문에서 '성냥불이나 연탄불이 뜨거우므로 모든 불은 뜨겁다.'라는 결론이 나왔는데, 반딧불은 뜨겁지 않으므로 '모든 불이 뜨겁다.'라는 결론은 거짓이 된다.

(1) 완전 귀납 추론

관찰하고자 하는 집합의 전체를 다 검증함으로써 대상의 공통 특질을 밝혀내는 방법이다. 이는 예외 없는 진실을 발견할 수 있다는 장점은 있으나, 집합의 규모가 크고 속성의 변화가 다양할 경우에는 적용하기 어려운 단점이 있다.
예 1부터 10까지의 수를 다 더하여 그 합이 55임을 밝혀내는 방법

(2) 통계적 귀납 추론

통계적 귀납 추론은 관찰하고자 하는 집합의 일부에서 발견한 몇 가지 사실을 열거함으로써 그 공통점을 결론으로 이끌어 내려는 방식을 가리킨다. 관찰하려는 집합의 규모가 클 때 그 일부를 표본으로 추출하여 조사하는 방식이 이에 해당하며, 표본 추출의 기준이 얼마나 적합하고 공정한가에 따라 그 결과에 대한 신뢰도가 달라진다는 단점이 있다.
예 여론조사에서 일부의 국민에 대한 설문 내용을 바탕으로, 이를 전체 국민의 여론으로 제시하는 것

(3) 인과적 귀납 추론

관찰하고자 하는 집합의 일부 원소들이 지닌 인과 관계를 인식하여 그 원인이나 결과를 이끌어
내려는 방식을 말한다.

① **일치법** : 공통적인 현상을 지닌 몇 가지 사실 중에서 각기 지닌 요소 중 어느 한 가지만 일치
한다면 이 요소가 공통 현상의 원인이라고 판단

  예 마을 잔칫집에서 돼지고기를 먹은 사람들이 집단 식중독을 일으켰다.

  따라서 식중독의 원인은 상한 돼지고기가 아닌가 생각한다.

② **차이법** : 어떤 현상이 나타나는 경우와 나타나지 않은 경우를 놓고 보았을 때, 각 경우의 여
러 조건 중 단 하나만이 차이를 보인다면 그 차이를 보이는 조건이 원인이 된다고 판단

  예 현수와 승재는 둘 다 지능이나 학습 시간, 학습 환경 등이 비슷한데 공부하는 태도에는
  약간의 차이가 있다.

  따라서 둘의 성적이 차이를 보이는 것은 학습 태도의 차이 때문으로 생각된다.

③ **일치·차이 병용법** : 몇 개의 공통 현상이 나타나는 경우와 몇 개의 그렇지 않은 경우를 놓
고 일치법과 차이법을 병용하여 적용함으로써 그 원인을 판단

  예 학업 능력 정도가 비슷한 두 아동 집단에 대해 처음에는 같은 분량의 과제를 부여하고 나
  중에는 각기 다른 분량의 과제를 부여한 결과, 많이 부여한 집단의 성적이 훨씬 높게 나
  타났다. 이로 보아, 과제를 많이 부여하는 것이 적게 부여하는 것보다 학생의 학업 성적
  향상에 도움이 된다고 판단할 수 있다.

④ **공변법** : 관찰하는 어떤 사실의 변화에 따라 현상의 변화가 일어날 때 그 변화의 원인이 무
엇인지 판단

  예 담배를 피우는 양이 각기 다른 사람들의 집단을 조사한 결과, 담배를 많이 피울수록 폐암
  에 걸릴 확률이 높다는 사실이 발견되었다.

⑤ **잉여법** : 앞의 몇 가지 현상이 뒤의 몇 가지 현상의 원인이며, 선행 현상의 일부분이 후행 현
상의 일부분이라면, 선행 현상의 나머지 부분이 후행 현상의 나머지 부분의 원인임을 판단

  예 어젯밤 일어난 사건의 혐의자는 정은이와 규민이 두 사람인데, 정은이는 알리바이가 성
  립되어 혐의 사실이 없는 것으로 밝혀졌다.

  따라서 그 사건의 범인은 규민이일 가능성이 높다.

3. 유비 추론

두 개의 대상 사이에 일련의 속성이 동일하다는 사실에 근거하여 그것들의 나머지 속성도 동일하리라는 결론을 이끌어내는 추론, 즉 이미 알고 있는 것에서 다른 유사한 점을 찾아내는 추론을 말한다. 그렇기 때문에 유비 추론은 잣대(기준)가 되는 사물이나 현상이 있어야 한다. 유비 추론은 가설을 세우는 데 유용하다. 이미 알고 있는 사례로부터 아직 알지 못하는 것을 생각해 봄으로써 쉽게 가설을 세울 수 있다. 이때 유의할 점은 이미 알고 있는 사례와 이제 알고자 하는 사례가 매우 유사하다는 확신과 증거가 있어야 한다. 그렇지 않은 상태에서 유비 추론에 의해 결론을 이끌어 내면, 그것은 개연성이 거의 없고 잘못된 결론이 될 수도 있다.

- 지구에는 공기, 물, 흙, 햇빛이 있다.
  A는 a, b, c, d의 속성을 가지고 있다.
- 화성에는 공기, 물, 흙, 햇빛이 있다.
  B는 a, b, c, d의 속성을 가지고 있다.
- 지구에 생물이 살고 있다.
  A는 e의 속성을 가지고 있다.
- 그러므로 화성에도 생물이 살고 있을 것이다.
  그러므로 B도 e의 속성을 가지고 있을 것이다.

다음 명제가 참일 때, 항상 옳은 것은?

1. 명제를 간단히 정리한다.

- 속도에 관심이 없는 사람은 디자인에도 관심이 없다.
- 연비를 중시하는 사람은 내구성도 따진다.
- 내구성을 따지지 않는 사람은 속도에도 관심이 없다.

⇒ ⑤

┌ • 속도 관심 ×→디자인 관심×
├ • 연비 중시 ○→내구성 관심 ○ ─── ① · ③
└ • 내구성 관심 ×→속도 관심×

① 연비를 중시하지 않는 사람도 내구성은 ~~따진다~~ → 알 수 없다.

② 디자인에 관심 ~~없는~~ 있는 사람도 내구성은 따진다.

③ 연비를 중시하는 사람은 디자인에는 관심이 ~~없다~~ → 알 수 없다.

④ 속도에 관심이 있는 사람은 연비를 중시하지 않는다.

⑤ 내구성을 따지지 않는 사람은 디자인에도 관심이 없다.

2. 명제가 참이면, 대우 명제도 참이므로 함께 정리한다.

┌ • 디자인 관심 ○→속도 관심 ○
② ├ • 내구성 관심 ×→연비 중시 × ─── ④
└ • 속도 관심 ○→내구성 관심 ○

명제추리 Tip

1. 참인 명제는 대우 명제도 반드시 참이므로, 명제의 대우를 우선적으로 구한다.
2. 하나의 명제를 기준으로 잡고 주어진 명제 및 대우 명제들을 연결한다.

┃ 정답 및 해설

정답 ⑤

내구성을 따지지 않는 사람 → 속도에 관심이 없는 사람 → 디자인에 관심 없는 사람
연비를 중시하는 사람 → 내구성을 따지는 사람

오답분석

① 연비를 중시하지 않는 사람도 내구성은 따진다.
→ 연비를 중시하지 않는 사람이 내구성을 따지는지의 여부는 알 수 없다.

② 디자인에 관심 없는 사람도 내구성은 따진다.
→ 디자인에 관심 있는 사람이 내구성을 따진다.

③ 연비를 중시하는 사람은 디자인에는 관심이 없다.
→ 연비를 중시하는 사람이 디자인에 관심이 없는지의 여부는 알 수 없다.

④ 속도에 관심 있는 사람은 연비를 중시하지 않는다.
→ 속도에 관심이 있는 사람은 내구성을 따지고, 내구성을 따지지 않는 사람이 연비를 중시하지 않는다.

※ 다음 명제를 읽고 옳지 않은 것을 고르시오. [1~3]

01

- 운동을 좋아하는 사람은 담배를 좋아하지 않는다.
- 커피를 좋아하는 사람은 담배를 좋아한다.
- 커피를 좋아하지 않는 사람은 주스를 좋아한다.
- 과일을 좋아하는 사람은 커피를 좋아하지 않는다.

① 운동을 좋아하는 사람은 커피를 좋아하지 않는다.
② 주스를 좋아하지 않는 사람은 담배를 좋아한다.
③ 과일을 좋아하는 사람은 담배를 좋아한다.
④ 운동을 좋아하는 사람은 주스를 좋아한다.
⑤ 과일을 좋아하는 사람은 주스를 좋아한다.

02

- 정리정돈을 잘하는 사람은 집중력이 좋다.
- 주변이 조용할수록 집중력이 좋다
- 깔끔한 사람은 정리정돈을 잘한다.
- 집중력이 좋으면 성과 효율이 높다.

① 깔끔한 사람은 집중력이 좋다.
② 주변이 조용할수록 성과 효율이 높다.
③ 깔끔한 사람은 성과 효율이 높다.
④ 성과 효율이 높지 않은 사람은 주변이 조용하지 않다.
⑤ 깔끔한 사람은 주변이 조용하다.

03

> - 많이 먹으면 살이 찐다.
> - 살이 찐 사람은 체내에 수분이 많다.
> - 체내에 수분이 많으면 술에 잘 취하지 않는다.
> - 재호는 정상 몸무게인 진규보다 살이 쪘다.

① 재호는 진규보다 많이 먹는다.
② 많이 먹으면 체내에 수분이 많다.
③ 재호는 진규보다 술에 잘 취하지 않는다.
④ 체내에 수분이 많은 사람은 진규보다 재호이다.
⑤ 체내에 수분이 많지 않으면 살이 찌지 않는다.

정답 및 해설

01
- 운동을 좋아하는 사람 → 담배를 좋아하지 않음 →
  커피를 좋아하지 않음 → 주스를 좋아함
- 과일을 좋아하는 사람 → 주스를 좋아함

오답분석
① 첫 번째 명제와 두 번째 명제의 대우로 추론할 수 있다.
② 세 번째 명제의 대우와 두 번째 명제로 추론할 수 있다.
④ 첫 번째 명제, 두 번째 명제 대우, 세 번째 명제로 추
  론할 수 있다.
⑤ 네 번째 명제와 세 번째 명제로 추론할 수 있다.

02
- 깔끔한 사람 → 정리정돈을 잘함 → 집중력이 좋음 →
  성과 효율이 높음
- 주변이 조용함 → 집중력이 좋음 → 성과 효율이 높음

오답분석
① 세 번째 명제와 첫 번째 명제로 추론할 수 있다.

② 두 번째 명제와 네 번째 명제로 추론할 수 있다.
③ 세 번째 명제, 첫 번째 명제, 네 번째 명제로 추론할
  수 있다.
④ 네 번째 명제의 대우와 두 번째 명제의 대우로 추론
  할 수 있다.

03
명제들을 통해서 많이 먹으면 살이 찌고 체내에 수분이
많으며, 술에 잘 취하지 않음을 알 수 있다. 그리고 재호
는 진규보다 살이 쪘음을 알 수 있다. 즉, 재호는 진규보
다 살이 쪘지만 많이 먹는지의 여부는 알 수 없다.

오답분석
② 첫 번째 명제와 두 번째 명제로 추론할 수 있다.
③ 네 번째 명제, 두 번째 명제, 세 번째 명제로 추론할
  수 있다.
④ 네 번째 명제와 두 번째 명제로 추론할 수 있다.
⑤ 두 번째 명제의 대우를 통해 추론할 수 있다.

※ 다음 명제를 통해 얻을 수 있는 결론으로 타당한 것을 고르시오. [4~6]

04

> • 빵을 좋아하는 사람은 우유를 좋아한다.
> • 주스를 좋아하는 사람은 우유를 좋아하지 않는다.
> • 주스를 좋아하지 않는 사람은 치즈를 좋아한다.

① 주스를 좋아하지 않는 사람은 우유를 좋아한다.
② 주스를 좋아하는 사람은 치즈를 좋아한다.
③ 치즈를 좋아하는 사람은 빵을 좋아하지 않는다.
④ 빵을 좋아하는 사람은 치즈를 좋아하지 않는다.
⑤ 빵을 좋아하는 사람은 치즈를 좋아한다.

05

> • 연차를 쓸 수 있으면 제주도 여행을 한다.
> • 회를 좋아하면 배낚시를 한다.
> • 다른 계획이 있으면 배낚시를 하지 않는다.
> • 다른 계획이 없으면 연차를 쓸 수 있다.

① 제주도 여행을 하면 다른 계획이 없다.
② 연차를 쓸 수 있으면 배낚시를 한다.
③ 다른 계획이 있으면 연차를 쓸 수 없다.
④ 배낚시를 하지 않으면 제주도 여행을 하지 않는다.
⑤ 제주도 여행을 하지 않으면 배낚시를 하지 않는다.

06

> • 닭이 크다고 해서 반드시 달걀이 큰 건 아니다.
> • 달걀이 클수록 껍데기가 두껍다.
> • 껍데기가 두꺼울수록 건강한 병아리가 태어난다.

① 달걀이 작으면 닭 크기가 작다.
② 닭이 크면 달걀 껍데기가 두껍다.
③ 달걀이 클수록 건강한 병아리가 태어난다.
④ 건강한 병아리는 큰 닭이 된다.
⑤ 닭이 크면 건강한 병아리가 태어난다.

※ 다음 명제를 읽고 옳은 것을 고르시오. [7~10]

07

> • 태민이는 닭고기보다 돼지고기를 좋아한다.
> • 태민이는 닭고기보다 소고기를 좋아한다.
> • 태민이는 소고기보다 오리고기를 좋아한다.
> • 태민이는 오리고기보다 생선을 좋아한다.

> A : 태민이는 돼지고기보다 오리고기를 좋아한다.
> B : 태민이는 생선을 가장 좋아한다.

① A만 옳다.
② B만 옳다.
③ A, B 모두 옳다.
④ A, B 모두 틀리다.
⑤ A, B 모두 옳은지 틀린지 판단할 수 없다.

정답 및 해설

04 ⑤ 05 ⑤ 06 ③ 07 ⑤

04

첫 번째 명제에서 빵을 좋아하는 사람은 우유를 좋아한다고 하였고, 두 번째 명제의 대우를 통해 우유를 좋아하는 사람은 주스를 좋아하지 않음을 알 수 있다. 또한 세 번째 명제에서 주스를 좋아하지 않는 사람은 치즈를 좋아함을 알 수 있으므로, '빵을 좋아하는 사람은 치즈를 좋아한다.'는 결론을 도출할 수 있다.

05

명제가 많거나 복잡할 경우에는 기호나 알파벳으로 정리하여 추리한다.
• A : 연차를 쓸 수 있다.
• B : 제주도 여행을 한다.
• C : 회를 좋아한다.
• D : 배낚시를 한다.
• E : 다른 계획이 있다.
제시된 명제들을 간단히 나타내면, A → B, C → D, E → ~D(D → ~E), ~E → A이다. 이를 연립하면

D → ~E → A → B가 되므로 D → B가 성립한다. 따라서 그 대우인 '제주도 여행을 하지 않으면 배낚시를 하지 않는다.' 또한 참이 된다.

06

두 번째와 세 번째 명제를 통해 알 수 있다.

07

명제를 정리하면 다음과 같다.
닭고기<돼지고기
닭고기<소고기<오리고기<생선
• A : 태민이가 돼지고기보다 오리고기를 좋아하는지는 알 수 없다.
• B : 생선보다 돼지고기를 더 좋아할 가능성도 있기 때문에 생선을 가장 좋아하는지는 알 수 없다.

08

- 청포도를 좋아하는 사람은 정욱, 하나이다.
- 멜론을 좋아하는 사람은 하나, 은정이다.
- 체리를 좋아하는 사람은 정욱이다.
- 사과를 좋아하는 사람은 정욱, 은정, 하나이다.
- 딸기를 좋아하는 사람은 정욱, 은하이다.

A : 가장 많은 종류의 과일을 좋아하는 사람은 정욱이다.
B : 하나와 은정이가 좋아하는 과일은 같다.

① A만 옳다.
② B만 옳다.
③ A, B 모두 옳다.
④ A, B 모두 틀리다.
⑤ A, B 모두 옳은지 틀린지 판단할 수 없다.

09

- 어린이 도서 코너는 가장 오른쪽에 있다.
- 잡지 코너는 외국 서적 코너보다 왼쪽에 있다.
- 소설 코너는 잡지 코너보다 왼쪽에 있다.

A : 소설 코너는 외국 서적 코너보다 왼쪽에 있다.
B : 어린이 도서 코너는 잡지 코너보다 오른쪽에 있다.

① A만 옳다.
② B만 옳다.
③ A, B 모두 옳다.
④ A, B 모두 틀리다.
⑤ A, B 모두 옳은지 틀린지 판단할 수 없다.

10

- 지영, 소영, 은지, 보미, 현아의 신발 사이즈는 각각 다르다.
- 신발 사이즈는 225~250mm이다.
- 지영이의 신발 사이즈는 235mm이다.
- 소영이의 신발 사이즈는 가장 작고, 은지의 신발 사이즈는 가장 크다.

A : 현아의 신발 사이즈가 230mm라면, 보미는 신발 사이즈가 두 번째로 크다.
B : 보미의 신발 사이즈가 240mm라면, 소영이의 신발 사이즈는 225mm이다.

① A만 옳다.
② B만 옳다.
③ A, B 모두 옳다.
④ A, B 모두 틀리다.
⑤ A, B 모두 옳은지 틀린지 판단할 수 없다.

정답 및 해설   08 ①   09 ③   10 ①

08
- A : 정욱이는 제시된 과일 중 청포도, 체리, 사과, 딸기로 가장 많은 종류의 과일을 좋아한다.
- B : 하나는 청포도를 좋아하지만 은정이는 청포도를 좋아하지 않는다.

09
왼쪽부터 차례대로 나열하면 '소설 – 잡지 – 외국 서적 – 어린이 도서' 순서이다.

10
- A : 현아의 신발 사이즈가 230mm라면 소영이는 225mm, 지영이는 235mm이므로 보미의 신발 사이즈는 240mm 혹은 245mm로 두 번째로 크다고 할 수 있다.
- B : 보미의 신발 사이즈가 240mm라면 현아의 신발 사이즈는 230mm 혹은 245mm가 된다. 둘 중 현아의 신발 사이즈가 230mm일 때만 소영이의 신발 사이즈가 225mm임을 확신할 수 있으므로 B는 옳은지 틀린지 판단할 수 없다.

※ 마지막 명제가 참일 때, 다음 빈칸에 들어갈 명제로 가장 적절한 것을 고르시오. [11~13]

11

- 승리했다면 팀플레이가 되었다는 것이다.
- _____
- 패스하지 않으면 패배한다.

① 팀플레이가 된다면 패스했다는 것이다.
② 팀플레이가 된다면 패배한다.
③ 승리했다면 패스했다는 것이다.
④ 팀플레이가 된다면 승리한다.
⑤ 패스하면 팀플레이가 된다.

12

- 비가 오면 한강 물이 불어난다.
- 비가 오지 않으면 보트를 타지 않은 것이다.
- _____
- 그러므로 자전거를 타지 않으면 한강 물이 불어난다.

① 자전거를 타면 비가 오지 않는다.
② 보트를 타면 자전거를 탄다.
③ 한강 물이 불어나면 보트를 타지 않은 것이다.
④ 자전거를 타지 않으면 보트를 탄다.
⑤ 보트를 타면 비가 오지 않는다.

13

- 오존층이 파괴되지 않으면 프레온 가스가 나오지 않는다.
- _____
- 지구 온난화가 진행되지 않으면 오존층이 파괴되지 않는다.
- 그러므로 지구 온난화가 진행되지 않았다는 것은 에어컨을 많이 사용하지 않았다는 뜻이다.

① 에어컨을 많이 사용하지 않으면 프레온 가스가 나오지 않는다.
② 프레온 가스가 나온다고 해도 오존층은 파괴되지 않는다.
③ 오존층을 파괴하면 지구 온난화가 진행된다.
④ 에어컨을 많이 사용하면 프레온 가스가 나온다.
⑤ 프레온 가스가 나오면 지구 온난화가 진행된다.

정답 및 해설

11 ①   12 ④   13 ④

11

첫 번째 명제의 대우 명제는 '팀플레이가 안 되면 패배한다.'이다. 삼단논법이 성립하려면 '패스하지 않으면 팀플레이가 안 된다.'라는 명제가 필요한데, 이 명제의 대우 명제는 ①이다.

12

비가 옴=p, 한강 물이 불어남=q, 보트를 탐=r, 자전거를 탐=s라고 하면, 각 명제는 순서대로 $p \rightarrow q$, $\sim p \rightarrow \sim r$, $\sim s \rightarrow q$이다. 앞의 두 명제를 연결하면 $r \rightarrow p \rightarrow q$이고, 결론이 $\sim s \rightarrow q$가 되기 위해서는 $\sim s \rightarrow r$이라는 명제가 추가로 필요하다. 따라서 빈칸에 들어갈 명제는 ④이다.

13

'에어컨을 많이 사용한다.'를 A, '프레온 가스가 나온다.'를 B, '오존층이 파괴된다.'를 C, '지구 온난화가 진행된다.'를 D로 놓고 보면 첫 번째 명제는 $\sim$C $\rightarrow$ $\sim$B, 세 번째 명제는 $\sim$D $\rightarrow$ $\sim$C, 네 번째 명제는 $\sim$D $\rightarrow$ $\sim$A이므로 네 번째 명제가 도출되기 위해서는 두 번째 명제에 $\sim$B $\rightarrow$ $\sim$A가 필요하다. 따라서 대우 명제인 ④가 답이 된다.

대표예제

① 문제에서 요구하는 조건을 표시한다.

7층 건물에 A, B, C, D, E, F, G가 살고, 각자 좋아하는 스포츠는 축구, 야구, 농구이다. 이들이 기르는 애완동물로는 개, 고양이, 새가 있다고 할 때, 다음 〈조건〉을 바탕으로 항상 옳은 것은?

───── 조건 ─────

B = 1층

- 한 층에 한 명이 산다.
- 이웃한 사람끼리는 서로 다른 스포츠를 좋아하고 다른 애완동물을 기른다.
- G는 맨 위층에 산다.
- 짝수 층 사람들은 축구를 좋아한다.
- B는 유일하게 개를 기르는 사람이다.
- 2층에 사는 사람은 고양이를 키운다.
- E는 농구를 좋아하며, D는 새를 키운다.
- A는 E의 아래층에 살며, B의 위층에 산다.
- 개는 1층에서만 키울 수 있다.

② 주어진 조건 중 고정 조건을 찾아 기준을 세운다.

3층 / 2층은 A
① C와 E는 이웃한다.──4층에 사는 사람은 C 또는 F로 알 수 없다.

② G는 야구를 좋아하며 고양이를 키운다.
   농구 또는 야구   새

③ 홀수 층에 사는 사람은 모두 새를 키운다.
   ──────1층의 B는 개를 키운다.
                                    E   G
④ D는 5층에 산다.   새를 키우는 층은 ③·5·⑦층 ⇒ 5층=D

⑤ F는 6층에 살며 고양이를 키운다. ── 새를 키우는 층은 ③·5·⑦층 ⇒ 5층=D
   ──────6층에 사는 사람은 C 또는 F로 알 수 없다.

③ 고정 조건을 중심으로 표나 도식으로 정리하여 확실한 조건과 배제해야 할 조건들을 정리해 나간다.

7층	G	새	농구 또는 야구
6층	C 또는 F	고양이	축구
5층	D	새	농구 또는 야구
4층	C 또는 F	고양이	축구
3층	E	새	농구
2층	A	고양이	축구
1층	B	개	농구 또는 야구

④ 정리한 표를 바탕으로 문제를 해결한다.

정답 및 해설

정답 ④

7층	( ), G, 새
6층	축구, ( ), 고양이
5층	( ), D, 새
4층	축구, ( ), 고양이
3층	농구, E, 새
2층	축구, A, 고양이
1층	( ), B, 개

조건으로 표를 만들면 위와 같으며, 항상 옳은 것은 '④ D는 5층에 산다.'이다.

오답분석

① C와 E가 이웃하려면 C가 4층에 살아야 하는데 제시된 조건만으로는 정확히 알 수 없다.
② G는 7층에 살며 새를 키우지만, 무슨 스포츠를 좋아하는지는 알 수 없다.
③ B는 유일하게 개를 키우고 개를 키우는 사람은 1층에 산다. 그러므로 홀수 층에 사는 사람이 모두 새를 키운다고 할 수는 없다.
⑤ F가 4층에 사는지 6층에 사는지는 정확히 알 수 없다.

01 신제품의 설문조사를 위하여 A~F 6명을 2인 1조로 조직하여 파견을 보내려 한다. 회사의 사정상 다음과 같은 조건에 따라 2인 1조를 조직하게 될 때, 한 조가 될 수 있는 두 사람은 누구인가?

> **조건**
> • A는 C나 D와 함께 갈 수 없다.
> • B는 반드시 D 아니면 F와 함께 가야 한다.
> • C는 반드시 E 아니면 F와 함께 가야 한다.
> • A가 C와 함께 갈 수 없다면, A는 반드시 F와 함께 가야 한다.

① A, E   ② B, D
③ B, F   ④ C, D
⑤ C, F

01
첫 번째, 네 번째 조건에 의해, A는 F와 함께 가야 한다.
그러면 두 번째 조건에 의해 B는 D와 함께 가야 하고,
세 번째 조건에 의해 C는 E와 함께 가야 한다.

02 ○○아파트의 다섯 동 주민들의 쓰레기 배출에 대하여 〈조건〉이 아래와 같다고 할 때, 적절하지 않은 것은?

> **조건**
> 이번 달부터 아래와 같은 규칙에 따라 쓰레기를 배출한다.
> • 다섯 동 주민들은 모두 다른 날에 쓰레기를 버린다.
> • 쓰레기 배출은 격일로 이루어진다.
> • 다섯 동 주민들은 A동, B동, C동, D동, E동 순서대로 쓰레기를 배출한다.
> 위와 같은 규칙은 A동이 월요일에 쓰레기를 배출하는 것으로 시작한다.

① A동과 E동은 같은 주에 쓰레기를 배출할 수 있다.
② 10주째가 되면 다시 A동이 월요일에 쓰레기를 배출한다.
③ A동은 모든 요일에 쓰레기를 배출한다.
④ 2주에 걸쳐 연속으로 쓰레기를 배출할 수 있는 동은 2동씩이다.
⑤ 토, 일에 쓰레기 배출을 금지한다면 B동은 같은 요일에 쓰레기를 배출한다.

02
쓰레기 배출 요일을 표로 작성해 보면 다음과 같다.

구분	월	화	수	목	금	토	일
1주차	A	–	B	–	C	–	D
2주차	–	E	–	A	–	B	–
3주차	C	–	D	–	E	–	A

월요일의 배출 동은 A → C → E → B → D → A 순서이다. 그리고 각 순서는 2주가 걸린다.
따라서 1주＋10주＝11주이다.

오답분석
① 2주차만 보더라도 알 수 있다.
③ 배출 요일은 3일씩 밀리고, 이는 7과 서로소이므로 옳다.
④ 2주에 걸쳐 모두 7번의 쓰레기 배출이 이루어진다. 따라서 2동은 두 번 배출한다.
⑤ 홀수 주마다 B동은 수요일에 쓰레기를 버리게 된다.

03   테니스공, 축구공, 농구공, 배구공, 야구공, 럭비공을 각각 A, B, C 상자에 넣으려고 한다. 한 상
      자에 공을 두 개까지 넣을 수 있고, 〈조건〉이 아래와 같다고 할 때 항상 거짓인 것은?

> **조건**
> • 테니스공과 축구공은 같은 상자에 넣는다.
> • 럭비공은 B상자에 넣는다.
> • 야구공은 C상자에 넣는다.

① 농구공을 C상자에 넣으면 배구공은 B상자에 들어가게 된다.
② 테니스공과 축구공은 반드시 A상자에 들어간다.
③ 배구공과 농구공은 같은 상자에 들어갈 수 없다.
④ B상자에 배구공을 넣으면 농구공은 야구공과 같은 상자에 들어가게 된다.
⑤ 럭비공은 반드시 배구공과 같은 상자에 들어간다.

정답 및 해설

03

조건을 종합해 보면 A상자에는 테니스공과 축구공이, B상자에는 럭비공이, C상자에는 야구공이 들어가게 됨을 알 수 있다. 따라서 B상자에는 럭비공과 배구공, 또는 럭비공과 농구공이 들어갈 수 있으며, C상자에는 야구공과 배구공, 또는 야구공과 농구공이 들어갈 수 있다. 그러므로 럭비공은 배구공과 같은 상자에 들어갈 수도, 아닐 수도 있다.

오답분석

① 농구공을 C상자에 넣으면 배구공이 들어갈 수 있는 상자는 B밖에 남지 않게 된다.
② 조건을 종합해 보면 테니스공과 축구공이 들어갈 수 있는 상자는 A밖에 남지 않음을 알 수 있다.
③ A상자는 이미 꽉 찼고 남은 상자는 B와 C인데, 이 두 상자에도 각각 공이 하나씩 들어가 있으므로 배구공과 농구공은 각각 두 상자에 나누어져 들어가야 한다. 따라서 두 공은 같은 상자에 들어갈 수 없다.
④ B상자에 배구공을 넣으면 농구공을 넣을 수 있는 상자는 C로, 농구공과 야구공은 함께 C상자에 들어가게 된다.

04 어느 날 밤 11시경 회사 사무실에 도둑이 들었다. CCTV를 확인해 보니 도둑은 한 명이며, 수사 결과 용의자는 갑, 을, 병, 정, 무로 좁혀졌다. 이 중 2명은 거짓말을 하고 있으며, 그중 한 명이 범인이다. 범인은 누구인가?

> • 갑 : 그날 밤 11시에 저는 을, 무하고 셋이서 함께 있었습니다.
> • 을 : 갑은 그 시간에 무와 함께 타 지점에 출장을 가 있었어요.
> • 병 : 갑의 진술은 참이고, 저도 회사에 있지 않았습니다.
> • 정 : 을은 밤 11시에 저와 단둘이 있었습니다.
> • 무 : 저는 사건이 일어났을 때 집에 있었습니다.

① 갑
② 을
③ 병
④ 정
⑤ 무

04

병의 '갑의 진술은 참이다.'라는 진술에 따라 갑과 병은 둘 다 참을 말하거나 거짓을 말하는 것이 된다. 그런데 을과 무의 진술이 모순되고 있으므로 둘 중 한 명은 무조건 거짓말을 하고 있는 것이 되는데, 만약 갑과 병이 거짓을 말하고 있다면 거짓말을 하는 사람은 최소 3명이 되므로 조건에 맞지 않는다. 따라서 갑과 병은 모두 진실을 말하고 있으며, 정은 갑의 진술과 어긋나므로 거짓을 말하고 있다.

그렇다면 거짓을 말하고 있는 나머지 한 명은 을 또는 무인데, 을이 거짓을 말하는 경우 갑·을·무는 함께 무의 집에 있었던 것이 되므로 정이 범인이고, 무가 거짓말을 하는 경우에도 갑·을·무는 함께 출장을 가 있었던 것이 되므로 역시 정이 범인이 된다.

05   다음의 〈조건〉 1, 2를 바탕으로 옳게 추론한 것은?

조건 1

- A분야 : a(남자), b(남자), c(여자)
- B분야 : 가(남자), 나(여자)
- C분야 : 갑(남자), 을(여자), 병(여자)
→ 4명씩 나누어 총 2팀(1팀, 2팀)으로 구성한다.

조건 2

1. 같은 분야의 같은 성별인 사람은 같은 팀에 들어갈 수 없다.
2. 각 팀에는 분야별로 적어도 한 명 이상이 들어가야 한다.
3. 한 분야의 모든 사람이 한 팀에 들어갈 수 없다.

---

① 갑과 을이 한 팀이 된다면 가와 나도 한 팀이 될 수 있다.
② 4명으로 나뉜 두 팀에는 남녀가 각각 2명씩 들어간다.
③ a가 1팀으로 간다면 c는 2팀으로 가야 한다.
④ 가와 나는 한 팀이 될 수 없다.
⑤ c와 갑은 한 팀이 될 수 있다.

05

한 분야의 사람들이 한 팀에 들어갈 수는 없다는 조건이
있으므로 가와 나는 한 팀이 될 수 없다.

오답분석

① 갑과 을이 한 팀이 되는 것과 상관없이 각 팀에는 분
   야별로 적어도 한 명 이상이 들어가야 하므로 가와
   나는 반드시 다른 팀이 돼야 한다.
② 두 팀에 남녀가 각각 2명씩 들어갈 수도 있지만, (남자
   셋, 여자 하나), (여자 셋, 남자 하나)의 경우도 있다.
③ a와 c는 성별이 다르기 때문에 같은 팀에 들어갈 수
   있다.
⑤ 주어진 조건에 따라 배치했을 때, c와 갑이 한 팀이
   되면 한 팀의 인원이 5명이 된다.

06 콩쥐, 팥쥐, 향단, 춘향 네 사람은 함께 마을 잔치에 참석하기로 했다. 족두리, 치마, 고무신을 빨간색, 파란색, 노란색, 검은색 색깔별로 총 12개를 공동으로 구입하여, 각 사람은 각각 다른 색의 족두리, 치마, 고무신을 하나씩 빠짐없이 착용하기로 했다. 예를 들어 어떤 사람이 빨간 족두리, 파란 치마를 착용한다면, 고무신은 노란색 또는 검은색으로 착용해야 한다. 다음 〈조건〉을 따를 때, 반드시 참이 되는 것은?

> **조건**
> • 선호하는 것을 배정받고, 싫어하는 것은 배정받지 않는다.
> • 콩쥐는 빨간색 치마를 선호하고, 파란색 고무신을 싫어한다.
> • 팥쥐는 노란색 치마를 싫어하고, 검은색 고무신을 선호한다.
> • 향단은 검은색 치마를 싫어한다.
> • 춘향은 빨간색을 싫어한다.

① 콩쥐는 검은색 족두리를 배정받는다.
② 팥쥐는 노란색 족두리를 배정받는다.
③ 향단은 파란색 고무신을 배정받는다.
④ 춘향은 검은색 치마를 배정받는다.
⑤ 빨간 고무신을 배정받은 사람은 파란 족두리를 배정받는다.

06
조건을 정리하면 다음과 같다.

구분	족두리	치마	고무신
콩쥐	–	빨간색○	파란색×
팥쥐	–	노란색×	검은색○
향단	–	검은색×	–
춘향	빨간색×	빨간색×	빨간색×

• 치마 : 콩쥐는 빨간색 치마를 입으므로 남은 파란색, 노란색, 검은색 치마는 나머지 사람들이 나눠입는데, 팥쥐는 노란색 치마를 싫어하고 검은색 고무신을 선호하므로 파란색 치마를 배정받고, 향단이는 검은색 치마를 싫어하므로 노란색 치마를 배정받는다. 따라서 남은 검은색 치마는 춘향이가 배정받게 된다.

• 고무신 : 빨간색 치마를 배정받고 파란색 고무신을 싫어하는 콩쥐는 팥쥐가 검은색 고무신을 배정받으므로 노란색 고무신을 배정받고, 노란색 치마를 배정받은 향단이는 춘향이가 빨간색을 싫어하므로 빨간색 고무신을, 춘향이는 파란색 고무신을 배정받게 된다.

• 족두리 : 먼저 춘향이는 빨간색을 제외한 노란색 족두리를 배정받게 되고, 이때 팥쥐는 노란색 또는 빨간색 족두리를 배정받게 되는데 이미 춘향이가 노란색 족두리를 배정받게 되므로 빨간색 족두리를 배정받는다. 그리고 남은 콩쥐와 팥쥐는 파란색 또는 검은색 족두리를 배정받게 되는데, 이때 누가 어느 것을 배정받을지는 알 수 없다.

07 어떤 회사가 A~D 네 부서에 한 명씩 신입 사원을 채용하였다. 지원자는 총 5명이었으며, 결과에 대해 다음과 같이 진술하였다. 이 중 1명의 진술만 거짓으로 밝혀졌을 때, 옳게 추론한 것은?

- 지원자 1 : 지원자 2가 A부서에 선발되었다.
- 지원자 2 : 지원자 3은 A 또는 D부서에 선발되었다.
- 지원자 3 : 지원자 4는 C부서가 아닌 다른 부서에 선발되었다.
- 지원자 4 : 지원자 5는 D부서에 선발되었다.
- 지원자 5 : 나는 D부서에 선발되었는데, 지원자 1은 선발되지 않았다.

① 지원자 1은 B부서에 선발되었다.
② 지원자 2는 A부서에 선발되었다.
③ 지원자 3은 D부서에 선발되었다.
④ 지원자 4는 B부서에 선발되었다.
⑤ 지원자 5는 C부서에 선발되었다.

07
지원자 5의 진술이 거짓이면 지원자 4의 진술도 거짓이고, 지원자 5의 진술이 참이면 지원자 4의 진술도 참이다. 그런데, 1명의 진술만 거짓이라고 했으므로 지원자 4, 5의 진술은 참이다. 그러면 지원자 1과 지원자 2의 진술이 모순이다.
- 지원자 1의 진술이 참인 경우
  지원자 2는 A부서에 선발되었고, 지원자 3은 B 또는 C부서에 선발되었다. 이때, 지원자 3의 진술에 따라, 지원자 4가 B부서, 지원자 3이 C부서에 선발되었다.

∴ A － 지원자 2, B － 지원자 4, C － 지원자 3, D － 지원자 5
- 지원자 2의 진술이 참인 경우
  지원자 3은 A부서에 선발이 되었고, 지원자 2는 B 또는 C부서에 선발되었다. 이때, 지원자 3의 진술에 따라, 지원자 4가 B부서, 지원자 2가 C부서에 선발되었다.
∴ A － 지원자 3, B － 지원자 4, C － 지원자 2, D － 지원자 5
따라서 옳게 추론한 것은 ④이다.

08   어느 모임에서 지갑 도난 사건이 일어났으며 여러 가지 증거를 근거로 혐의자는 A ～ E로 좁혀졌다. 다섯 명 중 한 명이 범인이고, 그들의 진술은 다음과 같을 때, 진술 중에 두 가지는 참이며, 한 가지는 거짓이라고 밝혀졌다. 이 때 지갑을 훔친 사람은 누구인가?

> • A : 나는 훔치지 않았다. C도 훔치지 않았다. D가 훔쳤다.
> • B : 나는 훔치지 않았다. D도 훔치지 않았다. E가 진짜 범인을 알고 있다.
> • C : 나는 훔치지 않았다. E는 내가 모르는 사람이다. D가 훔쳤다.
> • D : 나는 훔치지 않았다. E가 훔쳤다. A가 내가 훔쳤다고 말한 것은 거짓말이다.
> • E : 나는 훔치지 않았다. B가 훔쳤다. C와 나는 오랜 친구이다.

① A   ② B
③ C   ④ D
⑤ E

PART 3

08
'D가 훔쳤다.'는 진술이 참일 경우, D의 진술 중 '나는 훔치지 않았다.'와 'A가 내가 훔쳤다고 말한 것은 거짓말이다.'는 거짓이 되고, 이는 모순이다. 따라서 D는 지갑을 훔치지 않았다. 그러면 A의 진술에 따라 'A, C'는 지갑을 훔치지 않았다. B의 '나는 훔치지 않았다.'는 진술이 참일 경우, 'E가 진짜 범인을 알고 있다.'는 B의 진술과 'B가 훔쳤다.'는 E의 진술이 모순된다.
따라서 B가 지갑을 훔쳤다.

09 형준, 연재, 영호, 소정이는 언어영역, 수리영역, 외국어영역으로 구성된 시험을 본 뒤 채점을 해보니 다음과 같은 결과가 나타났다. 다음 중 참인 것은?

> ⊙ 형준이는 언어영역에서 1등이고, 수리영역에서는 연재보다 잘했다.
> ⓒ 연재는 수리영역 4등이 아니다.
> ⓒ 소정이는 외국어영역에서 형준이보다 못했다.
> ② 형준이는 외국어영역에서 영호와 연재에게만 뒤처졌다.
> ⑩ 영호는 언어영역에서 4등을 했고, 수리영역은 연재보다 못했다.
> ⑪ 동점자는 존재하지 않는다.
> ④ 형준이는 수리영역에서 소정이보다 못했다.
> ⓞ 소정이의 외국어영역 등수는 연재의 수리영역 등수에 1을 더한 것과 같다.
> ㉧ 평소에 소정이의 언어영역 점수는 연재의 언어영역 점수보다 좋지 않은 편이었다.

① 언어영역 2등은 연재이다.
② 외국어영역 3등은 형준이다.
③ 영호는 세 과목에서 모두 4등이다.
④ 연재의 언어영역 등수에서 1을 더한 값은 형준이의 외국어영역 등수와 같다.
⑤ 소정이는 영호보다 모든 과목에서 등수가 높다.

09
- ⊙, ⑩, ⑪, ㉧에 의해, 언어영역 등수는 형준 − 연재 − 소정(또는 소정 − 연재) − 영호 순서대로 높다.
- ⊙, ⓒ, ⑩, ⑪, ④에 의해, 수리영역 등수는 소정 − 형준 − 연재 − 영호 순서대로 높다.
- ⓒ, ②, ⑪, ⓞ에 의해, 외국어영역 등수는 영호 − 연재(또는 연재 − 영호) − 형준 − 소정 순서대로 높다.

10 경찰은 어떤 테러범의 아지트를 알아내 급습했다. 아지트에는 방이 3개 있는데, 그중 2개의 방에는 장난감 폭탄과 폭발물이 각각 들어 있고, 나머지 1개의 방은 비어 있다. 단, 폭발물이 들어 있는 방의 안내문은 위장하기 위해 안내문의 내용을 거짓으로 붙여 놓았다는 사실을 알았다. 진입하기 전 건물을 확인한 결과 각 방에는 아래와 같은 안내문이 붙어 있었고, 아래 안내문 중 단 하나만 참이라고 할 때, 다음 중 옳은 것은?

> • 방 A의 안내문 : 방 B에는 폭발물이 들어 있다.
> • 방 B의 안내문 : 이 방은 비어 있다.
> • 방 C의 안내문 : 이 방에는 장난감 폭탄이 들어 있다.

① 방 A에는 반드시 장난감 폭탄이 들어 있다.
② 방 B에는 장난감 폭탄이 들어 있을 수 있다.
③ 폭발물을 피하려면 방 B를 택하면 된다.
④ 방 C에는 반드시 폭발물이 들어 있다.
⑤ 방 C에는 장난감 폭탄이 들어 있을 수 있다.

10
제시된 문제의 조건과 안내문에 따라 정리하면 다음과 같다.
• 방 A의 안내문이 참일 경우
  방 B에는 폭발물이 들어 있고, 방 C는 비어 있고, 방 A에는 장난감 폭탄이 들어 있다.
• 방 B의 안내문이 참일 경우
  방 B는 비어 있고, 방 C에는 폭발물이 들어 있고, 방 A에는 장난감 폭탄이 들어 있다.
• 방 C의 안내문이 참일 경우
  방 A와 방 B의 안내문이 서로 모순된다.

11 학교수업이 끝난 후 수민, 한별, 영수는 각각 극장, 농구장, 수영장 중 서로 다른 곳에 갔다. 이들 3명은 아래와 같이 진술하였는데, 이 중 1명의 진술은 참이고 2명의 진술은 모두 거짓이라고 할 때, 극장, 농구장, 수영장에 간 사람을 차례로 바르게 나타낸 것은?

> • 수민 : 나는 농구장에 갔다.
> • 한별 : 나는 농구장에 가지 않았다.
> • 영수 : 나는 극장에 가지 않았다.

① 수민, 한별, 영수
② 수민, 영수, 한별
③ 한별, 수민, 영수
④ 영수, 한별, 수민
⑤ 한별, 영수, 수민

11
• 수민이의 말이 참일 경우
  수민이와 한별이는 농구장, 영수는 극장에 갔다. 수영장에 간 사람이 없으므로 모순이다.
• 한별이의 말이 참일 경우
  수민이와 한별이는 수영장 또는 극장에 갈 수 있고, 영수는 극장에 갔다. 농구장에 간 사람이 없으므로 모순이다.
• 영수의 말이 참일 경우
  수민이는 수영장 또는 극장, 영수는 수영장 또는 농구장에 갈 수 있고, 한별이는 농구장에 갔다.

따라서 수민이는 극장, 한별이는 농구장, 영수는 수영장에 갔음을 알 수 있다.

12 L그룹 신입사원인 A~E는 각각 영업팀, 기획팀, 홍보팀 중 한 곳에 속해있다. 각 팀은 모두 같은 날, 같은 시간에 회의가 있고, L그룹은 3층과 5층에 회의실이 두 개씩 있다. 따라서 세 팀이 모두 한 층에서 회의를 할 수는 없는데, A~E사원의 진술 중 2명은 참을 말하고 3명은 거짓을 말한다고 할 때, 〈보기〉 중 항상 참인 것은?

- A사원 : 기획팀은 3층에서 회의를 한다.
- B사원 : 영업팀은 5층에서 회의를 한다.
- C사원 : 홍보팀은 5층에서 회의를 한다.
- D사원 : 나는 3층에서 회의를 한다.
- E사원 : 나는 3층에서 회의를 하지 않는다.

보기

㉠ 영업팀과 홍보팀이 같은 층에서 회의를 한다면 E는 기획팀이다.
㉡ 기획팀이 3층에서 회의를 한다면, D사원과 E사원은 같은 팀일 수 있다.
㉢ 두 팀이 5층에서 회의를 하는 경우가 3층에서 회의를 하는 경우보다 많다.

① ㉠   ② ㉡
③ ㉡, ㉢   ④ ㉠, ㉢
⑤ ㉠, ㉡

12

- ㉠의 경우 B, C의 진술이 모두 참이거나 거짓일 때 영업팀과 홍보팀이 같은 층에서 회의를 할 수 있다. 그러나 B, C의 진술은 동시에 참이 될 수 없으므로, A·B·C 진술 모두 거짓이 되어야 한다.
  따라서 기획팀은 5층, 영업팀과 홍보팀은 3층에서 회의를 진행하고, E는 5층에서 회의를 하는 기획팀에 속하게 되므로 ㉠은 항상 참이 된다.
- ㉡의 경우 기획팀이 3층에서 회의를 한다면 A의 진술은 항상 참이 되어야 한다. 이 때 B와 C의 진술은 동시에 거짓이 될 수 없으므로, 둘 중 하나는 반드시 참

이어야 한다. 또한 2명만 진실을 말하므로 D와 E의 진술은 거짓이 된다.
따라서 D와 E는 같은 팀이 될 수 없으므로 ㉡은 참이 될 수 없다.

- ㉢의 경우
  1) 두 팀이 5층에서 회의를 하는 경우 : (A·B 거짓, C 참), (A·C 거짓, B 참)
  2) 두 팀이 3층에서 회의를 하는 경우 : (A·B 참, C 거짓), (A·C 참, B 거짓), (A·B·C 거짓)
  두 팀이 5층보다 3층에서 회의를 하는 경우가 더 많으므로 ㉢은 참이 될 수 없다.

13　진영이는 잊어버린 네 자리 숫자의 비밀번호를 기억해 내려고 한다. 비밀번호에 대해서 가지고 있는 단서가 다음과 같을 때 사실이 아닌 것은?

> ㉠ 비밀번호를 구성하고 있는 어떤 숫자도 소수가 아니다.
> ㉡ 6과 8 중에 단 하나만 비밀번호에 들어가는 숫자다.
> ㉢ 비밀번호는 짝수로 시작한다.
> ㉣ 골라 낸 네 개의 숫자를 큰 수부터 차례로 나열해서 비밀번호를 만들었다.
> ㉤ 같은 숫자는 두 번 이상 들어가지 않는다.

① 비밀번호는 짝수이다.
② 비밀번호의 앞에서 두 번째 숫자는 4이다.
③ 위의 조건을 모두 만족시키는 번호는 모두 세 개가 있다.
④ 비밀번호는 1을 포함하지만 9는 포함하지 않는다.
⑤ 위의 조건을 모두 만족시키는 번호 중 가장 작은 수는 6410이다.

정답 및 해설　　　　　　　　　　　　　　　　　　　　13 ③　14 ③

13
㉠에 의해 비밀번호는 0, 1, 4, 6, 8, 9 중 4개의 조합이다.
㉡, ㉢, ㉣, ㉤에 의해 8410, 6410 두 개가 비밀번호로 가능하다.

14 다음 글의 상황에서 〈보기〉의 사실을 토대로 신입 사원이 김과장을 찾기 위해 추측한 내용 중 반드시 참인 것은?

> 김과장은 오늘 아침조기 축구 시합에 나갔다. 그런데 김과장을 한 번도 본 적이 없는 같은 회사의 어떤 신입 사원이 김과장에게 급히 전할 서류가 있어 직접 축구시합장을 찾았으나 시합은 이미 시작되었다. 김과장이 현재 양 팀의 수비수나 공격수 중 한 사람으로 뛰고 있다는 것은 분명하다.

> **보기**
> ㉠ A팀은 검정색 상의를, B팀은 흰색 상의를 입고 있다.
> ㉡ 양 팀에서 축구화를 신고 있는 사람은 모두 안경을 쓰고 있다.
> ㉢ 양 팀에서 안경 쓴 사람은 모두 수비수이다.

① 만약 김과장이 공격수라면, 안경을 쓰고 있다.
② 김과장은 흰색 상의를 입고 있거나 축구화를 신고 있다.
③ 만약 김과장이 B팀의 공격수라면, 축구화를 신고 있지 않다.
④ 만약 김과장이 검정색 상의를 입고 있다면, 안경을 쓰고 있다.
⑤ 만약 김과장이 A팀의 수비수라면, 김과장은 검정색 상의를 입고 있으며 안경도 쓰고 있다.

14
㉡과 ㉢이 정언명제이므로 함축관계를 판단하면 ③이 정답임을 쉽게 알 수 있다.

오답분석
① 만약 김과장이 공격수라면, 안경을 쓰고 있지 않다.
② 김과장이 A팀의 공격수일 때 검은 상의를 입고, 축구화를 신고 있지 않다.
④ 공격수라면 안경을 쓰지 않는다.
⑤ 김과장이 A팀의 수비수일 때 검정색 상의를 입고 있는 것은 맞지만, 안경 착용 여부는 가능성은 있지만 확실성은 없다.

핵심이론 논리적 오류

1. 형식적 오류

(1) 순환 논증의 오류 : 결론에서 주장하고자 하는 바를 전제로 제시하는 오류

예 "이 책에 쓰인 내용은 사실이다. 왜냐하면 이 책에 그렇게 적혀 있기 때문이다."

(2) 자가당착의 오류 : 앞뒤의 주장이나 전제와 결론 사이에 모순이 발생함으로써 일관된 논점을 갖지 못하는 오류

예 "언론의 자유는 무조건 보장되어야 한다. 하지만 특별한 경우에는 제한할 수도 있다."

(3) 전건 부정의 오류 : 전건을 부정하여, 후건을 긍정한 것을 결론으로 도출하는 데서 발생하는 오류

예 "컴퓨터 게임에 몰두하면 눈이 나빠진다. 희철이는 컴퓨터 게임에 몰두하지 않는다. 그러므로 희철이는 눈이 나빠지지 않는다."

(4) 후건 긍정의 오류 : 전제가 결론의 필요조건이 되지 못하는 오류

예 "비가 오면 땅이 젖는다. 지금 땅이 젖어 있다. 따라서 비가 왔다."

(5) 딜레마의 오류 : 선언지가 빠짐없이 제시되지 못한 경우에 발생하는 오류

예 "보수주의적 의원들은 이 법안에 동의하지 않을 것이다. 또한, 혁신주의적 의원들은 이 법안을 고치자고 할 것이다. 그러므로 이 법안은 원안대로 통과될 수 없을 것이다."

2. 비형식적 오류

(1) 심리적 오류 : 어떤 주장에 대해 논리적으로 타당한 근거를 제시하지 않고, 심리적인 면에 기대어 상대방을 설득하려고 할 때 발생하는 오류

① **인신공격의 오류** : 주장하는 사람의 인품, 직업, 과거 정황의 비난받을 만한 점을 트집 잡아 비판하는 오류

예 "그 사람 말은 믿을 수 없어. 그 사람은 전과자이니까."

② **피장파장의 오류(역공격의 오류)** : 자신이 비판받는 바가 상대방에게도 역시 적용될 수 있음을 내세워 공격함으로써 벗어나는 오류

예 "내가 뭘 잘못했다고 그래? 내가 보니까, 오빠는 더하더라, 뭐."

③ 재력에 호소하는 오류 : 어떠한 상품이나 상황을 금전적인 가치로만 판단할 때 발생하는 오류
  예 "A보다 B가 더 부자니 B의 말을 들어야 한다."

④ 정황에 호소하는 오류 : 어떤 사람이 처한 정황을 비난하거나 논리의 근거로 내세움으로써 자신의 주장이 타당하다고 믿게 하려는 오류
  예 "자네 생각과는 달라도, 이건 우리 회사의 기본 방침이네."

⑤ 동정에 호소하는 오류 : 상대방의 동정심이나 연민의 정을 유발하여 자신의 주장을 정당화하려는 오류
  예 "사장님, 제가 해고를 당하면 저희 식구들은 굶어 죽습니다."

⑥ 공포에 호소하는 오류 : 상대방을 윽박지르거나 증오심을 표현하여 자신의 주장을 받아들이게 하는 오류
  예 "우리의 요구를 받아들이지 않으면, 엄청난 사태가 벌어질 것입니다."

⑦ 쾌락이나 유머에 호소하는 오류 : 사람의 감정이나 쾌락, 재미 등을 내세워 논지를 받아들이게 하는 오류
  예 "인류가 원숭이로부터 진화해왔다고 하시는데, 그렇다면 당신의 조상은 원숭이인가요?"

⑧ 사적 관계에 호소하는 오류 : 개인적인 친분 관계를 내세워 자신의 논지를 받아들이게 하는 오류
  예 "자네가 나의 제안에 반대하다니, 나는 자네만은 찬성해 줄 줄 알았네."

⑨ 아첨에 호소하는 오류 : 아첨에 의해 논지를 받아들이게 하는 오류
  예 "야, 너 한 번 나가서 항의해 봐. 너만큼 똑똑한 사람이 아니면 누가 그걸 하겠어?"

⑩ 군중에 호소하는 오류 : 많은 사람이 그렇게 행동하거나 생각한다고 내세워 군중 심리를 자극하는 오류
  예 "이 논리학 책이 가장 좋은 책입니다. 올 상반기 동안 가장 많이 팔린 책이 아닙니까?"

⑪ 부적합한 권위에 호소하는 오류 : 직접적인 관련이 없는 권위자의 견해를 근거로 들거나 논리적인 타당성과는 무관하게 권위자의 견해라는 것을 내세워 자기주장의 타당함을 입증하는 오류
  예 "교황이 천동설이 옳다고 했다. 따라서 천체들이 지구를 돌고 있음에 틀림없다."

⑫ 원천봉쇄의 오류(우물에 독약 치기) : 자신의 주장에 반론의 가능성이 있는 요소를 비난하여 반론 자체를 원천적으로 봉쇄하는 오류
  예 "수일아, 이제 가서 자거라. 일찍 자야 착한 어린이가 된단다."

(2) **자료적 오류** : 어떤 자료에 대해 잘못 판단하여 이를 논거로 삼을 경우 범하게 되는 오류

① 성급한 일반화의 오류 : 제한된 정보, 부적합한 증거, 대표성을 결여한 사례를 근거로 마치 전부가 그런 것처럼 일반화하는 오류
  예 "하나를 보면 열을 안다고. 너 지금의 행동을 보니, 형편없는 애구나."

② **잘못된 유추의 오류** : 유사성이 없는 측면까지 유사성이 있는 것처럼 비유를 부당하게 적용하는 오류

예 "컴퓨터와 사람은 유사점이 많아. 그러니 컴퓨터도 사람처럼 감정이 있을 거야."

③ **무지에 호소하는 오류** : 어떤 주장에 대해 증명할 수 없거나 결코 알 수 없음을 들어 거짓이라고 반박하는 오류

예 "귀신은 분명히 있어. 지금까지 귀신이 없다는 것을 증명한 사람은 없으니까."

④ **논점 일탈의 오류** : 원래의 논점과는 다른 방향으로 논지를 이끌어감으로써 무관한 결론에 이르게 되는 오류

예 "너희는 형제가 텔레비전을 가지고 싸우냐? 그렇게 할 일이 없으면 가서 공부나 해!"

⑤ **의도 확대의 오류** : 의도하지 않은 결과에 대해 원래부터 어떤 의도가 있었다고 확대 해석하는 오류

예 "일도 하지 않고 어떻게 돈을 벌려고? 너 요즘 일도 안하고 죽으려고 결심한 거구나?"

⑥ **흑백 논리의 오류** : 어떤 집합의 원소가 단 두 개밖에 없다고 여기고, 이것이 아니면 저것일 수밖에 없다고 단정 짓는 데서 오는 오류

예 "너 나 좋아하지 않지? 그럼 날 싫어한다는 말이구나."

⑦ **분할(분해)의 오류** : 전체 또는 집합이 어떤 성질을 가지고 있기 때문에 그 부분 또는 원소도 그와 같은 성질을 가지고 있다고 추론하는 오류

예 소금은 먹을 수 있으니 나트륨과 염소도 먹을 수 있을 것이다.

⑧ **거짓 딜레마의 오류** : 둘 다 거짓일수도 잇는 상황(제3의 대안이 있는 상황)에서 둘 중 하나가 반드시 참이라고 전제할 때 범하는 오류

예 이 많은 군사가 강을 건너기 위해 헤엄쳐서 간다면 급류에 휩쓸릴 것이고, 다리로 간다면 무게 때문에 무너져버릴 것이다. 따라서 이 강을 건너는 것은 불가능하다.

⑨ **우연(원칙 혼동)의 오류** : 상황에 따라 다르게 적용할 원칙을 혼동하는 오류

예 칼로 상처를 내는 것은 범죄행위이다. 외과의사는 칼로 상처를 낸다. 따라서 외과의사는 범죄자이다.

(3) 언어적 오류 : 다의(多義)적이거나 모호한 말에 의해 논지가 잘못 전개됨으로써 나타나는 오류

① **애매어의 오류** : 두 가지 이상의 의미를 가진 말을 동일한 의미의 말인 것처럼 애매하게 사용함으로써 생기는 오류

예 "이것도 성적이라고 내 앞에 내밀어?"

② **복합질문의 오류** : 어떻게 대답하든지 숨어 있는 질문에 대하여 긍정하게 되도록 질문할 경우의 오류

예 너 요즘 아내한테 안 맞지?

③ **범주의 오류** : 서로 다른 범주에 속하는 것을 같은 범주의 것으로 혼동하는 데서 생기는 오류

예 운동장이랑 교실은 다 둘러봤는데, 그럼 학교는 어디에 있습니까?

④ **강조의 오류** : 문장의 어느 한 부분을 강조하여 발생하는 오류

예 잔디를 밟지 마시오. / 그럼 밟지 않고 불태우는 것은 상관없겠군.

대표 예제 다음 오류에 대한 정의와 그 예를 적절하게 연결한 것은?

① 각각 해당하는 오류가 무엇인지 확인한다.

② 선택지와 비교하여 옳은 것을 찾는다.

> (가) 제한된 정보, 부적합한 증거, 대표성을 결여한 사례를 근거로 일반화하는 오류 — 성급한 일반화의 오류
> (나) 증명할 수 없거나 알 수 없음을 들어 거짓이라고 추론하는 오류 — 무지에 호소하는 오류
> (다) 단순한 선후 관계를 인과 관계로 추리하는 오류 — 잘못된 인과 관계의 오류
> (라) 군중 심리를 자극하여 논지를 받아들이게 하는 오류 — 군중에 호소하는 오류

① 요즘 세상에 명품백 하나 없는 사람이 어딨어요. 이참에 하나 사요. — ~~(다)~~ 라

② 그래서 너 귀신을 본 적 있니? 없잖아. 그것 봐, 귀신은 없는 거야. — ~~(라)~~ 나

③ 엄마, 이번 시험 진짜 어려웠어요. 제가 이렇게 못 본 것을 보면 모르세요? 다른 애들도 다 못 봤어요. — ~~(나)~~ 가

④ 우리 동네 사람들은 다 집에 에어컨이 한 대씩은 있더라. 우리도 사야 해. — ~~(가)~~ 라

⑤ 네가 지호를 사귀고 난 후부터 성적이 많이 떨어졌는데, 걔가 문제구나. — (다)

정답 및 해설 정답 ⑤

(가)는 성급한 일반화의 오류, (나)는 무지에 호소하는 오류, (다)는 잘못된 인과 관계의 오류, (라)는 군중에 호소하는 오류이다. ⑤는 지호를 사귄 것과 성적이 떨어진 두 사건의 선후관계를 충분한 근거 없이 인과관계로 추리한 오류이므로 (다)와의 연결은 적절하다.

오답분석

①은 군중심리를 자극하는 오류이므로 (라)에 해당하고, ②는 증명할 수 없는 것을 거짓이라고 추론하는 (나)이며, ③은 반 아이들이 모두 그렇다며 제한된 정보로 일반화를 시키는 (가)에, ④는 군중 심리를 자극하는 (라)에 해당한다.

※ 다음 제시된 오류와 동일한 오류를 범하고 있는 것을 고르시오. [1~2]

01

> 이번 사건과 같은 경우에는 전례에 따라 감봉에 처하는 것이 옳아. 왜냐하면 전례에 그렇게 처리했기 때문이지.

① 넌 나랑 더 친한데, 어떻게 저 아이의 편을 들어줄 수 있어?

② 예부터 하나를 보면 열을 알 수 있다고 했는데, 옷 입은 꼴을 보니 그 친구는 성품이 좋지 않은 것 같구나. 그 아이랑은 같이 다니지 말거라.

③ 왜 점심을 안 먹는다는 거니? 밥도 안 먹고 굶어 죽으려고 작정했구나.

④ 신랑과 신부 모두 훌륭한 인재들이므로 가정을 화목하고 지혜롭게 꾸려나갈 것이 틀림없다.

⑤ 모르핀은 왜 고통을 느끼지 못하게 하는가, 모르핀에는 고통을 느끼지 못하게 하는 효과가 있기 때문이다.

02

> 나는 지난 겨울방학에 이어 이번 여름방학에 알래스카를 다시 방문했는데, 흰 눈과 얼음으로 뒤덮여 있던 내 기억 속의 겨울 알래스카와 전혀 다른 모습이라 당황스러웠어.

① 소크라테스는 독배를 들고 죽은 사람이므로 그의 말은 믿을 것이 못된다.

② 게임을 좋아하는 철수보다 책을 좋아하는 영희가 좋은 이유는 게임보다 책을 좋아하는 사람이 더 지성적이기 때문이야.

③ 천국이나 지옥이 없다는 것을 증명할 수 없으므로 천국이나 지옥의 존재를 인정해야 한다.

④ A치약을 사용하는 사람이 9백만 명이나 되는 걸 보면 A치약이 가장 좋은 제품이야.

⑤ 요즘 청소년들의 사고가 많은 걸 보니 청소년들은 전부 문제가 많은 모양이야.

※ 다음 중 논리적 오류의 성격이 다른 하나를 고르시오. [3~4]

03
① 영수가 저번에 그 책을 읽는 것을 보았어. 영수의 취미는 분명 독서일 거야.
② 눈 온 다음날 그가 빙판길에 미끄러졌어. 그는 틀림없이 덤벙대는 성격이야.
③ 지나가던 중학생 몇 명이 상스러운 욕을 하던데 요즘 애들은 다 그렇게 입이 거친가 봐.
④ 마트에서 장을 볼 때 감자랑 시금치는 사왔는데 야채는 깜빡했네.
⑤ 소개팅에 나온 A대 여학생들이 참 예쁘던데, 그 학교에는 예쁜 여학생밖에 없나 봐.

04
① 고객님의 눈과 귀가 되겠다고? 그렇다면 보고 듣기만 하고 할 말은 하지 말라는 건가.
② 이번 크리스마스에는 A 브랜드의 목걸이를 꼭 받고 싶어. 웬만한 20대 여자들은 다 그 목걸이를 가지고 있다고.
③ 네 또래 학생들은 다 학원에 다니는데 너는 안 다닐 거니?
④ 선거일이면 대부분의 사람들은 투표를 하기보다는 여행을 가는 것 같다. 그래서 이번 선거일에는 우리 가족도 나들이를 가기로 했다.
⑤ 요즘 집마다 이 김치냉장고가 없는 집이 없답니다. 고객님도 이번 기회에 구매하세요.

PART 3

정답 및 해설
01 ⑤ 02 ③ 03 ④ 04 ①

01
제시된 오류는 결론에서 주장하고자 하는 것을 전제로 제시하는 '순환 논증의 오류'에 해당한다. 이와 동일한 오류를 범하고 있는 것은 ⑤이다.

오답분석
① 사적 관계에 호소하는 오류
② 성급한 일반화의 오류
③ 의도 확대의 오류
④ 합성의 오류

02
제시된 오류는 제한된 정보, 부적합한 증거, 대표성을 결여한 사례를 근거로 일반화하는 성급한 일반화의 오류에 해당한다. 이와 동일한 오류를 범하고 있는 것은 ③이다.

오답분석
① 인신공격의 오류
② 순환 논증의 오류
④ 무지로부터의 오류
⑤ 대중에 호소하는 오류

03
④는 언어적 오류인 '범주의 오류', ①·②·③·⑤는 자료적 오류인 '성급한 일반화의 오류'이다.
- 범주의 오류 : 서로 다른 범주에 속하는 것을 같은 범주의 것으로 혼동하는 데서 생기는 오류
- 성급한 일반화의 오류 : 제한된 정보, 부적합한 증거, 대표성을 결여한 사례를 근거로 일반화하는 오류

04
①은 언어적 오류인 '강조의 오류', ②·③·④·⑤는 심리적 오류인 '군중에 호소하는 오류'이다.
- 강조의 오류 : 문장의 어느 한 부분을 강조하여 발생하는 오류
- 군중에 호소하는 오류 : 군중 심리를 자극하여 논지를 받아들이게 하는 오류

05 다음의 증인이 범하고 있는 오류로 적절한 것은?

> 우리는 몇 년 전 국회 청문회에서 과거의 비리를 밝히기 위해 국회의원들이 권력층에 있었던 사람들을 증인으로 출두시켜 신문한 적이 있었다. 그때 어느 증인은 다음과 같은 발언을 하였다.
> "내가 입을 열면 엄청난 사태가 벌어질 것입니다. 그러한 사태는 전적으로 당신들의 책임입니다."

① 순환 논증의 오류
② 대중에 호소하는 오류
③ 성급한 일반화의 오류
④ 감정에 호소하는 오류
⑤ 무지에 호소하는 오류

06 다음 〈보기〉 중 유사한 유형의 오류끼리 적절하게 묶인 것은?

> **보기**
> ㉠ 저수지에서 떠온 물 한 컵을 시험해 보았는데, 그것은 마셔도 안전한 물로 판정되었다. 당국은 그 저수지의 물 전부를 마셔도 안전하다는 결론을 내렸다.
> ㉡ 나는 이전에 빨간 옷을 입고서 수학 시험을 보았는데 만점을 받았다. 나는 내일 수학 시험에서 만점을 받기 위하여 빨간 옷을 입을 것이다.
> ㉢ 철수는 우등상을 받았으므로 열심히 공부했음에 틀림이 없다. 따라서 영희에게 우등상을 주면 열심히 공부할 것이다.
> ㉣ 아기들이 홍역을 앓을 때마다 그들의 몸에 붉은 반점이 나타난다. 또한 아기들의 체온이 높이 올라간다. 고열 때문에 붉은 반점이 나타나는 것이 분명하다.
> ㉤ 부지런한 농부들은 모두 많은 소를 갖고 있다. 이제 이 마을의 게으른 농부들에게 소를 많이 주어 부지런한 농부가 되게 하자.

① ㉠, ㉣
② ㉡, ㉢
③ ㉡, ㉣
④ ㉢, ㉤
⑤ ㉣, ㉤

07 다음 중 논리적으로 타당한 것은?

① 나는 부산에 남든지 서울에 있든지 해야 한다. 만일 내가 부산에 남는다면 서울에 있는 딸이 불편해할 것이다. 만일 내가 서울에 있다면 부산에 있는 아들이 불편해할 것이다. 따라서 딸이 불편해하든지, 아들이 불편해할 것이다.

② 후보자들이 이기심을 극복할 수 있다면 부정선거는 사라질 것이다. 그러나 후보자들은 이기심을 극복할 수 없다. 따라서 부정선거는 사라지지 않는다.

③ 만일 그가 무사하다면 그는 돌아왔을 것이다. 그는 돌아왔다. 따라서 그는 무사하다.

④ 돼지는 미련한 동물이든지 구질구질한 동물이다. 돼지는 미련한 동물이다. 따라서 돼지는 구질구질한 동물은 아니다.

⑤ 아침에 떡과 엿을 많이 먹었으니, 웬만하면 시험에 척 붙을 거야.

정답 및 해설   05 ④ 06 ④ 07 ①

05

제시문의 증인이 범하고 있는 오류는 위력에 호소하는 오류이다. 위력에 호소하는 오류는 감정에 호소하는 오류에 속한다.

06

ⓒ·ⓔ은 거짓 원인의 오류 중 원인과 결과를 도치시킨 오류로서 어떤 사실의 원인을 결과로 여기거나 결과를 원인으로 파악하는 오류이다. 열심히 공부해서 우등상을 받은 것인데, 그것을 통해 우등상을 주면 열심히 공부할 것이라고 판단하는 것은 결과를 원인으로 잘못 설정한 것이다. 마찬가지로 농부의 부지런함 때문에 많은 소를 소유하게 된 것인데, 소를 많이 획득한 결과를 농부를 부지런하게 만든 원인으로 잘못 설정하고 있다.

오답분석

㉠은 결합의 오류이고, ㉡은 거짓 원인의 오류 중 보통 단순한 선후관계를 인과관계로 잘못 판단하는 경우 이에 해당한다. 그리고 ㉲은 대등한 관계에 있는 것들을 인과관계로 묶는 오류에 해당한다.

07

①은 딜레마 논법에 해당한다.

오답분석

② 전건 부정의 오류
③ 후건 긍정의 오류
④ 선언지 긍정의 오류
⑤ 관습적 행위

※ 다음 제시된 단어의 대응 관계를 볼 때, 빈칸에 들어가기에 적절한 것을 고르시오. [1~3] 어휘추리

01

> 여명 : 황혼 = 타의 : ( )

① 수의   ② 자의
③ 종말   ④ 별의
⑤ 임의

02

> 손오공 : 근두운 = 여포 : ( )

① 항우   ② 우선
③ 초선   ④ 적토마
⑤ 청룡언월도

03

> 독백 : 연극 = 추임새 : ( )

① 명창   ② 무대
③ 판소리   ④ 너름새
⑤ 노래

※ 다음 제시된 단어의 대응 관계로 볼 때, 빈칸에 들어가기에 적절한 것으로 짝지어진 것을 고르시오.

[4~6]   어휘추리

04

| 종이 : ( ) = ( ) : 가다 |

① 색, 말다   ② 호랑이, 집
③ 나무, 밀다   ④ 기름, 접다
⑤ 비행기, 오다

05

| 테니스 : ( ) = ( ) : 배트 |

① 탁구, 그물   ② 라켓, 야구
③ 외래어, 크리켓   ④ 코트, 타자
⑤ 선수, 심판

06

| ( ) : 차다 = 온도 : ( ) |

① 칼, 뜨겁다   ② 공간, 빠르다
③ 수갑, 따듯하다   ④ 허리, 뜨겁다
⑤ 성격, 내려가다

다음 빈칸에 들어갈 가장 적절한 단어를 순서대로 나열한 것은?

> 이광수 : 무정 = 염상섭 : (   ) = 김유정 : (   ) = (   ) : 불놀이

① 감자 − 소나기 − 박목월
② 삼대 − 봄봄 − 김영랑
③ 표본실의 청개구리 − 봄봄 − 주요한
④ 만세전 − 모란이 피기까지는 − 김동인
⑤ 봄봄 − 불놀이 − 김소월

다음 중 제시된 단어들의 관계와 유사한 것은?

> 직권 − 권한

① 백중 − 호각   ② 직책 − 직업
③ 악화 − 호전   ④ 광음 − 찰나
⑤ 차안 − 이승

다음 중 밑줄 친 ⊙과 ⓒ의 관계와 가장 유사한 것은?

> 남성적 특성과 여성적 특성을 모두 가지고 있는 사람이 남성적 특성 혹은 여성적 특성만 지니고 있는 사람에 비하여 훨씬 더 다양한 ⊙ 자극에 대하여 다양한 ⓒ 반응을 보일 수 있다. 이렇게 여러 개의 반응 레퍼토리를 가지고 있다는 것은 다시 말하면, 그때그때 상황의 요구에 따라 적합한 반응을 보일 수 있다는 것이며, 이는 곧 사회적 환경에 더 유연하고 효과적으로 대처할 수 있다는 것을 의미한다.

① 개인 − 사회   ② 정신 − 육체
③ 물고기 − 물   ④ 입력 − 출력
⑤ 후보자 − 당선자

10 다음 밑줄 친 단어의 관계와 다른 것은?

> 물을 이용한 신재생에너지 중 조력과 조류발전은 빼놓을 수 없는 아이템이다. 특히 조력발전은 한때 우리나라의 온실가스 감축을 위한 최고해법으로 꼽히기도 했던 기술이다. 조력발전이 하루 두 번 발생하는 <u>밀물</u>과 <u>썰물</u>을 이용한다는 점은 익히 잘 알려져 있다. 즉 해안이나 연안에 둑을 건설해 <u>밀물</u>과 <u>썰물</u> 때 물을 가둬두고 조수간만의 차가 생기면 둑을 열어 물의 흐름으로 전기를 생산하는 방법이다.

① 전진 — 후퇴　　　　　② 연결 — 단절
③ 대소 — 방소　　　　　④ 스승 — 제자
⑤ 방송 — 구금

※ 다음 제시된 단어에서 공통적으로 연상할 수 있는 어휘를 고르시오. [11~12]

11

교과목, 연산, 숫자

① 학생　　　　　② 미끄럼틀
③ 빌딩　　　　　④ 재료
⑤ 수학

12

비누, 투기, 인어공주

① 투자　　　　　② 거품
③ 동화　　　　　④ 샤워
⑤ 경제

※ 다음 중 짝지어진 단어 사이의 관계가 나머지와 다른 하나를 고르시오. [13~14]   어휘추리

13 ① 꽃 − 나무 − 식물
    ② 남자 − 여자 − 사람
    ③ 노랑 − 파랑 − 초록
    ④ 숟가락 − 젓가락 − 수저
    ⑤ 손가락 − 손바닥 − 손

14 ① 맷돌 − 믹서기 − 절구
    ② 연고 − 로션 − 반창고
    ③ 볼펜 − 연필 − 붓
    ④ 치마 − 바지 − 원피스
    ⑤ 냄비 − 솥 − 프라이팬

※ 제시된 9개의 단어 중 3개의 단어로 공통 연상되는 단어를 고르시오. [15~19]   어휘추리

15

논리	운동	낮
조류	빛	태극기
애국	사진	오리발

① 오리   ② 독립
③ 수영   ④ 해
⑤ 흑백

222   인적성검사 언어 완성

16

제로페이	우버	트위터
택시	인스타그램	에어비앤비
따릉이	삼성페이	심야버스

① 스마트폰   ② SNS
③ 간편결제   ④ 대중교통
⑤ 공유경제

17

알레르기	습진	순천
이산화탄소(CO_2)	황사	메탄(CH_4)
KF	교토의정서	람사르협약

① 아토피   ② 습지
③ 마스크   ④ 미세먼지
⑤ 온실가스

18

달	산책	수면
형광등	인형	망원경
베개	공원	가로등

① 조명   ② 침대
③ 밤   ④ 하늘
⑤ 운동

19

립스틱	적금	만남
폴라로이드	연미복	해외여행
오케스트라	지갑	악보

① 사진   ② 지휘

③ 미팅   ④ 절약

⑤ 돈

※ 제시된 명제가 모두 참일 때, 다음 중 옳게 추론한 것을 고르시오. [20~21]

20

> • 어떤 여자는 바다를 좋아한다.
> • 바다를 좋아하는 모든 여자는 직업이 선생님이다.
> • 직업이 선생님인 모든 여자는 슬기롭다.

① 바다를 좋아하는 어떤 여자는 직업이 선생님이 아니다.

② 직업이 선생님인 사람은 여자이다.

③ 바다를 좋아하는 사람은 모두 여자이다.

④ 직업이 선생님인 여자는 바다를 좋아한다.

⑤ 어떤 여자는 슬기롭다.

21

- 늦잠을 자지 않으면 부지런하다.
- 늦잠을 자면 건강하지 않다.
- 비타민을 챙겨먹으면 건강하다.

① 비타민을 챙겨먹으면 부지런하다.
② 부지런하면 비타민을 챙겨먹는다.
③ 늦잠을 자면 비타민을 챙겨먹는다.
④ 늦잠을 자면 부지런하지 않다.
⑤ 부지런하면 건강하다.

※ 다음 명제를 읽고 옳은 것을 고르시오. [22~25]   명제추리

22

- 낚시를 하는 사람은 모두 책을 읽는다.
- 책을 읽는 사람은 모두 요리를 하지 않는다.
- 요리를 하는 사람은 모두 등산을 한다.

A : 요리를 하는 사람은 낚시를 하지 않는다.
B : 등산을 하지 않는 사람은 책을 읽는다.

① A만 옳다.
② B만 옳다.
③ A, B 모두 옳다.
④ A, B 모두 틀리다.
⑤ A, B 모두 옳은지 틀린지 판단할 수 없다.

23

- 휴가는 2박 3일이다.
- 혜진이는 수연이보다 하루 일찍 휴가를 간다.
- 지연이는 수연이보다 이틀 늦게 휴가를 간다.
- 태현이는 지연이보다 하루 일찍 휴가를 간다.
- 수연이는 화요일에 휴가를 간다.

A : 수요일에 휴가 중인 사람의 수와 목요일의 휴가 중인 사람의 수는 같다.
B : 태현이는 금요일까지 휴가이다.

① A만 옳다.
② B만 옳다.
③ A, B 모두 옳다.
④ A, B 모두 틀리다.
⑤ A, B 모두 옳은지 틀린지 판단할 수 없다.

24

- 은채, 새롬, 유정, 도현이는 두유, 오렌지 주스, 사과 주스, 우유 중 서로 다른 하나를 마신다.
- 은채는 오렌지 주스와 두유를 마시지 않았다.
- 유정이는 두유를 마셨다.
- 새롬이는 우유나 오렌지 주스를 마시지 않았다.

A : 도현이는 사과 주스를 마시지 않았다.
B : 우유를 마신 사람은 은채이다.

① A만 옳다.
② B만 옳다.
③ A, B 모두 옳다.
④ A, B 모두 틀리다.
⑤ A, B 모두 옳은지 틀린지 판단할 수 없다.

25

- 현수, 인환, 종훈, 윤재가 물감을 1~2개씩 가져와 무지개 그림을 그리기로 했다.
- 현수는 빨간색, 노란색, 파란색, 남색 물감을 가져올 수 없다.
- 인환이는 주황색 물감을 가져올 것이다.
- 종훈이는 빨간색, 초록색, 보라색 물감을 가져올 수 없다.
- 윤재는 노란색 물감을 가져올 수 없다.

A : 현수는 초록색, 보라색 물감을 가져올 것이다.
B : 인환이가 물감을 한 개만 가져온다면, 종훈이는 노란색 물감을 가져와야 한다.

① A만 옳다.
② B만 옳다.
③ A, B 모두 옳다.
④ A, B 모두 틀리다.
⑤ A, B 모두 옳은지 틀린지 판단할 수 없다.

※ 마지막 명제가 참일 때, 다음 빈칸에 들어갈 명제로 가장 적절한 것을 고르시오. [26~28]　　　명제추리

26

- 회사원은 야근을 한다.
- _____
- 늦잠을 자지 않는 사람은 회사원이 아니다.

① 회사원이 아니면 야근을 하지 않는다.
② 늦잠을 자면 회사원이다.
③ 야근을 하지 않는 사람은 늦잠을 잔다.
④ 야근을 하는 사람은 늦잠을 잔다.
⑤ 회사원이면 늦잠을 자지 않는다.

27

> • 하은이는 노란 재킷을 입으면 빨간 운동화를 신는다.
> • _____
> • 그러므로 하은이는 노란 재킷을 입으면 파란 모자를 쓴다.

① 하은이는 파란 모자를 쓰지 않으면 빨간 운동화를 신지 않는다.
② 하은이는 빨간 운동화를 신지 않으면 노란 구두를 신는다.
③ 하은이는 노란 재킷을 입지 않으면 빨간 운동화를 신지 않는다.
④ 하은이는 노란 재킷을 입으면 파란 운동화를 신는다.
⑤ 하은이는 빨간 운동화를 신지 않으면 파란 모자를 쓴다.

28

> • 화가들은 가로등을 좋아한다.
> • _____
> • 그러므로 화가들은 낙엽을 좋아한다.

① 낙엽을 좋아하면 화가이다.
② 가로등을 좋아하면 화가이다.
③ 낙엽을 좋아하지 않으면 가로등을 좋아하지 않는다.
④ 낙엽을 좋아하면 가로등을 좋아하지 않는다.
⑤ 낙엽을 좋아하면 가로등을 좋아한다.

29 S사의 사내 축구 대회에서 홍보팀이 1 : 0으로 승리했고, 시합에 참여했던 홍보팀 직원 A, B, C, D는 다음과 같이 말하였다. 이들 중 한 명의 진술만 참이라고 할 때, 골을 넣은 사람은 누구인가?

논리추리

- A : C가 골을 넣었다.
- B : A가 골을 넣었다.
- C : A는 거짓말을 했다.
- D : 나는 골을 넣지 못했다.

① A
② B
③ C
④ D
⑤ 알 수 없다.

30 준수, 민정, 영재, 세희, 성은 5명은 항상 진실만을 말하거나 거짓만 말한다. 다음 진술을 토대로 추론할 때, 거짓을 말하는 사람을 모두 고르면?

논리추리

- 준수 : 성은이는 거짓만 말한다.
- 민정 : 영재는 거짓만 말한다.
- 영재 : 세희는 거짓만 말한다.
- 세희 : 준수는 거짓만 말한다.
- 성은 : 민정이와 영재 중 한 명만 진실만 말한다.

① 민정, 세희
② 영재, 준수
③ 민정, 준수
④ 영재, 세희
⑤ 민정, 영재, 성은

31 개발 사업부에는 부장 1명, 과장 1명, 사원 2명, 대리 2명 총 6명이 근무하고 있다. 다음 〈조건〉에 따라 5주 동안 개발 사업부 전원이 여름휴가를 다녀오려고 한다. 휴가는 1번씩 2주 동안 다녀온다고 할 때, 다음 중 일어날 수 없는 상황은?(단, 모든 휴가의 시작은 월요일, 끝은 일요일이다)

논리추리

> **조건**
> • 회사에는 세 명 이상 남아있어야 한다.
> • 같은 직급의 직원은 동시에 휴가 중일 수 없다.
> • 과장과 부장은 휴가가 겹칠 수 없다.
> • 1주차에는 과장과 사원만 휴가를 갈 수 있다.

① 1주차에 아무도 휴가를 가지 않을 수 있다.
② 대리는 혼자 휴가 중일 수 있다.
③ 부장은 4주차에 휴가를 출발할 수 있다.
④ 5주차에는 1명만 휴가 중일 수 있다.
⑤ 대리 중 한 명은 3주차에 휴가를 출발할 수 있다.

32 봉사동아리 소속 다섯 학생 A~E는 월요일부터 일요일까지 일주일 동안 각자 하루를 골라 봉사를 하러 간다. 다음 중 옳지 않은 것은?

논리추리

> • A는 B보다 빠른 요일에 봉사를 하러 간다.
> • E는 C가 봉사를 다녀오고 이틀 후에 봉사를 하러 간다.
> • B와 D는 평일에 봉사를 하러 간다.
> • C는 목요일에 봉사를 하러 가지 않는다.
> • A는 월요일, 화요일 중에 봉사를 하러 간다.

① B가 화요일에 봉사를 하러 간다면 토요일에 봉사를 하러 가는 사람은 없다.
② D가 금요일에 봉사를 하러 간다면 다섯 명은 모두 평일에 봉사를 하러 간다.
③ D가 A보다 빨리 봉사를 하러 가고, C가 금요일에 봉사를 가지 않는다면 B는 금요일에 봉사를 하러 가지 않는다.
④ E가 수요일에 봉사를 하러 간다면 토요일에 봉사를 하러 가는 사람이 있다.
⑤ C가 A보다 빨리 봉사를 하러 간다면 D는 목요일에 봉사를 하러 갈 수 있다.

33 기말고사를 치르고 난 후 A~E 5명의 친구가 다음과 같이 성적에 대해 이야기를 나누었다. 이 중 1명의 진술이 거짓일 때, 다음 중 옳은 것은? 논리추리

> • A : E는 1등이고, D는 C보다 성적이 높다.
> • B : B는 E보다 성적이 낮고, C는 A보다 성적이 높다.
> • C : A는 B보다 성적이 낮다.
> • D : B는 C보다 성적이 높다.
> • E : B는 D보다, A는 C보다 성적이 높다.

① B가 1등이다.
② A가 1등이다.
③ E가 1등이다.
④ B는 2등이다.
⑤ D가 3등이다.

34 L회사 사무실에 도둑이 들었다. 범인은 2명이고, 용의자로 지목된 A~E가 다음과 같이 진술했다. 이 중 2명이 거짓말을 하고 있다고 할 때, 다음 중 동시에 범인이 될 수 있는 사람으로 짝지어진 것은? 논리추리

> • A : B나 C 중에 한 명만 범인이에요.
> • B : 저는 확실히 범인이 아닙니다.
> • C : 제가 봤는데 E가 범인이에요.
> • D : A가 범인이 확실해요.
> • E : 사실은 제가 범인이에요.

① A, B   ② D, E
③ B, C   ④ B, D
⑤ C, E

35 마케팅팀에는 부장 A, 과장 B·C, 대리 D·E, 신입사원 F·G 총 7명이 근무하고 있다. 마케팅팀 부장은 신입사원 입사 기념으로 팀원을 데리고 영화관에 갔다. 영화를 보기 위해 주어진 〈조건〉에 따라 자리에 앉는다고 할 때, 항상 옳은 것은? 논리추리

> **조건**
> • 7명은 7자리가 붙어 있는 곳에 앉는다.
> • 양 끝자리 옆에는 비상구가 있다.
> • D와 F는 나란히 앉는다.
> • A와 B 사이에는 한 명이 앉아 있다.
> • G는 왼쪽에 사람이 있는 것을 싫어한다.
> • C와 G 사이에는 한 명이 앉아 있다.
> • G는 비상구와 붙어 있는 자리를 좋아한다.

① E는 D와 F 사이에 앉는다.
② G와 가장 멀리 떨어진 자리에 앉는 사람은 D다.
③ C 옆에는 A와 B가 앉는다.
④ D는 비상구와 붙어 있는 자리에 앉는다.
⑤ 가운데 자리에는 항상 B가 앉는다.

36 민희, 영수, 정민이가 가지고 있는 동전에 대한 설명을 읽고, 다음 중 참이 아닌 것은? 논리추리

> • 세 명이 가지고 있는 동전은 모두 16개이다.
> • 어느 두 사람도 같은 개수의 동전을 가지고 있지 않다.
> • 정민이는 가장 많은 개수의 동전을 가지고 있다.
> • 영수가 가지고 있는 동전을 모두 모으면 620원이다.
> • 모든 동전은 500원짜리, 100원짜리, 50원짜리, 10원짜리 중 하나이다.

① 정민이는 100원짜리 동전을 가지고 있다.
② 영수는 최소 4개의 동전을 가지고 있다.
③ 정민이는 최소 7개의 동전을 가지고 있다.
④ 영수는 500원짜리 동전을 가지고 있다.
⑤ 정민이가 9개의 동전을 가지고 있다면 민희의 동전의 개수가 가장 적다.

37 A~E 다섯 명이 100m 달리기를 했다. 기록 측정 결과가 나오기 전에 그들끼리의 대화를 통해 순위를 예측해 보려고 한다. 그들의 대화는 다음과 같고, 이 중 한 사람이 거짓말을 하고 있다. 다음 중 나올 수 있는 A~E의 순위는?

논리추리

- A : 나는 1등이 아니고, 3등도 아니야.
- B : 나는 1등이 아니고, 2등도 아니야.
- C : 나는 3등이 아니고, 4등도 아니야.
- D : 나는 A와 B보다 늦게 들어왔어.
- E : 나는 C보다는 빠르게 들어왔지만, A보다는 늦게 들어왔어.

① E − C − B − A - D
② E − A − B − C − D
③ C − E − B − A - D
④ C − A − E − D − B
⑤ A − C − E − B − D

38 다음 중 유사한 유형의 오류끼리 적절하게 묶인 것은?

논리적 오류

㉠ 우리 요구를 받아들이지 않으면 정말 큰일이 발생할 것입니다. 그럴 경우 그 사태에 대한 책임은 당신에게 있습니다.

㉡ 이 과목에서 F학점을 받으면 전 졸업을 할 수가 없습니다. 그러면 제 어머니께서 얼마나 낙담하시겠습니까? 그러니 교수님, 제발 F만은 면하게 해 주십시오.

㉢ 배운 사람은 그렇게 상스러운 말을 쓰지 않는다. 왜냐하면 천한 말을 사용하는 사람은 제대로 교육받았다고 할 수 없기 때문이다.

㉣ 경제학자 케인즈의 말에 따르면, 어린이들에게 선택의 자유를 무조건 허용해야 한다는 당신의 주장은 잘못된 것이다.

㉤ 클린턴의 주장은 믿을 수 없어. 그는 사생활이 복잡했던 사람이야.

㉥ 신은 존재한다. 성경에 그렇게 쓰여 있으니까. 성경의 내용이 참임을 어떻게 아냐고? 신의 말씀이기 때문이다.

① ㉠, ㉡   ② ㉡, ㉣
③ ㉢, ㉣   ④ ㉢, ㉥
⑤ ㉤, ㉥

39 다음 중 논리적 오류의 성격이 다른 것은? 논리적 오류

① 전철에서 현우가 할머니께 자리를 양보하는 것을 봤어. 현우는 모범생이 분명해.

② 벽에 못도 잘 박지 못하는 위인이니까 학생들도 제대로 가르칠 수 없을 거야.

③ 왕눈이 수진이가 겁이 많은 걸 보니 눈 큰 사람들은 겁이 많아.

④ 국내 논술 경시대회에서 S고등학교 학생 민호가 일등을 했다. 그러므로 S고등학교 학생들은 논술을 잘할 것이다.

⑤ 은지는 벌써 두 번이나 회의에 지각했으니, 그는 지각 대장일 것이다.

40 다음 오류에 대한 정의와 그 예를 적절하게 연결한 것은? 논리적 오류

> (가) 논점과 관계없는 것을 제시하여 무관한 결론에 이르게 되는 오류
> (나) 의도하지 않은 결과를 의도가 있다고 판단하여 생기는 오류
> (다) 어떤 집합의 원소가 단 두 개밖에 없다고 여기고 추론하는 오류
> (라) 수긍할 수 없거나 수긍하고 싶지 않은 것을 전제하고 질문함으로써 수긍하게 만드는 오류

① 방학 동안 어떻게 지냈니? 너 근데 살쪘구나? 살 좀 빼! — (라)

② 당신의 아름다움을 잃고 싶지 않다면, 저희 ○○성형외과와 함께 하셔야 합니다. — (라)

③ 어차피 인생은 성공한 사람과 실패한 사람, 두 부류로 나뉘게 되어 있어. — (가)

④ 너 오늘 지각했던데, 반 아이들이 선생님께 혼나고 있는 것을 알고 피하려고 늦은 거지? — (다)

⑤ 복도에서 시끄럽게 뛰지 말랬지. 어서 들어가서 공부해! — (나)

234 인적성검사 언어 완성

PART 4

독해

대표 예제 다음 글에 해당하는 제목으로 적절한 것은?

① 글 전체의 흐름보다는 중심화제 및 주제를 파악하는 것이 우선이므로, 글 또는 각 문단의 앞과 뒤를 읽어 중심 내용을 파악한다.

외환위기 이후 한국 사회에서 평생직장 개념이 사라지고 있다.

20세기 한국 사회는 내부 노동 시장에 의존한 평생직장 개념을 갖고 있었으나, 1997년 외환위기 이후 인력 관리의 유연성이 증가하면서 그것은 사라지기 시작하였다. 기업은 필요한 우수 인력을 외부 노동 시장에서 적기에 채용하고, 저숙련 인력은 주변화하여 비정규직을 계속 늘려간다는 전략을 구사하고 있다. 이러한 기업의 인력 관리 방식에 따라서 실업률은 계속 하락하는 동시에 주당 18시간 미만으로 일하는 불완전 취업자가 크게 증가하고 있다.

평생직장 개념이 사라지는 원인은 지식 기반 사업으로의 경제 변화

이러한 현상은 우리나라의 경제가 지식 기반 산업 위주로 점차 바뀌고 있음을 말해 준다. 지식 기반 산업이 주도하는 경제 체제에서는 고급 지식을 갖거나 숙련된 노동자는 더욱 높은 임금을 받게 된다. 다시 말해, 지식 기반 경제로의 이행은 지식 격차에 의한 소득 불평등의 심화를 의미한다. 우수한 기술과 능력을 가진 핵심 인력은 능력 개발 기회를 갖게 되어 '고급 기술 → 높은 임금 → 양질의 능력 개발 기회'의 선순환 구조를 갖지만, 비정규직·장기 실업자 등 주변 인력은 악순환을 겪을 수밖에 없다. 이러한 '양극화' 현상을 국가가 적절히 통제하지 못할 경우, 사회 계급 간의 간극은 더욱 확대될 것이다. 결국 고도 기술 사회가 온다고 해도 자본주의 사회 체제가 지속되는 한, 사회 불평등 현상은 여전히 계급 간 균열 선을 따라 존재하게 될 것이다. 국가가 포괄적 범위에서 강력하게 사회 정책적 개입을 추진하면 계급 간 차이를 현재보다는 축소시킬 수 있겠지만 아주 없어지는 못할 것이다.

노동 및 재화 획득 방식의 변화

사회 불평등 현상은 나라들 사이에서도 발견된다. 각국 간 발전 격차가 지속 확대되면서 전 지구적 생산의 재배치는 이미 20세기 중엽부터 진행되어 왔다. 정보통신 기술은 지구의 자전 주기와 공간적 거리를 '장애물'에서 '이점'으로 변모시켰다. 그 결과, 전 지구적 노동시장이 탄생하였다. 기업을 비롯한 각 사회 조직들은 국경을 넘어 인력을 충원하고, 재화와 용역을 구입하고 있다. 개인들도 인터넷을 통해 이러한 흐름에 동참하고 있다. 생산 기능은 저개발국으로 이전되고, 연구·개발·마케팅 기능은 선진국으로 모여드는 경향이 지속·강화되어, 나라들 간 정보 격차가 확대되고 있다. 유비쿼터스 컴퓨팅 기술에 의거하여 전 지구 사회를 잇는 지역 간 분업은 앞으로 더욱 활발해질 것이다. 나라 간의 경제적 불평등 현상은 국제 자본 이동과 국제 노동 이동으로 표출되고 있다. 노동 집약적 부문의 국내 기업이 해외로 생산 기지를 옮기는 현상에서 나아가, 초국적 기업화현상이 본격적으로 대두되고 있다.

기술 발전에 따라 변화는 보편화됨

전 지구에 걸친 외부 용역 대치가 이루어지고, 콜센터를 외국으로 옮기는 현상도 보편화될 것이다.

① 국가 간 노동 인력의 이동이 커져오는 폐해
② 사회 계급 간 불평등 심화 현상의 해소 방안
③ 지식 기반 산업 사회에서의 노동 시장의 변화
④ 선진국과 저개발국 간의 격차 축소 정책의 필요성
⑤ 새로운 산업 구조로 변화함에 따른 장점

② 선택지 중 세부적인 내용을 다루고 있는 것은 정답에서 제외한다.
③ 글의 중심 내용에 적합한 선택지를 고른다.

▍정답 및 해설

정답 ③

우리나라가 지식 기반 산업 위주의 사회로 바뀌면서 내부 노동 시장에 의존하던 인력 관리 방식이 외부 노동 시장에서의 채용으로 변화하고, 지식 격차에 의한 소득 불평등과 국가 간 경제적 불평등 현상이 심화하고 있다고 말하고 있으므로, ③의 제목이 가장 적절하다.

오답분석

① 국가 간 노동 인력의 이동이 가져오는 폐해

→ 정보통신 기술을 통해, 전 지구적 노동시장이 탄생하여 기업을 비롯한 사회 조직들이 국경을 넘어 인력을 충원하고 재화와 용역을 구매하고 있다고 언급했다. 하지만 이러한 국가 간 노동 인력의 이동이 가져오는 폐해에 대해서는 언급하지 않는다.

② 사회 계급 간 불평등 심화 현상의 해소 방안

→ 지식 기반 경제로의 이행은, 지식 격차에 의한 소득 불평등 심화 현상을 일으킨다. 하지만 이것에 대한 해결책은 제시문에서 언급하지 않는다.

④ 선진국과 저개발국 간의 격차 축소 정책의 필요성

→ 생산 기능은 저개발국에서, 연구 개발 기능은 선진국으로 모여들어 정보 격차가 확대되고 있다. 하지만 국가 간의 격차 축소 정책의 필요성은 언급하고 있지 않다.

⑤ 새로운 산업 구조로 변화함에 따른 장점

→ 유비쿼터스 컴퓨팅 기술에 의한 산업 구조를 통해 전 지구사회의 분업이 활발해진다는 내용은 제시문의 세부적인 내용 중 일부이다.

PART 4

※ 다음 글의 주제 또는 제목으로 가장 적절한 것을 고르시오. [1~6]

01

많은 경제학자는 제도의 발달이 경제 성장의 중요한 원인이라고 생각해 왔다. 예를 들어 재산권 제도가 발달하면 투자나 혁신에 대한 보상이 잘 이루어져 경제 성장에 도움이 된다는 것이다. 그러나 이를 입증하기는 쉽지 않다. 제도의 발달 수준과 소득 수준 사이에 상관관계가 있다 하더라도, 제도가 경제 성장에 영향을 주었는지, 경제 성장으로부터 영향을 받았는지 인과관계를 판단하기 어렵기 때문이다.

① 경제 성장과 소득 수준   ② 경제 성장과 제도 발달
③ 소득 수준과 제도 발달   ④ 소득 수준과 투자 수준
⑤ 제도 발달과 투자 수준

02

높은 유류세는 자동차를 사용함으로써 발생하는 다음과 같은 문제들을 줄이는 교정적 역할을 수행한다. 첫째, 유류세는 사람들의 대중교통 수단 이용을 유도하고, 자가용 사용을 억제함으로써 교통 혼잡을 줄여준다. 둘째, 교통사고 발생 시 대형 차량이나 승합차가 중소형 차량에 비해 보다 치명적인 피해를 줄 가능성이 높다. 이와 관련해서 유류세는 유류를 많이 소비하는 대형 차량을 운행하는 사람에게 보다 높은 비용을 치르게 함으로써 교통사고 위험에 대한 간접적인 비용을 징수하는 효과를 가진다. 셋째, 유류세는 유류 소비를 억제함으로써 대기오염을 줄이는 데 기여한다.

① 유류세의 용도   ② 높은 유류세의 정당성
③ 유류세의 지속적 인상   ④ 에너지 소비 절약
⑤ 유류세의 감소 원인

03

장정훈 전 존슨&존슨 제약 사업부 아시아 태평양 총괄 사장은 "아시아 태평양 지역 내에서는 전체 직원을 우리 사람처럼 서로 활용하자."고 주장했다. 모든 사람, 모든 시스템, 모든 성공을 공유하자는 것이다. 못사는 나라, 글로벌 기준으로 보면 많이 처지는 후발국가일지라도 반드시 배울 지식이 있다는 그의 평소 지론에서 나온 말이었다.

① 경계를 없앤 지식 경영   ② 선진국과 후진국 간의 알력
③ 애국심을 통한 민족주의   ④ 지역주의의 폐단
⑤ 아시아국가의 동맹

04

> 주어진 개념에 포섭시킬 수 없는 대상(의 표상)을 만난 경우, 상상력은 처음에는 기지의 보편에 포섭시킬 수 있도록 직관의 다양을 종합할 것이다. 말하자면 뉴턴의 절대 공간, 역학의 법칙 등의 개념(보편)과 자신이 가지고 있는 특수(빛의 휘어짐)가 일치하는가, 조화로운가를 비교할 것이다. 하지만 일치되는 것이 없으므로, 상상력은 또 다시 여행을 떠난다. 즉 새로운 형태의 다양한 종합 활동을 수행해 볼 것이다. 이것은 미지의 세계로 향한 여행이다. 그리고 이 여행에는 주어진 목적지가 없기 때문에 자유롭다.
>
> 이런 자유로운 여행을 통해, 예를 들어 상대 공간, 상대 시간, 공간의 만곡, 상대성 이론이라는 새로운 개념들을 가능하게 하는 새로운 도식들을 산출한다면, 그 여행은 종결될 것이다. 여기서 우리는 왜 칸트가 상상력의 자유로운 유희라는 표현을 사용하는지 이해할 수 있게 된다. '상상력의 자유로운 유희'란 이렇게 정해진 개념이나 목적이 없는 상황에서 상상력이 그 개념이나 목적을 찾는 과정을 의미한다고 볼 수 있다. 이는 게임이다. 그리고 그 게임에 있어서 반드시 성취해야 할 그 어떤 것이 없다면, 순수한 놀이(유희)가 성립할 수 있을 것이다.
>
> – 칸트, 『판단력비판』

① 상상력의 재발견   ② 인식능력으로서의 상상력
③ 목적 없는 상상력의 활동   ④ 자유로운 유희로서의 상상력의 역할
⑤ 과학적 발견의 원동력으로서의 상상력

정답 및 해설

01 ② 02 ② 03 ① 04 ④

01

제시문은 재산권 제도의 발달에 따른 경제 성장을 예로 들어 제도의 발달과 경제 성장의 상관관계에 대해 설명하고 있다. 더불어 제도가 경제 성장에 영향을 줄 수는 있지만 동시에 경제 성장으로부터 영향을 받을 수도 있다는 점에서 그 인과관계를 판단하기 어려운 한계점을 제시하고 있다. 따라서 제목으로 적절한 것은 '경제 성장과 제도 발달'이다.

02

제시문은 유류세 상승으로 인해 발생하는 장점들을 열거함으로써 유류세 인상을 정당화하고 있다.

03

제시문은 국경이 없는 글로벌 경영 방식을 설명하고 있다.

04

상상력은 정해진 개념이나 목적이 없는 상황에서 그 개념이나 목적을 찾는 역할을 하고, 이때 주어진 목적지 (개념)가 없으며, 반드시 성취해야 할 그 어떤 것도 없기 때문에 자유로운 유희다.

오답분석

① 제시문의 내용은 칸트 철학 내에서의 상상력이 어떤 조건에서 작동되며 또 어떤 역할을 하는지 기술하고 있으므로 상상력의 재발견이라는 주제는 적절하지 않다.

② 제시문에서는 상상력을 인식능력이라고 규정하는 부분을 찾을 수 없다.

③ 상상력은 주어진 개념이 없을 경우 새로운 개념들을 가능하게 산출하는 것이므로 목적 없는 활동이라고는 볼 수 없다.

⑤ 제시문에 기술된 만유인력의 법칙과 상대성 이론 등은 상상력의 자유로운 유희를 설명하기 위한 사례일 뿐이다.

05

우리사회는 타의 추종을 불허할 정도로 빠르게 변화하고 있다. 가족정책도 4인 가족 중심에서 1~2인 가구 중심으로 변해야 하며, 청년실업율과 비정규직화, 독거노인의 증가를 더 이상 개인의 문제가 아닌 사회문제로 다뤄야 하는 시기이다. 여러 유형의 가구와 생애주기 변화, 다양해지는 수요에 맞춘 공동체 주택이야말로 최고의 주거복지사업이다. 공동체 주택은 공동의 목표와 가치를 가진 사람들이 커뮤니티를 이뤄 사회문제에 공동으로 대처해나가도록 돕고, 나아가 지역사회와도 연결시키는 작업을 진행하고 있다.

임대료 부담으로 작품활동이나 생계에 어려움을 겪는 예술인을 위한 공동주택, 1인 창업과 취업을 위해 골몰하는 청년을 위한 주택, 지속적인 의료서비스가 필요한 환자나 고령자를 위한 의료안심주택은 모두 시민의 삶의 질을 높이고 선별적 복지가 아닌 복지사회를 이루기 위한 노력의 일환이다. 혼자가 아닌 '함께 가는' 길에 더 나은 삶이 있기 때문에 오늘도 수요자 맞춤형 공공주택은 수요자에 맞게 진화하고 있다.

① 주거난에 대비하는 주거복지 정책
② 4차 산업혁명과 주거복지
③ 선별적 복지 정책의 긍정적 결과
④ 수요자 중심의 대출규제 완화
⑤ 다양성을 수용하는 주거복지 정책

06

> 헤르만 헤세는 어느 책이 유명하다거나 그것을 모르면 수치스럽다는 이유만으로 그 책을 무리하게 읽으려는 것은 참으로 그릇된 일이라 했다. 그는 이어서, "그렇게 하기보다는 모든 사람은 자기에게 자연스러운 면에서 읽고, 알고, 사랑해야 할 것이다. 어떤 사람은 학생 시절의 초기에 벌써 아름다운 시구의 사랑을 자기 안에서 발견할 수 있으며, 어떤 사람은 역사나 자기 고향의 전설에 마음이 끌리게 되고 또는 민요에 대한 기쁨이나 우리의 감정이 정밀하게 연구되고 뛰어난 지성으로써 해석된 것에 독서의 매력 있는 행복감을 가질 수 있을 것이다."라고 말한 바 있다.

① 문학 작품을 많이 읽으면 정서 함양에 도움이 된다.
② 학생 시절에 고전과 명작을 많이 읽어 교양을 쌓아야 한다.
③ 남들이 읽어야 한다고 말하는 책보다 자신이 읽고 싶은 책을 읽는 것이 좋다.
④ 자신이 속한 사회의 역사나 전설에 관한 책을 읽으면 애향심을 기를 수 있다.
⑤ 독서는 우리의 감정을 정밀하게 연구하고 해석해 행복감을 준다.

정답 및 해설
05 ⑤　06 ③

05

제시문은 빠른 사회변화 속 다양해지는 수요에 맞춘 주거복지 정책의 예로 예술인을 위한 공동주택, 창업 및 취업자를 위한 주택, 의료안심주택을 들고 있다.
따라서 제시문의 주제로 가장 적절한 것은 다양성을 수용하는 주거복지 정책이다.

06

헤르만 헤세가 한 말인 "자기에게 자연스러운 면에서 읽고, 알고, 사랑해야 할 것이다."라는 문구를 통해 남의 기준에 맞추기보다 자신의 감정에 충실하게 책을 선택하여 읽으라고 하였음을 알 수 있다.

대표
예제

다음 중 글의 내용과 일치하지 않는 것은?

2. 선택지에 체크
한 핵심어와
관련된 내용을
제시문에서 파
악하며 글의 내
용과 비교한다.

생물 농약이란 농작물에 피해를 주는 병이나 해충, 잡초를 제거하기 위해 자연에 있는 생물로 만든
천연 농약을 뜻한다. 생물 농약을 개발한 것은 흙 속에 사는 병원균으로부터 식물을 보호할 목적에서
였다. 뿌리를 공격하는 병원균은 땅속에 살고 있으므로 병원균을 제거하기에 어려움이 있었다. 게다
가 화학 농약의 경우 그 성분이 토양에 달라붙어 제 기능을 발휘하지 못했기 때문에, 식물 성장을 돕
고 항균 작용을 할 수 있는 미생물에 주목하기 시작한 것이다.
식물 성장을 돕고 항균 작용을 하는 미생물집단을 '근권미생물'이라 하는데, 여러 종류의 근권미생물
중 농약으로 쓰기에 가장 좋은 것은 뿌리에 잘 달라붙는 것들이다. 근권미생물의 입장에서 뿌리 주변
은 사막의 오아시스와 비슷한 조건이다. 뿌리 주변은 뿌리에서 공급되는 양분과 안락한 서식 환경을
제공받지만, 뿌리 주변에서 멀리 떨어진 곳은 황량한 지역이어서 먹을 것을 찾기가 어렵기 때문이다.
따라서 뿌리 주변에서는 좋은 위치를 선점하기 위해 미생물 간에 치열한 싸움이 벌어진다. 얼마나 뿌
리에 잘 정착하느냐가 생물 농약으로 사용되는 미생물을 결정하는 데 중요한 기준이 되는 셈이다.
생물 농약으로 쓰이는 미생물은 식물 성장을 돕는 성질을 포함한다. 미생물이 만든 항균물질은 농작
물의 뿌리에 침입하려는 곰팡이나 병원균의 성장을 억제하거나 죽게 한다. 그리고 병원균이나 곤충,
선충에 기생하는 종들을 사용한 생물 농약은 유해 병원균이나 해충을 직접 공격하기도 한다. 예를 들
자면, 흰가룻병은 채소 대부분에 생겨나는 곰팡이 때문에 발생하는데, 흰가룻병을 일으키는 곰팡이의
영양분을 흡수해 죽이는 천적 곰팡이(암펠로마이세스 귀스콸리스)를 이용한 생물 농약이 만들어졌다.

② 일치
① 일치
③ 일치
④ 일치
⑤ 불일치

1. 제시문에서 접
할 수 있는 핵
심어 중심으로
선택지를 체크
한다.

① 화학 농약은 화학 성분이 토양에 달라붙어 제 기능을 발휘하지 못한다.
② 생물 농약은 식물을 흙 속에 사는 병원균으로부터 보호하기 위해서 만들어졌다.
③ '근권미생물'이란 식물의 성장에 도움을 주는 미생물이다.
④ 뿌리에 얼마만큼 정착하는지의 여부가 미생물의 생물 농약 사용 기준이 된다.
⑤ 생물 농약으로 쓰이는 미생물들은 유해 병원균이나 해충을 직접 공격하지는 못한다.

정답 및 해설

정답 ⑤

마지막 문단에서 '그리고 병원균이나 곤충, 선충에 기생하는 종들을 사용한 생물 농약은 유해 병원균이나 해충을 직접 공격하기도 한다.'라고 설명했다.

※ 다음 중 글의 내용과 일치하지 않는 것을 고르시오. [1~4]

01

> '갑'이라는 사람이 있다고 하자. 이때 사회가 갑에게 강제적 힘을 행사하는 것이 정당화되는 근거는 무엇일까? 그것은 갑이 다른 사람에게 미치는 해악을 방지하려는 데에 있다. 특정 행위가 갑에게 도움이 될 것이라든가, 이 행위가 갑을 더욱 행복하게 할 것이라든가 또는 이 행위가 현명하다든가 혹은 옳은 것이라든가 하는 이유를 들면서 갑에게 이 행위를 강제하는 것은 정당하지 않다. 이는 갑에게 권고하거나 이치를 이해시키거나 무엇인가를 간청하는 데 충분한 이유가 된다. 그러나 갑에게 강제를 가하는 이유 혹은 어떤 처벌을 가할 이유는 되지 않는다. 이와 같은 사회적 간섭이 정당화되기 위해서는 갑이 행하려는 행위가 다른 어떤 이에게 해악을 끼칠 것이라는 점이 충분히 예측되어야 한다. 한 사람이 행하고자 하는 행위 중에서 그가 사회에 대해서 책임을 져야 할 유일한 부분은 다른 사람에게 관계되는 부분이다.

① 개인에 대한 사회의 간섭은 어떤 조건이 필요하다.
② 행위 수행 혹은 행위 금지의 도덕적 이유와 법적 이유는 구분된다.
③ 한 사람의 행위는 타인에 대한 행위와 자신에 대한 행위로 구분된다.
④ 사회는 개인의 해악에 관해서는 관심이 있지만, 그 해악을 방지할 강제성의 근거는 가지고 있지 않다.
⑤ 타인과 관계되는 행위는 사회적 책임이 따른다.

02

> 간디는 절대로 몽상가는 아니다. 그가 말한 것은 폭력을 통해서는 인도의 해방도, 보편적인 인간 해방도 없다는 것이었다. 민족 해방은 단지 외국 지배자의 퇴각을 의미하는 것일 수는 없다. 참다운 해방은 지배와 착취와 억압의 구조를 타파하고 그 구조에 길들여져 온 심리적 습관과 욕망을 뿌리로부터 변화시키는 일 – 다시 말하여 일체의 '칼의 교의(敎義)' – 로부터의 초월을 실현하는 것이다. 간디의 관점에서 볼 때, 무엇보다 큰 폭력은 인간의 근원적인 영혼의 요구에 대해서는 조금도 고려하지 않고, 물질적 이득의 끊임없는 확대를 위해 착취와 억압의 구조를 제도화한 서양의 산업 문명이었다.

① 간디는 비폭력주의자이다.
② 간디는 산업 문명에 부정적이었다.
③ 간디는 반외세 사회주의자이다.
④ 간디는 외세가 인도를 착취하였다고 보았다.
⑤ 간디는 서양의 산업 문명을 큰 폭력이라고 보았다.

03

> 고야의 마녀도 리얼하다. 이는 고야가 인간과 마녀를 분명하게 구별하지 않고, 마녀가 실존하는 것처럼 그렸기 때문이다. 따라서 우리는 고야가 마녀의 존재를 믿었는지 의심할 수 있다. 그러나 그것은 중요한 문제가 아니다. 고야는 마녀를 비이성의 상징으로 그려서 세상이 완전하게 이성에 의해서만 지배되지는 않음을 표현하고 있을 뿐이다. 또한 악마는 사실 인간 자신의 정신 내면에 존재하는 것임을 시사한다. 그것이 바로 가장 유명한 작품인 제43번 '이성이 잠들면 괴물이 나타난다'에서 그려진 것이다.

① 고야가 마녀의 존재를 믿었는가의 여부는 알 수 없다.
② 고야는 이성의 존재를 부정하였다.
③ 고야는 비이성이 인간 내면에 존재한다고 판단했다.
④ 고야는 세상을 이성과 비이성이 뒤섞인 상태로 이해했다.
⑤ 고야는 마녀를 실존하는 것처럼 그려냈다.

정답 및 해설

01 ④ 02 ③ 03 ②

01

오답분석

①은 두 번째 문장, ②는 제시문의 흐름, ③과 ⑤는 마지막 문장에서 각각 확인할 수 있다.

02

오답분석

①은 두 번째 문장, ② · ⑤는 마지막 문장, ④는 세 번째 문장에서 각각 확인할 수 있다.

03

제시문에 고야가 이성의 존재를 부정했다는 내용은 제시되어 있지 않으며, 다섯 번째 문장 '세상이 완전하게 이성에 의해서만 지배되지는 않음을 표현하고 있을 뿐이다.'를 통해 ②의 내용이 적절하지 않음을 알 수 있다.

04

현대 우주론의 출발점은 1917년 아인슈타인이 발표한 정적 우주론이다. 아인슈타인은 우주는 팽창하지도 수축하지도 않는다고 주장했다. 그런데 위 이론의 토대가 된 아인슈타인의 일반 상대성 이론을 면밀히 살핀 러시아의 수학자 프리드만과 벨기에의 신부 르메트르의 생각은 아인슈타인과 달랐다. 프리드만은 1922년 "우주는 극도의 고밀도 상태에서 시작돼 점차 팽창하면서 밀도가 낮아졌다."라는 주장을, 르메트르는 1927년 "우주가 원시 원자들의 폭발로 시작됐다."라는 주장을 각각 논문으로 발표했다. 그러나 아인슈타인은 그들의 논문을 무시해 버렸다.

① 프리드만의 이론과 르메트르의 이론은 양립할 수 없는 관계이다.
② 정적 우주론은 일반상대성이론의 연장선상에 있는 이론이다.
③ 아인슈타인의 정적 우주론에 대한 반론이 제기되었다.
④ 아인슈타인의 이론과 프리드만의 이론은 양립할 수 없는 관계이다.
⑤ 아이슈타인은 프리드만과 르메트르의 주장을 받아들이지 않았다.

※ 다음 중 글의 내용과 일치하는 것을 고르시오. [5~8]

05

사람들은 고급문화가 오랫동안 사랑을 받는 것이고, 대중문화는 일시적인 유행에 그친다고 생각하고 있다. 그러나 이러한 판단은 근거가 확실치 않다. 예컨대, 모차르트의 음악은 지금껏 연주되고 있지만, 비슷한 시기에 활동했고 당대에는 비슷한 평가를 받았던 살리에리의 음악은 현재 아무도 연주하지 않는다. 모르긴 해도 그렇게 사라진 예술가가 한둘이 아니지 않을까. 그런가 하면 1950~1960년대 엘비스 프레슬리와 비틀즈의 음악은 지금까지도 매년 가장 많은 저작권료를 발생시킨다. 이른바 고급문화의 유산들이 수백 년간 역사 속에서 형성된 것인 데 반해 우리가 대중문화라 부르는 문화 산물은 그 역사가 고작 100년을 넘지 않았다.

① 비틀즈의 음악은 오랫동안 사랑을 받고 있으니 고급문화라고 할 수 있다.
② 살리에리는 모차르트와 같은 시대에 살며 대중음악을 했던 인물이다.
③ 많은 저작권료를 받는 작품이라면 고급문화로 인정해야 한다.
④ 대중문화가 일시적인 유행에 그칠지 여부는 아직 판단하기 곤란하다.
⑤ 대중문화는 고급문화보다 사람들에게 사랑받기 힘들 것이다.

06

> 우리 속담에 '울다가도 웃을 일이다.'라는 말이 있듯이 슬픔의 아름다움과 해학의 아름다움이 함께 존재한다면 이것은 우리네의 곡절 많은 역사 속에서 밴 미덕의 하나라고 할 만하다. 울다가도 웃을 일이라는 말은 물론 어처구니가 없을 때 하는 말이기도 하지만 애수가 아름다울 수 있고 또 익살이 세련되어 아름다울 수 있다면 그 사회의 서정과 조형미에 나타나는 표현에도 의당 이러한 것이 반영되어 있어야 한다.
>
> 이러한 고요의 아름다움과 슬픔의 아름다움이 조형 작품 위에 옮겨질 수 있다면 이것은 바로 예술에서 말하는 적조미의 세계이며 익살의 아름다움이 조형 위에 구현된다면 물론 이것은 해학미의 세계일 것이다.

① 익살은 우리 민족만이 지닌 특성이다.

② 익살은 풍속화에서 가장 잘 표현된다.

③ 익살이 조형 위에 구현된다면 적조미다.

④ 익살은 우리 민족의 삶의 정서를 반영한다.

⑤ 익살은 역사 속에서 아름답다고 할 수 없다.

정답 및 해설   04 ① 05 ④ 06 ③

04

프리드만의 '우주는 극도의 고밀도 상태에서 시작돼 점차 팽창하면서 밀도가 낮아졌다.'라는 이론과 르메트르의 '우주가 원시 원자들의 폭발로 시작됐다.'라는 이론은 상호 모순되지 않는 이론이다.

따라서 프리드만의 이론과 르메트르의 이론은 양립할 수 없다는 해석은 적절하지 않다.

05

제시문의 첫 번째 문장에서 '대중문화는 일시적인 유행에 그친다고 생각하고 있다.'고 했지만, '그러나 이러한 판단은 근거가 확실치 않다.'고 서술하고 있다.

06

③은 제시문 전체를 통해서 확인할 수 있다.

> 포화지방산에서 나타나는 탄소 결합 형태는 연결된 탄소끼리 모두 단일 결합하는 모습을 띤다. 이때 각각의 탄소에는 수소가 두 개씩 결합한다. 이 결합 형태는 지방산 분자의 모양을 일자형으로 만들어 이웃하는 지방산 분자들이 조밀하게 연결될 수 있으므로, 분자 간 인력이 높아 지방산 분자들이 단단하게 뭉치게 된다. 이 인력을 느슨하게 만들려면 많은 열에너지가 필요하다. 따라서 이 지방산을 함유한 지방은 녹는점이 높아 상온에서 고체로 존재하게 된다. 그리고 이 지방산 분자에는 탄소 사슬에 수소가 충분히 결합되어, 수소가 분자 내에 포화되어 있으므로 포화지방산이라 부르며, 이것이 들어 있는 지방을 포화지방이라고 한다. 포화지방은 체내의 장기 주변에 쌓여 장기를 보호하고 체내에 저장되어 있다가 에너지로 전환되어 몸에 열량을 내는 데 이용된다. 그러나 이 지방이 저밀도 단백질과 결합하면, 콜레스테롤이 혈관 내부에 쌓여 혈액의 흐름을 방해하고 혈관 내부의 압력을 높여 심혈관계 질병을 유발하는 것으로 알려져 있다.

① 포화지방산에서 나타나는 탄소 결합은 각각의 탄소에 수소가 두 개씩 결합하므로 다중 결합한다고 할 수 있다.

② 탄소에 수소가 두 개씩 결합하는 형태는 열에너지가 많아서 지방산 분자들이 단단하게 뭉치게 된다.

③ 분자 간 인력을 느슨하게 하면 지방산 분자들의 연결이 조밀해진다.

④ 포화지방은 포화지방산이 들어 있는 지방을 가리킨다.

⑤ 포화지방이 체내에 저장되면 콜레스테롤이 혈관 내부에 쌓여 흐름을 방해하고 혈관 내부의 압력을 높여 질병을 유발하므로 몸에 좋지 않다.

08

우리는 선인들이 남긴 훌륭한 문화유산이나 정신 자산을 언어(특히, 문자 언어)를 통해 얻는다. 언어가 시대를 넘어 문명을 전수하는 역할을 하는 것이다. 언어를 통해 전해진 선인들의 훌륭한 문화유산이나 정신 자산은 당대의 문화나 정신을 살찌우는 밑거름이 된다. 만약 언어가 없다면 선인들과 대화하는 일은 불가능할 것이다. 그렇게 되면 인류 사회는 앞선 시대와 단절되어 더 이상의 발전을 기대할 수 없게 된다. 인류가 지금과 같은 고도의 문명 사회를 이룩할 수 있었던 것도 언어를 통해 선인들과 끊임없이 대화하며 그들에게서 지혜를 얻고 그들의 훌륭한 정신을 이어받았기 때문이다.

① 언어는 인간에게 유일한 의사소통의 도구이다.
② 과거의 문화유산은 남김없이 계승되어야 한다.
③ 문자 언어는 음성 언어보다 우월한 가치를 가진다.
④ 문명의 발달은 언어의 진화와 더불어 이루어져 왔다.
⑤ 언어는 시간에 구애받지 않고 정보를 전달할 수 있다.

정답 및 해설

07

제시문의 '수소가 분자 내에 포화되어 있으므로 포화지방산이라 부르며, 이것이 들어 있는 지방을 포화지방이라고 한다.'를 통해 포화지방은 포화지방산이 들어 있는 지방을 가리킴을 알 수 있다.

오답분석

① 포화지방산에서 나타나는 탄소 결합 형태는 연결된 탄소끼리 모두 단일 결합하는 모습을 띠고, 각각의 탄소에 수소가 두 개씩 결합한다.
② 탄소에 수소가 두 개씩 결합하는 형태는 분자 간 인력이 높아 지방산 분자들이 단단하게 뭉치게 되는 것이다. 열에너지가 많아지면 인력이 느슨해진다.
③ 분자 간 인력이 높을 때 지방산 분자들이 단단히 뭉치는 것이므로 느슨해지면 그의 반대가 된다.
⑤ 포화지방이 체내에 저장되면 에너지로 전환되어 몸에 열량을 내는 데 이용된다. 몸에 좋지 않은 경우는 저밀도 단백질과 결합하는 경우이다.

08

제시문에서 언어는 시대를 넘어 문명을 전수하는 역할을 함을 알 수 있다. 언어를 통해 전해진 선진들의 훌륭한 문화유산이나 정신 자산은 당대의 문화나 정신을 살찌우는 밑거름이 되는 것이다. 이러한 언어가 없었다면 인류 사회는 앞선 시대와 단절되어 더 이상의 발전을 기대할 수 없었을 것이며, 이는 문명의 발달이 언어의 진화와 더불어 이루어져 왔음을 의미한다.

대표예제 다음 글에서 추론한 내용으로 적절하지 않은 것은? ① 문제에서 제시하는 추론 유형을 확인한다.
→ 세부적인 내용을 추론하는 유형

고대 야만인 이미지와 르네상스 이후 야만인 이미지 형성의 차이 ─

헤로도토스의 앤드로파기(=식인종)나 신화나 전설적 존재들인 반인반양, 켄타우로스, 미노타우로스 등은 아무래도 역사적인 구체성이 크게 결여된 편이다. 반면에 르네상스의 야만인 담론에 등장하는 야만인들은 서구의 전통 야만인관에 의해 각색되었지만, 이전과는 달리 현실적 구체성을 띠고 나타난다. 하지만 이때도 문명의 시각이 작동하여 야만인이 저질 인간으로 인식되는 것은 마찬가지이다. 다 ──②의 근거
만 이런 인식이 서구 중심의 세계체제 형성과 관련을 맺는다는 점이 이전과의 차이점이다. 르네상스 ──③의 근거
야만인 상은 서구인의 문명건설 과업과 관련하여 만들어진 것이다. '신대륙 발견'과 더불어 '문명'과 '야만'의 접촉이 빈번해지자 야만인은 더는 신화적·상징적·문화적 이해 대상이 아니다. 이제 그는 실제 경험의 대상으로서 서구인의 일상생활에까지 모습을 드러내는 존재이다.

실제 야만인과의 접촉 및 정복의 정당성 부여를 위한 이미지 형성 ─

특히 주목해야 할 점은 콜럼버스의 '신대륙 발견' 이후로 야만인 담론은 유럽인이 '발견'한 지역의 원주민들과 집단으로 직접 만나는 실제 체험과 관련되어 있다는 사실이다. 르네상스 이전이라고 해서 이방의 원주민들을 만나지 않았을 리 없겠지만 그때에는 원주민에 관한 정보가 직접 경험에 의한 것 ──①의 근거
이라기보다는 뜬소문에 근거하거나 아니면 순전히 상상의 산물인 경우가 많았다. 반면에 르네상스 시대 야만인은 그냥 원주민이 아니다. 이때 원주민은 식인종이며 바로 이 점 때문에 문명인의 교화를 받거나 정복과 절멸의 대상이 된다. 이 점은 코르테스가 정복한 아스테카 제국인 멕시코를 생각하면 쉽게 이해할 수 있다. ┕──⑤의 근거

상당한 문명의 발달을 이룩한 멕시코임에도 식인 이미지(전통 야만인 상)를 뒤집어 씌움 ─

멕시코는 당시 거대한 제국으로써 유럽에서도 유례를 찾아보기 힘들 정도로 거대한 인구 25만의 도시를 건설한 '문명국'이었다. 하지만 멕시코 정벌에 참여한 베르날 디아즈는 나중에 이 경험을 토대로 한 회고록 『뉴스페인 정복사』에서 멕시코 원주민들을 지독한 식인습관을 가진 것으로 매도한다. 멕시코 원주민들이 식인종으로 규정되고 나면 그들이 아무리 스페인 정복군이 눈이 휘둥그레질 정도로 발달된 문화를 가지고 있어도 소용이 없다. 그들은 집단으로 '식인' 야만인으로 규정됨으로써 정복의 대상이 되고 또 이로 말미암아 세계사의 흐름에 큰 변화가 오게 된다. 거대한 대륙의 주인이 바뀌는 것이다. ② 문단을 읽으면서 선택지의 근거가 되는 부분을 확인한다. ┕──④의 근거

두 번째 문단 ─

① 고대에 형성된 야만인 이미지들은 경험에 의한 것이기보다 허구의 산물이었다.
② 르네상스 이후 서구인의 야만인 담론은 전통적인 야만인관과 단절을 이루었다.
③ 르네상스 이후 야만인은 서구의 세계제패 전략의 관점에서 인식되고 평가되었다. ── 첫 번째 문단
④ 스페인 정복군에 의한 아즈테카 문명의 정복은 서구 야만인 담론을 통해 합리화되었다.─ 세 번째 문단
⑤ 콜럼버스 신대륙 발견 이후 야만인은 문명에 의해 교화되거나 정복되어야 할 잔인한 존재로 매도되었다.

정답 및 해설

정답 ②

르네상스의 야만인 담론은 이전과는 달리 현실적 구체성을 띠고 있지만 전통 야만인관에 의해 각색되는 것은 여전하다.

※ 다음 글로부터 추론할 수 있는 내용으로 가장 적절한 것을 고르시오. [1~3]

01

> 효(孝)가 개인과 가족, 곧 일차적인 인간관계에서 일어나는 행위를 규정한 것이라면, 충(忠)은 가족이
> 아닌 사람들과의 관계, 곧 이차적인 인간관계에서 일어나는 사회적 행위를 규정한 것이었다. 그런데
> 언제부터인가 우리는 효를 순응적 가치관을 주입하는 봉건 가부장제 사회의 유습이라고 오해하는가
> 하면, 충과 효를 동일시하는 오류를 저지르는 경향이 많아졌다.
> "부모에게 효도하고 형제를 사랑하는 사람은 윗사람의 명령을 거역하는 경우가 드물다. 또 윗사람의
> 명령을 어기지 않는 사람은 난동을 일으키는 경우도 드물다. 군자는 근본에 힘쓴다. 근본이 확립되면
> 도가 생기기 때문이다. 효도와 우애는 인(仁)의 근본이다."
> 위 구절에 담긴 입장을 기준으로 보면 효는 윗사람에 대한 절대 복종으로 연결된다. 곧 종족 윤리의
> 기본이 되는 연장자에 대한 예우는 물론이고 신분 사회의 엄격한 상하 관계까지 포괄적으로 인정하
> 는 것이다. 하지만 이 구절만을 근거로 효를 복종의 윤리라고 보는 것은 성급한 판단이다. 왜냐하면
> 원래부터 효란 가족 윤리 또는 종족 윤리로서 사회 윤리였던 충보다 우선시되었을 뿐만 아니라, 유교
> 의 기본 입장은 설사 부모의 명령이라 하더라도 옳고 그름을 가리지 않는 맹목적인 복종은 그 자체가
> 불효라고 보았기 때문이다.
> 유교에서는 부모와 자식의 관계가 자연에 의해서 결정된다고 한다. 이 때문에 부모와 자식의 관계는
> 인위적으로 끊을 수 없다고 본다. 이에 비해 임금과 신하의 관계는 공동의 목표를 위한 관계로서 의
> 리에 의해서 맺어진 관계로 본다. 의리가 맞지 않는다면 언제라도 끊을 수 있다고 생각하는 것이다.

① 효는 봉건 가부장제 사회의 영향 아래 규정된 가족 관계에서의 행위이다.
② 인(仁)의 원리에 따르면 충을 다하면 효는 자연스럽게 따라온다.
③ 충은 상호 신뢰를 바탕으로 이루어진 임금과 신하 사이의 관계에서 지켜져야 한다.
④ 유교적 윤리에 따르면 부모와 윗사람의 명령은 거역할 수 없다.
⑤ 임금의 명령으로 인해 부모에 대한 효를 지키지 못했다면 이는 불효가 아닐 것이다.

02

> 미적인 것이란 내재적이고 선험적인 예술 작품의 특성을 밝히는 데서 더 나아가 삶의 풍부하고 생동적인 양상과 가치, 목표를 예술 형식으로 변환한 것이다. 미(美)는 어떤 맥락으로부터도 자율적이기도 하지만 타율적이다. 미에 대한 자율적 견해를 지닌 칸트도 일견 타당하지만, 미를 도덕이나 목적론과 연관시킨 톨스토이나 마르크스도 타당하다. 우리가 길을 지나다 이름 모를 곡을 듣고서 아름답다고 느끼는 것처럼 순수미의 영역이 없는 것은 아니다. 하지만 그 곡이 독재자를 열렬히 지지하기 위한 선전곡이었음을 안 다음부터 그 곡을 혐오하듯 미(美) 또한 사회 경제적, 문화적 맥락의 영향을 받기도 한다.

① 작품의 구조 자체에 주목하여 문학작품을 감상해야 한다는 절대주의적 관점은 칸트의 견해와 유사하다.

② 칸트는 현실과 동떨어진 작품보다 부조리한 사회 현실을 고발하는 작품의 가치를 더 높게 평가하였을 것이다.

③ 칸트의 견해에 따르면 예술 작품이 독자에게 어떠한 영향을 미치느냐에 따라 작품의 가치가 달라질 수 있다.

④ 톨스토이의 견해에 따라 시를 감상한다면 운율과 이미지, 시상 전개 등을 중심으로 감상해야 한다.

⑤ 톨스토이와 마르크스는 예술 작품이 내재하고 있는 고유한 특성이 감상에 중요하지 않다고 주장했다.

정답 및 해설

01 ③ 02 ①

01

인간관계에서 일어나는 사회적 행위를 규정한 것이 '중'이므로 충은 임금과 신하 사이의 관계에서 지켜져야 할 사회 윤리이다. 이러한 임금과 신하의 관계는 공동의 목표를 위한 관계로서 의리에 의해서 맺어진 관계이므로 임금과 신하의 관계는 상호 신뢰를 바탕으로 이루어짐을 추론할 수 있다.

02

미를 도덕이나 목적론과 연관시킨 톨스토이나 마르크스와 달리 칸트는 미에 대한 자율적 견해를 지녔다. 즉, 미적 가치를 도덕 등 다른 가치들과 관계없는 독자적인 것으로 본 것이다. 따라서 문학작품을 감상할 때 다른 외부적 요소들은 고려하지 않고 작품 자체에만 주목하여 감상해야 한다는 절대주의적 관점이 이러한 칸트의 견해와 유사함을 추론할 수 있다.

03

예술의 각 사조는 특정한 역사적 현실 위에서, 특정한 이데올로기를 표현하기 위하여 등장한다. 따라서 특정한 예술 사조를 받아들일 때, 그 예술의 형식 뒤에 숨은 이데올로기를 충분히 소화하고 있느냐가 문제가 된다. 그렇지 못한 모방행위는 형식 미학 또는 관념 미학이 갖는 오류에서 벗어나지 못한다. 가령 어느 예술가가 인상파의 영향을 받았다면, 동시에 그는 그것의 시대적 한계와 약점까지 추적해야 한다. 그리고 그것을 자신이 사는 시대에 접목하였을 경우 현실의 문화적 풍토 위에서 성장할 수 있는가를 가늠해야 한다.

① 모방행위는 예술 사조에 포함되지 않는다.
② 예술 사조는 역사적 현실과 불가분의 관계이다.
③ 예술 사조는 현실적 가치만을 반영한다.
④ 예술 사조는 예술가가 현실과 조율한 타협점이다.
⑤ 모든 예술 사조는 오류를 피하고 완벽을 추구한다.

04 다음 글을 통해 추론할 수 있는 내용으로 적절하지 않은 것은?

멜서스는 『인구론』에서 인구는 기하급수적으로 증가하지만 식량은 산술급수적으로 증가한다고 주장했다. 먹지 않고 살 수 있는 인간은 없는 만큼, 이것이 사실이라면 어떤 방법으로든 인구 증가는 억제될 수밖에 없다. 그 어떤 방법에 포함되는 가장 유력한 항목이 바로 기근, 전쟁, 전염병이다. 식량이 부족해지면 사람들이 굶어 죽거나, 병들어 죽게 된다는 것이다. 이런 불행을 막으려면 인구 증가를 미리 억제해야 한다. 따라서 멜서스의 이론은 사회적 불평등을 해소하려는 모든 형태의 이상주의 사상과 사회운동에 대한 유죄 선고 판결문이었다. 멜서스가 보기에 인간의 평등과 생존권을 옹호하는 모든 사상과 이론은 '자연법칙에 위배되는 유해한' 것이었다. 사회적 불평등과 불공정을 비판하는 이론은 존재하지 않는 자연법적 권리를 존재한다고 착각하는 데에서 비롯된 망상의 산물일 뿐이었다. 그러나 멜서스의 주장은 빗나간 화살이었다. 멜서스의 주장 이후 유럽 산업국 노동자의 임금은 자꾸 올라가 최저 생존 수준을 현저히 넘어섰지만 인구가 기하급수적으로 증가하지는 않았다. 그리고 '하루 벌어 하루 먹고사는 하류계급'은 성욕을 억제하지 못해서 임신과 출산을 조절할 수 없다고 했지만, 그가 그 이론을 전개한 시점에서 유럽 산업국의 출산율은 이미 감소하고 있었다.

① 멜서스에게 인구 증가는 국가 부흥의 증거이다.
② 멜서스는 인구 증가를 막기 위해 적극적인 억제방식을 주장한다.
③ 멜서스는 사회구조를 가치 있는 상류계급과 가치 없는 하류계급으로 나눴을 것이다.
④ 대중을 빈곤에서 구해내는 방법을 찾는 데 열중했던 당대 진보 지식인과 사회주의자들 사이에서 몬스터로 통했을 것이다.
⑤ 멜서스의 주장은 비록 빗나가긴 했지만, 인구구조의 변화에 동반되는 사회현상을 관찰하고 그 원리를 논증했다는 점은 학문적으로 평가받을 부분이 있다.

05 다음 글을 읽고 바로 뒤에 이어질 내용으로 적절한 것은?

> 나노선과 나노점을 만들기 위해 하향식과 상향식의 두 가지 방법이 시도되고 있다. 하향식 방법은 원료 물질을 전자빔 등을 이용하여 작게 쪼개는 방법인데, 현재 7나노미터 수준까지 제조가 가능하지만 생산성과 경제적 효용성이 문제가 되고 있다. 이러한 문제점을 해결하기 위해 시도되고 있는 상향식 방법에서는 물질을 작게 쪼개는 대신 원자나 분자의 결합력에 따른 자기 조립 현상을 이용하여 나노 입자를 제조하려 한다.

① 나노 기술 구현의 최대 난제는 나노 물질의 인위적 제조이다. 나노 물질은 나노점, 나노선, 나노박막의 형태로 구분된다.

② 하향식 방법의 기술적인 문제만 해결된다면 상향식 방법은 효용성이 없다.

③ 상향식 방법은 경제적 측면에서는 하향식에 비해 훨씬 유리하나, 기술적으로 해결해야 할 난점들이 많다는 데 문제가 있다.

④ 나노 기술은 여러 가지 분야에서 활용되고 있다.

⑤ 경제적 문제로 인해 상향식 방법보다는 하향식 방법이 선호되고 있다.

정답 및 해설

03 ② 04 ① 05 ③

03
예술 사조는 역사적 현실과 이데올로기를 표현하기 위해 등장했으며, 예술가가 특정 사조에 영향을 받을 때 그 시대적 배경을 고려해야 한다고 하였다. 따라서 예술 사조는 역사적 현실과 떨어질 수 없으며, 이를 토대로 역사적 현실과 불가분의 관계임을 추론할 수 있다.

04
멜서스의 주장에 따르면 인구가 증가하면 식량이 부족해지고, 기근, 전쟁, 전염병으로 인구가 조절된다고 주장했기 때문에 ①의 주장은 멜서스와 반대된다.

오답분석
② 멜서스는 인구 증가에 따른 부작용을 막기 위해 인구 증가를 미리 억제해야 한다고 주장한 점에서 멜서스의 인구 억제방식은 적극적임을 알 수 있다.

③ 멜서스는 '하루 벌어 하루 먹고사는 하류계급'으로 노동자를 언급했으며, 또한 하류계급은 '성욕을 참지 못한다.'고 극단적으로 표현한 점을 봐서 상류계급과 하류계급으로 사회구조를 나눠서 봤음을 유추할 수 있다.

④ 멜서스는 인간의 평등과 생존권을 옹호하는 모든 사상과 이론은 '자연법칙에 위배되는 유해한' 것으로 주장했기 때문에 당대 대중 빈곤을 위해 노력했던 사람들에게 몬스터로 불렸음을 유추할 수 있다.

⑤ 멜서스의 주장은 비록 극단적인 편견으로 가득 찬 빗나간 화살이었지만, 인구구조의 변화와 그 사회현상을 새로운 시각으로 접근했다는 점에서 학문적으로 평가받을 수 있다.

05
하향식 방법에 대한 설명에 이어 상향식 방법에 대한 설명이 나와야 하므로 ③이 적절하다.

※ 다음 글을 읽고 甲과 乙의 주장을 도출할 수 있는 질문으로 가장 적절한 것을 고르시오. [6~7]

06

> 甲 : 개인의 욕구를 충족시키고 자원을 배분하는 사회적 기능은 일차적으로 사적 영역인 가족이나 시장 등을 통해 이루어져야 한다. 다만 이것이 제대로 이루어지지 않을 때 사회 복지 제도가 잠정적이고 일시적으로 그 기능을 대신할 수 있지만, 자유주의 이념에 따라 사적 영역에 대한 국가의 관여는 최소 수준으로 제한해야 한다. 사회 복지의 대상도 노동시장에서 소득을 얻지 못하는 사람들과 같이 사적 영역에서 사회적 기능을 보장받지 못한 일부 사람들로 국한되어야 한다. 즉, 가족, 공동체, 민간 자원봉사, 시장 등의 민간 부문이 개인 복지의 중요한 역할을 담당하게 된다.
> 乙 : 각 개인의 욕구 충족과 자기 성취를 돕기 위해서 국가가 사회 제도를 통해 보편적 복지 서비스를 제공하는 것이 필요하다. 이는 개인들이 자신의 힘만으로는 일상적 위험과 불안에 충분히 대처하기 어려우며, 가족이나 직장도 개인들의 기본적인 필요와 욕구를 충족해 줄 수는 없기 때문이다. 복지 국가의 이념에 따라 개인의 성별, 나이, 지위, 계층 등의 조건과 관계없이 국가가 모든 국민에게 복지 혜택을 제공함으로써, 국민들의 기본적인 욕구를 해결하고 생존의 불안과 위험을 최소화해야 한다. 국가는 사회 복지를 시장 논리에 내맡기지 않고 개인 또는 가족, 민간 부문에 그 책임을 전가하지 않아야 한다.

① 개인의 욕구 충족을 위한 사회 복지 제도가 필요한가?
② 국가의 사회 복지 제도는 어느 수준으로 제공되어야 하는가?
③ 민간기업의 복지 사업 참여는 정당한가?
④ 모든 국민에게 복지 혜택을 제공하기 위한 방법은 무엇인가?
⑤ 국가의 사회 복지 제도는 모두에게 보편적 서비스를 제공하는가?

甲 : 나와 관계없는 아이가 우물로 기어가고 있는 상황을 생각해보라. 우리는 이해득실을 따지지 않고 본능적으로 아이를 구하려고 하거나, 직접 구하지는 않더라도 마음속으로 안타까워하는 마음을 가질 것이다. 이처럼 사람에게는 모두 차마 어쩌지 못하는 마음이 선천적으로 있다.

乙 : 우리에게 차마 어쩌지 못하는 마음이 있다고 해서 그것이 선천적이라고 할 수는 없다. 우리는 후천적인 학습을 통해서도 우물가로 기어가는 아이를 안타까워할 수 있기 때문이다. 인간이 선천적으로 선하다는 것을 증명하기 위해서는 모든 인간이 태어날 때부터 선하다는 것을 증명해야한다. 그러나 갓 태어난 아이가 같은 광경을 보고도 안타까워하는 마음을 가질 수 있는가? 따라서 인간의 선천적 선함은 단정될 수 없다.

① 악한 인간을 어떻게 교화시켜야 하는가?
② 인간의 선함은 어떻게 나타나는가?
③ 선함과 악함의 기준은 무엇인가?
④ 인간의 본성은 악한가?
⑤ 인간은 선천적으로 선한가?

정답 및 해설

06 ② 07 ⑤

06

甲은 국가의 개인의 사적 영역에 대한 관여는 최소 수준으로 제한해야 하므로 사회 복지의 대상도 일부 사람으로 국한하고 민간 부문이 개인 복지의 중요한 역할을 담당해야 한다는 입장이며, 乙은 국가가 사회 제도를 통해 모든 국민에게 보편적 복지 서비스를 제공해야 한다는 입장이다.
따라서 甲과 乙의 주장을 도출할 수 있는 질문으로 ② 가 가장 적절하다.

07

甲은 인간이 선천적으로 차마 어쩌지 못하는 선한 마음이 있다고 하고, 乙은 차마 어쩌지 못하는 마음이 있다고 해서 그것이 인간의 선천적 선함을 보장해주지는 않는다고 한다.
따라서 甲과 乙의 주장을 도출할 수 있는 질문으로 ⑤ 가 가장 적절하다.

08 다음 글에 비추어 볼 때 합리주의적 입장으로 적절하지 않은 것은?

> 어린이의 언어 습득을 설명하려는 이론으로는 두 가지가 있다. 하나는 경험주의 혹은 행동주의 이론이요, 다른 하나는 합리주의 이론이다. 경험주의 이론에 의하면, 어린이가 언어를 습득하는 것은 어떤 선천적인 능력에 의한 것이 아니라 경험적인 훈련에 의해서 오로지 후천적으로만 이루어지는 것이다. 한편 합리주의적인 언어 습득의 이론에 의하면, 어린이가 언어를 습득하는 것은 '거의 전적으로 타고난 특수한 언어 학습 능력'과 '일반 언어 구조에 대한 추상적인 선험적 지식'에 의해서 이루어지는 것이다.

① 어린이는 완전히 백지 상태에서 출발하여 반복 연습과 시행착오와 그 교정에 의해서 언어라는 습관을 형성한다.

② 언어 습득의 균일성이다. 즉, 일정한 나이가 되면 모든 어린이가 예외 없이 언어를 통달하게 된다.

③ 언어의 완전한 달통성이다. 즉, 많은 현실적 악조건에도 불구하고 어린이가 완전한 언어 능력을 갖출 수 있게 된다.

④ 성인이 따로 언어교육을 하지 않더라도 어린이는 스스로 언어를 터득한다.

⑤ 언어가 극도로 추상적이고 고도로 복잡한데도 불구하고 어린이들이 짧은 시일 안에 언어를 습득한다.

09 다음 중 글쓴이의 입장과 가장 거리가 먼 것은?

> 문화상대주의는 다른 문화를 서로 다른 역사, 환경의 맥락에서 이해해야 한다는 인식론이자 방법론이며 관점이고 원칙이다. 하지만 문화상대주의가 차별을 정당화하거나 빈곤과 인권침해, 저개발상태를 방치하는 윤리의 백치상태를 정당화하는 수단이 될 수는 없다. 만일 문화상대주의가 타 문화를 이해하는 방법이 아니라, 윤리적 판단을 회피하거나 보류하는 도덕적 문화상대주의에 빠진다면, 이는 문화상대주의를 남용한 것이다. 문화상대주의는 다른 문화를 강요하거나 똑같이 적용해서는 안 된다는 의견일 뿐이므로 보편윤리와 인권을 부정하는 윤리적 회의주의와 혼동되어서는 안 된다.

① 문화상대주의와 윤리적 회의주의는 구분되어야 한다.

② 문화상대주의가 도덕적 문화상대주의에 빠지는 것을 경계해야 한다.

③ 문화상대주의자는 일반적으로 도덕적 판단에 대해 가치중립적이어야 한다.

④ 문화상대주의는 타문화에 대한 관용의 도구가 될 수 있다.

⑤ 문화상대주의는 서로 다른 문화를 그 나라의 입장에서 이해하는 것이다.

10   다음 글의 논지를 뒷받침할 수 있는 논거로 가장 적절한 것은?

> 서울 시내 대형 병원 한 곳이 고용하는 인원은 의사와 같은 전문 인력부터 식당이나 청소용역과 같은 서비스 인력을 합해 8천~1만 명에 이른다. 한국은행은 영리병원 도입으로 의료서비스산업 비중이 선진국 수준에 이르면 약 24조 원의 경제적 부가가치와 약 21만 명의 중장기적 고용 창출 효과가 있을 것으로 분석했다. 건강보험제도와 같은 공적 의료보험의 근간을 흔들지 않는 범위 내에서 영리병원을 통해 의료서비스 산업을 선진화하는 해법을 찾아낸다면 국가 경제에도 큰 보탬이 될 것이다. 이념 논쟁에 갇혀 변화 자체를 거부하다 보면 성장과 일자리 창출의 기회가 싱가포르와 같은 의료서비스산업 선진국으로 넘어가고 말 것이다.

① 영리병원 허용으로 인해 의료 시설이 다변화되면 고용 창출 효과가 상승할 것이다.
② 영리병원 도입으로 인한 효과는 빠르게 나타날 것이다.
③ 공적 의료보험은 일자리 창출 효과가 낮다.
④ 싱가포르의 선진화된 의료서비스산업은 영리병원의 도입으로부터 시작되었다.
⑤ 성장과 일자리 창출의 기회를 잡아 의료서비스 선진국이 되어야 한다.

정답 및 해설   08 ① 09 ③ 10 ①

08
합리주의적인 언어 습득의 이론에 의하면, 어린이가 언어를 습득하는 것은 거의 전적으로 타고난 특수한 언어 학습 능력과 일반 언어 구조에 대한 추상적인 선험적 지식에 의해서 이루어지는 것이다. 반면 경험주의 이론은 경험적인 훈련(후천적)이 핵심으로 ①은 경험주의적 입장이다.

09
오답분석
①은 마지막 문장에서, ② · ④는 세 번째 문장에서, ⑤는 첫 번째 문장을 통해 알 수 있다.

10
제시문은 영리병원 도입을 통해 중장기적 고용 창출 효과가 있을 것이라고 주장한다. 따라서 이를 뒷받침하는 논거로 ①이 가장 적절하다.

11 **다음 중 밑줄 친 ㉠의 사례로 적절하지 않은 것은?**

> ㉠ 닻내림 효과란 닻을 내린 배가 크게 움직이지 않듯 처음 접한 정보가 기준점이 돼 판단에 영향을 미치는 일종이 편향(왜곡) 현상을 말한다. 즉, 사람들이 어떤 판단을 하게 될 때 초기에 접한 정보에 집착해, 합리적 판단을 내리지 못하는 현상을 일컫는 행동경제학 용어이다. 대부분의 사람은 제시된 기준을 그대로 받아들이지 않고, 기준점을 토대로 약간의 조정과정을 거치기는 하나, 그런 조정과정이 불완전하므로 최초 기준점에 영향을 받는 경우가 많다.

① 연봉 협상 시 본인의 적정 기준보다 더 높은 금액을 제시한다.

② 원래 1만 원이던 상품에 2만 원의 가격표를 붙이고 50% 할인한 가격에 판매한다.

③ 명품업체가 매장에서 최고가 상품들의 가격표를 보이게 진열하여 다른 상품들이 그다지 비싸지 않은 것처럼 느끼게 만든다.

④ 홈쇼핑에서 '이번 시즌 마지막 세일', '오늘 방송만을 위한 한정 구성', '매진 임박' 등의 표현을 사용하여 판매한다.

⑤ '온라인 정기구독 연간 25$'와 '온라인 및 오프라인 정기구독 연간 125$' 사이에 '오프라인 정기구독 연간 125$'의 항목을 넣어 판촉한다.

12   다음 글의 밑줄 친 부분을 설명하기 위한 예로 가장 적절한 것은?

> "이산화탄소가 물에 녹는 현상은 물리 변화인가, 화학 변화인가?", "진한 황산을 물에 희석하여 묽은 황산을 만드는 과정은 물리 변화인가, 화학 변화인가?"이러한 질문을 받으면 대다수의 사람은 물리 변화라고 답하겠지만, 안타깝게도 정답은 화학 변화이다. 우리는 흔히 물리 변화의 정의를 '물질의 성질은 변하지 않고, 그 상태나 모양만이 변하는 현상'으로, 화학 변화의 경우는 '어떤 물질이 원래의 성질과는 전혀 다른 새로운 물질로 변하는 현상'이라고 알고 있다. 하지만 정작 '물질의 성질'이 무엇을 의미하는지에 대해서는 정확하게 알고 있지 못하다.

① 진흙에 물이 섞여 진흙탕이 되었다.
② 색종이를 접어 종이비행기를 만들었다.
③ 찬물과 더운물이 섞여 미지근하게 되었다.
④ 포도를 병에 넣어 두었더니 포도주가 되었다.
⑤ 흰색과 검은색 물감을 섞어 회색 물감을 만들었다.

정답 및 해설   11 ④   12 ④

11

④는 밴드왜건 효과(편승효과)의 사례로. 밴드왜건 효과란 유행에 따라 상품을 구입하는 소비현상을 뜻하는 경제용어이다. 미국 서부개척 시대에 금광이 발견되면 밴드왜건이 악대를 선두에 세우고 다니며 요란한 음악을 연주하여 금광으로 많은 사람을 이끌고 갔다. 이러한 현상을 기업에서는 충동구매를 유도하는 마케팅 활동으로 활용하고, 정치계에서는 특정 유력 후보를 위한 선전용으로 활용한다.

12

제시문에 따르면 화학 변화는 어떤 물질이 원래의 성질과는 전혀 다른 물질로 변화하는 현상으로, ④의 예가 가장 적절하다.

대표
예제

다음 글의 주장에 대한 반대 의견의 근거로 적절하지 않은 것은?

① 문제를 풀기 위해 글의 주장, 관점, 의도, 근거 등 글의 핵심을 파악한다.

투표권이 없는 우리나라의 청소년

우리나라는 머지않아 대선을 앞두고 있다. 또다시 국민들이 소중한 한 표씩을 행사해야 하는 중요한 시점이 다가오고 있는 것이다. 투표권을 행사할 일이 있을 때마다 국민들의 적극적인 참여가 강조된다. 그런데 이러한 국가적 대사(大事)에서 소외되는 대상이 있다. 바로 청소년들이다.

세계 여러 나라보다 높은 우리나라의 투표 연령

우리나라의 투표 연령은 만 19세이다. 이것은 대부분 만 18세부터 투표권을 갖는 세계적 추세와 맞지 않는 일이다. 2004년 중앙선관위 자료에 따르면 167개국 중 미국, 영국, 호주, 캐나다, 프랑스, 필리핀, 네덜란드 등 85.6%에 이르는 143개국이 만 18세에 투표권을 인정한다. 일본, 싱가포르처럼 만 21세에 투표권을 부여하는 나라도 있으나, 만 15세에 투표권을 인정하는 이란을 비롯해 브라질은 만 16세, 인도네시아, 수단 등은 만 17세를 투표 연령 기준으로 하고 있으며, 오스트리아는 2007년에 투표 연령을 만 18세에서 만 16세까지 낮춘 바 있다.

투표권 및 투표 연령의 변천

사실 차별 없는 투표권 행사가 가능해진 것은 그리 오래전의 일이 아니다. 미국에서는 1920년에서야 여성의 투표권이 명문화되었고, 1965년에 이르러서야 흑인들의 투표권이 보장됐다. 영국에서 21세 이상의 모든 여성에게 투표권이 주어진 것은 1928년의 일이다. 연령을 중심으로 살펴본다면, 우리나라의 경우 1948년 건국 당시 최소 투표 연령은 만 21세였고, 이후 만 20세까지 조정되었다가 2005년에서야 만 19세까지 낮춰졌다.

각종 의무와 자격이 부여되는 연령과 투표 연령의 차이

⇩

그런데 만 19세로 투표 연령을 규정하는 것은 만 19세 미만에 이미 각종 의무와 자격이 부여되는 우리나라 상황에 맞지 않는다. 즉, 우리나라 주민등록증 발급 연령은 만 17세이며 만 18세부터 납세와 병역 의무, 공무원 임용, 혼인, 운전면허 취득 등의 의무와 자격이 주어진다. 만 18세가 되면 국민의 의무를 져야 함에도 민주주의 대표적 권리인 투표권이 부여되지 않는 것은 옳지 않다. 또 만 18세에 이미 성숙한 국민으로서 여러 자격을 갖도록 허락되는데 투표권만 예외라는 것도 앞뒤가 맞지 않는다.

글쓴이는 청소년에게도 투표권이 주어져야 한다고 주장함을 알 수 있다.

② 글의 주장 및 근거의 어색한 부분을 찾아 반박 근거와 사례를 생각해 본다.

① 부모의 보호 아래 있는 청소년은 <u>비판 없이 부모들의 정치 이념을 수용할 우려가 있다.</u>

② 우리나라 청소년은 대학 입시에 대한 부담이 크기 때문에 <u>정치에 대해 고민을 할 여력이 없다.</u>

③ 청소년은 아직 배우는 과정에 있는 <u>미성숙한 존재로,</u> 각종 위험으로부터 보호받아야 할 대상이다.

④ 청소년들은 촛불시위에 참여하고 인터넷에서 정치적 의견을 내는 등 <u>이미 다양한 형태의 사회 참여를 하고 있다.</u> ── 글쓴이의 입장을 뒷받침하는 근거

⑤ 청소년은 사회 경험이 부족하므로 정치적 판단 능력이 확립되지 않은 채 <u>정치적인 홍보에 무분별하게 휩쓸릴 우려가 있다.</u>

1. 주장, 관점, 의도, 근거 등 문제를 풀기 위한 글의 핵심을 파악한다.
2. 글의 주장 및 근거의 어색한 부분을 찾아 반박할 주장과 근거를 생각해본 후, 문제의 조건에 맞게 해결한다.

정답 및 해설

정답 ④

청소년들이 촛불시위에 참여하고 인터넷에서 정치적 의견을 낸다는 것은, 청소년들이 정치에 참여할 만한 역량이 된다는 주장을 뒷받침하는 근거이다. 따라서 필자의 주장에 대한 반대 의견이 아니라, 청소년들에게 투표권이 부여돼야 한다는 필자의 주장을 뒷받침하는 근거이다.

오답분석

① · ② · ③ · ⑤ 청소년들은 정치에 참여할 여력이 없거나, 정치에 참여하기에 미숙한 존재라는 입장을 나타내므로 청소년들에게 투표권이 부여돼야 한다는 필자의 주장에 대한 반대 의견의 근거가 될 수 있다.

PART 4

01   다음 글에서 도출한 결론을 반박하는 주장으로 가장 적절한 것은?

> 국경 없이 누구나 자유롭게 정보를 주고받을 수 있는 인터넷이 최근 급속히 늘고 있는 성인 인터넷 방송 등으로 인해 오히려 청소년에게 해로운 매체가 될 수 있다는 사실은 선진국에서도 동감하고 있다. 그러므로 인터넷 등급제를 만들어 유해한 환경으로부터 청소년들을 보호하고, 이를 어긴 사업자는 엄격한 처벌로 다스려야만 한다.

① 인터넷 등급제를 만들어 규제를 하는 것도 완전한 방법은 아니기 때문에 유해한 인터넷 내용에는 원천적으로 접속할 수 없는 조치를 취해야 한다.

② 인터넷 등급제는 정보에 대한 책임을 일방적으로 사업자에게만 지우는 조치로, 잘못하면 국민의 표현의 자유와 알 권리를 침해할 수 있다.

③ 인터넷 등급제는 미니스커트나 장발 규제와 같은 구태의연한 조치다.

④ 청소년들 스스로가 정보의 유해를 가릴 수 있는 식견을 마련할 수 있도록 가능한 많은 정보를 접해야 한다. 그러므로 인터넷 등급제는 좋은 방법이 아니다.

⑤ 인터넷 등급제는 IT강국으로서의 대한민국의 입지를 위축시킬 수 있으므로 실행하지 않는 것이 옳다.

정답 및 해설   01 ② 02 ④

01
언론매체에 대한 사전 검열은 표현의 자유와 개인의 알 권리를 침해할 가능성을 배제할 수 없으므로 적절한 반박은 ②이다.

다음 글의 주장에 대한 반박으로 가장 적절한 것은?

> 우리 마을 사람들의 대부분은 산에 있는 밭이나 과수원에서 일한다. 그런데 마을 사람들이 밭이나 과수원에 갈 때 주로 이용하는 도로의 통행을 가로막은 울타리가 설치되었다. 그 도로는 산의 밭이나 과수원까지 차량이 통행할 수 있는 유일한 길이었다. 이러한 도로가 사유지 보호라는 명목으로 막혀서 땅 주인과 마을 사람들 간의 갈등이 심해지고 있다.
>
> 마을 사람들의 항의에 대해서 땅 주인은 자신의 사유 재산이 더 이상 훼손되는 것을 간과할 수 없어 통행을 막았다고 주장한다. 그 도로가 사유 재산이므로 독점적이고 배타적인 사용 권리가 있어서 도로 통행을 막은 것이 정당하다는 것이다.
>
> 마을 사람들은 그 도로가 10년 가까이 공공으로 사용되어 왔는데 사유 재산이라는 이유로 갑자기 통행을 금지하는 것은 부당하다고 주장하고 있다. 도로가 막히면 밭이나 과수원에서 농사를 짓는 데 불편함이 크고 수확물을 차에 싣고 내려올 수도 없는 등의 피해를 입게 되는데, 개인의 권리 행사 때문에 이러한 피해를 입는 것은 부당하다는 것이다.
>
> 사유 재산에 대한 개인의 권리가 보장받는 것도 중요하지만, 그로 인해 다수가 피해를 입게 된다면 사익보다 공익을 우선시하여 개인의 권리가 제한되어야 한다고 생각한다. 만일 개인의 권리가 공익을 위해 제한되지 않으면 이번 일처럼 개인과 다수 간의 갈등이 발생할 수밖에 없다.
>
> 땅 주인은 사유 재산의 독점적이고 배타적인 사용을 주장하기에 앞서 마을 사람들이 생업의 곤란으로 겪는 어려움을 염두에 두어야 한다. 공익을 우선시하는 태도로 조속히 문제 해결을 위해 노력해야 할 것이다.

① 땅 주인은 개인의 권리 추구에 앞서 마을 사람들과 함께 더불어 살아가는 법을 배워야 한다.

② 마을 사람들과 땅 주인의 갈등은 민주주의의 다수결의 원칙에 따라 해결해야 한다.

③ 공익으로 인해 침해된 땅 주인의 사익은 적절한 보상을 통해 해결될 수 있다.

④ 땅 주인의 권리 행사로 발생하는 피해가 법적으로 증명되어야만 땅 주인의 권리를 제한할 수 있다.

⑤ 해당 도로는 10년 가까이 공공으로 사용되었기 때문에 사유 재산으로 인정받을 수 없다.

02

제시문에서는 사유 재산에 대한 개인의 권리 추구로 다수가 피해를 입게 된다면 사익보다 공익을 우선시하여 개인의 권리가 제한되어야 한다고 주장한다.

따라서 땅 주인이 권리를 행사함에 따라 다수인 마을 사람들에게 발생하는 피해가 법적으로 증명되어야만 권리를 제한할 수 있다는 ④가 주장에 대한 반박으로 가장 적절하다.

03 다음 의견에 대한 반대 측의 논거로 가장 적절한 것은?

> 인터넷 신조어를 국어사전에 당연히 올려야 한다고 생각합니다. 사전의 역할은 모르는 말이 나올 때, 그 뜻이 무엇인지 쉽게 찾을 수 있도록 하는 것입니다. '안습', '멘붕' 같은 말은 널리 쓰이고 있음에도 불구하고 국어사전에 없기 때문에 어른들이나 우리말을 배우는 외국인들이 큰 불편을 겪고 있습니다.

① '멘붕'이나 '안습' 같은 신조어는 이미 널리 쓰이고 있다. 급격한 변화를 특징으로 하는 정보화 시대에 많은 사람이 사용하는 말이라면 표준어로 인정해야 한다.

② 영국의 권위 있는 사전인 '옥스퍼드 영어 대사전'은 최근 인터넷 용어로 쓰이던 'OMG(어머나)', 'LOL(크게 웃다)' 등과 같은 말을 정식 단어로 인정하였다.

③ 언어의 창조성 측면에서 우리말이 현재보다 더욱 풍부해질 수 있으므로 가능하면 더 많은 말을 사전에 등재하는 것이 바람직하다.

④ '멘붕'이나 '안습' 같은 말들은 갑자기 생긴 말로 오랜 시간 언중 사이에서 사용되지 않고 한때 유행하다가 사라질 가능성이 있는 말이다.

⑤ 인터넷 신조어의 등장은 시대에 따라 변한 언어의 한 종류로 자연스러운 언어 현상 중 하나이다.

03
'멘붕', '안습'과 같은 인터넷 신조어는 갑자기 생겨난 말이며 금방 사라질 수도 있는 말이기에 국어사전에 넣기에는 적절하지 않다는 내용으로 제시된 의견에 대한 반대 논거를 펼치고 있다.

04 다음 글을 서두에 배치하여 세태를 비판하는 글을 쓴다고 할 때, 이어질 비판의 내용으로 가장 적절한 것은?

> 순자(荀子)는 "군자의 학문은 귀로 들어와 마음에 붙어서 온몸으로 퍼져 행동으로 나타난다. 소인의 학문은 귀로 들어와 입으로 나온다. 입과 귀 사이에는 네 치밖에 안 되니 어찌 일곱 자나 되는 몸을 아름답게 할 수 있을 것인가?"라고 했다.

① 줏대 없이 이랬다저랬다 하는 행동
② 약삭빠르게 이익만을 추종하는 태도
③ 간에 붙었다 쓸개에 붙었다 하는 행동
④ 실천은 하지 않고 말만 앞세우는 현상
⑤ 타인에게 책임을 떠넘기는 태도

04
먼저 행동으로 나타나는 '군자의 학문'을 언급한 다음, 실천하지 않는 '소인의 학문'을 비판하는 내용이 이어지는 것이 가장 적절하다.
따라서 소인의 학문을 비판하는 내용인 ④가 이어질 내용으로 적절하다.

※ 다음 중 글의 주장에 대한 비판으로 가장 적절한 것을 고르시오. [5~6]

05

> 저작권은 저자의 권익을 보호함으로써 활발한 저작 활동을 촉진하여 인류의 문화 발전에 기여하기 위한 것이다. 그러나 이렇게 공적 이익을 추구하기 위한 저작권이 현실에서는 일반적으로 지나치게 사적 재산권을 행사하는 도구로 인식되고 있다. 저작물 이용자들의 권리를 보호하기 위해 마련한, 공익적 성격의 법조항도 법적 분쟁에서는 항상 사적 재산권의 논리에 밀려 왔다.
> 저작권 소유자 중심의 저작권 논리는 실제로 저작권이 담당해야 할 사회적 공유를 통한 문화 발전을 방해한다. 몇 해 전의 '애국가 저작권'에 대한 논란은 이러한 문제를 단적으로 보여준다. 저자 사후 50년 동안 적용되는 국내 저작권법에 따라, 애국가가 포함된 「한국 환상곡」의 저작권이 작곡가 안익태의 유족들에게 2015년까지 주어진다는 사실이 언론을 통해 알려진 것이다. 누구나 자유롭게 이용할 수 있는 국가(國歌)마저 공공재가 아닌 개인 소유라는 사실에 많은 사람들이 놀랐다.
> 창작은 백지 상태에서 완전히 새로운 것을 만드는 것이 아니라 저작자와 인류가 쌓은 지식 간의 상호 작용을 통해 이루어진다. "내가 남들보다 조금 더 멀리 보고 있다면, 이는 내가 거인의 어깨 위에 올라서 있는 난쟁이이기 때문"이라는 뉴턴의 겸손은 바로 이를 말한다. 이렇듯 창작자의 저작물은 인류의 지적 자원에서 영감을 얻은 결과이다. 그러한 저작물을 다시 인류에게 되돌려 주는 데 저작권의 의의가 있다. 이러한 생각은 이미 1960년대 프랑스 철학자들에 의해 형성되었다. 예컨대 기호학자인 바르트는 '저자의 죽음'을 거론하면서 저자가 만들어 내는 텍스트는 단지 인용의 조합일 뿐 어디에도 '오리지널'은 존재하지 않는다고 단언한다.
> 전자 복제 기술의 발전과 디지털 혁명은 정보나 자료의 공유가 지니는 의의를 잘 보여 주고 있다. 인터넷과 같은 매체 환경의 변화는 원본을 무한히 복제하고 자유롭게 이용함으로써 누구나 창작의 주체로서 새로운 문화 창조에 기여할 수 있도록 돕는다. 인터넷 환경에서 이용자는 저작물을 자유롭게 교환할 뿐 아니라 수많은 사람들과 생각을 나눔으로써 새로운 창작물을 생산하고 있다. 이러한 상황은 저작권을 사적 재산권의 측면에서보다는 공익적 측면에서 바라볼 필요가 있음을 보여준다.

① 저작권의 사회적 공유에 대해 일관성 없는 주장을 하고 있다.
② 저작물이 개인의 지적·정신적 창조물임을 간과하고 있다.
③ 저작권의 사적 보호가 초래한 사회적 문제의 사례가 적절하지 않다.
④ 인터넷이 저작권의 사회적 공유에 미치는 영향을 드러내지 못하고 있다.
⑤ 객관적인 사실을 제시하지 않고 추측에 근거하여 논리를 전개하고 있다.

정답 및 해설   05 ② 06 ④

05
제시문에서는 저작권 소유자 중심의 저작권 논리를 비판하며 저작권의 의의를 가지려면 저작물이 사회적으로 공유되어야 한다고 주장하고 있다.
따라서 이에 대한 비판으로 ②가 적절하다.

06

인간은 사회 속에서만 자신을 더 나은 존재로 느낄 수 있기 때문에 자신을 사회화하고자 한다. 인간은 사회 속에서만 자신의 자연적 소질을 실현할 수 있는 것이다. 그러나 인간은 자신을 개별화하거나 고립시키려는 성향도 강하다. 이는 자신의 의도에 따라서만 행위하려는 반사회적인 특성을 의미한다. 그리고 저항하려는 성향이 자신뿐만 아니라 다른 사람에게도 있다는 사실을 알기 때문에, 그 자신도 곳곳에서 저항에 부딪히게 되리라 예상한다.

이러한 저항을 통하여 인간은 모든 능력을 일깨우고, 나태해지려는 성향을 극복하며, 명예욕이나 지배욕, 소유욕 등에 따라 행동하게 된다. 그리하여 동시대인들 가운데에서 자신의 위치를 확보하게 된다. 이렇게 하여 인간은 야만의 상태에서 벗어나 문화를 이룩하기 위한 진정한 진보의 첫걸음을 내딛게 된다. 이때부터 모든 능력이 점차 계발되고 아름다움을 판정하는 능력도 형성된다. 나아가 자연적 소질에 의해 도덕성을 어렴풋하게 느끼기만 하던 상태에서 벗어나, 지속적인 계몽을 통하여 구체적인 실천 원리를 명료하게 인식할 수 있는 성숙한 단계로 접어든다. 그 결과 자연적인 감정을 기반으로 결합된 사회를 도덕적인 전체로 바꿀 수 있는 사유 방식이 확립된다.

인간에게 이러한 반사회성이 없다면, 인간의 모든 재능은 꽃피지 못하고 만족감과 사랑으로 가득 찬 목가적인 삶 속에서 영원히 묻혀 버리고 말 것이다. 그리고 양처럼 선량한 기질의 사람들은 가축 이상의 가치를 자신의 삶에 부여하기 힘들 것이다. 자연 상태에 머물지 않고 스스로의 목적을 성취하기 위해 자연적 소질을 계발하여 창조의 공백을 메울 때, 인간의 가치는 상승되기 때문이다.

– 칸트, 『세계 시민의 관점에서 본 보편사의 이념』

PART 4

① 사회성만으로도 충분히 목가적 삶을 영위할 수 있다.
② 반사회성만으로는 자신의 재능을 계발하기 어렵다.
③ 인간은 타인과의 갈등을 통해서도 사회성을 기를 수 있다.
④ 인간은 사회성만 가지고도 자신의 재능을 키워나갈 수 있다.
⑤ 인간의 자연적인 성질은 사회화를 방해한다.

06

제시문에서는 인간에게 사회성과 반사회성이 공존하고 있다고 설명하고 있으며, 이 중 반사회성이 없다면 재능을 꽃피울 수 없다고 하였으므로 사회성만으로도 자신의 재능을 키울 수 있다는 내용이 이에 대한 반론이 될 수 있다.

대표 예제

다음 글의 논지 전개상 특징으로 적절한 것은?
② 글의 단락별 핵심 내용, 주제와 같은 단락별 특징을 통해 글의 흐름과 전개 방식, 서술 방식 등을 파악한다.

현대 사회의 스타 만들기 현상 소개

현대 사회에서 스타는 대중문화의 성격을 규정짓는 가장 중요한 열쇠이다. 스타가 생산, 관리, 활용, 거래, 소비되는 전체적인 순환 메커니즘이 바로 스타 시스템이다. 이것이 자본주의 대중문화의 가장 핵심적인 작동 원리로 자리 잡게 되면서 사람들은 스타 되기를 열망하고, 또 스타 만들기에 진력하게 되었다.

스타와 대중의 익명 관계를 바탕으로 만들어진 이미지를 통해 현실을 망각하는 현상

스크린과 TV 화면에 보이는 스타는 화려하고 강하고 영웅적이며, 누구보다 매력적인 인간형으로 비춰진다. 사람들은 스타에 열광하는 순간 스타와 자신을 무의식적으로 동일시하며 그 환상적 이미지에 빠진다. 스타를 자신들의 결점을 대리 충족시켜 주는 대상으로 생각하기 때문이다. 그런 과정이 가장 전형적으로 드러나는 장르가 영화이다. 영화는 어떤 환상도 쉽게 먹혀들어 갈 수 있는 조건에서 상영되며 기술적으로 완벽한 이미지를 구현하여 압도적인 이미지로 관객을 끌어들인다. 컴컴한 극장 안에서 관객은 부동자세로 숨죽인 채 영화에 집중하게 되며 자연스럽게 영화가 제공하는 이미지에 매료된다. 그리고 그 순간 무의식적으로 자신을 영화 속의 주인공과 동일시하게 된다. 관객은 매력적인 대상과 자신을 동일시하면서 자신의 진짜 모습을 잊고 이상적인 인간형을 간접 체험하게 되는 것이다. 스크린과 TV 화면에 비친 대중이 선망하는 스타의 모습은 현실적인 이미지가 아니라 허구적인 이미지에 불과하다. 사람들은 스타 역시 어쩔 수 없는 약점과 한계를 안고 사는 한 인간일 수밖에 없다는 사실을 아주 쉽게 망각해 버리곤 한다. 이렇게 스타에 대한 열광의 성립은 대중과 스타의 관계가 기본적으로 익명적일 수밖에 없다는 데서 가능해진다.

소비 촉진을 위한 도구로 사용되는 스타 시스템

자본주의의 특징 가운데 하나는 필요 이상의 물건을 생산하고 그것을 팔기 위해 갖은 방법으로 소비자들의 욕망을 부추긴다는 것이다. 스타는 그 과정에서 소비자들의 구매 욕구를 불러일으키는 가장 중요한 연결고리 역할을 함과 동시에 그들도 상품처럼 취급되어 소비된다. 스타 시스템은 대중문화의 안과 밖에서 스타의 화려하고 소비적인 생활 패턴의 소개를 통해 사람들의 욕망을 자극하게 된다. 또한 스타들을 상품의 생산과 판매를 위한 도구로 이용하며, 끊임없이 오락과 소비의 영역을 확장하고 거기서 이윤을 발생시킨다. 이 모든 것이 가능한 것은 많은 대중이 스타를 닮고자 하는 욕구를 가지고 있어 스타의 패션과 스타일, 소비 패턴을 모방하기 때문이다.

소비자를 유혹하는 것이 아닌 건전한 문화로서의 스타 시스템을 만들기 위한 방안 제시

스타 시스템을 건전한 대중문화의 작동 원리로 발전시키기 위해서는 우선 대중문화 산업에 종사하고 싶어 하는 사람들을 위한 활동 공간과 유통 구조를 확보하여 실험적이고 독창적인 활동을 다양하게 벌일 수 있는 토양을 마련해 주어야 한다. 나아가 이러한 예술 인력을 스타 시스템과 연결하는 중간 메커니즘도 육성해야 할 것이다.

① 상반된 이론을 제시한 후 절충적 견해를 이끌어내고 있다.
② 현상에 대한 문제점을 언급한 후 해결 방안을 제시하고 있다.
③ 권위 있는 학자의 견해를 들어 주장의 정당성을 입증하고 있다.
④ 대상을 하위 항목으로 구분하여 논의의 범주를 명확히 하고 있다.
⑤ 현상의 변천 과정을 고찰하고 향후의 발전 방향을 제시하고 있다.

① 선택지에서 제시하고 있는 서술 방식들을 먼저 파악한다.

┌───┐
│ **서술·전개특징 Tip**   │
│   │
│ 1. 선택지에서 제시한 서술 방식들을 파악한다.   │
│ 2. 글의 단락별 핵심 내용 및 주제 등 단락별 특징을 통해 글의 전반적인 흐름, 전개 방식, 서술 방식 등을 파악한다. │
└───┘

정답 및 해설   정답 ②

제시문은 스타 시스템에 대한 문제점을 지적하고 나름대로의 대안을 모색하고 있다.

※ 다음 글의 서술상 특징으로 가장 적절한 것을 고르시오. [1~4]

01

> 교육센터는 7가지 코스로 구성된다. 먼저, 기초훈련코스에서는 자동차 특성의 이해를 통해 안전운전의 기본능력을 향상시킨다. 자유훈련코스는 운전자의 운전자세 및 공간 지각능력에 따른 안전위험 요소를 교육한다. 위험회피코스에서는 돌발 상황 발생 시 위험회피 능력을 향상시키며, 직선제동코스에서는 다양한 도로환경에 적응하여 긴급 상황 시 효과적으로 제동할 수 있도록 교육한다. 빗길제동코스에서는 빗길 주행 시 위험요인을 체득하여 안전운전 능력을 향상시키고, 곡선주행코스에서는 미끄러운 곡선주행에서 안전운전을 할 수 있도록 가르친다. 마지막으로 일반·고속주행코스에서는 속도에 따라 발생할 수 있는 다양한 위험요인의 대처 능력을 향상시켜 방어운전 요령을 습득하도록 돕는다. 이외에도 친환경 운전 방법 '에코 드라이브'에 대해 교육하는 에코 드라이빙존, 안전한 교차로 통행방법을 가르치는 '딜레마존'이 있다. 안전운전의 기본은 사업용 운전자의 올바른 습관이다. 교통안전 체험교육센터에서 교육만 받더라도 교통사고 발생확률이 크게 낮아진다.

① 여러 가지를 비교하면서 그 우월성을 논하고 있다.
② 각 구조에 따른 특성을 대조하고 있다.
③ 상반된 결과를 통해 결론을 도출하고 있다.
④ 각 구성에 따른 특징과 그에 따른 기대효과를 설명하고 있다.
⑤ 의견의 타당성을 검증하기 위해 수치를 제시하고 있다.

정답 및 해설   01 ④ 02 ③

01
제시문은 각 코스의 특징을 설명하면서 코스 주행 시 습득할 수 있는 운전요령을 언급하고 있다.

법조문도 언어로 이루어진 것이기에, 원칙적으로 문구가 지닌 보편적인 의미에 맞춰 해석된다. 일상의 사례로 생각해 보자. "실내에 구두를 신고 들어가지 마시오."라는 팻말이 있는 집에서는 손님들이 당연히 글자 그대로 구두를 신고 실내에 들어가지 않는다. 그런데 팻말에 명시되지 않은 '실외'에서 구두를 신고 돌아다니는 것은 어떨까? 이에 대해서는 금지의 문구로 제한하지 않았기 때문에, 금지의 효력을 부여하지 않겠다는 의미로 당연하게 받아들인다. 이처럼 문구에서 명시하지 않은 상황에 대해서는 그 효력을 부여하지 않는다고 해석하는 방식을 '반대 해석'이라 한다.

그런데 팻말에는 운동화나 슬리퍼에 대해서는 쓰여 있지 않다. 하지만 누군가 운동화를 신고 마루로 올라가려 하면, 집주인은 팻말을 가리키며 말릴 것이다. 이 경우에 '구두'라는 낱말은 본래 가진 뜻을 넘어 일반적인 신발이라는 의미로 확대된다. 이런 식으로 어떤 표현을 본래의 의미보다 넓혀 이해하는 것을 '확장 해석'이라 한다.

① 현실의 문제점을 분석하고 그 해결책을 제시한다.
② 비유의 방식을 통해 상대방의 논리를 반박하고 있다.
③ 일상의 소재를 통해 독자들의 이해를 돕고 있다.
④ 기존 견해를 비판하고 새로운 견해를 제시한다.
⑤ 하나의 현상에 대한 여러 가지 관점을 대조하며 비판한다.

02
제시문에서는 법조문과 관련된 '반대 해석'과 '확장 해석'의 개념을 일상의 사례를 들어 설명하고 있다.

03

비만은 더 이상 개인의 문제가 아니다. 세계보건기구(WHO)는 비만을 질병으로 분류하고, 총 8종의 암(대장암·자궁내막암·난소암·전립선암·신장암·유방암·간암·담낭암)을 유발하는 주요 요인으로 제시하고 있다. 오늘날 기대수명이 늘어가는 상황에서 실질적인 삶의 질 향상을 위해서도 국가적으로 적극적인 비만관리가 필요해진 것이다.

이러한 비만을 예방하기 위한 국가적인 대책을 살펴보면, 우선 비만을 유발하는 과자, 빵, 탄산음료 등 고열량·저열량·고카페인 함유 식품의 판매 제한 모니터링이 강화되어야 하며, 또한 과음과 폭식 등 비만을 조장·유발하는 문화와 환경도 개선되어야 한다. 특히 과음은 식사량과 고열량 안주 섭취를 늘려 지방간, 간경화 등 건강 문제와 함께 복부 비만의 위험을 높이는 주요 요인이다. 따라서 회식과 접대 문화, 음주 행태 개선을 위한 가이드라인을 마련하고 음주 폐해 예방 캠페인을 추진하는 것도 하나의 방법이다.

다음으로 건강관리를 위해 운동을 권장하는 것도 중요하다. 수영, 스케이트, 볼링, 클라이밍 등 다양한 스포츠를 즐기는 문화를 조성하고, 특히 비만 환자의 경우 체계적인 체력 관리와 건강증진을 위한 운동프로그램이 요구된다.

① 다양한 관점들을 제시한 뒤, 예를 들어 설명하고 있다.

② 시간에 따른 현상의 변화과정에 대해 설명하고 있다.

③ 서로 다른 관점을 비교·분석하고 있다.

④ 주장을 제시하고, 여러 가지 근거를 들어 설득하고 있다.

⑤ 문제점을 제시하고, 그에 대한 해결방안을 제시하고 있다.

03

첫 문단에서 비만을 질병으로 분류하고 각종 암을 유발하는 주요 요인으로 제시하여 비만의 문제점을 드러내고 있으며, 이에 대한 해결방안으로 고열량·저열량·고카페인 함유 식품의 판매 제한 모니터링 강화, 과음과 폭식 등 비만을 조장·유발하는 문화와 환경 개선, 운동 권장과 같은 방안들을 제시하고 있다.

04

'셧다운제'에 대한 논란이 뜨겁다. 셧다운제는 0시부터 오전 6시 사이에 만 16세 미만 청소년의 온라인 게임 접속을 차단하는 제도로서, 온라인 게임 중독을 예방하기 위해 도입되었다. 셧다운제에 찬성하는 사람들은 게임에 빠진 청소년들의 사회성이 결여되며, 건강 악화를 야기한다고 주장한다. 그러나 셧다운제에 반발하는 목소리도 적지 않다. 여가를 즐기는 청소년의 정당한 권리를 박탈하는 것은 옳지 않다는 의견이다. 한편 게임 시장이 위축될 것에 대한 우려의 목소리도 있다. 성장 가능성이 큰 우리나라 게임 산업의 경쟁력이 퇴보할 수 있다고 주장하고 있다.

① 구체적 수치를 언급함으로써 게임 산업의 중요성을 강조한다.
② 현상의 문제점을 분석하고 해결책을 제시한다.
③ 사안에 대한 다른 나라의 평가를 인용하여 한쪽의 주장을 뒷받침한다.
④ 논란이 되고 있는 사안을 바라보는 서로 다른 관점을 제시한다.
⑤ 어떤 개념을 정의한 후, 관련 사례를 중심으로 설명하고 있다.

04
제시문은 셧다운제에 대한 찬성 의견과 반대 의견을 제시하여 셧다운제 논란의 쟁점을 소개하고 있다.

05   다음 글의 전개 구조를 잘못 분석한 것은?

⊙ 점차 우리의 생활에서 집단이 차지하는 비중이 커지고, 사회가 조직화되어 가는 현대 사회에서는 개인의 윤리 못지않게 집단의 윤리, 즉 사회 윤리의 중요성도 커지고 있다.

ⓒ 그러나 이러한 사회 윤리가 단순히 개개인의 도덕성이나 윤리 의식의 강화에 의해서만 이루어지는 것은 아니다.

ⓒ 그것은 개개인이 도덕적이라는 것과 그들로 이루어진 사회가 도덕적이라는 것은 별개의 문제이기 때문이다.

ⓐ 물론, 그것은 인격을 지닌 개인과는 달리 전체의 이익을 합리적으로 추구하는 사회의 본질적 특성에서 연유하는 것이기도 하다.

ⓜ 따라서 우리는 현대 사회의 특성에 맞는 사회 윤리의 정립을 통해 올바른 사회를 지향하는 노력을 계속해야 할 것이다.

---

① ⊙은 ⓒ~ⓜ의 논의에 대한 전제이다.

② ⓒ은 ⊙에 대한 논리적 반론이다.

③ ⓒ은 ⓒ에 대한 이유 제시이다.

④ ⓐ은 ⓒ에 대한 보충 설명이다.

⑤ ⓜ은 ⊙~ⓐ의 내용에 대한 결론이다.

05
⊙은 대전제, ⓒ은 소전제, ⓜ은 결론의 구조를 취하고 있다. 그리고 ⓒ은 ⓒ에 대한 이유 제시, ⓐ은 ⓒ에 대한 보충 설명에 해당한다.

06   다음 중 乙이 자신의 주장을 전개하는 방식으로 적절한 것은?

甲 : 공기업은 정부 지원 아래 독점 시장을 운용하기 때문에 효율성이 떨어지고 서비스의 질 또한 하락할 수밖에 없다. 실제로 현재 공기업들의 부채 총액은 400조 원 이상을 육박하여 이자만으로도 국민의 세금을 막대하게 낭비함으로써 국민들에게도 부담을 주고 있다. 만약 공공부문을 민영화한다면 불필요한 세금의 낭비를 막을 수 있다. 또한 시장 경쟁 체제에서 기업의 효율성과 서비스의 질 향상 또한 기대할 수 있을 것이다.

乙 : 공공부문은 국민의 삶에 필수적이고 직접적인 영향을 미친다. 전기세나 가스비가 갑자기 오른다면 대다수 가정에 치명타로 작용할 것이다. 공공부문의 운영을 국가가 독점적으로 맡는 것은 이러한 이유 때문이다. 공공부문은 비용적 효율성보다도 국민들에게 필수적인 소비재를 낮은 가격에 공급하는 것이 중요하다. 만약 공기업이 민영화되어서 기업의 이익을 위해 공공재가 높은 가격에 판매된다면, 기존의 세금 낭비보다도 더 막대한 부담이 가정에 닥칠 것이다.

---

① 甲이 중시하는 가치보다 다른 가치를 강조함으로써 甲의 주장을 약화시키고 있다.

② 甲이 제시한 통계적 자료의 부적절성을 드러냄으로써 甲의 주장을 약화시키고 있다.

③ 甲이 주장하는 상황의 부정적 사례를 제시하여 甲의 주장을 약화시키고 있다.

④ 甲이 제시하는 근거들이 서로 모순됨을 드러냄으로써 甲의 주장을 약화시키고 있다.

⑤ 甲의 주장이 미래에 끼치는 영향을 제시하여 甲의 주장을 강화하고 있다.

06

甲은 공기업이 독점으로 인해 효율성과 서비스의 질이 떨어진다는 것을 주장하며, 공기업 역시 기업이기 때문에 어느 정도는 효율성을 추구하여 부채를 줄일 것을 강조한다. 그러나 乙은 국민에게 필수적인 재화를 적절한 가격에 공급해야 하는 공기업의 특수성을 강조하고 있다. 즉, 甲이 주장하는 기업의 이익보다는 공공이라는 다른 가치를 강조함으로써 주장을 전개하고 있다.

※ 다음 글의 주제로 가장 적절한 것을 고르시오. [1~2]　　　　　주제 · 제목찾기

01

우리는 우리가 생각한 것을 말로 나타낸다. 또 다른 사람의 말을 듣고, 그 사람이 무슨 생각을 가지고 있는가를 짐작한다. 그러므로 생각과 말은 서로 떨어질 수 없는 깊은 관계를 가지고 있다.

그러면 말과 생각이 얼마만큼 깊은 관계를 가지고 있을까? 이 문제를 놓고 사람들은 오랫동안 여러 가지 생각을 하였다. 그 가운데 가장 두드러진 것이 두 가지 있다. 그 하나는 말과 생각이 서로 꼭 달라붙은 쌍둥이인데 한 놈은 생각이 되어 속에 감추어져 있고 다른 한 놈은 말이 되어 사람 귀에 들리는 것이라는 생각이다. 다른 하나는 생각이 큰 그릇이고 말은 생각 속에 들어가는 작은 그릇이어서 생각에는 말 이외에도 다른 것이 더 있다는 생각이다.

이 두 가지 생각 가운데서 앞의 것은 조금만 깊이 생각해 보면 틀렸다는 것을 즉시 깨달을 수 있다. 우리가 생각한 것은 거의 대부분 말로 나타낼 수 있지만, 누구든지 가슴 속에 응어리진 어떤 생각이 분명히 있기는 한데 그것을 어떻게 말로 표현해야 할지 애태운 경험을 가지고 있을 것이다. 이것은 한 가지만 보더라도 말과 생각이 서로 안팎을 이루는 쌍둥이가 아님은 쉽게 판명된다.

인간의 생각이라는 것은 매우 넓고 큰 것이며 말이란 결국 생각의 일부분을 주워 담는 작은 그릇에 지나지 않는다. 그러나 아무리 인간의 생각이 말보다 범위가 넓고 큰 것이라고 하여도 그것을 가능한 한 말로 바꾸어 놓지 않으면 그 생각의 위대함이나 오묘함이 다른 사람에게 전달되지 않기 때문에 생각이 형님이요, 말이 동생이라고 할지라도 생각은 동생의 신세를 지지 않을 수가 없게 되어 있다. 그러니까 말을 통하지 않고는 생각을 전달할 수가 없는 것이다.

① 말은 생각의 폭을 확장시킨다.
② 말은 생각을 전달하기 위한 수단이다.
③ 생각은 말이 내면화된 쌍둥이와 같은 존재이다.
④ 말은 생각의 하위요소이다.
⑤ 말은 생각을 제한하는 틀이다.

02

요한 제바스티안 바흐는 '경건한 종교음악가'로서 천직을 다하기 위한 이상적인 장소를 라이프치히라고 생각하여 27년 동안 그곳에서 열심히 칸타타를 써 나갔다고 알려졌다. 그러나 실은 7년째에 라이프치히의 칸토르(교회의 음악감독)직으로는 가정을 꾸리기에 수입이 충분치 못해서 다른 일을 하기도 했고 다른 궁정에 자리를 알아보기도 했다. 그것이 계기가 되어 칸타타를 쓰지 않게 되었다는 사실이 최근의 연구에서 밝혀졌다. 또한 볼프강 아마데우스 모차르트의 경우에는 비극적으로 막을 내린 35년이라는 짧은 생애에 걸맞게 '하늘이 이 위대한 작곡가의 죽음을 비통해하듯' 천둥 치고 진눈깨비 흩날리는 가운데 장례식이 행해졌고 그 때문에 그의 묘지는 행방을 알 수 없게 되었다고 하는데, 그 후 이러한 이야기는 빈 기상대에 남아 있는 기상자료와 일치하지 않는다는 사실도 밝혀졌다. 게다가 만년에 엄습해온 빈곤에도 불구하고 다수의 걸작을 남기고 세상을 떠난 모차르트가 실제로는 그 정도로 수입이 적지는 않았다는 사실도 드러나 최근에는 도박벽으로 인한 빈곤설을 주장하는 학자까지 등장하게 되었다.

① 음악가들의 쓸쓸한 최후
② 미화된 음악가들의 이야기와 그 진실
③ 음악가들을 괴롭힌 근거 없는 소문들
④ 음악가들의 명성에 가려진 빈곤한 생활
⑤ 음악가들의 헌신적인 열정

※ 다음 글의 제목으로 가장 적절한 것을 고르시오. [3~4]   주제 · 제목찾기

03

감시용으로만 사용되는 CCTV가 최근에 개발된 신기술과 융합되면서 그 용도가 점차 확대되고 있다. 대표적인 것이 인공지능(AI)과의 융합이다. CCTV가 지능을 가지게 되면 단순 행동 감시에서 벗어나 객체를 추적해 행위를 판단할 수 있게 된다. 단순히 사람의 눈을 대신하던 CCTV가 사람의 두뇌를 대신하는 형태로 진화하고 있는 셈이다.
인공지능을 장착한 CCTV는 범죄현장에서 이상 행동을 하는 사람을 선별하고, 범인을 추적하거나 도주 방향을 예측해 통합관제센터로 통보할 수 있다. 또 수상한 사람의 행동 패턴에 따라 지속적인 추적이나 감시를 수행하고, 차량번호 및 사람 얼굴 등을 인식해 관련 정보를 분석해 제공할 수 있다.
한국전자통신연구원(ETRI)에서는 CCTV 등의 영상 데이터를 활용해 특정 인물이 어떤 행동을 할지를 사전에 예측하는 영상분석 기술을 연구 중인 것으로 알려져 있다. 인공지능 CCTV는 범인 추적뿐만 아니라 자연재해를 예측하는 데 사용할 수도 있다. 장마철이나 국지성 집중호우 때 홍수로 범람하는 하천의 수위를 감지하는 것은 물론 산이나 도로 등의 붕괴 예측 등 다양한 분야에 적용될 수 있기 때문이다.

① AI와 융합한 CCTV의 진화   ② 범죄를 예측하는 CCTV
③ 당신을 관찰한다, CCTV의 폐해   ④ CCTV와 AI의 현재와 미래
⑤ 인공지능과 사람의 공존

04

일반적으로 소비자들은 합리적인 경제 행위를 추구하기 때문에 최소 비용으로 최대 효과를 얻으려 한다는 것이 소비의 기본 원칙이다. 그들은 '보이지 않는 손'이라고 일컬어지는 시장 원리 아래에서 생산자와 만난다. 그러나 이러한 일차적 의미의 합리적 소비가 언제나 유효한 것은 아니다. 생산보다는 소비가 화두가 된 소비 자본주의 시대에 소비는 단순히 필요한 재화, 그리고 경제학적으로 유리한 재화를 구매하는 행위에 머물지 않는다. 최대 효과 자체에 정서적이고 사회 심리학적인 요인이 개입하면서, 이제 소비는 개인이 세계와 만나는 다분히 심리적인 방법이 되어버린 것이다. 곧 인간의 기본적인 생존 욕구를 충족시켜 주는 합리적 소비 수준에 머물지 않고, 자신을 표현하는 상징적 행위가 된 것이다. 이처럼 오늘날의 소비문화는 물질적 소비 차원이 아닌 심리적 소비 형태를 띠게 된다.

소비 자본주의의 화두는 과소비가 아니라 '과시 소비'로 넘어간 것이다. 과시 소비의 중심에는 신분의 논리가 있다. 신분의 논리는 유용성의 논리, 나아가 시장의 논리로 설명되지 않는 것들을 설명해 준다. 혈통으로 이어지던 폐쇄적 계층 사회는 소비 행위에 대해 계급에 근거한 제한을 부여했다. 먼 옛날 부족 사회에서 수장들만이 걸칠 수 있었던 장신구에서부터, 제아무리 권문세가의 정승이라도 아흔 아홉 칸을 넘을 수 없던 집이 좋은 예이다. 권력을 가진 자는 힘을 통해 자기의 취향을 주위 사람들과 분리시킴으로써 경외감을 강요하고, 그렇게 자기 취향을 과시함으로써 잠재적 경쟁자들을 통제한 것이다.

가시적 신분 제도가 사라진 현대 사회에서도 이러한 신분의 논리는 여전히 유효하다. 이제 개인은 소비를 통해 자신의 물질적 부를 표현함으로써 신분을 과시하려 한다.

① 계층별 소비 규제의 필요성
② 신분사회에서 의복 소비와 계층의 관계
③ 소비가 곧 신분이 되는 과시 소비의 원리
④ 소득을 고려하지 않은 무분별한 과소비의 폐해
⑤ '보이지 않는 손'에 의한 합리적 소비의 필요성

다음 중 글의 내용과 일치하지 않는 것은?

> 한 사회의 소득 분배가 얼마나 불평등한지는 일반적으로 '10분위 분배율'과 '로렌츠 곡선' 등의 척도로 측정된다. 10분위 분배율이란 하위 소득 계층 40%의 소득 점유율을 상위 소득 계층 20%의 소득 점유율로 나눈 비율을 말한다. 이 값은 한 사회의 소득 분배가 얼마나 불평등한지를 나타내는 지표가 되는데, 10분위 분배율의 값이 낮을수록 분배가 불평등함을 의미한다.
> 계층별 소득 분배를 측정하는 다른 지표로는 로렌츠 곡선을 들 수 있다. 로렌츠 곡선은 정사각형의 상자 안에 가로축에는 저소득 계층부터 고소득 계층까지를 차례대로 누적한 인구 비율을, 세로축에는 해당 계층 소득의 누적 점유율을 나타낸 그림이다. 만약 모든 사람들이 똑같은 소득을 얻고 있다면 로렌츠 곡선은 대각선과 일치하게 된다. 그러나 대부분의 경우 로렌츠 곡선은 대각선보다 오른쪽 아래에 있는 것이 보통이다. 일반적으로 로렌츠 곡선이 평평하여 대각선에 가까울수록 평등한 소득 분배를, 그리고 많이 구부러져 직각에 가까울수록 불평등한 소득 분배를 나타낸다.

① 10분위 분배율은 하위 소득 계층 40%와 상위 소득 계층 20%의 소득 점유율을 알아야 계산할 수 있다.

② 하위 소득 계층 40%의 소득 점유율이 작을수록, 상위 소득 계층 20%의 소득 점유율이 클수록 분배가 불평등하다.

③ 로렌츠 곡선의 가로축을 보면 소득 누적 점유율을, 세로축을 보면 누적 인구 비율을 알 수 있다.

④ 로렌츠 곡선과 대각선의 관계를 통해 소득 분배를 알 수 있다.

⑤ 로렌츠 곡선이 많이 구부러져 직각에 가까울수록 불평등한 소득 분배를 나타낸다.

제2차 세계대전 중, 태평양의 한 전투에서 일본군은 미군 흑인 병사들에게 자신들은 유색인과 전쟁할 의도가 없으니 투항하라고 선전하였다. 이 선전물을 본 백인 장교들은 그것이 흑인 병사들에게 미칠 영향을 우려하여 급하게 부대를 철수시켰다. 사회학자인 데이비슨은 이 사례에서 아이디어를 얻어서 대중매체가 수용자에게 미치는 영향과 관련한 '제3자 효과(Third-person Effect)' 이론을 발표하였다. 이 이론의 핵심은 대중매체의 영향력을 차별적으로 인식한다는 데에 있다. 곧 사람들은 수용자의 의견과 행동에 미치는 대중 매체의 영향력이 자신보다 다른 사람들에게서 더 크게 나타나리라고 믿는 경향이 있다는 것이다. 예를 들어 선거 때 어떤 후보에게서 탈세 의혹이 있다는 신문보도를 보았다고 하자. 그때 사람들은 후보를 선택하는 데 자신보다 다른 독자들이 더 크게 영향을 받을 것이라고 여긴다.

제3자 효과는 대중매체가 전달하는 내용에 따라 다르게 나타난다. 예컨대 대중매체가 건강 캠페인과 같이 사회적으로 바람직한 내용을 전달할 때보다 폭력물이나 음란물처럼 유해한 내용을 전달할 때, 사람들은 자신보다 다른 사람들에게 미치는 영향력을 더욱 크게 인식한다는 것이다. 이러한 인식은 수용자의 구체적인 행동에도 영향을 미쳐, 제3자 효과가 크게 나타나는 사람일수록 내용물의 심의, 검열, 규제와 같은 법적·제도적 조치에 찬성하는 성향을 보인다.

제3자 효과 이론은 사람들이 다수의 의견처럼 보이는 것에 영향 받을 수 있다는 이론과 연결되면서, 여론의 형성 과정을 설명하는 데도 이용되었다. 이 설명에 따르면, 사람들은 자신은 대중매체의 전달 내용에 쉽게 영향 받지 않는다고 생각하면서도 다른 사람들이 영향 받을 것을 고려하여 자신의 태도와 행위를 결정한다. 즉, 다른 사람들에게서 소외되어 고립되는 것을 염려한 나머지, 자신의 의견을 포기하고 다수의 의견이라고 생각하는 것을 따라가게 된다는 것이다.

① 태평양 전쟁 당시 흑인 병사들에게 나타난 제3자 효과는 미군 철수의 원인이 되었다.

② 대중매체의 영향을 크게 받는 사람일수록 대중매체에 대한 법적·제도적 조치에 반대하는 경향이 있다.

③ 사람들이 제3자 효과에 휩싸이는 이유는 대중매체가 다수의 의견을 반영하기 때문이다.

④ 제3자 효과가 나타나는 사람은 일단 한번 대중매체를 타면 어떤 내용이든지 동등한 수준으로 다른 이들에게 영향을 끼친다고 믿는다.

⑤ 사람들은 자신이 타인에 비해 대중매체의 영향을 덜 받는다고 생각하면서도 결과적으로 타인과 의견을 같이하는 경향이 있다.

※ 다음 글을 통해 알 수 있는 내용으로 적절하지 않은 것을 고르시오. [7~8]

내용일치

07

> 한국 고유의 전통 무술인 택견은 유연하고 율동적인 춤과 같은 동작으로 다리를 걸어 넘어뜨리거나 상대를 공격한다. 택견 전수자는 우아한 몸놀림으로 움직이며 부드러운 곡선을 만들어 내지만 이를 통해 유연성뿐 아니라 힘도 보여준다. 택견에서는 발동작이 손만큼이나 중요한 역할을 한다. 부드러워 보이지만, 택견은 모든 가능한 전투 방법을 이용하며 다양한 공격과 방어 기술을 강조하는 효과적인 무술이다.
>
> 택견은 또한 배려의 무술이다. 숙련된 택견 전수자는 짧은 시간 내에 상대를 제압할 수 있지만, 진정한 고수는 상대를 다치게 하지 않으면서도 물러나게 하는 법을 안다. 우리 민족의 역사 속에서 택견은 계절에 따른 농업과 관련된 전통의 한 부분으로서, 공동체의 통합을 이루어 왔고, 대중적인 스포츠로서 공중 보건을 증진하는 역할까지 맡아왔다. 택견의 동작은 유연하고 율동적인 춤과 같으며, 이러한 동작으로 상대를 공격하거나 다리를 걸어 넘어뜨린다. 천천히 꿈틀거리고 비트는 유연하고 곡선적인 동작은 때로 웃음을 자아내기도 하지만 전수자에 내재된 에너지는 엄청난 유연성과 힘으로 나타난다. 수천 년의 역사를 지닌 이 한국의 토착 무술은 보기에는 정적이고 품위 있으나 근본적으로는 활력이 있으며 심지어 치명적이다.
>
> 택견은 주도권을 장악하는 바로 그 순간까지 상대를 배려해야 한다고 가르친다. 또한, 공격보다는 수비 기술을 더 많이 가르치며, 바로 이러한 점에서 택견은 여타의 무술과는 다르다. 이는 전투 스포츠에서는 상상도 할 수 없는 개념이나, 택견에서는 이 모든 것이 가능하다.
>
> 택견은 자신보다 상대를, 개인보다 집단을 배려하도록 가르친다. 택견의 동작은 유연하고 부드럽지만 전수자를 강력하게 유도하는 힘이 있다. 한 마리의 학과 같이 우아하기만 한 숙련된 택견 전수자의 몸놀림도 공격할 때만은 매와 같이 빠르고 강력하다.
>
> 택견에는 몇 가지 독특한 특징이 있다. 첫째, 곡선을 그리는 듯한 움직임 때문에 외적으로는 부드러우나 내적으로는 강한 무술이다. 둘째, 우아함과 품위를 강조하는 자연스럽고 자발적인 무술이다. 셋째, 걸고 차는 다양한 기술을 통해 공격과 방어의 조화를 이루는 실질적이고 통합된 무술이다. 부드러운 인상을 풍기지만, 택견은 모든 가능한 전투 방법을 이용하며 다양한 공격과 방어 기술을 강조하는 효과적인 무술이다. 한국의 전통 무술의 뿌리라 할 수 있는 택견은 한국 문화의 특징인 합일과 온전함을 대표한다.

① 택견은 상대방을 다치지 않게 하기 위해 수비의 기술을 더 많이 가르친다.
② 택견은 공격과 수비가 조화를 이루는 무술이다.
③ 택견은 부드러운 동작 때문에 유연성만 강조된 무술 같으나 실은 강력한 힘이 내제되어 있다.
④ 택견은 자연스러움의 무술이다.
⑤ 택견은 내면의 아름다움을 중시하는 스포츠이다.

08

일반적으로 문화는 '생활양식' 또는 '인류의 진화로 이룩된 모든 것'이라는 포괄적인 개념을 갖고 있다. 이렇게 본다면 언어는 문화의 하위 개념에 속하는 것이다. 그러나 언어는 문화의 하위 개념에 속하면서도 문화 자체를 표현하여 그것을 전파·전승하는 기능도 한다. 이로 보아 언어에는 그것을 사용하는 민족의 문화와 세계 인식이 녹아있다고 할 수 있다. 가령 '사촌'이라고 할 때, 영어에서는 'Cousin'으로 이를 통칭(通稱)하는 것을 우리말에서는 친·외·고종·이종 등으로 구분하고 있다. 친족 관계에 대한 표현에서 우리말이 영어보다 좀 더 섬세하게 되어 있는 것이다. 이것은 친족 관계를 좀 더 자세히 표현하여 차별 내지 분별하려 한 우리 문화와 그것을 필요로 하지 않는 영어권 문화의 차이에서 기인한 것이다.

문화에 따른 이러한 언어의 차이는 낱말에서만이 아니라 어순(語順)에서도 나타난다. 우리말은 영어와 주술 구조가 다르다. 우리는 주어 다음에 목적어, 그 뒤에 서술어가 온다. 이에 비해 영어에서는 주어 다음에 서술어, 그 뒤에 목적어가 온다. 우리말의 경우 '나는 너를 사랑한다.'라고 할 때, '나'와 '너'를 먼저 밝히고, 그 다음에 '나의 생각'을 밝히는 것에 비하여, 영어에서는 '나'가 나오고, 그 다음에 '나의 생각'이 나온 뒤에 목적어인 '너'가 나온다. 이러한 어순의 차이는 결국 나의 의사보다 상대방에 대한 관심을 먼저 보이는 우리와, 나의 의사를 밝히는 것이 먼저인 영어를 사용하는 사람들의 문화 차이에서 기인한 것이다. 대화를 할 때 다른 사람을 대우하는 것에서도 이런 점을 발견할 수 있다. 손자가 할아버지에게 무엇을 부탁하는 경우를 생각해 보자. 이 경우 영어에서는 'You do it, please.'라고 하고, 우리말에서는 '할아버지께서 해주세요.'라고 한다. 영어에서는 상대방이 누구냐에 관계없이 상대방을 가리킬 때 'You'라는 지칭어를 사용하고, 서술어로는 'do'를 사용한다. 그런데 우리말에서는 상대방을 가리킬 때, 무조건 영어의 'You'에 대응하는 '당신(너)'이라는 말만을 쓰는 것은 아니고 상대에 따라 지칭어를 달리 사용한다. 뿐만 아니라, 영어의 'do'에 대응하는 서술어도 상대에 따라 '해 주어라, 해 주게, 해 주오, 해 주십시오, 해 줘, 해 줘요'로 높임의 표현을 달리한다. 이는 우리말이 서열을 중시하는 전통적인 유교 문화를 반영하고 있기 때문이다. 이처럼 언어는 단순한 음성 기호 이상의 의미를 지니고 있다. 앞의 예에서 알 수 있듯이 언어에는 그 언어를 사용하는 민족의 문화가 용해되어 있다. 따라서 우리 민족이 한국어라는 구체적인 언어를 사용한다는 것은 단순히 지구상에 있는 여러 언어 가운데 개별 언어 한 가지를 쓴다는 사실만을 의미하지는 않는다. 한국어에는 우리 민족의 문화와 세계인식이 녹아있기 때문이다. 따라서 우리말에 대한 애정은 우리문화에 대한 사랑이요, 우리의 정체성을 살릴 수 있는 길일 것이다.

① 언어는 문화를 표현하고 전파·전승하는 기능을 한다.
② 문화의 하위 개념인 언어는 문화와 밀접한 관련이 있다.
③ 영어에 비해 우리말은 친족 관계를 나타내는 표현이 다양하다.
④ 우리말에 높임 표현이 발달한 것은 서열을 중시하는 문화가 반영된 것이다.
⑤ 우리말의 문장 표현에서는 상대방에 대한 관심보다는 나의 생각을 우선시한다.

다음 글을 읽고 추론한 것으로 적절한 것은?

> 사람들은 단순히 공복을 채우기 위해서가 아니라 다른 많은 이유로 '먹는다'는 행위를 한다. 먹는다는 것에 대한 비생리학적인 동기에 관해서 연구하고 있는 과학자들에 따르면 비만한 사람들과 표준체중인 사람들은 식사 패턴에서 꽤 차이를 보이는 것을 알 수 있다고 한다. 한 연구에서는 비만한 사람들에게 식사 전에 그 식사에 대해 상세한 설명을 하면 설명을 하지 않은 경우에 비해서 식사량이 늘었지만, 표준체중인 사람들에게서는 그런 현상이 보이지 않았다. 또한, 표준체중인 사람들은 밝은색 접시에 담긴 견과류와 어두운색 접시에 담긴 견과류를 먹은 개수의 차가 거의 없는 것에 비해, 비만한 사람들은 밝은색 접시에 담긴 견과류를 어두운색 접시에 담긴 견과류보다 2배로 많이 먹었다는 연구 보고도 있다.

① 비만한 사람들은 표준 체중인 사람들에 비해 외부자극에 의해 식습관에 영향을 받기 쉽다.
② 표준체중인 사람들은 비만한 사람들에 비해 식사량이 적다.
③ 비만한 사람들은 생리학적인 필요성이라기보다 감정적 또는 심리적인 필요성에 쫓겨서 식사를 하고 있다.
④ 비만한 사람들은 표준체중인 사람들보다 감각이 예민하다.
⑤ 표준체중인 사람들은 음식에 대한 욕구를 절제할 수 있다.

다음 글을 읽고 바로 뒤에 이어질 내용으로 적절한 것은?

> 언론 보도에 노출된 범죄 피의자는 경제적 · 직업적 · 가정적 불이익을 당할 뿐만 아니라, 인격이 심하게 훼손되거나 심지어는 생명을 버리기까지도 한다. 따라서 사회적 공기(公器)인 언론은 개인의 초상권을 존중하고 언론 윤리에 부합하는 범죄 보도가 될 수 있도록 신중을 기해야 한다. 범죄 보도가 초래하는 법적 · 윤리적 논란은 언론계 전체의 신뢰도에 치명적인 손상을 가져올 수도 있다.

① 언론은 범죄를 취재거리로 찾아내기가 쉽고 편의에 따라 기사화할 수 있을 뿐만 아니라, 범죄 보도를 통하여 시청자의 관심을 끌 수 있기 때문이다.
② 다시 말해, 기자정신을 갖지 않는 기자가 많아졌다는 말이다.
③ 범죄 보도를 통하여 국민들에게 범죄에 대한 경각심을 키워줄 수 있다.
④ 이는 범죄가 언론에는 매혹적인 보도 소재이지만, 자칫 부메랑이 되어 언론에 큰 문제를 일으킬 수 있다는 말이다.
⑤ 따라서 언론의 자유를 위해서라도 범죄 보도에 최선을 다해야 한다.

11 다음 글의 논지를 약화하는 사례로 가장 적절한 것은?

> 아프리카 남동쪽의 큰 섬인 마다가스카르로부터 북동쪽으로 약 1,100km, 인도로부터는 서쪽으로 약 2,800km 떨어진 서인도양의 세이셸 제도에는 '호랑이 카멜레온'이라는 토착종이 살고 있다. 날지도 못하고 수영도 능숙하지 않은 호랑이 카멜레온이 이곳에 살게 된 이유는 대륙의 분리와 이동 때문이다. 호랑이 카멜레온의 조상은 원래 장소에 계속 살고 있었으나, 대륙의 분리 및 이동으로 인해 외딴 섬에 살게 된 것이다. 세이셸 제도는 원래 아프리카, 인도, 마다가스카르 등과 함께 곤드와나 초대륙의 일부였으나 인도 – 마다가스카르와 아프리카가 분리되고, 이후 인도와 마다가스카르가 분리된 다음, 최종적으로 인도와 세이셸 제도가 분리되어 지금에 이르렀다. 호랑이 카멜레온의 조상은 세이셸 제도가 다른 지역과 분리된 후 독립적으로 진화한 것이다.

① 아프리카 남동쪽의 해안선과 마다가스카르 서쪽의 해안선이 거의 일치한다.

② 호랑이 카멜레온과 가장 가까운 공동 조상의 화석이 마다가스카르 섬과 아프리카 대륙에서 발견되었다.

③ 아프리카 남동쪽과 인도 서쪽에서 산맥과 지질 구조가 연속적으로 이어지고 있다.

④ 현재 열대 지역에 속하는 지역에서 과거 빙하의 흔적이 발견되었다.

⑤ 아프리카의 카멜레온과 호랑이 카멜레온의 가장 가까운 공동 조상이 마다가스카르의 카멜레온과 호랑이 카멜레온의 가장 가까운 공동 조상보다 더 나중에 출현했다.

12 다음 글의 '셉테드'에 해당하는 사례로 적절하지 않은 것은?

> 1970년대 초 미국의 오스카 뉴먼은 뉴욕의 두 마을의 생활수준이 비슷한데도 불구하고 범죄 발생 수는 3배가량 차이가 난다는 것을 확인하고, 연구를 거듭하여 범죄 발생 빈도가 두 마을의 공간 디자인의 차이에서 나타난다는 것을 발견하여 대중적으로 큰 관심을 받았다.
> 이처럼 셉테드는 건축물 설계 시에 시야를 가리는 구조물을 없애 공공장소에서의 범죄에 대한 자연적 감시가 이뤄지도록 하고, 공적인 장소임을 표시하여 경각심을 일깨우고, 동선이 유지되도록 하여 일탈적인 접근을 거부하는 등 사전에 범죄를 차단할 수 있는 환경을 조성하는 데 그 목적이 있다.
> 우리나라에서는 2005년 처음으로 경기도 부천시가 일반주택단지를 셉테드 시범지역으로 지정하였고, 판교·광교 신도시 및 은평 뉴타운 일부 단지에 셉테드를 적용하였다. 또한 국토교통부에서 「범죄예방 건축기준 고시」를 2015년 4월 1일부터 제정해 시행하고 있다.

① 아파트 단지 내 놀이터 주변 수목을 낮은 나무 위주로 심는다.

② 지하주차장의 여성 전용 주차공간을 건물 출입구에 가깝게 배치한다.

③ 수도·가스 배관 등을 미끄러운 재질로 만든다.

④ 공공장소의 엘리베이터를 내부 확인이 가능하도록 유리로 설치한다.

⑤ 각 가정에서는 창문을 통한 침입을 방지하기 위해 방범창을 설치한다.

'모래언덕'이나 '바람' 같은 개념은 매우 모호해 보인다. 작은 모래 무더기가 모래언덕이라고 불리려면 얼마나 높이 쌓여야 하는가? 바람이 되려면 공기는 얼마나 빨리 움직여야 하는가?

그러나 지질학자들이 관심이 있는 대부분의 문제 상황에서 이런 개념들은 아무 문제 없이 작동한다. 더 높은 수준의 세분화가 요구될 만한 맥락에서는 그때마다 '30m에서 40m 사이의 높이를 가진 모래언덕'이나 '시속 20km와 시속 40km 사이의 바람'처럼 수식어구가 달린 표현이 과학적 용어의 객관적인 사용을 뒷받침한다.

물리학 같은 정밀과학에서도 사정은 비슷하다. 물리학의 한 연구 분야인 저온물리학은 저온현상, 즉 초전도 현상을 비롯하여 절대온도 0도인 273.16℃ 부근의 저온에서 나타나는 흥미로운 현상들을 연구한다. 그렇다면 정확히 몇 도부터 저온인가? 물리학자들은 이 문제를 놓고 다투지 않는다. 때로는 이 말이 헬륨의 끓는점(268.6℃) 같은 극저온 근방을 가리키는가 하면, 질소의 끓는점(195.8℃)이 기준이 되기도 한다.

과학자들은 모호한 것을 싫어한다. 모호성은 과학의 정밀성을 훼손할 뿐만 아니라 궁극적으로 과학의 객관성을 약화하기 때문이다. 그러나 모호성에 대응하는 길은 모든 측정의 오차를 0으로 만드는 데 있는 것이 아니라 대화를 통해 그 상황에 적절한 합의를 하는 데 있다.

① 과학의 정확성은 측정기술의 정확성에 달려 있다.
② 물리학 같은 정밀과학에서도 오차는 발생하기 마련이다.
③ 과학의 발달은 과학적 용어체계의 변화를 유발할 수 있다.
④ 과학적 언어의 객관성은 그 언어가 사용되는 맥락 속에서 확보된다.
⑤ 과학적 언어의 객관성은 용어의 엄밀하고 보편적인 정의에 의해서만 보장된다.

PART 4

다음 글의 주장에 대한 비판으로 가장 적절한 것은?

> 전통적인 경제학에 따른 통화 정책에서는 정책 금리를 활용하여 물가를 안정시키고 경제 안정을 도모하는 것을 목표로 한다. 중앙은행은 경기가 과열되었을 때 정책 금리 인상을 통해 경기를 진정시키고자 한다. 정책 금리 인상으로 시장 금리도 높아지면 가계 및 기업에 대한 대출 감소로 신용 공급이 축소된다. 신용 공급의 축소는 경제 내 수요를 줄여 물가를 안정시키고 경기를 진정시킨다. 반면 경기가 침체되었을 때는 반대의 과정을 통해 경기를 부양시키고자 한다.
>
> 금융을 통화 정책의 전달 경로로만 보는 전통적인 경제학에서는 금융감독 정책이 개별 금융 회사의 건전성 확보를 통해 금융 안정을 달성하고자 하는 미시 건전성 정책에 집중해야 한다고 보았다. 이러한 관점은 금융이 직접적인 생산 수단이 아니므로 단기적일 때와는 달리 장기적으로는 경제 성장에 영향을 미치지 못한다는 인식과 자산 시장에서는 가격이 본질적 가치를 초과하여 폭등하는 버블이 존재하지 않는다는 효율적 시장 가설에 기인한다. 미시 건전성 정책은 개별 금융 회사의 건전성에 대한 예방적 규제 성격을 가진 정책 수단을 활용하는데, 그 예로는 향후 손실에 대비하여 금융 회사의 자기자본 하한을 설정하는 최저 자기자본 규제를 들 수 있다.

① 중앙은행의 정책이 자산 가격 버블에 따른 금융 불안을 야기하여 경제 안정이 훼손될 수 있다.

② 시장의 물가가 지나치게 상승할 경우 국가는 적극적으로 개입하여 물가를 안정시켜야 한다.

③ 경기가 침체된 상황에서는 처방적 규제보다 예방적 규제에 힘써야 한다.

④ 금융은 단기적일 때와 달리 장기적으로는 경제 성장에 별다른 영향을 미치지 못한다.

⑤ 금융 회사에 대한 최저 자기자본 규제를 통해 금융 회사의 건전성을 확보할 수 있다.

> 프랑크푸르트학파는 대중문화의 정치적 기능을 중요하게 본다. 20세기 들어 서구 자본주의 사회에서 혁명이 불가능하게 된 이유 가운데 하나는 바로 대중문화가 대중들을 사회의 권위에 순응하게 함으로써 사회를 유지하는 기능을 하고 있기 때문이라는 것이다. 이 순응의 기능은 두 방향으로 진행된다. 한편으로 대중문화는 대중들에게 자극적인 오락거리를 제공함으로써 정신적인 도피를 유도하여 정치에 무관심하도록 만든다는 것이다. 유명한 3S(Sex, Screen, Sports)는 바로 현실도피와 마취를 일으키는 대표적인 도구들이다. 다른 한편으로 대중문화는 자본주의적 가치관과 이데올로기를 은연중에 대중들이 받아들이게 하는 적극적인 세뇌 작용을 한다는 것이다. 영화나 드라마, 광고나 대중음악의 내용이 규격화되어 현재의 지배적인 가치관을 지속해서 주입함으로써, 대중은 현재의 문제를 인식하고 더 나은 상태로 생각할 수 있는 부정의 능력을 상실한 일차원적 인간으로 살아가게 된다는 것이다. 프랑크푸르트학파의 대표자 가운데 한 사람인 아도르노(Adorno)는 특별히 「대중음악에 대하여」라는 글에서 대중음악이 어떻게 이러한 기능을 수행하는지 분석했다. 그의 분석으로는 대중음악은 우선 규격화되어 누구나 쉽고 익숙하게 들을 수 있는 특징을 가진다. 그리고 이런 익숙함은 어려움 없는 수동적인 청취를 조장하여, 자본주의 안에서의 지루한 노동의 피난처 구실을 한다. 그리고 나아가 대중음악의 소비자들이 기존 질서에 심리적으로 적응하게 함으로써 사회적 접착제의 역할을 한다는 것이다.

① 대중문화의 영역은 지배계급이 헤게모니를 얻고자 하는 시도와 이에 대한 반대 움직임이 서로 얽혀 있는 곳으로 보아야 한다.

② 대중문화를 소비하는 대중이 문화 산물을 생산한 사람이 의도하는 그대로 문화 산물을 소비하는 존재에 불과하다는 생각은 현실과 맞지 않는다.

③ 발표되는 음악의 80%가 인기를 얻는 데 실패하고, 80% 이상의 영화가 엄청난 광고에도 불구하고 흥행에 실패한다는 사실은 대중이 단순히 수동적인 존재가 아니라는 것을 단적으로 드러내 보여주는 예이다.

④ 대중의 평균적 취향에 맞추어 높은 질을 유지하는 것이 어렵다 하더라도 19세기까지의 대중이 즐겼던 문화에 비하면 현대의 대중문화는 훨씬 수준 높고 진보된 것으로 평가할 수 있다.

⑤ 대중문화는 지배 이데올로기를 강요하는 지배문화로만 구성되는 것도 아니고, 이에 저항하여 자발적으로 발생한 저항문화로만 구성되는 것도 아니다.

다음 글에서 언급한 여러 진리론에 대한 비판으로 적절하지 않은 것은?

우리는 일상생활이나 학문 활동에서 '진리' 또는 '참'이라는 말을 자주 사용한다. 예를 들어 '그 이론은 진리이다.'라고 말하거나 '그 주장은 참이다.'라고 말한다. 그렇다면 우리는 무엇을 '진리'라고 하는가? 이 문제에 대한 대표적인 이론에는 대응설, 정합설, 실용설이 있다.

대응설은 어떤 판단이 사실과 일치할 때 그 판단을 진리라고 본다. 감각을 사용하여 확인했을 때 그 말이 사실과 일치하면 참이고, 그렇지 않으면 거짓이라는 것이다. 대응설은 일상생활에서 참과 거짓을 구분할 때 흔히 취하고 있는 관점으로 우리가 판단과 사실의 일치 여부를 알 수 있다고 여긴다. 우리는 특별한 장애가 없는 한 대상을 있는 그대로 정확하게 지각한다고 생각한다. 예를 들어 책상이 네모 모양이라고 할 때 감각을 통해 지각된 '네모 모양'이라는 표상은 책상이 지니고 있는 객관적 성질을 그대로 반영한 것이라고 생각한다. 그래서 '그 책상은 네모이다.'라는 판단이 지각 내용과 일치하면 그 판단은 참이 되고, 그렇지 않으면 거짓이 된다는 것이다.

정합설은 어떤 판단이 기존의 지식 체계에 부합할 때 그 판단을 진리라고 본다. 진리로 간주하는 지식 체계가 이미 존재하며, 그것에 판단이나 주장이 들어맞으면 참이고 그렇지 않으면 거짓이라는 것이다. 예를 들어 어떤 사람이 '물체의 운동에 관한 그 주장은 뉴턴의 역학의 법칙에 어긋나니까 거짓이다.'라고 말했다면, 그 사람은 뉴턴의 역학의 법칙을 진리로 받아들여 그것을 기준으로 삼아 진위를 판별한 것이다.

실용설은 어떤 판단이 유용한 결과를 낳을 때 그 판단을 진리라고 본다. 어떤 판단을 실제 행동으로 옮겨 보고 그 결과가 만족스럽거나 유용하다면 그 판단은 참이고 그렇지 않다면 거짓이라는 것이다. 예를 들어 어떤 사람이 '자기 주도적 학습 방법은 창의력을 기른다.'라고 판단하여 그러한 학습 방법을 실제로 적용해 보았다고 하자. 만약 그러한 학습 방법이 실제로 창의력을 기르는 등 만족스러운 결과를 낳았다면 그 판단은 참이 되고, 그렇지 않다면 거짓이 된다.

① 수학이나 논리학에는 경험적으로 확인하기 어렵지만 참인 명제도 있는데, 그 명제가 진리임을 입증하기 힘들다는 문제가 대응설에서는 발생한다.

② 판단의 근거가 될 수 있는 이론 체계가 아직 존재하지 않을 경우에 그 판단의 진위를 판별하기 어렵다는 문제가 정합설에서는 발생한다.

③ 새로운 주장의 진리 여부를 기존의 이론 체계를 기준으로 판단한다면, 기존 이론 체계의 진리 여부는 어떻게 판단할 수 있는지의 문제가 정합설에서는 발생한다.

④ 실용설에서는 감각으로 검증할 수 없는 존재에 대한 관념은 그것의 실체를 확인할 수 없기 때문에 거짓으로 보아야 하는 문제가 발생한다.

⑤ 실제 생활에서의 유용성은 사람이나 상황에 따라 다르기 때문에 어떤 지식의 진리 여부가 사람이나 상황에 따라 달라지는 문제가 실용설에서는 발생한다.

다음 중 乙의 주장 방식으로 가장 적절한 것은?

> 甲 : 정의는 지배자의 이익이다. 법률을 제정함에 있어서 독재 정치는 독재 체제의 법률을, 민주 정치는 민주 체제의 법률을 제정한다. 이때 법률은 지배자들이 결정하는 것이므로 지배자들의 입맛에 맞게 제정된다. 법률이 제정되면 지배자들은 법에 해당하는 행위를 정의로운 것으로 간주하고 이에 어긋나는 행동을 하는 사람을 정의롭지 못한 사람으로 판단하고 처벌한다. 따라서 정의는 수립된 정권의 이익 이외에 다른 것이 아니다.
>
> 乙 : 지배자가 제정하는 법률이 반드시 지배자의 이익에 맞도록 제정된다고 할 수 없다. 의술은 환자의 이익을 위해 존재하는 것이나 의사가 의술을 올바르게 사용함으로써 부산물로 돈을 얻는 것처럼, 지배자 또한 자신이 다스리는 사람들의 이익을 위해 일함으로써 자신이 명예와 재산을 얻게 되는 것이다. 따라서 정의는 강자의 이익이 아니라 피지배자의 이익이다.

① 甲의 주장을 현실적 사례를 통해 비판하고 있다.
② 甲의 주장이 감정에 호소하는 오류를 저지르고 있다고 비판하고 있다.
③ 비슷한 관계의 다른 사례를 통해 자신의 주장을 정당화하고 있다.
④ '정의'라는 단어를 새롭게 해석하여 자신의 주장의 근거로 사용하고 있다.
⑤ 지배자들의 입장을 옹호하고 있다.

PART 4

18 다음 글의 내용 전개 방식으로 가장 적절한 것은?   서술·전개특징

광고는 문화 현상이다. 이 점에 대해서 의심하는 사람은 거의 없다. 그럼에도 불구하고 많은 사람들이 광고를 단순히 경제적인 영역에서 활동하는 상품 판매 도구로만 인식하고 있다. 이와 같이 광고를 경제현상에 집착하여 논의하게 되면 필연적으로 극단적인 옹호론과 비판론으로 양분될 수밖에 없다. 예컨대, 옹호론에서 보면 마케팅적 설득이라는 긍정적 성격이 부각되는 반면, 비판론에서는 이데올로기적 조작이라는 부정적 성격이 두드러지는 이분법적 대립이 초래된다는 것이다.

물론 광고는 숙명적으로 상품 판촉수단으로서의 굴레를 벗어날 수 없다. 상품광고가 아닌 공익광고나 정치광고 등도 현상학적으로는 상품 판매를 위한 것이 아니라 할지라도, 본질적으로 상품과 다를 바 없이 이념과 슬로건, 그리고 정치적 후보들을 판매하고 있다.

그런데 현대적 의미에서 상품 소비는 물리적 상품 교환에 그치는 것이 아니라 기호와 상징들로 구성된 의미 교환 행위로 파악된다. 따라서 상품은 경제적 차원에만 머무르는 것이 아니라 문화적 차원에서 논의될 필요가 있다. 현대사회에서 상품은 기본적으로 물질적 속성의 유용성과 문제적 속성의 상징성이 이중적으로 중첩되어 있다. 더구나 최근 상품의 질적인 차별이 없어짐으로써 상징적 속성이 더욱더 중요하게 되었다.

현대 광고에 나타난 상품의 모습은 초기 유용성을 중심으로 물질적 기능이 우상으로 숭배되는 모습에서, 근래 상품의 차이가 사람의 차이가 됨으로써 기호적 상징이 더 중요시되는 토테미즘 양상으로 변화되었다고 한다. 이와 같은 광고의 상품 '채색' 활동 때문에 현대사회의 지배적인 '복음'은 상품의 소유와 소비를 통한 욕구 충족에 있다는 비판을 받는다. 광고는 상품과 상품이 만들어 놓는 세계를 미화함으로써 개인의 삶과 물질적 소유를 보호하기 위한 상품 선택의 자유와 향락을 예찬한다.

이러한 맥락에서 오늘날 광고는 소비자와 상품 사이에서 일어나는 일종의 담론이라고 할 수 있다. 광고 읽기는 단순히 광고를 수용하거나 해독하는 행위에 그치지 않고 '광고에 대한 비판적인 안목을 갖고 비평을 시도하는 것'을 뜻한다고 할 수 있다.

① 대상을 새로운 시각으로 바라보고, 이해할 수 있게 하였다.
② 대상의 의미를 통시적 관점으로 고찰하고 있다.
③ 대상의 문제점을 파악하고 나름의 해결책을 모색하고 있다.
④ 대상에 대한 견해 중 한쪽에 치우쳐 논리를 전개하고 있다.
⑤ 대상에 대한 상반된 시각을 예시를 통해 소개하고 있다.

다음 중 (가)와 (나)의 논점을 적절하게 파악하지 못한 것은?

(가) 좌절과 상실을 당하여 상대방에 대해 외향적 공격성을 보이는 원(怨)과 무력한 자아를 되돌아보고 자책하고 한탄하는 내향적 공격성인 탄(嘆)이 한국의 고유한 정서인 한(恨)의 기점이 되고 있다. 이러한 것들은 체념의 정서를 유발할 수 있다. 이른바 한국적 한에서 흔히 볼 수 있는 소극적·퇴영적인 자폐성과 허무주의, 패배주의 등은 이러한 체념적 정서의 부정적 측면이다. 그러나 체념에 부정적인 것만 있는 것은 아니다. 오히려 체념에 철저함으로써 달관의 경지에 나아갈 수 있다. 세상의 근원을 바라볼 수 있는 관조의 눈이 열리게 되는 것이다. 여기서 더욱 중요하게 보아야 하는 것이 한국적 한의 또 다른 내포다. 그것은 바로 '밝음'에 있다. 한이 세상과 자신에 대한 공격성을 갖는 것이 아니라 오히려 세계와 대상에 대하여 연민을 갖고, 공감할 수 있는 풍부한 감수성을 갖는 경우가 있다. 이를 '정(情)으로서의 한'이라고 할 수 있다. 또한 한이 간절한 소망과 연결되기도 한다. 결핍의 상황으로 인한 한이 그에 대한 강한 욕구 불만에 대한 반사적 정서로 서의 간절한 소원을 드러내는 것이다. 이것이 '원(願)으로서의 한'이다.

(나) 한국 민요가 슬픈 노래라고 하는 것은 민요를 면밀하게 관찰하고 분석하여 내린 결론은 아니다. 겉으로 보아서는 슬프지만 슬픔과 함께 해학을 가지고 있어서 민요에서의 해학은 향유자들이 슬픔에 빠져 들어가지 않도록 차단하는 구실을 하고 있다. 예컨대 "나를 버리고 가시는 님은 십 리도 못 가서 발병 났네."라고 하는 아리랑 사설 같은 것은 이별의 슬픔을 말하면서도 "십 리도 못 가서 발병 났네."라는 해학적 표현을 삽입하여 이별의 슬픔을 차단하며 단순한 슬픔에 머무르지 않는 보다 복잡한 의미 구조를 창조한다. 아무리 비장한 민요라고 하더라도 해학의 계속적인 개입이 거의 예외 없이 이루어진다. 한국 민요의 특징이나 한국적 미의식의 특징을 한마디 말로 규정하겠다는 의도를 버리지 않는다면, 차라리 해학을 드는 편이 무리가 적지 않을까 한다. 오히려 비애 또는 한이라고 하는 것을 대량으로 지니고 있는 것은 일부의 현대시와 일제하의 유행가다. 김소월의 시도 그 예가 될 수 있고, '황성 옛터', '타향살이' 등의 유행가를 생각한다면 사태는 분명하다. 이런 것들에는 해학을 동반하지 않은 슬픔이 확대되어 있다.

① 한국 문화의 중요한 지표로 (가)는 한을, (나)는 해학을 들고 있다.
② (가)는 한의 긍정적 측면을 강조하고, (나)는 해학의 기능을 설명하고 있다.
③ (가)는 한을 한국 문화의 원류적인 것으로, (나)는 시대에 따른 현상으로 보고 있다.
④ (가)는 한의 부정적 측면을 지향할 것을, (나)는 해학 전통을 계승할 것을 강조한다.
⑤ (가)는 한이 갖는 내포를 분류하였고, (나)는 민요를 중심으로 해학의 근거를 찾았다.

다음 글의 논증 구조를 적절하게 파악한 것은?

> ㉠ 동물들의 행동을 잘 살펴보면 동물들도 우리가 사용하는 말 못지않은 의사소통 수단을 가지고 있는 듯이 보인다. ㉡ 즉, 동물들도 여러 가지 소리를 내거나 몸짓을 함으로써 자신들의 감정과 기분을 나타낼 뿐 아니라 경우에 따라서는 인간과 다를 바 없이 의사를 교환하고 있는 듯하다. ㉢ 그러나 그것은 단지 겉모습의 유사성에 지나지 않을 뿐이고 사람의 말과 동물의 소리에는 아주 근본적인 차이가 존재한다는 점을 잊어서는 안 된다. ㉣ 동물들이 사용하는 소리는 단지 배고픔이나 고통 같은 생물학적인 조건에 대한 반응이거나, 두려움이나 분노 같은 본능적인 감정들을 표현하기 위한 것에 지나지 않는다. ㉤ 따라서, 동물들이 내는 소리가 때때로 의사소통의 수단으로 이용된다고 해서 그것을 대화나 토론이나 회의와 같은 언어활동이라고 할 수는 없다.

① ㉠은 논증의 결론으로 주제문이다.
② ㉡은 ㉠의 논리적 결함을 지적한 것이다.
③ ㉢은 ㉠, ㉡을 부정하고 새로운 논점을 제시했다.
④ ㉤은 ㉢, ㉣에 대한 근거이다.
⑤ ㉣은 ㉢에 대한 근거이다.

『조선왕조실록』에 기록된 지진만 1,900여 건, 가뭄과 홍수는 이루 헤아릴 수 없을 정도다. 농경 사회였던 조선시대 백성의 삶을 더욱 힘들게 했던 재난·재해, 특히 목조 건물과 초가가 대부분이던 당시에 화재는 즉각적인 재앙이었고 공포였다. 우리 조상은 화재를 귀신이 장난치거나, 땅에 불의 기운이 넘쳐서라 여겼다. 화재 예방을 위해 벽사(僻邪)를 상징하는 조형물을 세우며 안녕을 기원했다.

고대 건축에서 안전관리를 상징하는 대표적인 예로 지붕 용마루 끝에 장식 기와로 사용하는 '치미(鴟尾)'를 들 수 있다. 전설에 따르면 불이 나자 큰 새가 꼬리로 거센 물결을 일으키며 비를 내려 불을 껐다는 기록이 남아있다. 약 1,700년 전에 중국에서 처음 시작돼 화재 예방을 위한 주술적 의미로 쓰였고, 우리나라에선 황룡사 '치미'가 대표적이다.

조선 건국 초기, 관악산의 화기를 잠재우기 위해 '해치(해태)'를 광화문에 세웠다. '해치'는 물의 기운을 지닌 수호신으로 현재 서울의 상징이기도 한 상상 속 동물이다. 또한 궁정이나 관아의 안전을 수호하는 상징물로 '잡상(雜像)'을 세웠다. 궁궐 관련 건물에만 등장하는 '잡상'은 건물의 지붕 내림마루에 『서유기』에 등장하는 기린, 용, 원숭이 등 다양한 종류의 신화적 형상으로 장식한 기와이다.

그 밖에 경복궁 화재를 막기 위해 경회루에 오조룡(발톱이 다섯인 전설의 용) 두 마리를 넣었다는 기록이 전해진다. 실제 1997년 경회루 공사 중 오조룡이 발견되면서 화제가 됐었다. 불을 상징하는 구리 재질의 오조룡을 물속에 가둬놓고 불이 나지 않기를 기원했던 것이다.

조선 시대에는 도성 내 화재 예방에 각별히 신경 썼다. 궁궐을 지을 때 불이 번지는 것을 막기 위해 건물 간 10m 이상 떨어져 지었고, 창고는 더 큰 피해를 입기에 30m 이상 간격을 뒀다. 민간에선 다섯 집마다 물독을 비치해 방화수로 활용했고, 행랑이나 관청에 우물을 파게 해 화재 진압용수로 사용했다.

지붕 화재에 대비해 사다리를 비치하거나 지붕에 쇠고리를 박고, 타고 올라갈 수 있도록 쇠줄을 늘여놓기도 했다. 오늘날 소화기나 완강기 등과 같은 이치다. 특히 세종대왕은 '금화도감'이라는 소방기구를 설치해 인접 가옥 간에 '방화장(防火墻)'을 쌓고, 방화범을 엄히 다루는 등 화재 예방에 만전을 기했다.

21 윗글의 제목으로 가장 적절한 것은? 주제·제목찾기

① 불귀신을 호령하기 위한 조상들의 노력
② 화재 예방을 위해 지켜야 할 법칙들
③ 미신에 관한 과학적 증거들
④ 자연재해에 어떻게 대처해야 하는가?
⑤ 옛 건축 장식물들의 상징적 의미

22 윗글의 내용과 일치하지 않는 것은? 내용일치

① 조선 시대의 재난·재해 중 특히 화재는 백성들을 더욱 힘들게 했다.
② 해치는 화재 예방을 위한 주술적 의미로 쓰인 '치미'의 예이다.
③ 잡상은 『서유기』에 등장하는 다양한 종류의 신화적 형상을 장식한 기와를 말한다.
④ 오조룡은 실제 경회루 공사 중에 발견되었다.
⑤ 세종대왕은 '금화도감'이라는 소방기구를 설치하여 화재를 예방하였다.

(가) 우리가 누리고 있는 문화는 거의 모두가 서양적인 것이다. 우리가 연구하는 학문 또한 예외가 아니다. 피와 뼈와 살을 조상에게서 물려받았을 뿐, 문화라고 일컬을 수 있는 거의 모든 것이 서양에서 받아들인 것인 듯싶다. 이러한 현실을 앞에 놓고서 민족 문화의 전통을 찾고 이를 계승하자고 한다면, 이것은 편협한 ⊙ 배타주의(排他主義)나 국수주의(國粹主義)로 오인되기에 알맞은 이야기가 될 것 같다.

(나) 전통은 과거로부터 이어 온 것을 말한다. 이 전통은 대체로 그 사회 및 그 사회의 구성원인 개인의 몸에 배어 있는 것이다. 그러므로 스스로 깨닫지 못하는 사이에 전통은 우리의 현실에 작용하는 경우가 있다.

(다) 이처럼 우리가 계승해야 할 민족 문화의 전통으로 여겨지는 것이, 과거의 인습(因襲)을 타파(打破)하고 새로운 것을 창조하려는 노력의 결정(結晶)이라는 것은 지극히 중대한 사실이다.

(라) 세종대왕의 훈민정음 창제 과정에서 이 점은 뚜렷이 나타나고 있다. 만일, 세종대왕이 고루(固陋)한 보수주의적 유학자들에게 한글 창제의 뜻을 굽혔던들, 우리 민족문화의 최대 걸작(傑作)이 햇빛을 못 보고 말았을 것이 아니겠는가?

(마) 우리가 계승해야 할 민족 문화의 전통은 형상화된 물건에서 받는 것도 있지만, 한편 창조적 정신 그 자체에도 있는 것이다. 이러한 의미에서 민족 문화의 전통을 무시한다는 것은 지나친 자기 학대(自己虐待)에서 나오는 편견(偏見)에 지나지 않을 것이다.

(바) 민족 문화의 전통을 창조적으로 계승하자는 정신은 선진 문화 섭취에 인색하지 않을 것이다. 외래 문화도 새로운 문화의 창조에 이바지함으로써 뜻이 있는 것이고, 그러함으로써 비로소 민족 문화의 전통을 더욱 빛낼 수 있기 때문이다.

PART 4

23 다음 (나)~(바) 중, ⊙을 극복하려는 태도가 가장 두드러지게 나타난 것은? 주제·제목찾기

① (나) ② (다)
③ (라) ④ (마)
⑤ (바)

24 다음 중 (나)와 (다) 사이에 들어갈 수 있는 문장으로 가장 적절한 것은? 추론하기

① 그렇다면 전통을 계승하고 창조하는 주체는 우리 자신이다.
② 그러므로 전통이란 조상으로부터 물려받은 고유한 유산만을 의미하지는 않는다.
③ 그러나 계승해야 할 전통은 문화 창조에 이바지하는 것으로 한정되어야 한다.
④ 그리고 자국의 전통과 외래적인 문화는 상보적일 수도 있다.
⑤ 따라서 우리는 전통과 인습을 구별하여야 한다.

※ 다음 글을 읽고 이어지는 질문에 답하시오. [25~27]

(가) 우리는 처음 만난 사람의 외모를 보고, 그를 어떤 방식으로 대우해야 할지를 결정할 때가 많다. 그가 여자인지 남자인지, 얼굴색이 흰지 검은지, 나이가 많은지 적은지 혹은 그의 스타일이 조금은 상류층의 모습을 띠고 있는지 아니면 너무나 흔해서 별 특징이 드러나 보이지 않는 외모를 하고 있는지 등을 통해 그들과 나의 차이를 재빨리 감지한다. 일단 감지가 되면 우리는 둘 사이의 지위 차이를 인식하고 우리가 알고 있는 방식으로 그를 대하게 된다. 한 개인이 특정 집단에 속한다는 것은 단순히 다른 집단의 사람과 다르다는 것뿐만 아니라, 그 집단이 다른 집단보다는 지위가 높거나 우월하다는 믿음을 갖게 한다. 모든 인간은 평등하다는 우리의 신념에도 불구하고 왜 인간들 사이의 이러한 위계화(位階化)를 당연한 것으로 받아들일까? 위계화란 특정 부류의 사람들은 자원과 권력을 소유하고 다른 부류의 사람들은 낮은 사회적 지위를 갖게 되는 사회적이며 문화적인 체계이다. 다음에서 우리는 이러한 불평등이 어떠한 방식으로 경험되고 조직화되는지를 살펴보기로 하자.

(나) 인간이 불평등을 경험하게 되는 방식은 여러 측면으로 나눌 수 있다. 산업 사회에서의 불평등은 계층과 계급의 차이를 통해서 정당화되는데, 이는 재산, 생산 수단의 소유 여부, 학력, 집안 배경 등등의 요소들의 결합에 의해 사람들 사이의 위계를 만들어 낸다. 또한 모든 사회에서 인간은 태어날 때부터 얻게 되는 인종, 성, 종족 등의 생득적 특성과 나이를 통해 불평등을 경험한다. 이러한 특성들은 단순히 생물학적인 차이를 지칭하는 것이 아니라, 개인의 열등성과 우등성을 가늠하게 만드는 사회적 개념이 되곤 한다.

(다) 한편 불평등이 재생산되는 다양한 사회적 기제들이 때로는 관습이나 전통이라는 이름하에 특정 사회의 본질적인 문화적 특성으로 간주되고 당연시되는 경우가 많다. 불평등은 체계적으로 조직되고 개인에 의해 경험됨으로써 문화의 주요 부분이 되었고, 그 결과 같은 문화권 내의 구성원들 사이에 권력 차이와 그에 따른 폭력이나 비인간적인 행위들이 자연스럽게 수용될 때가 많다.

(라) 문화 인류학자들은 사회 집단의 차이와 불평등, 사회의 관습 또는 전통이라고 여겨지는 문화현상에 대해 어떤 입장을 취해야 할지 고민한다. 문화 인류학자가 이러한 문화 현상은 고유한 역사적 산물이므로 나름대로 가치를 지닌다는 입장만을 반복하거나 단순히 관찰자로서의 입장에 안주한다면, 이러한 차별의 형태를 제거하는 데 도움을 줄 수 없다. 실제로 문화 인류학 연구는 기존의 권력 관계를 유지시켜주는 다양한 문화적 이데올로기를 분석하고, 인간 간의 차이가 우등성과 열등성을 구분하는 지표가 아니라 동등한 다름일 뿐이라는 것을 일깨우는 데 기여해 왔다.

25 윗글의 내용을 포괄하는 제목으로 가장 적절한 것은? 주제·제목찾기

① 차이와 불평등
② 차이의 감지 능력
③ 문화 인류학의 역사
④ 위계화의 개념과 구조
⑤ 관습과 전통의 계승과 창조

윗글에 다음 〈보기〉가 들어갈 위치로 가장 적절한 곳은?   추론하기

> **보기**
>
> 잘 알려진 나치 치하의 유태인 대학살은 아리안 종족의 우월성에 대한 믿음에서 기인했다. 또한 한 사회에서 어떠한 가치와 믿음이 중요하다고 여겨지느냐에 따라, '얼굴이 희다.'라는 것은 단순히 개인의 매력을 평가하는 척도로 취급될 수 있으나, 동시에 인종적 우월성을 정당화시키는 문화적 관념으로 기능하기도 한다. '나의 조상이 유럽인이다.'라는 사실은 라틴 아메리카의 다인종 사회에서는 주요한 사회적 의미를 지닌다. 왜냐하면 그 사회에서는 인종적 차이가 보상과 처벌이 분배되는 방식을 결정하기 때문이다.

① (가)의 앞
② (가)와 (나) 사이
③ (나)와 (다) 사이
④ (다)와 (라) 사이
⑤ (라)의 뒤

PART 4

27 윗글을 읽고 추론한 내용으로 적절한 것은?   추론하기

① 자원과 권력만 공평하게 소유하게 된다면 인간은 불평등을 경험하지 않을 것이다.
② 문화 인류학자의 임무는 객관적인 입장에서 인간의 문화 현상을 관찰하는 것으로 끝나야 한다.
③ 관습이나 전통은 때로 구성원끼리의 권력 차이나 폭력을 수용하는 사회적 기제로 이용되기도 한다.
④ 두 사람이 싸우다가 당신의 나이가 몇 살이냐고 묻는 것은 단순히 생물학적 차이를 알고자 하는 것이다.
⑤ 인간이 불평등하다는 것을 경험하게 되면, '인간은 평등하다.'라는 신념을 일깨우고자 하는 노력은 아무도 하지 않을 것이다.

※ 다음 글을 읽고 이어지는 질문에 답하시오. [28~30]

법은 사회적·경제적·정치적 기타 사회 제도들을 반영하는 동시에 이에 대해 영향을 준다. 합의 이론은 사회 규범과 도덕 규범에 대한 전반적 합의와 사회의 모든 요소들과 관련된 공통적 이해관계를 언급함으로써 법의 내용과 운용을 설명한다. 갈등 이론은 법과 형사 사법 체계가 전체적인 사회의 이해관계나 규범보다는 사회에서 가장 힘 있는 집단의 이해관계와 규범을 구체화시킨다고 주장한다. 그리고 법은 사회에서 힘없는 집단을 부당하게 낙인찍고 처벌하는 형사 사법 체계에 의해 집행되는 것으로 주장한다.

합의 이론과 갈등 이론에 대한 경험적 자료는 법의 제정에 대한 연구, 범죄에 대한 여론연구, 검거·유죄 판결·형벌에서의 인종·계급·성별·연령에 의한 불공정성에 대한 연구로부터 나온다. 경험적 연구는 다원적 갈등 이론을 뒷받침하는 경향이 있는데, 그 내용을 보면 핵심적 법 규범에 대해서는 합의가 있지만, 입법과 법의 집행에서는 경쟁적 이익 집단들 사이에 갈등이 있다는 것이다. 경험적 자료를 통해서는 인종 차별주의와 성 차별주의가 형사 사법 체계에서 횡행하고 있는 것으로 나타나지는 않는다. 한편 형사 사법 체계가 편견으로부터 자유롭다는 것도 보여주지 못한다.

그러나 다수의 경험적 연구 결과들은 형사 사법 체계가 법 외적 변수보다는 법적으로 관련된 변수들에 입각하여 운용된다는 결론을 지지하는데 이는 극단적 갈등 이론과는 대조적인 것이며 다원적 갈등 이론과 일치하는 것이다. 갈등 이론은 범죄를 문화적 갈등이나 집단 갈등 속에 휩쓸린 개인의 행동으로 설명한다. 그러나 범죄 행위에 관한 이러한 이론을 검증한 연구는 거의 없다. 정치적 혹은 이데올로기적 동기로 인한 범죄는 갈등 이론과 잘 맞는 것으로 보인다. 하지만 청소년 비행이나 살인, 절도, 방화, 화이트칼라 범죄, 조직범죄와 같은 대다수의 범죄에는 갈등 이론이 설명력을 갖지 못한다. 갈등 이론은 형사 사법 체계의 운용이나 범죄 행위에 관한 설명으로서보다는 법 제정에 대한 설명으로서 더 큰 경험적 지지를 받는다.

갈등 이론과 합의 이론은 모두 다양한 이해와 가치가 공정하게 대표되고, 법과 형사 사법 체계가 비차별적이라는 점을 암시적으로 지지하지만 갈등 이론이 범죄 행위에 대해 갖는 구체적인 정책적 함의는 찾아보기 어렵다.

28 윗글을 읽고 추론한 내용으로 적절하지 않은 것은?   추론하기

① 외국인 이주자가 이전에 살던 나라의 관습에 따라 행동함으로써 이주해 온 국가의 법을 위반할 수 있다.

② 다원적 갈등 이론은 경쟁적 이익 집단이 입법과 통치를 통해 그들의 가치를 실현시키려는 민주 사회에 적용된다.

③ 한 국가 내에서 농촌 이주자들이 도시에서 자신들의 규범과 가치에 맞는 행동을 하게 되면, 도시의 법과 갈등 관계에 놓일 수 있다.

④ 갈등 이론은 입법, 법 위반, 법 집행의 모든 과정이 사회적·경제적·정치적 이익 집단들 사이의 갈등과 권력 차이에 관련되는 것으로 본다.

⑤ 합의된 규범과 사회 가치, 사회 체계의 질서 정연한 균형, 사회 통합이라는 법의 궁극적 기능을 강조하는 기능주의는 극단적 갈등 이론의 경험적인 사례를 잘 보여주는 것으로 해석할 수가 있다.

29 다음 중 '갈등 이론'으로 설명할 수 있는 사례로 적절하지 않은 것은? 추론하기

① 금품을 빼앗을 목적으로 친구에게 사기 협박을 하는 경우
② 저항이나 혁명이 성공하여 이전의 지배자들이 범죄자로 전락하는 사태
③ 이민자가 모국의 관습에 따라 행동하다가 이주한 나라의 법을 위반하는 것
④ 낙태 합법화에 반대하는 행동주의자들이 낙태를 하는 병원의 문을 닫게 하는 행위
⑤ 흑인 차별법을 시행하고 이를 위반한 흑인을 범죄자로 낙인찍은 백인 지상주의자들이 오늘날에는 시민 권리에 관한 법을 위반한 범죄자로 간주되고 있다는 사실

30 다음 중 '합의 이론'의 관점과 거리가 먼 것은? 내용일치

① 법의 내용과 본질은 사회의 기본적인 특징인 유기적 연대에서 찾을 수가 있을 것이다.
② 사회의 통합이 보다 합리적으로 이루어지게 되면 법의 통제도 합리적으로 이루어질 것이다.
③ 법의 내용은 공식적 법 개정에 의하거나 법원이 행하는 법 적용을 통해서 발전할 수 있을 것이다.
④ 법은 힘 있는 집단의 특별한 이익을 위해서가 아닌 사회 모든 사람의 이익을 위해서 봉사해야 할 것이다.
⑤ 어떤 사람은 범죄를 범하고 어떤 사람은 왜 범하지 않는가를 묻기보다 '어떤 행위는 범죄로 정의되지만 어떤 행위는 왜 범죄로 보지 않는가.'를 묻는 것이 더 중요할 것이다.

남에게 이기는 방법의 하나는 예의범절로 이기는 것이다.

-조쉬 빌링스-

PART 5

실전모의고사

응시시간 : 40분 | 문항 수 : 30문항

01 다음 중 동의어 또는 유의어 두 개를 모두 고르면?

① 원용   ② 운영
③ 인용   ④ 이용
⑤ 응용

02 다음 중 반의어 두 개를 모두 고르면?

① 승인   ② 발견
③ 은폐   ④ 암묵
⑤ 탄로

03 두 단어 간의 관계가 나머지와 다른 것은?

① 신문 － 매체   ② 의자 － 가구
③ 사슴 － 동물   ④ 뿌리 － 나무
⑤ 식물 － 생물

04 다음 문장의 밑줄 친 부분과 같은 의미로 쓰인 문장으로 적절한 것은?

> 이 자전거는 브레이크가 말을 <u>듣지</u> 않는다.

① 잠결에 빗소리를 <u>들은</u> 것 같다.
② 기계가 낡아 말을 잘 안 <u>듣는다</u>.
③ 비명 소리를 <u>듣고</u> 밖으로 나갔지만 아무도 없었다.
④ 그의 연주는 <u>듣기</u>에 매우 괴로웠다.
⑤ 정치가는 국민의 소리를 <u>들을</u> 줄 알아야 한다.

05 다음 밑줄 친 부분과 문맥적 의미가 가장 가까운 것은?

> 그러던 어느 날 저녁때였다. 영신의 신변을 노상 주목하고 다니던 순사가 나와서, 다짜고짜 "주임이 당신을 보자는데, 내일 아침까지 주재소로 출두를 하시오."하고 한 마디를 이르고는 말대답을 들을 사이도 없이 자전거를 되짚어 타고 가 버렸다. '무슨 일로 호출을 할까? 강습소 기부금을 오백 원까지 모금을 해도 좋다고 허가를 해 주지 않았는가?'

① 그는 친구들 <u>사이</u>에 인기가 많아.
② 영주와 세영이 <u>사이</u>가 좋다고?
③ 현민아, 하루 <u>사이</u>에 많이 여위었구나!
④ 나는 너무 바빠서 잠시 앉아 쉴 <u>사이</u>도 없다.
⑤ 나는 친구와 담 하나를 <u>사이</u>하여 살았다.

06 다음 중 밑줄 친 부분이 뜻하는 바로 적절한 것은?

> 예전의 선비들은 아는 것만큼 행동하려고 했었다. 지(智)와 행(行)의 일치를 꾀하면서 자신의 인격을 갈고 닦았던 것이다. 그러기 때문에 양심에 거슬리는 일에는 아예 발을 적시지 않았고, 의롭지 못한 것을 보았을 때에는 그대로 있을 수가 없었던 것이다. 그러나 오늘날 대개의 학자나 지식인들은 지식과 행동 양식 간의 균형을 잃고 있으면서도 홍수처럼 밀려든 정보와 지식의 물결에만 급급히 매달리려고 한다.

① 회사 부도로 공장의 모든 근로자들이 손을 놓고 있다.
② 사정이 점점 악화되었지만 손을 떼기에는 너무 늦어버렸다.
③ 이런 일에는 손을 대지 않는 것이 네 자신을 위해서도 좋을 것이다.
④ 돼지 값의 폭락으로 사육을 포기하고 손을 든 농가가 한둘이 아니다.
⑤ 그는 종교에 귀의한 뒤로 범죄 조직에서 손을 씻고 착실히 살아가고 있다.

07 다음 중 맞춤법이 적절한 것은?

① 산뜻한 옷차림을 하고 있다.
② 오늘 점심은 김치찌게로 할까?
③ 우리 모두 윗어른을 공경하자!
④ 편지는 우표를 부친 후 보내야지.
⑤ 그 물건을 몇일 내로 돌려줘!

08 다음 중 밑줄 친 부분의 띄어쓰기가 적절하지 않은 것은?

① 우리는 그를 단 한번 만났다.
② 우리는 오늘 큰집에서 제사가 있다.
③ 그는 나의 동생보다 손아래이다.
④ 그는 우리 집안의 어른이다.
⑤ 서영이는 그 문제를 잘 아는 척했다.

09

> (가) 여름에는 찬 음식을 많이 먹거나 냉방기를 과도하게 사용하는 경우가 많은데, 그렇게 되면 체온이 떨어져 면역력이 약해지기 때문이다.
> (나) 만약 감기에 걸렸다면 탈수로 인한 탈진을 방지하기 위해 수분을 충분히 섭취해야 한다.
> (다) 특히 감기로 인해 열이 나거나 기침을 할 때에는 따뜻한 물을 여러 번에 나누어 먹는 것이 좋다.
> (라) 여름철 감기를 예방하기 위해서는 찬 음식은 적당히 먹어야 하고 냉방기에 장시간 노출되는 것을 피해야 하며, 충분한 휴식을 취하고, 집에 돌아온 후에는 손발을 꼭 씻어야 한다.
> (마) 일반적으로 감기는 겨울에 걸린다고 생각하지만 의외로 여름에도 감기에 걸린다.

① (가) - (라) - (다) - (마) - (나)
② (마) - (다) - (라) - (나) - (가)
③ (가) - (다) - (나) - (라) - (마)
④ (마) - (가) - (라) - (나) - (다)
⑤ (가) - (라) - (마) - (나) - (다)

10

> (가) 하지만 이 문제는 독일의 음향학자인 요한 샤이블러에 의해 1834년에 명쾌하게 해결되었다.
> (나) 이렇게 만들어진 소리굽쇠로 악기를 조율하였기에 지역마다 연주자마다 악기들은 조금씩 다른 기준음을 가졌다.
> (다) 소리굽쇠는 1711년에 영국의 트럼펫 연주자인 존 쇼어가 악기를 조율할 때 기준음을 내는 도구로 개발한 것이다.
> (라) 소리굽쇠가 정확하게 얼마의 진동수를 갖는지를 알아내는 것은 정확한 측정 장치가 없는 당시로서는 매우 어려운 문제처럼 보였다.
> (마) 처음에 사람들은 소리굽쇠가 건반악기의 어떤 음을 낸다는 것은 알았지만, 그것이 정확하게 초당 몇 회의 진동을 하는지는 알지 못했다.

① (가) - (라) - (다) - (나) - (마)
② (가) - (다) - (나) - (라) - (마)
③ (다) - (마) - (나) - (라) - (가)
④ (다) - (가) - (마) - (나) - (라)
⑤ (다) - (나) - (가) - (라) - (마)

PART 5

11 다음 글에서 〈보기〉의 문장이 들어갈 위치로 가장 적절한 곳은?

제2차 세계대전이 끝나고 나서 미국과 소련 및 그 동맹국들 사이에서 공공연하게 전개된 제한적 대결 상태를 냉전(冷戰)이라고 한다. 냉전의 기원에 관한 논의는 냉전이 시작된 직후부터 최근까지 계속 진행되었다. 이는 단순히 냉전의 발발 시기와 이유에 대한 논의만이 아니라, 그 책임 소재를 묻는 것이기도 하다. 그 연구의 결과를 편의상 세 가지로 나누어 볼 수 있다.

가장 먼저 나타난 전통주의는 냉전을 유발한 근본적 책임이 소련의 팽창주의에 있다고 보았다. 소련은 세계를 공산화하기 위한 계획을 수립했고, 이 계획을 실행하기 위해 특히 동유럽 지역을 시작으로 적극적인 팽창 정책을 수행하였다. 그리고 미국이 자유 민주주의 세계를 지켜야 한다는 도덕적 책임감에 기초하여 그에 대한 봉쇄 정책을 추구하는 와중에 냉전이 발생했다고 본다. (가) 그리고 미국의 봉쇄 정책이 성공적으로 수행된 결과 냉전이 종식되었다는 것이 이들의 입장이다.

여기에 비판을 가한 수정주의는 기본적으로 냉전의 책임이 미국 쪽에 있고, 미국의 정책은 경제적 동기에서 비롯했다고 주장했다. 즉, 미국은 전후 세계를 자신들이 주도해 나가야 한다고 생각했고, 전쟁 중에 급증한 생산력을 유지할 수 있는 시장을 얻기 위해 세계를 개방 경제 체제로 만들고자 했다. (나) 무엇보다 소련은 미국에 비해 국력이 미약했으므로 적극적 팽창 정책을 수행할 능력이 없었다는 것이 수정주의의 기본적 입장이었다. 오히려 미국이 유럽에서 공격적인 정책을 수행했고, 소련은 이에 대응했다는 것이다.

냉전의 기원에 관한 또 다른 주장인 탈수정주의는 위의 두 가지 주장에 대한 절충적 시도로서 냉전의 책임을 일방적으로 어느 한 쪽에 부과해서는 안 된다고 보았다. 즉, 냉전은 양국이 추진한 정책의 '상호 작용'에 의해 발생했다는 것이다. (다) 또 경제를 중심으로만 냉전을 보아서는 안 되며 안보 문제 등도 같이 고려하여 파악해야 한다고 보았다. (라) 소련의 목적은 주로 안보 면에서 제한적으로 추구되었는데, 미국은 소련의 행동에 과잉 반응했고, 이것이 상황을 악화시켰다는 것이다. (마) 이로 인해 냉전 책임론은 크게 후퇴하고 구체적인 정책 형성에 대한 연구가 부각되었다.

보기

그러므로 미국 정책 수립의 기저에 깔린 것은 이념이 아니라는 것이다.

---

① (가)　　　　　　　　　② (나)
③ (다)　　　　　　　　　④ (라)
⑤ (마)

12   다음은 천연기념물 소나무의 훼손을 방지하고자 지방자치단체에 제출할 건의서를 쓰기 위해
작성한 개요이다. 다음 개요를 수정·보완할 내용으로 적절하지 않은 것은?

Ⅰ. 서론 : 천연기념물 소나무에 대해 높아지는 관심 ……………………………… ㉠
Ⅱ. 천연기념물 소나무 훼손의 원인
　　1. 자연적 측면
　　　　가. 진딧물 등의 병해충
　　　　나. 낙뢰, 폭설 등의 자연재해
　　　　다. 무분별한 개발로 인한 생태 환경 악화 ……………………………… ㉡
　　2. 인위적 측면
　　　　가. 천연기념물 소나무에 대한 관리 업무 분산
　　　　나. 문화유산 안내인의 부재 ……………………………………………… ㉢
Ⅲ. 천연기념물 소나무 보존 대책
　　1. 자연적 측면
　　　　가. 진딧물 등 병해충 퇴치를 위한 방제 작업
　　　　나. 자연재해로 인한 피해 최소화를 위한 시설물 설치
　　2. 인위적 측면 ………………………………………………………………… ㉣
　　　　가. 천연기념물 소나무 관리 업무 일원화
　　　　나. 무분별한 개발 방지를 위한 보호 구역 확대
Ⅳ. 결론 : _____ ……… ㉤

① ㉠ - 글의 주제를 고려하여 '천연기념물 소나무의 훼손 실태'로 수정한다.
② ㉡ - 상위 항목과의 연관성을 고려하여 'Ⅱ - 2'의 하위 항목으로 옮긴다.
③ ㉢ - 글의 주제를 고려하여 삭제한다.
④ ㉣ - 상위 항목을 고려하여 '소나무 주변 관광 사업 개발'을 하위 항목으로 추가한다.
⑤ ㉤ - 글을 쓰는 목적을 고려하여 '천연기념물 소나무 보존을 위한 지방자치단체의 관
심과 노력 촉구'의 결론을 작성한다.

13

다음 글의 빈칸에 들어갈 내용으로 가장 적절한 것은?

상품을 만들어 파는 사람이 그 수고의 대가를 받고 이익을 누리는 것은 당연하다. 하지만 그 이익이 다른 사람의 고통을 무시하고 얻어진 경우에는 정당하지 않을 수 있다. 제3세계에 사는 많은 환자가 신약 가격을 개발국인 선진국의 수준으로 유지하는 거대 제약회사의 정책 때문에 고통 속에서 죽어가고 있다. 그 약값을 감당할 수 있는 선진국이 보기에도 이는 이익이란 명분 아래 발생하는 끔찍한 사례이다. 이러한 비난의 목소리가 높아지자 제약회사의 대규모 투자자 중 일부는 자신들의 행동이 윤리적인지 고민하기 시작했다. 사람들이 약값 때문에 약을 구할 수 없다는 것은 분명히 잘못된 일이다. 하지만 그렇다고 해서 국가가 제약회사들에게 손해를 감수하라는 요구를 할 수는 없다는 데 사태의 복잡성이 있다.

신약을 개발하는 일에는 막대한 비용과 시간이 들며, 그 안전성 검사가 법으로 정해져 있어서 추가 비용이 발생한다. 이를 상쇄하기 위해 제약회사들은 시장에서 최대한 이익을 뽑아내려 한다. 얼마나 많은 환자가 신약을 통해 고통에서 벗어나는가에 대한 관심을 이들에게 기대하긴 어렵다. 그러나 만약 제약회사들이 존재하지 않는다면 신약개발도 없을 것이다.

그렇다면 상업적 고려와 인간의 건강 사이에 존재하는 긴장을 어떻게 해소해야 할까? 제3세계의 환자를 치료하는 일은 응급사항이며, 제약회사들이 자선하리라고 기대하는 것은 비현실적이다. 그렇다면 그 대안은 명백하다. ＿＿＿＿＿＿＿＿＿＿＿＿＿＿＿＿＿＿＿＿＿＿ 물론 여기에도 문제는 있다. 이 대안이 왜 실현되기 어려운 걸까? 그 이유가 무엇인지는 우리가 자신의 주머니에 손을 넣어 거기에 필요한 돈을 꺼내는 순간 분명해질 것이다.

① 제3세계에 제공되는 신약 가격을 선진국과 같게 해야 한다.

② 제3세계 국민에게 필요한 신약을 선진국 국민이 구매하여 전달해야 한다.

③ 선진국들은 자국의 제약회사가 제3세계에 신약을 저렴하게 공급하도록 강제해야 한다.

④ 각국 정부는 거대 제약회사의 신약 가격 결정에 자율권을 주어 개발 비용을 보상받을 수 있게 해야 한다.

⑤ 거대 제약회사들이 제3세계 국민을 위한 신약 개발에 주력하도록 선진국 국민이 압력을 행사해야 한다.

14 다음 글을 내용에 따라 세 부분으로 적절하게 나눈 것은?

(가) '소 잃고 외양간 고친다.'는 닥쳐올 위험을 사전에 막아야 한다는 교훈을 주는 속담이다. 보통 우리는 이 속담을 '아둔함'을 경계하는 것에 사용한다. 하지만 과연 소를 잃고 나서 외양간을 고치는 사람을 '아둔한 사람'이라고 할 수 있는 것일까. 다르게 생각하면 오히려 그들은 뼈아픈 실수를 바탕으로, 외양간을 더 견고하게 고치는 '현명한 사람'이 될 수도 있다.

(나) 미국 미시간주 앤아버에는 로버트 맥메스(Robert McMath)가 설립한 'New Product Works'라는 박물관이 있다. 이 박물관은 보편적으로 가치 있는 물품을 전시하는 기존의 박물관과 다르게, 많은 기업이 야심 차게 출시했지만 시장의 외면을 받은 상품들을 전시하고 있다.

(다) 대표적인 사례는 '크리스탈 펩시'이다. 펩시 사는 1992년에 이 무색의 콜라를 내놓아 소비자들에게 깨끗하다는 인식을 통한 판매량 확보를 노렸지만, '콜라는 흑갈색이다.'라는 소비자들의 고정관념을 깨지 못하고 쓰디쓴 고배를 마셨다. 또 다른 상품으로는 데어리메틱스 사의 어린이용 분사식 치약 '닥터케어'가 있다. 어린이 고객층을 겨냥하여 분무식의 치약을 만들었지만, 실제로는 욕실이 지저분하게 될 것이라는 의심만 산 채 시장에서 사라졌다. 이 외에도 박물관에는 수많은 기업의 실패작이 전시되어 있다.

(라) 놀라운 사실은 실패작을 진열한 이 박물관에 최근 각국의 여러 기업이 견학을 오는 것이다. 이유는 바로 실패작들의 원인을 분석해서 같은 실수를 반복하지 않고 성공으로 향할 방법을 찾기 위해서이다.

(마) 실패 박물관을 방문하는 사람들을 통해서도 알 수 있듯이, 우리는 실패를 외면하기만 했던 과거와 달리, 실패 사례를 연구하고 이를 성공의 발판으로 삼는 시대를 살고 있다. 따라서 실패에 넋을 놓고 자책하기보다는, 오히려 실패를 발전의 기회로 삼는 것이 더 중요하다.

① (가) / (나) / (다), (라), (마)
② (가) / (나), (다) / (라), (마)
③ (가) / (나), (다), (라) / (마)
④ (가), (나) / (다), (라) / (마)
⑤ (가), (나), (다) / (라) / (마)

15 다음 짝지어진 단어 사이의 관계가 나머지와 다른 것은?

① 언어 - 한국어 - 고유어
② 교통수단 - 자동차 - 승용차
③ 동물 - 포유류 - 원숭이
④ 대한민국 - 경상북도 - 포항시
⑤ 필통 - 지우개 - 연필

16 제시된 단어와 동일한 관계가 되도록 빈칸에 들어갈 가장 적절한 것은?

타짜꾼 : 노름 = ( ) : 가죽신

① 마름   ② 갖바치
③ 쇠재비   ④ 모도리
⑤ 대장공

17 마지막 명제가 참일 때, 다음 빈칸에 들어갈 명제로 가장 적절한 것은?

- 인기가 하락했다면 호감을 못 얻은 것이다.
- _____
- 인기가 하락했다면 타인에게 잘 대하지 않은 것이다.

① 타인에게 잘 대하면 호감을 얻는다.
② 호감을 얻으면 인기가 상승한다.
③ 타인에게 잘 대하면 인기가 하락한다.
④ 호감을 얻으면 타인에게 잘 대한다.
⑤ 타인에게 잘 대하지 않으면 호감을 얻지 못한다.

※ 다음 명제를 통해 얻을 수 있는 결론으로 적절한 것을 고르시오. [18~19]

18

> • 컴퓨터를 잘하는 사람은 사탕을 좋아한다.
> • 커피를 좋아하는 사람은 책을 좋아한다.
> • 수학을 잘하는 사람은 컴퓨터를 잘한다.

① 사탕을 좋아하는 사람은 수학을 못한다.
② 컴퓨터를 잘하는 사람은 커피를 좋아한다.
③ 책을 좋아하는 사람은 모두 커피를 좋아한다.
④ 커피를 좋아하는 사람은 컴퓨터를 잘한다.
⑤ 수학을 잘하는 사람은 사탕을 좋아한다.

19

> • 테니스를 좋아하는 사람은 가족 여행을 싫어한다.
> • 가족 여행을 좋아하는 사람은 독서를 좋아한다.
> • 독서를 좋아하는 사람은 쇼핑을 싫어한다.
> • 쇼핑을 좋아하는 사람은 그림 그리기를 좋아한다.
> • 그림 그리기를 좋아하는 사람은 테니스를 좋아한다.

① 그림 그리기를 좋아하는 사람은 가족 여행을 좋아한다.
② 쇼핑을 싫어하는 사람은 그림 그리기를 좋아한다.
③ 테니스를 좋아하는 사람은 독서를 좋아한다.
④ 쇼핑을 좋아하는 사람은 가족 여행을 싫어한다.
⑤ 쇼핑을 싫어하는 사람은 테니스를 좋아한다.

20 한 동물원에 원숭이 무리가 있다. 이 원숭이 무리에는 갑, 을, 병, 정, 무 5마리가 있다. 이 중에서 갑 원숭이가 우두머리이고, 갑은 다른 원숭이들을 때리면서 놀기를 좋아한다. 다음 〈조건〉을 바탕으로 갑이 때릴 원숭이를 고르면?

> **보기**
> ㉠ 갑은 무를 때리지 않는다.
> ㉡ 갑은 병을 때리거나 무를 때린다.
> ㉢ 갑이 정을 때리지 않으면, 을을 때린다.
> ㉣ 갑이 병을 때리면, 정을 때리지 않는다.

① 을, 병
② 병, 정
③ 정, 무
④ 을, 무
⑤ 병, 무

21 남학생 A~D와 여학생 W~Z 총 8명이 있다. 어떤 시험을 본 뒤, 이 8명의 득점을 알아보았더니, 남녀 모두 1명씩 짝을 이루어 동점을 받았다. 다음 중 옳은 것은?

> (가) 여학생 X는 남학생 B 또는 C와 동점이다.
> (나) 여학생 Y는 남학생 A 또는 B와 동점이다.
> (다) 여학생 Z는 남학생 A 또는 C와 동점이다.
> (라) 남학생 B는 여학생 W 또는 Y와 동점이다.

① 여학생 W는 남학생 C와 동점이다.
② 여학생 X와 남학생 B가 동점이다.
③ 여학생 Z와 남학생 C는 동점이다.
④ 여학생 Y는 남학생 A와 동점이다.
⑤ 남학생 D와 여학생 W는 동점이다.

22 다음 글을 읽고 이해한 내용으로 적절하지 않은 것은?

> 고려 초에 시작되어 천여 년의 역사를 갖고 있는 강릉단오제는 강릉을 비롯한 영동 지역 공동체의 안녕과 풍요를 위해서 벌이는 축제이다. 2005년 11월 25일에는 유네스코 인류 구전 및 무형 유산 걸작으로 등재되기도 했다. 강릉단오제는 4월 보름 대관령 산정에 있는 국사 성황사에서 신을 모셔와 음력 5월 5일인 단오를 중심으로 일주일 이상 강릉 시내를 관통하는 남대천 변에 굿마당을 마련하고 각종 의례와 놀이를 벌이는 행사이다. 엄숙한 유교식 제례와 무당굿, 토속적인 탈놀이와 같은 지정문화재 행사와 그네, 씨름, 농악 등 세시 민속놀이가 어우러지며, 주변에 거대한 난장이 서기 때문에 많은 사람들이 단오제를 보기 위해 몰려든다.
>
> 강릉단오제에서 무당굿은 가장 핵심이 되는 행사로, 고유의 성질을 가진 여러 신을 모시는 의례이다. 먼저 고을을 편안하게 해줄 서낭님을 모시고 모든 집안에 있는 조상을 위하여 조상굿을 한다. 자식들에게 복을 주는 세존굿, 집안의 안녕과 대주를 보호하는 성주굿, 역대 장수를 모시며 군에 간 자손을 보호해 달라 청하는 군웅장수굿, 어부들의 눈을 맑게 해 주고 집집마다 효녀 낳으라고 심청굿도 한다. 아픈 사람이 없기를 바라면서 홍역이나 천연두를 예방하는 손님굿도 하고 사이사이 굿청에 모인 사람들을 위해 축원굿도 한다.
>
> 제일(祭日) 며칠 전부터 제사에 직접 관여하는 제관·임원·무격(巫覡) 등은 부정(不淨)이 없도록 새벽에 목욕재계하고, 언행을 함부로 하지 않으며, 제사가 끝날 때까지 먼 곳 출입을 삼가고 근신하는 등 몸과 마음을 깨끗이 한다. 마을 사람들도 부정한 일을 저지르지 않고, 부정한 일을 보거나 부정한 음식을 먹는 일을 하지 않는다고 한다. 그리고 제사를 지낼 신당(神堂)과 우물·도가 등에는 황토를 뿌리고 금줄을 쳐서 부정을 막는다. 제물을 다루는 사람은 말을 하지 않기 위해서 입에 밤이나 백지 조각을 문다고 한다. 말을 하면 침이 튀어 음식에 들어갈 수도 있고, 또 부정한 말을 주고받을 수도 있기 때문이다. 이처럼 다양하고 엄격한 금기(禁忌)를 깨면 개인은 벌을 받고, 임원·제관·무격이 금기를 어기면 제사를 지내도 효험이 없으며 오히려 서낭의 노여움을 사서 재앙이 있다고 한다.
>
> 단오제가 끝나면 대개 비가 내린다고 하는데, 신은 돌아갔지만 이 비를 맞으면서 논의 모는 쑥쑥 자라고 신의 약속으로 든든해진 인간은 지상에 남아 다시 한 해 동안 열심히 살아간다. 이것이 바로 삶의 고단함을 신과 인간이 하나 되는 신명의 놀이로 풀어주는 축제의 힘이다.

① 세존굿은 자식들에게 복을 주는 굿이며, 군웅장수굿은 군에 간 자손을 보호하기 위한 굿이다.

② 강릉단오제는 유네스코 유산으로 등재되기도 했다.

③ 심청굿을 통해 홍역이나 천연두를 예방하고자 했다.

④ 강릉단오제는 신과 인간이 하나 되는 축제로 볼 수 있다.

⑤ 제사에 관여하는 사람들은 제사가 끝날 때까지 먼 곳 출입을 삼가야 한다.

23 다음 중 글의 내용으로 가장 적절한 것은?

복사 냉난방 시스템은 실내 공간과 그 공간에 설치되어 있는 말단 기기 사이에 열교환이 있을 때 그 열교환량 중 50% 이상이 복사 열전달에 의해서 이루어지는 시스템을 말한다. 우리나라 주거 건물의 난방방식으로 100% 가까이 이용되고 있는 온수온돌은 복사 냉난방 시스템 중 하나이며, 창 아래에 주로 설치되어 복사 열교환으로 실내를 냉난방하는 라디에이터 역시 복사 냉난방 시스템이다.

다양한 복사 냉난방 시스템 중에서도 최근 친환경 냉난방 설비에 대한 관심이 급증하면서 복사 냉난방 패널 시스템이 주목받고 있다. 복사 냉난방 패널 시스템이란 열매체로서 특정 온도의 물을 순환시킬 수 있는 회로를 바닥, 벽, 천장에 매립하거나 부착하여 그 표면온도를 조절함으로써 실내를 냉난방하는 시스템으로 열원, 분배기, 패널, 제어기로 구성된다.

열원은 실내에 난방 시 열을 공급하고, 냉방 시 열을 제거하는 열매체를 생산해내는 기기로, 보일러와 냉동기가 있다. 열원에서 생산되어 세대에 공급되는 냉온수는 냉난방에 필요한 적정 온도와 유량을 유지할 수 있어야 한다.

분배기는 열원에서 만들어진 냉온수를 압력 손실 없이 실별로 분배한 뒤 환수하는 장치로, 집중화된 온도와 유량을 조절하고 냉온수 공급 상태를 확인하며, 냉온수가 순환되는 성능을 개선하는 일을 수행할 수 있어야 한다. 우리나라의 경우는 난방용 온수 분배기가 주로 이용되어 왔으나, 냉방기에도 이용이 가능하다.

패널은 각 실의 바닥, 벽, 천장 표면에 설치되며, 열매체를 순환시킬 수 있는 배관 회로를 포함한다. 분배기를 통해 배관 회로로 냉온수가 공급되면 패널의 표면 온도가 조절되면서 냉난방 부하가 제어되어 실내 공간을 쾌적한 상태로 유지할 수 있게 된다. 이처럼 패널은 거주자가 머무는 실내 공간과 직접적으로 열을 교환하는 냉난방의 핵심 역할을 담당하고 있으므로 열교환이 필요한 시점에 효율적으로 이루어질 수 있도록 설계, 시공되는 것이 중요하다.

제어기는 냉난방 필요 여부를 판단하여 해당 실의 온도 조절 밸브를 구동하고, 열원의 동작을 제어함으로써 냉난방이 이루어지게 된다.

복사 냉난방 패널 시스템은 다른 냉난방 설비에 비하여 낮은 온도의 열매체로 난방이 가능하여 에너지 절약 성능이 우수할 뿐만 아니라 쾌적한 실내 온열 환경 조성에도 탁월한 기능을 발휘한다.

※ 복사 : 물체로부터 열이나 전자기파가 사방으로 방출됨
※ 열매체 : '열(따뜻한 기운)'과 '냉(차가운 기운)'을 전달하는 물질

① 열원은 냉온수를 압력 손실 없이 실별로 분배한 뒤 환수한다.
② 패널은 난방 시 열을 공급하고 냉방 시 열을 제거하는 열매체를 생산한다.
③ 제어기는 각 실의 바닥, 벽, 천장 표면에 설치되어 열매체를 순환시킨다.
④ 복사 냉난방 패널 시스템은 열매체의 온도가 높아 난방 시 에너지 절약 성능이 뛰어나다.
⑤ 분배기는 냉방기에도 이용이 가능하다.

24 다음 중 글의 문단마다 소제목을 붙였을 때, 적절하지 않은 것은?

(가) 떨어질 줄 모르는 음주율은 정신건강 지표와도 연결된다. 아무래도 생활에서 스트레스를 많이 느끼는 사람들이 음주를 통해 긴장을 풀고자 하는 욕구가 많기 때문이다. 특히 퇴근 후 혼자 한적하고 조용한 술집을 찾아 맥주 1~2캔을 즐기는 혼술 문화는 젊은 연령층에서 급속히 퍼지고 있는 트렌드이기도 하다. 이렇게 혼술 문화가 대중적으로 널리 퍼지게 된 원인은 1인 가구의 증가와 사회적 관계망이 헐거워진 데 있다는 것이 지배적인 분석이다.

(나) 혼술은 간단하게 한 잔, 긴장을 푸는 데 더없이 좋은 효과를 주기도 하지만 그 이면에는 '음주 습관의 생활화'라는 문제도 있다. 혼술이 습관화되면 알코올중독으로 병원 신세를 질 가능성이 9배 늘어난다는 최근 연구결과도 있다. 실제로 가톨릭대 알코올의존치료센터에 따르면 5년 동안 알코올 의존 상담환자 중 응답자 75.4%가 평소 혼술을 즐겼다고 답했다.

(다) 2016년 보건복지부와 국립암센터에서는 국민 암 예방 수칙의 하나인 '술은 하루 2잔 이내로 마시기' 수칙을 '하루 한두 잔의 소량 음주도 피하기'로 개정했다. 뉴질랜드 오타고대 연구진의 최신 연구에 따르면 술이 7종 암과 직접적 관련이 있는 것으로 밝혀졌고 이런 영향력은 적당한 음주에도 예외가 아닌 것으로 나타났다. 연구를 이끈 제니 코너 박사는 "음주 습관은 소량에서 적당량을 섭취했을 때도 몸에 상당한 부담으로 작용한다."라고 밝혔다.

(라) 흡연과 함께 하는 음주는 1군 발암요인이기도 하다. 몸속에서 알코올과 니코틴 등의 독성물질이 만나면 더 큰 부작용과 합병증을 일으키기 때문이다. 일본 도쿄대 나카무라 유스케 교수는 '체질과 생활습관에 따른 식도암 발병률'이라는 논문에서 하루에 캔 맥주 1개 이상을 마시고 흡연을 같이 할 경우 유해물질이 인체에서 상승작용을 한다는 것을 밝혀냈다. 또한 술, 담배를 함께 하는 사람의 식도암 발병 위험이 다른 사람들에 비해 190배나 높은 것으로 나타났다. 우리나라는 세계적으로도 식도암 발병률이 높은 나라이기도 하다. 이것이 우리가 음주습관 형성에 특히 주의를 기울어야 하는 이유다.

① (가) : 1인 가구, 혼술 문화의 유행
② (나) : 혼술습관, 알코올중독으로 발전할 수 있어
③ (다) : 가벼운 음주, 대사 촉진에 도움이 돼
④ (다) : 하루 한두 잔, 가벼운 음주도 암 위험에서 자유롭지 못해
⑤ (라) : 흡연과 음주를 동시에 즐기면 식도암 위험률 190배

다음 글 뒤에 이어질 내용으로 가장 적절한 것은?

> 자유의 속성상 인간은 불가피하게 새로운 속박으로 도피할 수밖에 없는가에 대한 물음에 '자발성'은
> 하나의 해답이 된다. 사람은 자발적으로 자아를 실현하는 과정에서 자신을 외부 세계에 새롭게 결부
> 시키기 때문에, 자아의 완전성을 희생시키지 않고 고독을 극복할 수 있는 것이다. 소극적인 자유는 개
> 인을 고독한 존재로 만들며 개인과 세계와의 관계를 소원하게 만들고 자아를 약화시켜 끊임없는 위
> 협을 느끼게 한다. 자발성에 바탕을 둔 적극적 자유에는 다음과 같은 원리가 내포되어 있다. 개인적
> 자아보다 더 높은 힘은 존재하지 않고 인간은 그의 생활의 중심이자 목적이라는 원리와 개성의 성장
> 과 실현은 그 어떤 목표보다 우선한다는 원리가 그것이다.

① 이러한 원리에 더하여 인간이 사회를 지배하고 사회 과정에 적극적으로 참여할 수 있
   는 사회적 여건이 갖추어질 때 근대 이후 인간을 괴롭히던 고독감과 무력감은 극복될
   수 있다.

② 도피의 또 다른 심리 과정은 외부 세계에 의해서 그에게 부여된 인격을 전적으로 받
   아들임으로써 자기 자신이 되는 것을 스스로 중지하는 것이다.

③ 근대 이전까지는 자신의 신분에 맞는 삶을 영위하면서 나름대로 안정감과 소속감을
   느끼던 인간들은 자신을 둘러싼 외부 세계가 자신의 의지와는 무관하게 작용한다는
   것과 다른 사람들과의 관계조차도 적대적이 되었다는 것을 느끼게 된다.

④ 그러나 그는 자아의 상실이라는 매우 비싼 대가를 치르게 된다. 그는 부단히 다른 사
   람에게 인정받는 행위를 함으로써 자기 동일성을 유지하고자 하는 불안한 노력을 기
   울이게 되는 것이다.

⑤ 하지만 자유는 자발성을 가지는 인간이 성취할 수 있는 것이 아니다. 상황에 따라 적
   극적인 자발성은 자유로 도달하는 데 큰 방해물이 될 수 있다.

26 다음 글을 바탕으로 한 추론으로 적절하지 않은 것은?

> 20세기로 들어서기 전에 이미 영화는 두 가지 주요한 방향으로 발전하기 시작했는데, 그것은 곧 사실주의와 형식주의이다. 1890년대 중반 프랑스의 뤼미에르 형제는 「열차의 도착」이라는 영화를 통해 관객들을 매혹시켰는데, 그 이유는 영화에 그들의 실생활을 거의 비슷하게 옮겨 놓은 것처럼 보였기 때문이다. 거의 같은 시기에 조르주 멜리에스는 순수한 상상의 사건인 기발한 이야기와 트릭 촬영을 혼합시켜 「달세계 여행」이라는 판타지 영화를 만들었다. 이들은 각각 사실주의와 형식주의 영화의 전통적 창시자라 할 수 있다.

① 「열차의 도착」은 사실주의를 나타낸 영화이다.
② 영화는 사실주의와 형식주의의 방향으로 발전했다.
③ 「달세계 여행」이라는 영화는 형식주의를 나타낸 영화이다.
④ 조르주 멜리에스는 형식주의 영화를 만들었다.
⑤ 사실주의 영화에서 기발한 이야기와 트릭 촬영은 중요한 요소이다.

27 다음 글에서 지적한 정보화 사회의 문제점에 대한 반대 입장으로 적절하지 않은 것은?

> 정보화 사회에서 지식과 정보는 부가가치의 원천이다. 지식과 정보에 접근할 수 없는 사람들은 소득을 얻는 데 불리할 수밖에 없다. 고급 정보에 대한 접근이 용이한 사람들은 부를 쉽게 축적하고, 그 부를 바탕으로 고급 정보 획득에 많은 비용을 투입할 수 있다. 이렇게 벌어진 정보 격차는 시간이 갈수록 심화될 가능성이 높아지고 있다. 정보나 지식이 독점되거나 진입 장벽을 통해 이용이 배제되는 경우도 문제이다. 특히 정보가 상품화됨에 따라 정보를 둘러싼 불평등은 더욱 심화될 것이다.

① 인터넷이나 컴퓨터 유지비 측면에서의 격차 발생
② 정보의 확산으로 기존의 자본주의에 의한 격차 완화 가능성
③ 정보 기기의 보편화로 인한 정보 격차 완화
④ 인터넷의 발달에 따라 전 계층의 고급 정보 접근 용이
⑤ 일방적 정보 전달에서 벗어나 상호작용의 의사소통 가능

28 다음 중 논리적 오류의 성격이 다른 것은?

① 학생의 본분은 공부이므로 나는 집안일은 전혀 하지 않고 공부만 한다.

② 이 아파트는 인기 탤런트의 부모님이 사는 곳이므로 집값이 오른다고 보장할 수 있다.

③ 남자는 여자를 지켜줘야 하기 때문에 미정이가 친구의 돈을 빼앗는 것을 보았어도 그녀를 지켜주기 위해 아무에게도 말하지 않았다.

④ 다른 사람의 물건에 손을 대어서는 안 된다. 할머니께서 무거운 짐을 들고 가시더라도 함부로 손대어서는 안 되므로 들어드릴 수 없다.

⑤ 사람은 남의 것을 욕심내지 말아야 한다. 지하철에서 노인 분들이 젊은 사람의 자리를 탐내는 것을 보면 이해할 수가 없다.

29 다음 중 오류에 대한 정의와 그 예를 적절하게 연결한 것은?

(가) 서로 다른 범주에 속하는 것을 같은 범주의 것으로 혼동하는 데서 생기는 오류
(나) 정 때문에 논지를 받아들이게 하는 오류
(다) 논지와 직접적인 관련이 없는 권위자의 견해를 근거로 신뢰하게 하는 오류
(라) 증명할 수 없거나 알 수 없음을 들어 거짓이라고 추론하는 오류

① 솔직히 누구 말이 더 맞는 것 같아? 내가 너랑 더 가까운데 틀린 말을 하겠어? – (다)

② 이 집은 박보검 씨도 보고 마음에 들어 한 집이에요. 얼른 계약하세요. – (라)

③ 흰색을 싫어하는 사람은 밝은 색을 싫어한다. – (가)

④ 어제 네가 집에 있었던 것을 본 사람이 없으니 난 믿지 않겠어. – (나)

⑤ 이 주식은 모 유명 연예인도 샀대. 우리도 투자하자. – (가)

다음 글의 주된 내용 전개 방식으로 적절한 것은?

1972년 프루시너는 병에 걸린 동물을 연구하다가, 우연히 정상 단백질이 어떤 원인에 의해 비정상적인 구조로 변하면 바이러스처럼 전염되며 신경 세포를 파괴한다는 사실을 밝혀냈다. 프루시너는 이 단백질을 '단백질(Protein)'과 '바이러스 입자(Virion)'의 합성어인 '프리온(Prion)'이라 명명하고 이를 학계에 보고했다.

프루시너가 프리온의 존재를 발표하던 당시, 분자 생물학계의 중심 이론은 1957년 크릭에 의해 주창된 '유전 정보 중심설'이었다. 이 이론의 핵심은 유전되는 모든 정보는 DNA 속에 담겨 있다는 것과, 유전 정보는 핵산(DNA, RNA)에서 단백질로만 이동이 가능하다는 것이다. 크릭에 따르면 모든 동식물의 세포에서 DNA의 유전 정보는 DNA로부터 세포핵 안의 또 다른 핵산인 RNA가 전사되는 과정에서 전달되고, 이 RNA가 세포질로 나와 단백질을 합성하는 번역의 과정을 통해 단백질로의 전달이 이루어진다. 따라서 단백질은 핵산이 없으므로 스스로 정보를 저장할 수 없고 자기 복제를 할 수 없다는 것이다.

그런데 프루시너, 프리온이라는 단백질은 핵산이 아예 존재하지 않음에도 자기 복제를 한다고 주장하였다. 이 주장은 크릭의 유전 정보 중심설에 기반한 분자 생물학의 중심 이론을 흔들게 된다. 아직 논란이 끝난 것은 아니지만 '자기 복제하는 단백질'이라는 개념이 분자 생물학자들에게 받아들여지기까지는 매우 험난한 과정이 필요했다. 과학자들은 충분하지 못한 증거를 가진 주장에 대해서는 매우 보수적일 뿐만 아니라, 기존의 이론으로 설명할 수 없는 현상을 대했을 때는 어떻게든 기존의 이론으로 설명해내려 노력하기 때문이다. 프루시너가 프리온을 발견한 공로로 노벨 생리학 · 의학상을 받은 것은 1997년에 이르러서였다.

① 특정 이론과 그에 대립하는 이론을 함께 설명하고 있다.
② 특정 이론의 관점에서 그 원인을 분석하고 나아가야 할 방향성을 제시하고 있다.
③ 특정 이론을 실제 사례에 적용하여 실현 가능성을 검토하고 있다.
④ 현상에 대한 여러 관점을 소개한 뒤, 각 관점의 장단점을 평가하고 있다.
⑤ 어떤 현상을 비판하고 그에 대한 반박 가능성을 예측하고 있다.

응시시간 : 40분 | 문항 수 : 30문항

01   다음 제시된 단어와 같거나 유사한 의미를 가진 것은?

발전

① 진전   ② 동조

③ 발생   ④ 퇴보

⑤ 발주

02   다음 중 ㉠과 ㉡의 관계와 가장 유사한 것은?

> 우리는 현재 빛의 속도로 살아가고 있다. 종이에 문자를 써서 그 종이를 전달하던 시대가 지나가고, 컴퓨터 자판에서 문자를 입력하여 빛의 속도로 정보를 전 지구에 전달하는 시대에 살고 있는 것이다. 정보를 전달할 때 가장 효과적인 방법은 텔레비전 같은 동영상이다. 그러나 동영상은 정보 전달 및 보존에 비용이 많이 들기 때문에 사용에 제약을 받을 수밖에 없다. 따라서 정보 전달 방법에서 문자는 앞으로도 계속 큰 비중을 차지할 것이다.
> 그러면 정보 전달 속도에서 문자의 역할을 생각해 보자. 정보가 빛의 속도로 전달되는 것은 기술의 역할이므로 같은 정보량이라면 어느 문자를 사용해도 전달 속도는 같다. 정보 전달 속도에서 차이를 만드는 변수는 '문자로 정보를 만들어 내는 속도'다. 이제 ㉠ 컴퓨터 자판에서 문자를 입력하여 ㉡ 모니터 화면에 정보를 만들어내는 속도를 비교해 보자.

① 열쇠 − 자물쇠   ② 바코드 − 영수증

③ 플러그 − 콘센트   ④ 마이크 − 스피커

⑤ 돼지 저금통 − 은행 통장

03 다음 밑줄 친 단어의 의미와 유사한 것은?

> 흑사병은 페스트균에 의해 발생하는 급성 열성 감염병으로, 쥐에 기생하는 벼룩에 의해 사람에게 전파된다. 국가위생건강위원회의 자료에 따르면 중국에서는 최근에도 <u>간헐적</u>으로 흑사병 확진 판정이 나온 바 있다. 지난 2014년에는 중국 북서부에서 38살의 남성이 흑사병으로 목숨을 잃었으며, 2016년과 2017년에도 각각 1건씩 발병 사례가 확인됐다.

① 근근이 ② 자못
③ 빈번히 ④ 이따금
⑤ 흔히

04 다음 글의 밑줄 친 단어로 짧은 글짓기를 했을 때, 적절하지 않은 것은?

> 고대 그리스의 조각 작품들을 살펴보면, 조각 전체의 자세 및 동작이 기하학적 균형을 바탕으로 나타나있음을 알 수 있다. 세부적인 묘사에 치중된 (가) <u>기교</u>보다는 기하학을 바탕으로 한 전체적인 균형과 (나) <u>절제</u>된 표현이 고려된 것이다. 그런데 헬레니즘기의 조각으로 넘어가면서 초기의 (다) <u>근엄</u>하고 정적인 모습이나 기하학적인 균형을 중시하던 입장에서 후퇴하는 현상들이 보이게 된다. 형태들을 보다 더 (라) <u>완숙</u>한 모습으로 나타내기 위해 사실적인 묘사나 장식적인 측면들에 주목하게 된 것이라 할 수 있다. 하지만 그 안에서도 여전히 기하학적인 균형을 찾아볼 수 있으며 개별적인 것들을 포괄하는 보편적인 질서인 이데아를 (마) <u>구현</u>하고자 하는 고대 그리스 사람들의 생각을 엿볼 수 있다.

① (가) : 그는 당대의 쟁쟁한 바이올리니스트 중에서도 <u>기교</u>가 뛰어나기로 유명하다.
② (나) : 수도사들은 욕망을 <u>절제</u>하고 청빈한 삶을 산다.
③ (다) : 방에 들어서니 할아버지가 <u>근엄</u>한 표정으로 앉아 계셨다.
④ (라) : 몇 년 사이에 아주 어른이 되어 예전의 <u>완숙</u>한 모습은 찾아볼 수가 없다.
⑤ (마) : 그는 정의 <u>구현</u>을 위해 판사가 되기로 마음먹었다.

05 다음 중 밑줄 친 빈칸에 들어갈 단어를 〈보기〉에서 골라 적절하게 짝지은 것은?

> 약속은 시간과 장소가 정확해야 한다. 새내기 영업 사원 시절의 일이다. 계약 문제로 고객을 만나기 위해, 많은 차량으로 ㉮ 한 회사 부근을 간신히 빠져나와 약속 장소로 갔다. 그러나 고객은 그곳에 없었다. 급히 휴대폰으로 연락을 해 보니, 다른 곳에서 기다리고 있다는 것이었다. 큰 실수였다. 약속 장소를 ㉯ 하여 고객을 기다리게 한 것이다. 약속을 정할 때 전에 만났던 곳에서 만나자는 말에 별 생각 없이 그렇게 하겠다고 하는 바람에 이런 ㉰ 이 빚어졌던 것이다.

> **보기**
> ㉠ 번잡   ㉡ 혼잡   ㉢ 소란   ㉣ 혼동   ㉤ 착오   ㉥ 혼선   ㉦ 소동   ㉧ 갈등

	㉮	㉯	㉰
①	㉠	㉣	㉥
②	㉠	㉤	㉦
③	㉡	㉤	㉥
④	㉢	㉣	㉦
⑤	㉢	㉥	㉧

06 다음 제시된 문장에서 사용이 적절하지 않은 단어는?

> • 학생은 선생님의 지시가 잘못되었다고 생각했지만, 그에게 (   )하기로 했다.
> • 그는 부하를 자신에게 (   )시키기 위해 폭력을 휘두르기도 했다.
> • 우리 조상은 자연의 섭리에 (   )하며 그와 조화를 이루는 삶을 영위했다.
> • 그는 현실의 모순을 외면하고 체제에 (   )하며 살았다.
> • 신도들은 사이비 교주에게 (   )하여 그의 말이라면 무엇이든 믿고 따랐다.

① 순응   ② 순종
③ 복종   ④ 맹종
⑤ 체청

07 다음 〈보기〉는 한글맞춤법 규정의 일부이다. 이를 적절하게 이해했다고 할 수 없는 것은?

> **보기**
>
> 제30항 : 사이시옷은 다음과 같은 경우에 받치어 적는다.
> 1. 순우리말로 된 합성어로서 앞말이 모음으로 끝난 경우
>   (1) 뒷말의 첫소리가 된소리로 나는 것
>   (2) 뒷말의 첫소리 'ㄴ, ㅁ' 앞에서 'ㄴ' 소리가 덧나는 것
>   (3) 뒷말의 첫소리 모음 앞에서 'ㄴㄴ' 소리가 덧나는 것
> 2. 순우리말과 한자어로 된 합성어로서 앞말이 모음으로 끝난 경우
>   (1) 뒷말의 첫소리가 된소리로 나는 것
>   (2) 뒷말의 첫소리 'ㄴ, ㅁ' 앞에서 'ㄴ' 소리가 덧나는 것
>   (3) 뒷말의 첫소리 모음 앞에서 'ㄴㄴ' 소리가 덧나는 것
> 3. 두 음절로 된 다음 한자어
>   곳간(庫間), 셋방(貰房), 숫자(數字), 찻간(車間), 툇간(退間), 횟수(回數)

① '나무'와 '가지'를 합쳐 낱말을 만들 때에는 '1 − (1)'의 조항에 따라 '나뭇가지'로 적어야겠군.

② '제사'와 '날'을 합쳐 낱말을 만들 때에는 '1 − (2)'의 조항에 따라 '제삿날'로 적어야겠군.

③ '깨'와 '잎'을 합쳐 낱말을 만들 때에는 '1 − (3)'의 조항에 따라 '깻잎'으로 적어야겠군.

④ '차'와 '잔'을 합쳐 낱말을 만들 때에는 '2 − (1)'의 조항에 따라 '찻잔'으로 적어야겠군.

⑤ '양치'와 '물'을 합쳐 낱말을 만들 때에는 '2 − (2)'의 조항에 따라 '양칫물'로 적어야겠군.

08 다음 글의 내용을 가장 잘 설명하는 속담은?

> 최근 러시아에서는 공무원들의 근무 태만을 감시하기 위해 공무원들에게 감지기를 부착시켜 놓고 인공위성 추적 시스템을 도입하는 방안을 둘러싸고 논란이 일고 있다. 전자 감시 기술은 인간의 신체 속에까지 파고 들어갈 만반의 준비를 하고 있다. 어린아이의 몸에 감시 장치를 내장하면 아이의 안전을 염려할 필요는 없겠지만, 그게 과연 좋기만 한 것인지, 또 그 기술이 다른 좋지 않은 목적에 사용될 위험은 없는 것인지, 따져볼 일이다. 감시를 위한 것이 아니라 하더라도 전자 기술에 의한 정보의 집적은 언제든 개인의 프라이버시를 위협할 수 있다.

① 사공이 많으면 배가 산으로 간다

② 일곱 번 재고 천을 째라

③ 쇠뿔은 단김에 빼랬다

④ 달걀에도 뼈가 있다

⑤ 새가 오래 머물면 반드시 화살을 맞는다

다음 중 ㉠~㉣의 문장을 논리적인 순서대로 배열한 것은?

전쟁 소설 중에는 실제로 일어났던 전쟁을 배경으로 한 작품들이 있다. 이런 작품들은 허구를 매개로 실재 전쟁을 새롭게 조명하고 있다.

> ㉠ 가령, 작자 미상의 조선 후기 소설 『박씨전』의 후반부는 조선이 패전했던 병자호란에 등장하는 실존 인물 '용골대'와 그의 군대를 허구의 여성인 '박씨'가 물리치는 허구의 내용인데, 이는 패전의 치욕을 극복하고 싶은 수많은 조선인의 바람을 반영한 것이다.
>
> ㉡ 한편, 1964년 박경리가 발표한 『시장과 전장』은 극심한 이념 갈등 사이에서 생존을 위해 몸부림치는 인물을 통해 6·25전쟁이 남긴 상흔을 직시하고 이에 좌절하지 않으려는 작가의 의지가 드러난다.
>
> ㉢ 또한 『시장과 전장』에서는 전쟁터를 재현하여 전쟁의 폭력과 맞닥뜨린 개인의 연약함을 강조하고, 무고한 희생을 목격한 인물의 내면을 드러냄으로써 개인의 존엄을 탐색한다.
>
> ㉣ 박씨와 용골대 사이의 대립 구도 아래 전개되는 허구의 이야기는 조선인들의 슬픔을 위로하고 희생자를 추모함으로써 공동체로서의 연대감을 강화하였다.

우리는 이러한 작품들을 통해 전쟁의 성격을 탐색할 수 있다. 전쟁이 폭력적인 것은 공동체 사이의 갈등 과정에서 사람들이 죽기 때문만은 아니다. 전쟁의 명분은 폭력을 정당화하기 때문에 적군의 죽음은 불가피한 것으로, 아군의 죽음은 불의한 적군에 의한 희생으로 간주한다. 전쟁은 냉혹하게도 피아(彼我)를 막론하고 민간인의 죽음조차 외면하거나 자신의 명분에 따라 이를 이용하게 한다는 점에서 폭력성을 띠는 것이다.

두 작품에서 사람들이 죽는 장소가 군사들이 대치하는 전선만이 아니라는 점도 주목할 수 있다. 전쟁터란 전장과 후방, 가해자와 피해자가 구분하기 힘든 혼돈의 현장이다.

이 혼돈 속에서 사람들은 고통을 받으면서도 생의 의지를 추구해야 한다는 점에서 전쟁의 비극성은 극대화된다. 이처럼, 전쟁의 허구화를 통해 우리는 전쟁에 대한 인식을 새롭게 할 수 있다.

① ㉠ - ㉢ - ㉡ - ㉣
② ㉠ - ㉣ - ㉢ - ㉡
③ ㉠ - ㉣ - ㉡ - ㉢
④ ㉡ - ㉠ - ㉣ - ㉢
⑤ ㉣ - ㉢ - ㉡ - ㉠

10 다음 제시된 문단에 이어질 문단을 논리적 순서대로 적절하게 배열한 것은?

> 과거에 우리 사회의 미래가 어떻게 될 것인가를 고민하던 소설가가 두 명 있었다. 한 명은 '조지 오웰(George Orwell)'이고, 한 명은 '올더스 헉슬리(Aldous Huxley)'이다. 둘 다 미래 세계에 대해 비관적이었지만 그들이 그린 미래 세계는 각각 달랐다.
>
> (가) 모든 성적인 활동은 자유롭고, 아이들은 인공수정으로 태어나며, 모든 아이의 양육은 국가가 책임진다. 그러나 사랑의 방식은 성애로 한정되고, 시나 음악과 같은 방법을 통한 낭만적인 사랑, 혹은 결혼이나 부모라는 개념은 비문명적인 것으로 인식된다. 그리고 태어나기 전의 지능에 따라서 사회적 계급은 이미 결정되어 있는 사회다.
>
> (나) '조지 오웰'은 그의 소설 『1984』에서 국가권력에 감시당하는 개인과 사회를 설정했다. 이제는 신문에서도 자주 볼 수 있는, 감시적 국가권력의 상징인 '빅브라더'가 바로 『1984』에서 가공의 나라 오세아니아의 최고 권력자를 일컫는 명칭이다.
>
> (다) 『1984』와 『멋진 신세계』 중 어느 쪽이 미래의 암울한 면을 잘 그려냈는지 우열을 가려내기는 어렵다. 현재 산업 발전의 이면에 있는 사회의 어두운 면은 『1984』와 『멋진 신세계』에 나타난 모든 부분을 조금씩 포함하고 있다. 즉, 우리가 두려워해야 할 것은, 두 작품이 예상한 단점 중 한쪽만 나타나지 않고, 중첩되어 나타나고 있다는 점이다.
>
> (라) 반면에 '올더스 헉슬리'는 그의 소설 『멋진 신세계』에서 다른 미래를 생각해냈다. 『1984』가 '빅브라더'에게 지배받고 감시당함으로써 시민들의 개인적 자유와 권리가 보장받지 못하는, 우리가 생각하는 전형적인 디스토피아였다면, 『멋진 신세계』가 그려내는 미래는 그와는 정반대에 있다.

① (나) − (라) − (가) − (다)

② (나) − (가) − (라) − (다)

③ (나) − (라) − (다) − (가)

④ (라) − (가) − (나) − (다)

⑤ (라) − (다) − (나) − (가)

11 다음은 스마트 그리드(Smart Grid)를 소개하는 기사 내용이다. 다음 중 〈보기〉의 (A)와 (B)가 들어갈 위치로 가장 적절한 곳은?

스마트 그리드는 '발전 – 송전·배전 – 판매'의 단계로 이루어지던 기존의 단방향 전력망에 정보기술을 접목하여 전력 공급자와 소비자가 양방향으로 실시간 정보를 교환함으로써 에너지 효율을 최적화하는 '지능형 전력망'을 가리킨다. (가) 발전소와 송전·배전 시설과 전력 소비자를 정보통신망으로 연결하고 양방향으로 공유하는 정보를 통하여 전력시스템 전체가 한 몸처럼 효율적으로 작동하는 것이 기본 개념이다. (나) 전력 소비자는 전력 사용 현황을 실시간으로 파악함으로써 이에 맞게 요금이 비싼 시간대를 피하여 사용 시간과 사용량을 조절할 수 있으며, 태양광 발전이나 연료전지, 전기자동차의 전기에너지 등 가정에서 생산되는 전기를 판매할 수도 있게 된다. (다) 또한, 자동조정 시스템으로 운영되므로 고장 요인을 사전에 감지하여 정전을 최소화하고, 기존 전력시스템과는 달리 다양한 전력 공급자와 소비자가 직접 연결되는 분산형 전원체제로 전환되면서 풍량과 일조량 등에 따라 전력 생산이 불규칙한 한계를 지닌 신재생에너지 활용도가 증대된다. (라) 이처럼 스마트 그리드는 많은 장점을 지니고 있어 세계 여러 나라에서 차세대 전력망으로 구축하기 위한 사업으로 추진하고 있다. (마) 한국도 2004년부터 산학연구 기관과 전문가들을 통하여 기초기술을 개발해왔으며, 2008년 그린에너지산업 발전전략의 과제로 스마트 그리드를 선정하고 법적·제도적 기반을 마련하기 위하여 지능형전력망구축위원회를 신설하였다.

보기

(A) 신재생에너지 활용도가 높아지면 화력발전소를 대체하여 온실가스와 오염물질을 줄일 수 있게 되어 환경문제를 해소하는 데에도 도움이 된다.
(B) 이를 활용하여 전력 공급자는 전력 사용 현황을 실시간으로 파악하여 공급량을 탄력적으로 조절할 수 있다.

	(A)	(B)
①	(다)	(가)
②	(라)	(나)
③	(나)	(마)
④	(라)	(가)
⑤	(마)	(나)

12 다음 글에서 〈보기〉가 들어갈 위치로 가장 적절한 곳은?

> 게임 중독세는 세금 징수의 당위성이 인정되지 않는다. 세금으로 특별 목적 기금을 조성하려면 검증을 통해 그 당위성을 인정할 수 있어야 한다. (가) 담배에 건강 증진 기금을 위한 세금을 부과하는 것은 담배가 건강에 유해한 요소들로 이루어져 있다는 것이 의학적으로 증명되어 세금 징수의 당위성이 인정되기 때문이다. (나) 하지만 게임은 유해한 요소들로 이루어져 있다는 것이 의학적으로 증명되지 않았다.
>
> 게임 중독세는 게임 업체에 조세 부담을 과도하게 지우는 것이다. 게임 업체는 이미 매출에 상응하는 세금을 납부하고 있는데, 여기에 게임 중독세까지 내도록 하는 것은 지나치다. (다) 또한 스마트폰 사용 중독 등에 대해서는 세금을 부과하지 않는데, 유독 게임 중독에 대해서만 세금을 부과하는 것은 형평성에 맞지 않는다.
>
> 게임 중독세는 게임에 대한 편견을 강화하여 게임 업체에 대한 부정적 이미지만을 공식화한다. 게임 중독은 게임 이용자의 특성이나 생활환경 등이 원인이 되어 발생하는 것이지 게임 자체에서 비롯되는 것은 아니다. (라) 게임 중독이 이용자 개인의 책임이 큰 문제임에도 불구하고 게임 업체에 징벌적 세금을 물리는 것은 게임을 사회악으로 규정하고 게임 업체에 사회 문제를 조장하는 기업이라는 낙인을 찍는 것이다. (마)

보기

카지노, 복권 등 사행 산업을 대상으로 연 매출의 일부를 세금으로 추가 징수하는 경우가 있긴 하지만, 게임 산업은 문화 콘텐츠 산업이지 사행 산업이 아니다.

① (가)　　　　　　② (나)

③ (다)　　　　　　④ (라)

⑤ (마)

13 다음 글의 빈칸에 들어갈 가장 적절한 말을 〈보기〉에서 순서대로 나열한 것은?

『정의론』을 통해 현대 영미 윤리학계에 정의에 대한 화두를 던진 사회철학자 '롤즈'는 전형적인 절차주의적 정의론자이다. 그는 정의로운 사회 체제에 대한 논의를 주도해온 공리주의가 소수자 및 개인의 권리를 고려하지 못한다는 점에 주목하여 사회계약론적 토대하에 대안적 정의론을 정립하고자 하였다.

롤즈는 개인이 정의로운 제도하에서 자유롭게 자신들의 욕구를 추구하기 위해서는 _____ 등이 필요하며 이는 사회의 기본 구조를 통해서 최대한 공정하게 분배되어야 한다고 생각했다. 그리고 이를 실현할 수 있는 사회 체제에 대한 논의가, 자유롭고 평등하며 합리적인 개인들이 모두 동의할 수 있는 원리들을 탐구하는 데에서 출발해야 한다고 보고 '원초적 상황'의 개념을 제시하였다.

'원초적 상황'은 정의로운 사회 체제의 기본 원칙들을 선택하는 합의 당사자들로 구성된 가설적 상황으로, 이들은 향후 헌법과 하위 규범들이 따라야 하는 가장 근본적인 원리들을 합의한다. '원초적 상황'에서 합의 당사자들은 _____ 등에 대한 정보를 모르는 상태에 놓이게 되는데 이를 '무지의 베일'이라고 한다. 단, 합의 당사자들은 _____과 같은 사회에 대한 일반적 지식을 알고 있으며, 공적으로 합의된 규칙을 준수하고, 합리적인 욕구를 추구할 수 있는 존재로 간주된다. 롤즈는 이러한 '무지의 베일'상태에서 사회 체제의 기본 원칙들에 만장일치로 합의하는 것이 보장된다고 생각하였다. 또한 무지의 베일을 벗은 후에 겪을지 모를 피해를 우려하여 합의 당사자들이 자신의 피해를 최소화할 수 있는 내용을 계약에 포함시킬 것으로 보았다.

위와 같은 원초적 상황을 전제로 합의 당사자들은 정의의 원칙들을 선택하게 된다. 제1원칙은 모든 사람이 다른 개인들의 자유와 양립 가능한 한도 내에서 '기본적 자유'에 대한 평등한 권리를 갖는다는 것인데, 이를 '자유의 원칙'이라고 한다. 여기서 롤즈가 말하는 '기본적 자유'는 양심과 사고 표현의 자유, 정치적 자유 등을 포함한다.

보기

㉠ 자신들의 사회적 계층, 성, 인종, 타고난 재능, 취향
㉡ 자유와 권리, 임금과 재산, 권한과 기회
㉢ 인간의 본성, 제도의 영향력

① ㉠, ㉡, ㉢　　　　　　　　　② ㉠, ㉢, ㉡
③ ㉡, ㉠, ㉢　　　　　　　　　④ ㉢, ㉠, ㉡
⑤ ㉢, ㉡, ㉠

14 다음 중 ㉠~㉤의 수정방안으로 적절하지 않은 것은?

> 사회복지와 근로의욕과의 관계에 대한 조사를 보면 '사회복지와 근로의욕이 관계가 있다.'는 응답과 '그렇지 않다.'는 응답의 비율이 비슷하게 나타난다. 하지만 기타 의견에 ㉠ <u>따라</u> 과도한 사회복지는 근로의욕을 저하할 수 있다는 응답이 많았던 것으로 조사되었다. 예를 들어 정부지원금을 받으나 아르바이트를 하나 비슷한 돈이 나온다면 ㉡ <u>더군다나</u> 일하지 않고 정부지원금으로만 먹고사는 사람들이 많이 있다는 것이다. 여기서 주목해야 할 점은 과도한 복지 때문이 아닌 정책상의 문제라는 의견도 있다는 사실이다. 현실적으로 일을 할 수 있는 능력이 있는 사람에게는 ㉢ <u>최대한의</u> 생계비용 이외의 수입을 인정하고, 빈곤층에서 벗어날 수 있게 지원해주는 것이 개인에게도, 국가에도 바람직한 방식이라는 것이다.
>
> 이 설문 조사 결과에서 주목해야 할 또 다른 측면은 사회복지 체제가 잘 되어 있을수록 근로의욕이 떨어진다고 응답한 사람의 ㉣ <u>과반수 이상이</u> 중산층 이상의 경제력을 가지고 있었다는 점이다. 재산이 많은 사람에게는 약간의 세금 확대가 ㉤ <u>영향이 적을 수 있기 때문에</u> 경제발전을 위한 세금 확대는 찬성하더라도 복지정책을 위한 세금 확대는 반대하는 것이다. 이러한 점을 고려해 보면 소득 격차 축소를 원하는 국민보다 복지정책을 위한 세금 확대에는 반대하는 국민이 많은 다소 모순된 설문 결과에 대한 설명이 가능하다.

① ㉠ : 호응 관계를 고려하여 '따르면'으로 수정한다.
② ㉡ : 앞뒤 내용의 관계를 고려하여 '차라리'로 수정한다.
③ ㉢ : 전반적인 내용의 흐름을 고려하여 '최소한의'로 수정한다.
④ ㉣ : '과반수'의 뜻을 고려하여 '절반 이상이' 또는 '과반수가'로 수정한다.
⑤ ㉤ : 일반적인 사실을 말하는 것이므로 '영향이 적기 때문에'로 수정한다.

15 다음 명제가 모두 참일 때, 〈보기〉 중 옳은 것은?

- 1교시부터 4교시까지 국어, 수학, 영어, 사회 4과목의 수업이 한 교시씩 있다.
- 국어는 1교시가 아니다.
- 영어는 2교시가 아니다.
- 영어는 국어와 수학 시간 사이에 있다.

보기

A : 2교시가 수학일 때, 1교시는 사회이다.
B : 3교시는 영어이다.

---

① A만 옳다.
② B만 옳다.
③ A, B 모두 옳다.
④ A, B 모두 틀리다.
⑤ A, B 모두 옳은지 틀린지 판단할 수 없다.

16 다음 명제를 통해 얻을 수 있는 결론으로 적절한 것은?

- 어떤 남자는 경제학을 좋아한다.
- 경제학을 좋아하는 모든 남자는 국문학을 좋아한다.
- 국문학을 좋아하는 모든 남자는 영문학을 좋아한다.

---

① 경제학을 좋아하는 어떤 남자는 국문학을 싫어한다.
② 영문학을 좋아하는 사람은 모두 남자이다.
③ 어떤 남자는 영문학을 좋아한다.
④ 국문학을 좋아하는 모든 남자는 경제학을 좋아한다.
⑤ 국문학을 좋아하는 사람은 남자이다.

17 갑, 을, 병, 정, 무를 포함하여 8명이 면접실 의자에 앉는 상황이 있다. 다음 〈조건〉을 바탕으로 병이 2번 의자에 앉을 때, 항상 옳은 것은?(단, 의자에는 1~8번의 번호가 적혀 있다)

> **조건**
> • 갑과 병은 이웃해 앉지 않고, 병과 무는 이웃해 앉는다.
> • 갑과 을 사이에는 2명이 앉는다.
> • 을은 양 끝(1번, 8번)에 앉지 않는다.
> • 정은 6번 또는 7번에 앉고, 무는 3번에 앉는다.

① 을은 4번에 앉는다.
② 갑은 1번에 앉는다.
③ 을과 정은 이웃해 앉는다.
④ 갑이 4번에 앉으면, 정은 6번에 앉는다.
⑤ 정이 7번에 앉으면, 을과 정 사이에 2명이 앉는다.

18 적, 흑, 청, 백, 황, 녹색의 유리구슬 18개를 3개씩 6개의 봉지에 담았다. 각 봉지에는 같은 색의 구슬은 없었고, 다음 〈조건〉을 만족할 때 옳은 것은?

> **조건**
> (가) 적, 흑, 청색 유리구슬 개수의 합계는 백, 황, 녹색 유리구슬 개수의 합계와 같다.
> (나) 황색 유리구슬 개수는 흑색 유리구슬 개수의 3배이다.
> (다) 백색 유리구슬은 녹색 유리구슬보다 많고, 녹색 유리구슬은 흑색 유리구슬보다 많다.
> (라) 적색 유리구슬 개수는 백색 유리구슬과 녹색 유리구슬 개수의 합계와 같다.

① 적색 유리구슬의 개수는 5개이다.
② 황색 유리구슬의 개수는 2개이다.
③ 녹색 유리구슬의 개수는 4개이다.
④ 흑색 유리구슬의 개수는 1개이다.
⑤ 백색 유리구슬의 개수는 3개이다.

19 다음 중 글의 내용과 일치하는 것은?

> 사람의 목숨을 좌우할 수 있는 형벌문제는 군현(郡縣)에서 항상 일어나는 것이고 지방관리가 되면 늘 처리해야 하는 일인데도, 사건을 조사하는 것이 항상 엉성하고 죄를 결정하는 것이 항상 잘못된다.
> 옛날에 자산이라는 사람이 형벌규정을 정한 형전(刑典)을 새기자 어진 사람들이 그것을 나무랐고, 이회가 법률서적을 만들자 후대의 사람이 그를 가벼이 보았다. 그 뒤 수(隋)나라와 당(唐)나라 때에 와서는 이를 절도(竊盜)·투송(鬪訟)과 혼합하고 나누지 않아서, 세상에서 아는 것은 오직 한패공(漢沛公 : 한 고조 유방)이 선언한 '사람을 죽인 자는 죽인다.'는 규정뿐이었다.
> 그런데 선비들은 어려서부터 머리가 희어질 때까지 오직 글쓰기나 서예 등만 익혔을 뿐이므로 갑자기 지방관리가 되면 당황하여 어찌할 바를 모른다. 그래서 간사한 아전에게 맡겨 버리고는 스스로 알아서 처리하지 못하니, 저 재화(財貨)만을 숭상하고 의리를 천히 여기는 간사한 아전이 어찌 이치에 맞게 형벌을 처리할 수 있겠는가?
>
> – 정약용, 「흠흠신서(欽欽新書)」 서문

① 고대 중국에서는 형벌 문제를 중시하였다.
② 아전을 형벌 전문가로서 높이 평가하고 있다.
③ 조선시대의 사대부들은 형벌에 대해 잘 알지 못한다.
④ 지방관들은 인명을 다루는 사건을 현명하게 처리하고 있다.
⑤ 선비들은 이치에 맞게 형벌을 처리할 수 있었다.

20 다음 글에서 밑줄 친 ㉠의 사례로 적절하지 않은 것은?

> 현대인은 대인 관계에 있어서 가면을 쓰고 살아간다. 물론 그것이 현대 사회를 살아가기 위한 인간의 기본적인 조건인지도 모른다. 사회학자들은 사람이 다른 사람과 교제를 할 때, 상대방에 대한 자신의 인상을 관리하려는 속성이 있다는 점에 동의한다. 즉, 사람들은 대체로 남 앞에 나설 때에는 가면을 쓰고 연기를 하는 배우와 같이 행동한다는 것이다.
> 왜 그런 상황이 발생하는 것일까? 그것은 주로 대중문화의 속성에 기인한다. 사실 20세기의 대중문화는 과거와는 다른 새로운 인간형을 탄생시키는 배경이 되었다고 말할 수 있다. 특히, 광고는 내가 다른 사람의 눈에 어떻게 보일 것인가 하는 점을 끊임없이 반복하고 강조함으로써 ㉠ 그 광고를 보는 사람들에게 조바심이나 공포감을 불러일으키기까지 한다.
> 그중에서도 외모와 관련된 제품의 광고는 개인의 삶의 의미가 '자신이 남에게 어떤 존재로 보이느냐?'라는 것을 무수히 주입시킨다. 역사학자들도 '연기하는 자아'의 개념이 대중문화의 부상과 함께 더욱 의미 있는 것이 되었다고 말한다. 그들은 적어도 20세기 초부터 '성공'은 무엇을 잘하고 열심히 하는 것이 아니라 '인상 관리'를 어떻게 하느냐에 달려 있다고 한다. 이렇게 자신의 일관성을 잃고 상황에 따라 적응하게 되는 현대인들은 대중매체가 퍼뜨리는 유행에 민감하게 반응하는 과정에서 자신의 취향을 형성해 가고 있다.

① 이제 막 첫돌이 지난 아들을 둔 박대한 씨는 신문에서 아토피 피부의 원인에 대한 기사를 읽고 불안한 마음에 황토로 지은 집으로 이사 갈 것을 고려하고 있다.

② 잡지에서 '올 여름 멋쟁이 여성들의 트렌드 따라잡기'라는 기획기사를 읽은 박겨레 씨는 유행에 뒤처지지 않기 위해 잡지에 나온 것과 비슷한 옷을 여러 벌 구입했다.

③ 여고생 김영희 양은 저칼로리 다이어트 식품 광고에 나오는 같은 또래 모델의 늘씬한 몸매를 본 후, 자신의 통통한 몸매를 바꾸기 위해 동네 수영장에 다니기 시작했다.

④ 카레이서 이한국 씨는 어렸을 때 「전설의 고향」이라는 납량 드라마를 보고 난 후 밤에 화장실 가기가 무서워 아침까지 꾹 참았던 적이 많았다고 한다.

⑤ 올해 중학교에 입학하는 김정민 군은 TV에 나오는 S교복 광고를 보고, S교복을 입지 않으면 친구들에게 왕따를 당할 것이라고 판단하여 엄마를 졸라 S교복을 구입했다.

21 **다음 글의 빈칸에 들어갈 내용으로 가장 적절한 것은?**

> 사회가 변하면 사람들은 그때까지의 생활을 그대로 수긍하지 못한다. 새로운 생활에 맞는 새로운 언어를 필요로 하게 된다. 그 언어가 자연스럽게 육성되기를 기다릴 수도 있지만, 사람들은 대개 외국으로부터 그러한 개념의 언어를 빌려오려고 한다. 돈이나 기술을 빌리는 것에 비하면 언어는 대가 없이 빌려 쓸 수 있으므로 대개는 제한 없이 외래어를 빌린다. 특히 _____ _____ 광복 이후 우리 사회에서 외래어가 넘쳐나는 것은 그간 우리나라의 고도성장과 절대 무관하지 않다.

① 외래어의 증가는 사회의 팽창과 함께 진행된다.

② 새로운 언어는 사회의 변화를 선도하기도 한다.

③ 외래어가 증가하면 범람한다는 비판을 받게 된다.

④ 새로운 언어는 인간의 욕망을 적절히 표현해 준다.

⑤ 새로운 언어는 필연적으로 외국의 개념을 빌릴 수밖에 없다.

22　다음 중 제시문의 뒤에 이어질 내용으로 가장 적절한 것은?

> 지금처럼 정보통신기술이 발달하지 않았던 시절에 비둘기는 '전서구'라고 불리며 먼 곳까지 소식을 전해 주었다. 비둘기는 다리에 편지를 묶어 날려 보내면 아무리 멀리 있어도 자기의 집을 찾아오는 습성이 있는 것으로 알려져 있다.
>
> 이러한 비둘기의 습성에 관해 많은 과학자들이 연구한 결과, 비둘기가 자기장을 이용해 집을 찾는다는 것을 밝혀냈다. 비둘기에게 불투명한 콘택트렌즈를 끼워 시야를 가리고 먼 곳에서 날려 집을 찾아오는지에 대한 실험을 했을 때, 비둘기는 정확하게 집을 찾아왔다. 또한, 비둘기의 머리에 코일을 감아 전기를 통하게 한 후, 지구 자기의 N극 위치와 같이 N극이 비둘기 아래쪽에 형성되도록 한 비둘기는 집을 잘 찾아 갔지만, 머리 위쪽에 형성되도록 한 비둘기는 엉뚱한 방향으로 날아가 집을 찾지 못했다.

① 비둘기의 서식 환경
② 비둘기가 자기장을 느끼는 원인
③ 비둘기와 태양 사이의 관계
④ 비둘기가 철새가 아닌 이유
⑤ 비둘기가 자기장을 느끼지 못하게 하는 방법

23　다음 중 甲과 乙의 주장을 도출할 수 있는 질문으로 가장 적절한 것은?

> 甲 : 낙태는 인간 생명의 존엄에 대한 침해이다. 인간 생명의 존엄은 그 누구라도 침해할 수 없다. 태아 또한 생명이 아니라 할 수 없기 때문에, 태아를 죽음에 이르게 하는 것은 인간의 기본권을 무시하는 행위이다. 따라서 이 원칙하에서 낙태는 법률에 의해서 전면적으로 금지되어야 한다.
> 乙 : 낙태가 인간 생명의 존엄이라는 입장에서 보면 모두에게 주어진 기본권을 침해하는 행위라는 것은 인정한다. 그러나 모든 낙태행위를 전면적으로 금지해야 한다는 주장은 결과적으로 자기모순에 이르게 될 문제가 있다. 예를 들어, 낙태하지 않을 시 산모가 위험해진다면, 낙태를 하지 않는 것 또한 부작위에 의한 기본권 침해나 마찬가지이기 때문이다. 그렇다면 낙태 반대의 기본 전제인 인간의 존엄이라는 가치에 기초해 봤을 때 모순이 생기게 된다.

① 낙태는 어떤 조건하에서 허용될 수 있는가?
② 낙태는 기본권을 어떻게 침해하는가?
③ 인간의 기본권은 침해될 수 있는가?
④ 낙태의 문제점은 무엇인가?
⑤ 낙태는 금지되어야 하는가?

24 다음 글의 중심 내용으로 가장 적절한 것은?

> 분노는 공격과 복수의 행동을 유발한다. 분노 감정의 처리에는 '눈에는 눈, 이에는 이'라는 탈리오 법칙이 적용된다. 분노의 감정을 느끼게 되면 상대방에 대해 공격적인 행동을 하고 싶은 공격 충동이 일어난다. 동물의 경우, 분노를 느끼면 이빨을 드러내게 되고 발톱을 세우는 등 공격을 위한 준비 행동을 나타내게 된다. 사람의 경우에도 분노를 느끼면 자율신경계가 활성화되고 눈매가 사나워지며 이를 꽉 깨물고 주먹을 불끈 쥐는 등 공격 행위와 관련된 행동들이 나타나게 된다. 특히 분노 감정이 강하고 상대방이 약할수록 공격 충동은 행동화되는 경향이 있다.

① 공격을 유발하게 되는 원인
② 분노가 야기하는 행동의 변화
③ 탈리오 법칙의 정의와 실제 사례
④ 동물과 인간의 분노 감정의 차이
⑤ 분노 감정의 처리와 법칙

25 다음 글의 내용과 관련이 없는 내용으로 가장 적절한 것은?

> 해방 직후 문단에는 일제 강점기 시대 문학의 청산과 새로운 민족 문학의 건설이라는 두 가지 과제가 제기되고 있었다. 문단의 정비를 이루면서 대부분의 문학인들이 일제강점기 시대의 문화적 체험에 대한 반성과 함께 민족 문학으로서의 한국 문학의 새로운 진로를 모색하는 데에 관심을 집중하게 된 것이다. 문학인들은 누구보다도 먼저 일제 강점기 시대 문학의 청산을 강조하면서 일본의 강압적인 통치 아래 이루어진 민족정신의 위축을 벗어나 민족 문학의 방향을 바로잡고자 노력한다. 일본 제국주의 문화의 모든 잔재를 청산하기 위해서는 철저한 자기반성과 비판에 근거하여 민족 주체를 확립하지 않으면 안 된다는 주장도 등장한다. 이 같은 움직임은 일제 강점기 정책에 의해 강요된 민족 문화의 왜곡을 바로잡지 않고는 새로운 민족 문화의 건설을 생각할 수 없다는 인식이 당시 문단에 널리 일반화되고 있음을 말해 주는 것이다.

① 해방 직후 문단의 과제는 식민지 문학의 청산과 새로운 민족 문학의 건설이었다.
② 식민지 문학의 청산은 식민지 시대의 문화적 체험에 대한 자기반성에서 비롯되었다.
③ 새로운 민족 문학 건설은 민중 문학으로서의 특성에 대한 진로 모색에 관심을 집중했다.
④ 민족 문화의 왜곡은 바로잡아야 한다는 것이 당시 문단의 일반적 인식이었다.
⑤ 일본 제국주의 문화의 청산을 위해서는 자기반성과 비판이 전제되어야 한다는 인식이 있었다.

다음 글에 나타난 '와이츠 예술론'의 의의와 한계를 이해·비판한 것으로 적절하지 않은 것은?

예술이 무엇이냐는 질문에 우리는 레오나르도 다빈치의 '모나리자'나 베토벤의 교향곡이나 발레 '백조의 호수' 같은 것이라고 대답할지 모른다. 물론 이 대답은 틀리지 않았다. 하지만 질문이 이것들 모두를 예술 작품으로 특징짓는 속성, 곧 예술의 본질이 과연 무엇인지를 묻는 것이라면 그 대답은 무엇이 될까?

비트겐슈타인에 따르면, 게임은 본질이 있어서가 아니라 게임이라 불리는 것들 사이의 유사성에 의해 성립되는 개념이다. 이러한 경우 발견되는 유사성을 '가족 유사성'이라 부르기로 해 보자. 가족의 구성원으로서 어머니와 나와 동생의 외양은 이런저런 면에서 서로 닮았다. 하지만 그렇다고 해서 셋이 공통적으로 닮은 한 가지 특징이 있다는 말은 아니다. 비슷한 예로 실을 꼬아 만든 밧줄은 그 밧줄의 처음부터 끝까지를 관통하는 하나의 실이 있어서 만들어지는 것이 아니라 짧은 실들의 연속된 연계를 통해 구성된다. 그렇게 되면 심지어 전혀 만나지 않는 실들도 같은 밧줄 속의 실일 수 있다.

미학자 와이츠는 예술이라는 개념도 이와 마찬가지라고 주장한다. 그에게 예술은 가족 유사성만을 갖는 '열린 개념'이다. 열린 개념이란 주어진 대상이 이미 그 개념을 이루고 있는 구성원 일부와 닮았다면, 그 점을 근거로 하여 얼마든지 그 개념의 새로운 구성원이 될 수 있을 만큼 테두리가 열려 있는 개념을 말한다. 따라서 전통적인 예술론인 표현론이나 형식론은 있지도 않은 본질을 찾고 있는 오류를 범하고 있는 것이 된다. 와이츠는 표현이니 형식이니 하는 것은 예술의 본질이 아니라 차라리 좋은 예술의 기준으로 이해되어야 한다고 한다. 그는 열린 개념으로 예술을 보는 것이야말로 무한한 창조성이 보장되어야 하는 예술에 대한 가장 적절한 대접이라고 주장한다.

① 와이츠의 이론에 따르면 예술 개념은 아무런 근거 없이 확장되는 것이다. 결과적으로 예술이라는 개념 자체가 없어진다는 것을 주장하는 셈이다.

② 와이츠는 예술의 본질은 없다고 본다. 예술이 가족 유사성만 있는 열린 개념이라면 어떤 두 대상이 둘 다 예술일 때, 서로 닮지 않을 수도 있다는 뜻이다.

③ 와이츠는 '무엇이 예술인가'와 '무엇이 좋은 예술인가'는 분리해서 생각해야 한다고 본다. 열린 개념이라고 해서 예술의 가치를 평가하는 기준까지도 포기한 것은 아니다.

④ 현대 예술은 독창성을 중시하고 예술의 한계에 도전함으로써, 과거와는 달리 예술의 영역을 크게 넓힐 수 있게 되었다. 와이츠 이론은 이러한 상황에 잘 부합하는 예술론이다.

⑤ 영화나 컴퓨터가 그랬던 것처럼, 새로운 매체가 등장하면 새로운 창작 활동이 가능해진다. 미래의 예술이 그런 것들도 포괄하게 될 때, 와이츠 이론은 유용한 설명이 될 수 있다.

27 다음 글을 읽은 독자의 반응으로 적절하지 않은 것은?

지름 10㎛ 이하인 미세 먼지는 각종 호흡기 질환을 유발할 수 있기 때문에, 예방 차원에서 대기 중 미세 먼지의 농도를 알 필요가 있다. 이를 위해 미세 먼지 측정기가 개발되었는데, 이 기기들은 대부분 베타선 흡수법을 사용하고 있다. 베타선 흡수법을 이용한 미세 먼지 측정기는 입자의 성분에 상관없이 설정된 시간에 맞추어 미세 먼지의 농도를 자동적으로 측정한다. 이 기기는 크게 분립 장치, 여과지, 베타선 광원 및 감지기, 연산 장치 등으로 구성된다.

미세 먼지의 농도를 측정하기 위해서는 우선 분석에 쓰일 재료인 시료의 채취가 필요하다. 시료인 공기는 흡인 펌프에 의해 시료 흡입부로 들어오는데, 이때 일정한 양의 공기가 일정한 시간 동안 유입되도록 설정된다. 분립 장치는 시료 흡입부를 통해 유입된 공기 속 입자 물질을 내부 노즐을 통해 가속한 후, 충돌판에 충돌시켜 10㎛보다 큰 입자만 포집하고 그보다 작은 것들은 통과할 수 있도록 한다.

결국 지름 10㎛보다 큰 먼지는 충돌판에 그대로 남고, 이보다 크기가 작은 미세 먼지만 아래로 떨어져 여과지에 쌓인다. 여과지는 긴 테이프의 형태로 되어 있으며, 일정 시간 미세 먼지를 포집한다. 여과지에 포집된 미세 먼지는 베타선 광원과 베타선 감지기에 의해 그 질량이 측정된 후 자동 이송 구동 장치에 의해 밖으로 배출된다.

방사선인 베타선을 광원으로 사용하는 이유는 베타선이 어떤 물질을 통과할 때, 그 물질의 질량이 커질수록 베타선의 세기가 감쇠하는 성질이 있기 때문이다. 또한 종이는 빠르게 투과하나 얇은 금속판이나 플라스틱은 투과할 수 없어, 안전성이 뛰어나기 때문이다. 베타선 광원에서 조사(照射)된 베타선은 여과지 위에 포집된 미세 먼지를 통과하여 베타선 감지기에 도달하게 된다. 이때 감지된 베타선의 세기는 미세 먼지가 없는 여과지를 통과한 베타선의 세기보다 작을 수밖에 없다. 왜냐하면 베타선이 여과지 위에 포집된 미세 먼지를 통과할 때, 그 일부가 미세 먼지 입자에 의해 흡수되거나 소멸되기 때문이다. 따라서 미세 먼지가 없는 여과지를 통과한 베타선의 세기와 미세 먼지가 있는 여과지를 통과한 베타선의 세기에는 차이가 발생한다.

베타선 감지기는 이 두 가지 베타선의 세기를 데이터 신호로 바꾸어 연산 장치에 보낸다. 연산 장치는 이러한 데이터 신호를 수치로 환산한 후 미세 먼지가 흡수한 베타선의 양을 고려하여 여과지에 포집된 미세 먼지의 질량을 구한다. 이렇게 얻은 미세 먼지의 질량은 유량 측정부를 통해 측정한, 시료 포집 시 흡입된 공기량을 감안하여 ppb단위를 갖는 대기 중의 미세 먼지 농도로 나타나게 된다.

① 미세 먼지 측정기는 미세 먼지 농도 측정 시 미세 먼지의 성분에 영향을 받는군.
② 베타선 감지기는 베타선 세기를 데이터 신호로 바꾸어 주는 장치겠군.
③ 대기 중 미세 먼지의 농도 측정은 시료의 채취부터 시작하겠군.
④ 베타선은 플라스틱으로 만들어진 물체를 투과하지 못하겠군.
⑤ 미세 먼지 측정기에는 베타선 흡수법이 널리 사용되는군.

28 다음 중 글의 구조를 분석한 내용으로 적절하지 않은 것은?

> ㉠ 인간이 동물로서의 불리한 조건을 극복하고 고등동물이 된 까닭은 무엇인가?
> ㉡ 인간은 직립보행(直立步行)을 한다.
> ㉢ 이로 말미암아 인간은 손의 자유를 얻고, 도구를 제작하여 사용할 수 있게 되었다.
> ㉣ 일부 유인원(類人猿)도 흩어진 궤짝을 쌓고 올라가 높은 곳에 있는 먹이를 집거나 긴 막대로 나무의 열매를 딴다.
> ㉤ 하지만 이들이 사용하는 것들은 이미 만들어졌거나 자연 그대로의 것이므로 인간의 그것과는 구별된다.

① ㉠은 물음을 통한 과제의 제기이다.
② ㉡은 ㉠에 대한 대답이다.
③ ㉢은 ㉡에서 진행된 결과이다.
④ ㉣은 ㉡의 반박이다.
⑤ ㉤은 ㉢의 부연설명이다.

※ 다음 글을 읽고 이어지는 질문에 답하시오. [29~30]

> 나이가 들면서 크고 작은 신체 장애가 오는 것은 동서고금의 진리이고 어쩔 수 없는 사실이다. 노화로 인한 신체 장애는 사십대 중반의 갱년기를 넘기면 누구에게나 나타날 수 있는 현상이다.
> 원시가 된다든가, 치아가 약해진다든가, 높은 계단을 빨리 오를 수 없다든가, 귀가 잘 안 들려서 자신도 모르게 큰 소리로 이야기한다든가, 기억력이 감퇴하는 것 등이 그 현상이다. 노인들에게 '당신들도 젊은이들처럼 할 수 있다.'라고 헛된 자존심을 부추길 것이 아니라, ㉠ 우리가 장애인들에게 특별한 배려를 하는 것은 그들의 인권을 위해서이다. 그것은 건강한 사람과 동등하게 그들을 인간으로 대하는 태도이다. 늙음이라는 신체적 장애를 느끼는 노인들에 대한 배려도 그들의 인권을 보호하는 차원에서 이루어져야 할 것이다.
> 집안의 어르신을 잘 모시는 것을 효도의 관점에서만 볼 것이 아니라, 인권의 관점에서 볼 줄도 알아야 한다. 노부모에 대한 효도가 좀 더 보편적 차원의 성격을 갖지 못한다면, 앞으로의 세대들에게 설득력을 얻기 어려울 것이다. 나는 장애인을 위한 자원 봉사에는 열심인 한 젊은이가 자립 능력이 없는 병약한 노부모 모시기를 거부하며, 효도의 ㉡ 시대착오적 측면을 적극 비판하는 경우를 보았다. 이렇게 인권의 사각 지대는 가정 안에도 있을 수 있다. 보편적 관점에서 보면, 노부모를 잘 모시는 것은 효도의 차원을 넘어선 인권 존중이라고 할 수 있다. 인권 존중은 가까운 곳에서부터 시작되어야 하고, 인권은 그것이 누구의 인권이든, 언제 어디서든 존중되어야 한다.

29 다음 중 밑줄 친 빈칸 ㉠에 들어갈 말로 가장 적절한 것은?

① 모든 노인들을 가족처럼 공경해야 한다.

② 노인 스스로 그 문제를 해결할 수 있도록 한다.

③ 노인들에게 실질적으로 경제적인 도움을 주어야 한다.

④ 노인성 질환 치료를 위해 노력해야 한다.

⑤ 노인들의 장애로 인한 부담을 사회가 나누어 가져야 한다.

30 다음 중 ㉡의 사례로 적절하지 않은 것은?

① 정민주씨는 투표할 때마다 반드시 입후보자들의 출신 고교를 확인한다.

② 차사랑씨는 직장에서 승진하였기에 자가용 자동차를 고급 차로 바꾸었다.

③ 이규제씨는 학생들의 효율적인 생활지도를 위해 두발 규제를 제안했다.

④ 한지방씨는 생활비를 아끼기 위해 직장에 도시락을 싸가기로 했다.

⑤ 장부장씨는 직원들의 창의적 업무 수행을 위해 직원들의 복장을 통일된 정장 차림으로 할 것을 건의하였다.

교육은 우리 자신의 무지를 점차 발견해 가는 과정이다.

– 윌 듀란트 –

누적 판매량
1위
대기업 인적성검사
시리즈

인적성검사
언어 완성

2024년 삼성, LG, SK, 포스코, KT 기출복원문제 수록

정답 및 해설

편저 | SDC(Sidae Data Center)

SDC

SDC는 시대에듀 데이터 센터의 약자로
약 30만 개의 NCS · 적성 문제 데이터를
바탕으로 최신 출제경향을 반영하여 문제를 출제합니다.

어휘부터 **독해**까지
빅데이터로 **자주 출제되는 유형**만 담았다!

시대에듀

정답 및 해설

01	02	03	04	05	06	07	08	09	10	11	12	13	14	15
④	④	③	⑤	⑤	⑤	②, ⑤	③, ④	③	④	①	⑤	④	④	④
16	17	18	19	20	21	22	23	24	25	26	27	28	29	30
⑤	④	③	④	③	②	④	②	④	③	①	④	④	①	①
31	32	33	34	35	36	37	38	39	40					
②	⑤	④	②	③	②	②	①	⑤	③					

01
정답 ④

'비등(比等)'은 '비교하여 볼 때 서로 비슷함'이라는 뜻으로, 이와 유사한 의미를 지닌 것은 '일정한 액수나 수치 따위에 해당함'을 의미하는 '상당'이다.

오답분석
① 소급 : 그 효력이나 영향이 과거에까지 거슬러 올라가서 미치게 함
② 쇄도 : 어떤 곳을 향하여 세차게 달려듦
③ 속박 : 어떤 행위나 권리의 행사를 자유로이 하지 못하도록 강압적으로 얽어매거나 제한함
⑤ 방비 : 적의 침입을 막기 위해 미리 지키고 대비함

02
정답 ④

'한둔'이란 '한데에서 밤을 지새움'을 뜻한다.

오답분석
① 하숙 : 일정한 방세와 식비를 내고 남의 집에 머물면서 숙식함
② 숙박 : 여관이나 호텔 따위에서 잠을 자고 머무름
③ 투숙 : 여관, 호텔 따위의 숙박 시설에 들어서 묵음
⑤ 야영 : 훈련이나 휴양을 목적으로 야외에 천막을 쳐놓고 생활함

03
정답 ③

'미쁘다'는 '믿음성이 있다.'라는 뜻으로, 이와 같은 의미를 지닌 것은 '미덥다'이다.

오답분석
① 헛물켜다 : 애쓴 보람 없이 헛일로 되다.
② 함초롬하다 : 젖거나 서려 있는 모습이 가지런하고 차분하다.
④ 벼리다 : 무디어진 연장의 날을 불에 달구어 두드려서 날카롭게 만들다. 또는 마음이나 의지를 가다듬고 단련하여 강하게 하다.
⑤ 삐기다 : 얄밉게 매우 우쭐거리며 자랑하다.

04
정답 ⑤

'능변(能辯)'은 '말을 능숙하게 잘함'을 뜻하므로, 이에 대한 반의어는 '더듬거리는 서툰 말솜씨'를 뜻하는 '눌변(訥辯)'이다.

오답분석
① 달변(達辯) : 막힘없이 능숙하게 하는 말
② 웅변(雄辯) : 조리 있고 막힘없이 당당히 하는 말
③ 논변(論辯) : 사리의 옳고 그름을 밝히어 하는 말
④ 가변(可變) : 사물의 모양이나 성질이 바뀌거나 달라질 수 있음

05
정답 ⑤

• 취약하다 : 무르고 약하다.
• 강인하다 : 억세고 질기다.

오답분석
① 유약하다 : 부드럽고 약하다.
② 유연하다 : 부드럽고 연하다.
③ 취합하다 : 모아서 합치다.
④ 촉진하다 : 다그쳐 빨리 나아가게 하다.

06
정답 ⑤

'망각(忘却)'은 '어떤 사실을 잊어버림'을 뜻하므로, 이에 대한 반의어는 '이전의 경험이나 인상을 의식 속에 간직하거나 도로 생각해 냄'을 뜻하는 '기억(記憶)'이다.

오답분석
① 망실(亡失) : 잃어버려 없어짐
② 유실(遺失) : 가지고 있던 물건이나 돈을 잃어버림
③ 입수(入手) : 손에 넣음
④ 차지 : 사물이나 공간 등을 자기 몫으로 함

07
정답 ②, ⑤

• 명랑 : 흐린 데 없이 밝고 환함
• 쾌활 : 명랑하고 활발함

오답분석
① 설립 : 기관이나 조직체 따위를 만들어 일으킴
③ 손해 : 물질적으로나 정신적으로 밑짐
④ 육성 : 길러 자라게함

08
정답 ③, ④

• 수리 : 고장나거나 허름한 데를 손보아 고침
• 수선 : 낡거나 헌 물건을 고침

오답분석
① 처지 : 처하여 있는 사정이나 형편
② 사심 : 사사로운 마음
⑤ 사려 : 여러 가지 일에 대하여 깊게 생각함. 또는 그런 생각

09
정답 ③

오답분석
①·②·④·⑤ 대중이나 기준을 잡은 때보다 앞서거나 빠르다.

10
정답 ④

오답분석
① 어떤 일이 벌어진 환경이나 판국
② 사람의 도량이나 씀씀이
③ 광목이나 옥양목, 당목 따위를 일정한 크기로 끊어 놓은 것을 세는 단위
⑤ 물건을 나무나 쇠, 플라스틱 등에 담아 그 분량을 세는 단위

11
정답 ①

• 잡다 : 돈이나 재물을 얻어 가지다.

오답분석
②·⑤ 손으로 움키고 놓지 않다.
③ 짐승을 죽이다.
④ 자동차 따위를 타기 위하여 세우다.

12
정답 ⑤

• 걸다 : 긴급하게 명령하거나 요청하다.

오답분석
① 벽이나 못 따위에 어떤 물체를 떨어지지 않도록 매달아 올려놓거나 달려 있게 하다.
② 다른 사람이나 문제 따위가 관련이 있음을 주장하다.
③ 앞으로의 일에 대한 희망 따위를 품거나 기대한다.
④ 사람이 기구나 기계에 무엇을 쓸 수 있도록 차려 놓다.

13
정답 ④

• 같다 : 추측, 불확실한 단정을 나타내는 말

오답분석
① 다른 것과 비교하여 그것과 다르지 않다는 말
② '-라면'의 뜻을 나타내는 말
③ 지금의 마음이나 형편에 따르자면(실제로는 그렇지 못함)
⑤ 그런 부류에 속한다는 뜻을 나타내는 말

14
정답 ④

• 보다 : 어떤 결과나 관계를 맺기에 이르다.

오답분석
① 눈으로 대상의 존재나 형태적 특징을 알다.
② 책이나 신문 따위를 읽다.
③ 일정한 목적 아래 만나다.
⑤ 어떤 일을 당하거나 겪거나 얻어 가지다.

15　정답 ④

- 돌아오다 : 일정한 간격으로 되풀이되는 것이 다시 닥치다.

오답분석
① 본래의 상태로 회복하다.
② 몫, 비난, 칭찬 따위를 받다.
③ 원래 있던 곳으로 다시 오거나 다시 그 상태가 되다.
⑤ 갔던 길을 다시 되짚어 오다.

16　정답 ⑤

- 두다 : 중요성이나 가치 따위를 부여하다.

오답분석
① 일정한 장소나 위치에 놓다.
② 가져가거나 데려가지 않고 남기거나 버리다.
③ 조직, 기구 등을 설치하다.
④ 어떤 것을 논쟁이나 감정, 언급의 대상으로 삼다.

17　정답 ④

- 말하다 : 무엇에 대해 자신의 생각과 느낌을 표현하다.

오답분석
① 설득하다.
② 평가하다.
③ 부탁하다.
⑤ 타이르거나 꾸짖다.

18　정답 ③

- 맞다 : 시간이 흐름에 따라 오는 어떤 때를 대하다.

오답분석
① 오는 사람이나 물건을 예의로 받아들이다.
② 적이나 어떤 세력에 대항하다.
④ 점수를 받다.
⑤ 자연 현상에 따라 내리는 눈, 비 따위의 닿음을 받다.

19　정답 ④

'바라다'의 명사형으로, '바람'이라고 쓰는 것이 적절하다.

- 바라다 : 생각이나 바람대로 어떤 일이나 상태가 이루어지거나 그렇게 되었으면 하고 생각하다. 또는 어떤 것을 향하여 보다.
- 바래다 : 볕이나 습기를 받아 색이 변하다.

20　정답 ③

제시문의 '유연하다(柔軟-)'는 '부드럽고 연하다.'는 뜻으로 쓰였으며, 보기의 '유연하다(悠然-)'는 '침착하고 여유가 있다.'는 뜻으로 쓰였다.

21　정답 ②

- 산출(産出) : 물건을 생산하여 내거나 인물·사상 따위를 냄
- 효율(效率) : 들인 노력과 얻은 결과의 비율
- 도입(導入) : 기술, 방법, 물자 따위를 끌어들임
- 촉진(促進) : 다그쳐 빨리 나아가게 함

오답분석
ⓒ 표출(表出) : 겉으로 나타냄
ⓒ 구현(具現) : 어떤 내용이 구체적인 사실로 나타나게 함
ⓜ 이율(利率) : 원금에 대한 이자의 비율
ⓞ 촉구(促求) : 급하게 재촉하여 요구함

22　정답 ④

- 의논(議論) : 어떤 일에 대하여 서로 의견을 주고받음
- 교환(交換) : 서로 주고받음
- 구실 : 자기가 마땅히 해야 할 맡은 바 책임
- 개발(開發) : 새로운 물건을 만들거나 새로운 생각을 내놓음

오답분석
㉠ 모의(謀議) : 두 사람 이상이 함께 범죄를 계획하고 그 실행 방법을 의논함
㉣ 합의(合意) : 서로 의견이 일치함. 또는 그 의견
㉥ 결실(結實) : 일의 결과가 잘 맺어짐
㉦ 도출(導出) : 어떤 생각이나 결론, 반응 따위를 이끌어냄

23 정답 ②

- 개는 후각이 뛰어나서 냄새에 (예민 / 민감)하다.
- 그는 중요한 대회를 앞두고 신경이 (예민 / 과민 / 민감)해져 있다.
- 그는 남들의 평가에 (예민 / 과민 / 민감)한 반응을 보인다.
- 복지정책은 사회적으로 아주 (예민 / 민감)한 사안이다.
- 그는 한 번 읽은 책의 내용을 달달 외울 만큼 무척 (영민)하다.

- 기민(機敏)하다 : 눈치가 빠르고 동작이 날쌔다.

오답분석
① 예민(銳敏)하다 : 무엇인가를 느끼는 능력이나 분석하고 판단하는 능력이 빠르고 뛰어나다. 또는 어떤 문제의 성격이 여러 사람의 관심을 불러일으킬 만큼 중대하고 그 처리에 많은 갈등이 있는 상태에 있다.
③ 영민(英敏)하다 : 매우 영특하고 민첩하다.
④ 과민(過敏)하다 : 감각이나 감정이 지나치게 예민하다.
⑤ 민감(敏感)하다 : (자극이나 조건에) 반응이 날카롭고 빠르다.

24 정답 ④

- 영웅설화는 역사적인 (실제) 사건과는 전혀 다르게 꾸며지는 경우가 허다하다.
- 함께 가고 있다는 느낌뿐 (실체)는 느껴지지 않았다.
- 사회 과학은 객관적 (실재)로서의 사회적 제 관계를 연구 대상으로 한다.
- 그림에는 식물의 (실재)적인 모습을 본떠 일정한 형식으로 도안화한 것이 많았다.
- 겉으로 태연해 보이나 (실상)은 그렇지 아니하다.

- 실질(實質) : 실제로 있는 본바탕

오답분석
① 실상(實相) : 실제 모양이나 상태
② 실재(實在) : 실제로 존재함
③ 실제(實際) : 사실의 경우나 형편
⑤ 실체(實體) : 실제의 물체. 또는 외형에 대한 실상(實相)

25 정답 ③

- 한숨 자고 일어났더니 머리가 (개운)하구나!
- 강사가 (명쾌)하게 설명해 주어서 어려운 내용도 이해가 쏙쏙 된다.
- 논리적 반박에 아무 말도 못하는 그를 보니 아주 (통쾌)했다.
- 여름날 오후지만 그늘에 앉아 있으니 (시원)했다.
- 아침에 어머니께서 (개운 / 시원)한 콩나물국을 끓여주셨다.

- 선득하다 : 갑자기 차가운 기운으로 서늘한 느낌이 있다.

오답분석
① 시원하다 : 덥거나 춥지 않고 알맞게 서늘하거나, 음식이 뜨겁고 속을 후련하게 하다.
② 개운하다 : 몸이나 기분이 상쾌하고 가뿐하다. 또는 음식 맛이 산뜻하다.
④ 통쾌하다 : 마음이 즐겁고 시원하며 유쾌하다.
⑤ 명쾌하다 : 말이나 글이 시원하고 명백하다.

26 정답 ①

- 위기가 닥쳐도 극복할 수 있다는 (희망)을 잃지 말아야 한다.
- 그 자리에 머무르기에는 그의 (야망)이 너무 컸다.
- 늙으신 아버지의 오랜 (숙원)을 풀어드릴 수 있어서 기쁘다.
- 애초에 (기대)가 크지 않아서 그런지 덤덤하다.
- 한때는 장래가 (기대)되는 인재였던 그가 실패할 줄은 아무도 몰랐다.

- 신망(信望) : 믿음과 바람. 또는 믿음과 덕망

오답분석
② 희망(希望) : 어떤 것을 바람. 또는 잘 될 수 있는 가능성
③ 숙원(宿怨) : 오랫동안 품어 온 염원 또는 소망
④ 야망(野望) : 크게 이루고자 하는 희망
⑤ 기대(期待) : 어떤 일이 이루어지길 바라며 기다림

27

정답 ④

제시된 문제를 풀기 위해서는 주어진 보기 중 해당 괄호 안에 들어갈 수 없는 단어가 포함된 것을 솎아내는 방식을 활용해야 한다.

㉠에는 대가 촘촘하게 자란 모습을 묘사하는 부사가, ㉡에는 소나무가 우거진 모습을 묘사하는 부사가 와야 한다. 따라서 '빽빽이', '무성히' 둘 다 ㉠, ㉡ 어디든 쓰일 수 있다. ㉢은 바로 뒤에 오는 '훤해졌다'를 꾸며주는 부사가 와야 할 자리인데, 해당 문장의 뉘앙스로 보아 이전보다 훨씬 훤해진 다산의 모습을 표현해줄 수 있는 어휘가 필요하다. 따라서 ①, ②는 답이 될 수 없고, ㉣에는 '본디부터'라는 의미를 포함하고 있는 '워낙에'가 오는 것이 적절하다.

28

정답 ④

첫 번째 빈칸에는 앞뒤 문장의 내용이 반대이기 때문에 역접 접속어인 '그러나'가 와야 한다. 그리고 두 번째 빈칸에는 앞 문장의 예가 뒤 문장에 제시되고 있기 때문에 '예컨대'가 적절하다.

29

정답 ①

오답분석

② 다릴 → 달일
③ 으시시 → 으스스
④ 치루고 → 치르고
⑤ 잠궜다 → 잠갔다

30

정답 ①

오답분석

② 생각컨대 → 생각건대
③ 안되요 → 안돼요
④ 만난지 → 만난 지
⑤ 틈틈히 → 틈틈이

31

정답 ②

그 해에 새로 나온 쌀을 일컫는 말은 햇쌀이 아닌 햅쌀이 적절한 표기이다.

오답분석

① 냉냉하다 → 냉랭하다
③ 요컨데 → 요컨대
④ 바램 → 바람
⑤ 뭉뚱거려 → 뭉뚱그려

32

정답 ⑤

'새로운 물건을 만들거나 새로운 생각을 내어놓음'의 용법으로 쓰이는 '개발'로 써야 한다.
• 개발(開發) : 토지나 천연자원 따위를 개척하여 유용하게 만듦. 또는 지식이나 재능 따위를 발달하게 함
• 계발(啓發) : 슬기나 재능, 사상 따위를 일깨워 줌

33

정답 ④

'신기롭다'와 '신기스럽다' 중 '신기롭다'만을 표준어로 인정한다.

오답분석

한글 맞춤법에 따르면 똑같은 형태의 의미가 몇 가지 있을 경우, 그중 어느 하나가 압도적으로 널리 쓰이면 그 단어만을 표준어로 삼는다.
① '-지만서도'는 방언형일 가능성이 높다고 보아 표준어에서 제외되었으며, '-지만'이 표준어이다.
② '길잡이', '길라잡이'가 표준어이다.
③ '쏜살같이'가 표준어이다.
⑤ '빠뜨리다', '빠트리다'가 표준어이다.

34

정답 ②

조사와 의존 명사의 띄어쓰기를 묻는 문제이다. 조사는 체언과 결합하면 붙여쓰기를 하고, 의존 명사는 주로 용언의 관형사형 뒤에서 쓰여 띄어쓰기를 한다. ②의 '차(次)'는 '어떠한 일을 하던 기회나 순간'의 뜻이 있는 의존 명사이므로 띄어 써야 한다.

오답분석

① 대명사 '너' 뒤에 쓰인 보조사이므로 붙여 쓴다.
③ 동사의 관형사형 뒤에 쓰인 의존 명사이므로 띄어 쓴다.
④ '께, 만큼, 은'은 모두 조사이므로 붙여 쓴다.
⑤ '밖에'가 '그거 이외에는, 오직'이라는 의미로 쓰일 때는 붙여 쓴다.

35

정답 ③

'제우'는 '겨우'의 방언(강원, 경남, 전라, 충청, 함경)이다.

36 정답 ②

제시문과 ②의 '손'은 '다른 곳에서 찾아온 사람'이란 뜻으로 쓰였다.

오답분석

①은 '손가락', ③·④는 '일손', ⑤는 '돈', '씀씀이'의 의미로 쓰였다.

37 정답 ②

제시문은 아무개가 주변 사람들을 무시하면서 살다가 자신의 삶을 반성하고, 자신의 재능을 다른 사람을 위해 사용하게 되었다는 내용이다. 따라서 지난날의 잘못을 고쳐 착하게 된다는 의미인 '개과천선(改過遷善)'이 제시문의 상황에 가장 적절하다.

오답분석

① 새옹지마(塞翁之馬) : 세상의 좋고 나쁨은 예측할 수 없음
③ 전화위복(轉禍爲福) : 안 좋은 일이 좋은 일로 바뀜
④ 사필귀정(事必歸正) : 처음에는 시비(是非)와 곡직(曲直)을 가리지 못하여 그릇되더라도 모든 일은 결국에 가서는 반드시 정리(正理)로 돌아감
⑤ 자과부지(自過不知) : 자신의 잘못을 알지 못함

38 정답 ①

제시문은 세계에서 가장 높은 산맥인 히말라야 산맥을 예로 들어, 바다가 산맥이 되고, 대륙이 바다가 되는 변화에 대해 설명하고 있다. 따라서 '우주의 만물은 항상 돌고 변하여 같은 모습으로 정착하여 있지 않다.'는 뜻을 지닌 '제행무상(諸行無常)'이 제시문의 핵심을 가장 잘 표현한다.

오답분석

② 물아일체(物我一體) : 철학적 개념으로 '외물(外物)과 자아(自我) 또는 객관과 주관이 하나가 됨'을 뜻하는 것으로, 물아일여(物我一如)라고도 함
③ 공수래공수거(空手來空手去) : 빈손으로 왔다가 빈손으로 감, 즉 사람이 세상에 태어났다가 죽는 것이 허무함을 이르는 말
④ 남가일몽(南柯一夢) : '남쪽으로 뻗은 나뭇가지 밑에서 꾼 꿈'이란 뜻으로, 꿈의 의미로 쓰이기도 하고 한때의 헛된 꿈과 같은 부귀영화를 비유함
⑤ 후자처상(後者處上) : 남에게 앞을 양보하면 오히려 남의 앞에 서게 됨을 이르는 말

39 정답 ⑤

제시문은 기부라는 것이 거창한 것이 아니라 자신의 재능을 바탕으로 작은 것부터 나누는 것에서 시작된다는 내용으로, '쉬운 일이라도 도와주면 은혜가 된다.'는 뜻의 '흘러가는 물도 떠 주면 공이다.'라는 속담과 일맥상통하는 면이 있다.

오답분석

① 낙숫물은 떨어지던 데 또 떨어진다 : 한 번 버릇이 들면 고치기 어려움을 비유적으로 이르는 말
② 지렁이도 밟으면 꿈틀한다 : 아무리 눌려 지내는 미천한 사람이나, 순하고 좋은 사람이라도 너무 업신여기면 가만있지 아니한다는 말
③ 쥐구멍에도 볕들 날이 있다 : 몹시 고생을 하는 삶도 좋은 운수가 터질 날이 있다는 말
④ 공든 탑이 무너지랴 : '공들여 쌓은 탑은 무너질 리 없다.'는 뜻으로, 힘을 다하고 정성을 다하여 한 일은 그 결과가 반드시 헛되지 아니함을 비유적으로 이르는 말

40 정답 ③

제시문에서는 배드민턴 시합에서 고의 패배 논란으로 인해 우리나라 8명의 선수들이 무더기 실격되는 사건을 언급하며, 이는 단지 이번 대회에서의 실격뿐만 아니라 올림픽에서 배드민턴 종목의 존폐 위기로까지 이어질 수 있다고 하였다. 이를 통해 '당장의 이익을 보고 행동하여 더 큰 것까지 잃는다.'는 뜻을 담은 '달아나는 노루 보고 얻은 토끼 놓쳤다.'와 의미가 통함을 알 수 있다.

오답분석

① 산소 등에 꽃이 피었다 : 조상의 무덤에 꽃이 피었다는 뜻으로, 자손이 번성하고 부귀공명하게 되었음을 비유적으로 이르는 말
② 하늘 보고 주먹질한다 : 건드려도 꿈쩍도 안할 대상에게 상대도 되지 않는 보잘것없는 사람이 무모하게 시비 거는 것을 비유적으로 이르는 말
④ 제 얼굴 못나서 거울 깬다 : 자기 얼굴 못생긴 것은 생각지 못하고 거울 탓만 한다는 뜻으로, 자기 잘못에 대해 화풀이를 엉뚱한 데 하면서 아까운 물건만 버리는 것을 비유적으로 이르는 말
⑤ 개를 따라가면 측간으로 간다 : 좋지 못한 자와 어울려 다니면 좋지 아니한 곳으로 가게 됨을 비유적으로 이르는 말

PART 2 글의 구조

01	02	03	04	05	06	07	08	09	10	11	12	13	14	15
②	①	①	②	②	④	②	①	③	③	④	④	⑤	③	④

16	17	18	19	20
⑤	③	⑤	③	③

01   정답 ②

제시문의 구조는 담배의 유해성을 설명한 후, 유해성과 관련하여 담배회사와 건강보험공단 간의 소송이라는 흐름으로 이어진다. 따라서 (라) 약초로 알고 있던 선조의 생각과는 달리 유해한 담배 – (가) 연구결과에 따른 흡연자들의 높은 암 발생률 – (다) 담배의 유해성을 안건으로 담배회사와 소송을 진행하던 중 문제가 생긴 건강보험공단 – (나) 이에 대응하는 건강보험공단 순서로 연결되어야 한다.

참고

• (다)와 (가) 중 우선하는 문단 고르기
(라)의 마지막 줄에 담뱃갑에 명시되어 있는 담배연기의 발암성 물질에 대한 언급이 있는 것으로 보아 (라)가 제시문의 맨 앞에 오는 것을 알 수 있다.
이어질 제시문의 내용은 크게 두 문단으로 나눠볼 수 있는데, 전반부는 '담배의 유해물질'에 관하여, 후반부는 '담배회사와 국민건강보험의 소송'에 대한 내용이다. (가)의 내용은 담배의 유해물질로 인해 흡연자가 비흡연자에 비해 암에 걸릴 확률이 높다는 내용이고, (다)의 내용은 담배의 유해성으로 인한 소송의 내용이므로, (라) 바로 뒤에 올 문단은 (가)임을 알 수 있다.

• (나)가 마지막 문단인 이유
(나)에서 '이에 대해'라고 지적하고 있는 것은 (다)의 '소송당사자가 될 수 있는지'를 의미하므로 두 문단의 순서는 (다) – (나)이다.

02   정답 ①

제시문은 코젤렉의 '개념사'에 대한 정의와 특징에 대한 글이다. 따라서 (라) 개념에 대한 논란과 논쟁 속에서 등장한 코젤렉의 '개념사' – (가) 코젤렉의 '개념사'와 개념에 대한 분석 – (나) 개념에 대한 추가적인 분석 – (마) '개념사'에 대한 추가적인 분석 – (다) '개념사'의 목적과 코젤렉의 주장의 순서가 적절하다.

03   정답 ①

제시문은 1920년대 영화의 소리에 대한 부정적인 견해가 있었음을 이야기하며 화두를 꺼내고 있다. 이후 현대에는 소리와 영상을 분리해서 생각할 수 없음을 이야기하고, 영화에서의 소리가 어떤 역할을 하는지에 대해 설명하면서, 현대 영화에서 소리의 의의에 대해 마지막으로 서술하고 있다. 따라서 (라) 1920년대 영화의 소리에 대한 부정적인 견해 – (가) 현대 영화에서 분리해서 생각할 수 없는 소리와 영상 – (다) 영화 속 소리의 역할 – (나) 현대 영화에서의 소리의 의의 순서로 연결되어야 한다.

04   정답 ②

(다)는 '다시 말하여'라는 뜻의 부사 '즉'으로 시작하여, '경기적 실업은 자연스럽게 해소될 수 없다.'는 주장을 다시 한 번 설명해주는 역할을 하므로 제시문 바로 다음에 위치하는 것이 자연스럽다. 다음으로는 이처럼 경기적 실업이 자연스럽게 해소될 수 없는 이유 중 하나인 화폐환상현상을 설명하는 (나) 문단이 오는 것이 적절하다. 마지막으로 화폐환상현상으로 인해 실업이 지속되는 것을 설명하고, 정부의 적극적 역할을 해결책으로 제시하는 케인스학파의 주장을 이야기하는 (가) 문단이 오는 것이 적절하다. 따라서 (다) – (나) – (가) 순으로 연결되어야 한다.

05   정답 ②

(가)는 민주주의, (나), (다), (라)는 입헌군주제에 관해 이야기하고 있다. 따라서 제시된 문단 다음에 (가)가 오는 것이 타당하다. 다음으로 민주주의와 입헌군주제 이야기를 '그럼에도 불구하고'로 연결하는 (라)가 위치해야 한다. 그리고 전제주의에서의 국왕과는 다른 입헌군주제에서의 국왕을 설명하는 (나), 입헌군주제 제도에 반대

하는 현실의 움직임을 설명하는 (다)가 차례대로 위치해야 연결이 자연스럽다.

06　정답 ④

도덕 실재론에 대한 설명인 (나)와 정서주의에 대한 (다) 중, 전환 기능의 접속어 '한편'이 (다)에 포함되어 있으므로 (나)의 도덕 실재론에 대한 설명이 더 앞에 위치한다. 다음으로 환언 기능의 접속어 '즉'으로 시작하며 도덕적 진리를 과학적 명제처럼 판단하는 도덕 실재론에 대해 부연 설명을 하고 있는 (라)가 온다. (다)에서 앞의 도덕 실재론과 다른 정서주의의 특징을 설명한 후에 (다)에 대한 부연 설명인 (가)가 이어진다. 따라서 (나) ― (라) ― (다) ― (가)가 된다.

07　정답 ②

(가) 문단에서는 전자 상거래 시장에서 소셜 커머스 열풍이 불고 있다는 내용을 소개하고 국내 소셜 커머스 현황을 제시하고 있다. (다) 문단은 소셜 커머스가 주로 SNS를 이용해 공동 구매자를 모으는 것에서 그 명칭이 유래되었다고 언급하며, (나) 문단은 소셜 쇼핑과 개인화된 쇼핑 등 소셜 커머스의 유형과 향후 전망을 제시하였다.

08　정답 ①

보기의 '이 둘'은 제시문의 산제와 액제를 의미하므로 이 둘에 대해 설명하고 있는 위치에 들어가야 함을 알 수 있다. 또 상반되는 사실을 나타내는 두 문장을 이어줄 때 사용하는 접속어 '하지만'을 통해 산제와 액제의 단점을 이야기하는 보기 문장 앞에는 산제와 액제의 장점에 대한 내용이 와야 함을 알 수 있다. 따라서 (가)에 들어가는 것이 적절하다.

09　정답 ③

'또한'이라는 접속어를 보면 보기 앞에 외래문화나 전통문화의 양자택일에 대한 내용이 나와야 한다. ⓒ 앞에 양자택일에 대한 내용이 나오고, ⓒ 뒤에 '전통문화는 계승과 변화가 다 필요하고 외래문화의 수용과 토착화를 동시에 요구하고 있기 때문이다.'라는 내용이 나오기 때문에 보기는 ⓒ에 들어가야 한다.

10　정답 ③

보기의 '이'는 앞 문장의 내용을 가리키므로, 기업의 이익 추구가 사회 전체의 이익과 관련된 결과를 가져왔다는 내용이 앞에 와야 한다. ⓒ 앞의 '가장 저렴한 가격으로 상품 공급'이 '사회 전체의 이익'과 연관되므로 보기는 ⓒ에 들어가는 것이 가장 적절하다.

11　정답 ④

계승에는 긍정적 계승과 부정적 계승이 있고, 계승의 반대는 퇴화이다. 긍정적 계승에는 지속성이 두드러지고, 부정적 계승에는 변화가 두드러진다. 앞 시대의 문학은 어떻게든지 뒤 시대의 문학에 작용을 하므로 퇴화와 단절을 구별해야 한다고 주장하고 있다.

12　정답 ④

(가)는 장마철을 대비한 차량 관리의 필요성을 언급하고 있는 제시문의 서두 부분이다. (나)는 장마철 사고의 원인인 수막현상에 대한 설명이고, (다)는 수막현상을 예방하는 방법이므로 (나) 뒤에 (다)가 이어져야 한다. (라)는 장마철 시야 확보를 위해 와이퍼와 워셔액, 유리 방수 관리를 해야 한다는 것, (마)는 시야 확보와 자신의 위치 노출을 위한 전조등 점검, (바)는 배터리 상태를 점검해야 한다는 것이다. (나), (라), (마), (바)는 (가)의 하위 항목으로 장마철 차량 관리 방법에 해당하므로 제시문의 구조를 올바르게 표현한 것은 ④이다.

13　정답 ⑤

빈칸 뒤에서는 고전 미학과 근대 미학이 각각 추구하는 이념에 대해 예를 들어 설명하고 있다. 따라서 빈칸에는 미학이 추구하는 이념과 대상도 '시대에 따라 다름'을 언급하는 내용이 들어가야 한다.

14　정답 ③

• 첫 번째 빈칸 ― 빈칸 뒤 문장에서 '물론 과도한 지방 섭취는 안 좋다.'라는 내용을 통해 지방에 대한 안 좋은 이야기가 나와야 함을 알 수 있다. 따라서 ⓒ이 적절하다.
• 두 번째 빈칸 ― 빈칸 뒤 문장을 보면 '이러한 축적 능력'이라는 어구가 보이므로, 빈칸에는 축적 능력에 관한 내용이 있어야 한다. 따라서 ⓒ이 적절하다.

- 세 번째 빈칸 — 빈칸 앞 문장은 살아남은 자들의 후손인 현대인들이 달거나 기름진 음식을 본능적으로 좋아하게 된 것은 진화의 당연한 결과라는 내용이, 뒤 문장은 지방이 풍부한 음식을 찾는 경향은 지나치게 지방을 축적하게 했고 결국 부작용으로 이어졌다는 내용이 나온다. 따라서 빈칸에는 진화가 부작용으로 이어졌다는 내용이 들어가야 하므로 ㉠이 적절하다.

15
정답 ④

- 첫 번째 빈칸 — 빈칸 앞 문장은 어려워질 경제 상황이 특정인들에게는 새로운 기회가 될 수도 있다는 내용이고, 뒤 문장은 특정인에게만 유리한 상황이 비효율적이라는 부정적인 내용이 있다. 따라서 ㉡이 가장 적절하다.
- 두 번째 빈칸 — 빈칸을 제외한 문단의 내용이 집단 차원에서의 다양성 확보의 중요성을 주장하고, 그 근거로 반대 경우의 피해 사례를 제시하고 있으므로 ㉠이 가장 적절하다.
- 세 번째 빈칸 — 빈칸을 제외한 문단의 내용이 유전자 다양성 확보 시의 단점에 대한 내용이므로, '그럼에도 불구하고 다양성 확보가 중요한 이유'로 제시문을 마무리하는 ㉢이 가장 적절하다.

16
정답 ⑤

처음 작성했던 개요인 (가)는 나노 기술의 유용성에 초점을 두고 있다. 반면 추가로 접한 자료인 (나)는 나노 물질이 인간과 동물의 건강에 악영향을 미칠 위험성을 경고하는 내용이다. 그러므로 (가)와 (나)의 내용을 종합하여 작성한 개요는 나노 기술이 유용성과 위험성을 동시에 지니고 있다는 내용을 담아야 한다. 그런데 ㉺은 나노 기술의 유용성 측면에 초점을 두어 응용 분야를 확대해야 한다는 내용을 담고 있으므로 적절하지 않다.

17
정답 ③

외국인 환자를 유치하는 데 장애가 되는 제도적 요인의 근거 자료로 언어 장벽이나 까다로운 국내 병원 이용 절차를 활용하는 것은 'Ⅱ-3'의 전략 방안과 비교했을 때 적절하지 않다.

18
정답 ⑤

㉺의 앞뒤 문장을 살펴보면 유행은 취미와 아주 밀접하게 결부된 현상이지만, 서로 다른 특징을 가진다는 내용이다. 따라서 역접 기능의 접속어 '그러나'가 오는 것이 적절하다.

19
정답 ③

두 번째 문단은 우울증의 긍정적인 면모인 보호 기제로서의 측면에 대한 내용을 다루고 있다. ㉢은 지금의 경쟁사회가 정신적인 소진 상태를 초래하기 쉬운 환경이라는 내용이므로, 오늘날 우울증이 급격히 늘어나는 원인을 설명하고 있는 세 번째 문단의 마지막 문장 바로 앞에 들어가는 것이 더 적절하다.

오답분석
① 우울증과 창조성의 관계를 설명하면서 그 예시로 우울증을 갖고 있었던 위대한 인물들을 들고 있다. 따라서 천재와 우울증이 동전의 양면과 같으므로 인류 문명의 진보를 이끌었다고 볼 수 있다는 내용의 ㉠은 문단의 결론이므로 삭제할 필요가 없다.
② 문장의 주어가 '엄청난 에너지를 소모하는 것' 즉, 행위이므로 이 행위는 어떤 상태에 이르게 '만드는' 것이 되어야 문맥이 자연스럽다. 따라서 문장의 주어와 호응하는 것은 '이르게도 할 수 있다.'이다.
④ ㉣을 기준으로 앞 문장은 새로운 조합을 만들어내는 창조성 있는 사람이 이익을 갖게 된다는 내용이고, 뒤 문장은 새로운 조합을 만들어내는 일이 많은 에너지를 요하는 어려운 일이라는 내용이다. 따라서 뒤 문장은 앞 문장의 결과라고 보기 어렵다.
⑤ 세 번째 문단 앞 부분의 내용에 따르면 경쟁사회에서 창조성 있는 사람이 이익을 얻는다. 따라서 ㉤을 '억제하지만'으로 바꾸는 것은 어색하다.

20
정답 ③

제시문은 전국 곳곳에 마련된 기획바우처 행사에 대해 소개하는 글이다. (다)는 가족과 함께 하는 문화행사로 문화소외계층을 상대로 하는 기획바우처의 취지와는 거리가 멀기 때문에 제시문의 흐름상 필요 없는 문장이다.

01	02	03	04	05	06	07	08	09	10	11	12	13	14	15
②	④	③	⑤	②	⑤	③	①	④	③	⑤	②	③	②	②
16	17	18	19	20	21	22	23	24	25	26	27	28	29	30
⑤	⑤	③	②	⑤	①	①	③	③	②	④	①	③	④	②
31	32	33	34	35	36	37	38	39	40					
⑤	④	③	②	③	①	③	④	②	②					

01   정답 ②

제시된 단어는 반의 관계이다.
'여명'은 '희미하게 날이 밝아 오는 빛. 또는 그런 무렵'을 뜻하고, '황혼'은 '해가 지고 어스름해질 때. 또는 그 때의 어스름한 빛'을 뜻한다. 따라서 '다른 사람의 생각이나 의견'의 뜻인 '타의'와 반의 관계인 단어는 '자기의 생각이나 의견'의 뜻인 '자의'이다.

오답분석
① 수의 : 자기의 마음대로 함
③ 종말 : 계속된 일이나 현상의 끝
④ 별의 : 다른 뜻. 또는 다른 생각
⑤ 임의 : 일정한 기준이나 원칙 없이 하고 싶은 대로 함

02   정답 ④

『서유기』의 주인공인 손오공은 근두운(筋斗雲)을 타고 다녔으며, 『삼국지』의 인물 여포는 적토마를 타고 다녔다. 오늘날에는 매우 빠른 말을 상징적으로 나타낸다.

오답분석
① 항우(項羽) : 『초한지』의 주요 인물이며, 진(秦) 말기에 유방(劉邦)과 진을 멸망시키고 중국을 차지하기 위해 다툰 장군이다.
② 우선(羽扇) : 『삼국지』의 제갈량이 들고 다니는 깃털 부채로, 제갈량의 아내가 행동을 삼가고 분노 등의 감정을 쉽게 드러내지 말라는 의미로 주었다.
③ 초선(貂蟬) : 『삼국지』에서 경국지색(傾國之色)의 미모를 갖춘 인물로, 동탁과 여포의 후처(後妻)이다.
⑤ 청룡언월도(靑龍偃月刀) : 『삼국지』에서 관우가 사용하던 무기이다. 보병이나 기병이 쓰던 긴 칼로서, 칼날이 반달 모양이다.

03   정답 ③

제시된 단어는 상하 관계이다. 연극에서 행해지는 행위 중에 독백이 있고, 판소리에선 행해지는 행위 중에는 추임새가 있다.

04   정답 ⑤

제시된 단어는 두 단어가 결합하여 하나의 단어로 된 합성어 관계이다.

05   정답 ②

'테니스'를 하기 위해서는 '라켓'이 필요하고, '야구'를 하기 위해서는 '배트'가 필요하다.

06   정답 ⑤

제시된 단어는 주어와 서술어의 관계이다.
• 성격이 차다.
• 온도가 내려가다.

07   정답 ③

• 염상섭 : 『표본실의 청개구리』, 『삼대』, 『만세전』
• 김유정 : 『봄봄』
• 주요한 : 『불놀이』

오답분석
• 김동인 : 『감자』
• 황순원 : 『소나기』
• 김영랑 : 『모란이 피기까지는』
• 김소월 : 『진달래꽃』, 『산유화』, 『초혼』

08

직권과 권한은 동의 관계이다.

- 직권 : 직무상의 권한, 공무원이나 법인 따위의 기관이 그 지위나 자격으로 행할 수 있는 사무나 그런 사무의 범위, '맡은 권한'으로 순화
- 백중 : 재주나 실력, 기술 따위가 서로 비슷하여 낫고 못함이 없음, 또는 그런 형세
- 호각 : 서로 우열을 가릴 수 없을 정도로 역량이 비슷한 것

오답분석

- 광음 : 햇빛과 그늘, 즉 낮과 밤이라는 뜻으로 시간이나 세월을 이르는 말
- 차안 : 나고 죽고 하는 고통이 있는 지금 살고 있는 세상

09
정답 ④

'자극'과 '반응'은 조건과 결과의 관계이다.

오답분석

① 개별과 집합의 관계
② 대등관계이자 상호보완관계
③ 존재와 생존의 조건 관계
⑤ 미확정과 확정의 관계

10
정답 ③

'밀물'과 '썰물'은 반의 관계이지만 '대소'와 '방소'는 '크게 웃는다'는 뜻의 유의 관계이다.

오답분석

- 방송(放送) : 죄인을 감옥에서 나가도록 풀어 주는 일

11
정답 ⑤

'교과목', '연산', '숫자'를 통해 '수학'을 연상할 수 있다.

- 교과목 : 교과목은 학교에서 가르쳐야 할 지식이나 경험의 체계를 세분하여 계통을 세운 영역으로 대표적인 교과목으로는 국어, 수학, 영어가 있다.
- 연산 : 연산이란 식이 나타낸 일정한 규칙에 따라 계산한 것으로 수량 및 공간의 성질에 관하여 연구하는 수학에 활용된다.
- 숫자 : 숫자란 수량적인 사항으로 수학 및 공간의 성질에 관하여 연구하는 수학에 활용된다.

12
정답 ②

'비누'를 문지르면 '거품'이 나타나며, '투기'로 인해서 올라간 시장가격과 상품의 적정가격 간 차이를 거품이라고 한다. 그리고 동화 속에서 '인어공주'는 왕자와 사랑을 이루지 못하고 '물거품'이 되어 사라진다.

13
정답 ③

오답분석

①·②·④·⑤는 앞의 두 단어가 뒤에 있는 단어의 구성요소이다.

14
정답 ②

오답분석

①·③·④·⑤는 용도가 같은 물건이다(① 음식물 분쇄, ③ 필기, ④ 몸에 착용, ⑤ 음식물 가열).

15
정답 ②

운동, 태극기, 애국을 통해 '독립'을 연상할 수 있다.

16
정답 ⑤

우버, 에어비앤비, 따릉이는 대표적인 공유경제 서비스이므로 '공유경제'를 연상할 수 있다.

17
정답 ⑤

이산화탄소(CO_2), 메탄(CH_4), 교토의정서를 통해 '온실가스'를 연상할 수 있다.

18
정답 ③

달, 수면, 가로등을 통해 '밤'을 연상할 수 있다.

19
정답 ②

오케스트라, 연미복, 악보를 통해 '지휘'를 연상할 수 있다.

12 인적성검사 언어 완성

20　정답 ⑤

어떤 여자는 바다를 좋아하고, 바다를 좋아하는 여자는 직업이 선생님이고, 직업이 선생님인 여자는 슬기롭다. 따라서 어떤 여자는 슬기롭다.

21　정답 ①

'늦잠을 잠$=p$', '부지런함$=q$', '건강함$=r$', '비타민을 챙겨 먹음$=s$'라 하면, 각각 '$\sim p \to q$', '$p \to \sim r$', '$s \to r$'이다. 어떤 명제가 참이면 그 대우도 참이므로, 첫 번째 · 세 번째 명제와 두 번째 명제의 대우를 연결하면 '$s \to r \to \sim p \to q$'가 된다. 따라서 '$s \to q$'는 참이다.

오답분석

② $s \to q$의 역이며, 참인 명제의 역은 참일 수도, 거짓일 수도 있다.

③ $p \to s$이므로 참인지 거짓인지 알 수 없다.

④ $\sim p \to q$의 이이며, 참인 명제의 이는 참일 수도, 거짓일 수도 있다.

⑤ $r \to q$의 역이며, 참인 명제의 역은 참일 수도, 거짓일 수도 있다.

22　정답 ①

두 번째와 첫 번째 조건의 대우에 따라 요리를 하는 사람은 책을 읽지 않고, 책을 읽지 않는 사람은 낚시를 하지 않으므로 A는 옳다. 또한 세 번째 조건의 대우에 따라 등산을 하지 않는 사람은 요리를 하지 않는데, B가 참이 되려면 요리를 하지 않는 사람은 책을 읽는다는 두 번째 조건의 역이 필요하지만, 어떤 참인 명제의 역은 참인지 알 수 없으므로 B는 옳은지 틀린지 판단할 수 없다. 따라서 A만 옳다.

23　정답 ③

• A : 수요일에는 혜진, 수연, 태현이가 휴가 중이고, 목요일에는 수연, 지연, 태현이가 휴가 중이다. 따라서 수요일과 목요일에 휴가 중인 사람의 수는 같다.

• B : 태현이는 수요일부터 금요일까지 휴가이다.

24　정답 ③

제시된 내용에 따라 은채는 우유, 새롬이는 사과 주스, 유정이는 두유, 도현이는 오렌지 주스를 마셨다.

• A : 도현이는 오렌지 주스를 마셨으므로 사과 주스는 마시지 않았다.

• B : 은채는 우유를 마셨다.

25　정답 ②

제시된 내용을 표로 정리하면 다음과 같다.

구분	빨간색	주황색	노란색	초록색	파란색	남색	보라색
현수	×	−	×	−	×	×	−
인환	−	○	−	−	−	−	−
종훈	×	−	−	×	−	−	×
윤재	−	−	×	−	−	−	−

• A : 현수가 가져올 수 있는 물감은 초록색, 보라색 물감이 맞지만, 현수가 둘 중 하나만 가져오고 윤재가 나머지 하나를 가져올 수도 있으므로 옳은지 틀린지 판단할 수 없다.

• B : 인환이가 주황색 물감 하나만 가져온다면, 노란색 물감을 가져올 수 있는 사람은 종훈이밖에 남지 않으므로 옳은 판단이다.

26　정답 ④

'회사원'을 A, '야근을 한다.'를 B, '늦잠을 잔다.'를 C라 하면, 첫 번째 명제와 마지막 명제는 각각 A → B, $\sim$C → $\sim$A이다. 이때, 첫 번째 명제의 대우는 $\sim$B → $\sim$A이므로 마지막 명제가 참이 되려면 $\sim$C → $\sim$B 또는 B → C가 필요하다. 따라서 빈칸에 들어갈 명제는 '야근을 하는 사람은 늦잠을 잔다.'가 적절하다.

27　정답 ①

하은이에 대하여 '노란 재킷을 입는다.'를 A, '빨간 운동화를 신는다.'를 B, '파란 모자를 쓴다.'를 C라고 한다면 전제는 'A → B'이다. 'A → C'라는 결론을 얻기 위해서는 'B → C' 또는 '$\sim$C → $\sim$B'라는 명제가 필요하다.

28

'화가이다.'를 A, '가로등을 좋아한다.'를 B, '낙엽을 좋아한다.'를 C라고 하면 전제는 'A → B'이다. 'A → C'라는 결론을 얻기 위해서는 'B → C' 또는 '~C → ~B'라는 명제가 필요하다.

29

정답 ④

홍보팀은 1 : 0으로 승리하였으므로 골을 넣은 사람은 한 명임을 알 수 있다.
- A의 진술이 참인 경우 : 골을 넣은 사람이 C와 D 2명이 되므로 성립하지 않는다.
- B의 진술이 참인 경우 : B, C, D 세 명의 진술이 참이 되므로 성립하지 않는다.
- C의 진술이 참인 경우 : 골을 넣은 사람은 D이다.
- D의 진술이 참인 경우 : A와 D 또는 C와 D 두 명의 진술이 참이 되므로 성립하지 않는다.

따라서 C의 진술이 참이며, 골을 넣은 사람은 D이다.

30

정답 ②

만약 민정이가 진실을 말한다면 영재가 거짓, 세희가 진실, 준수가 거짓, 성은이의 '민정이와 영재 중 한 명만 진실만을 말한다'가 진실이 되면서 모든 조건이 성립한다. 반면, 만약 민정이가 거짓을 말한다면 영재가 진실, 세희가 거짓, 준수가 진실, 성은이의 '민정이와 영재 중 한 명만 진실만을 말한다'가 거짓이 되면서 모순이 생긴다. 따라서 거짓을 말한 사람은 영재와 준수이다.

31

정답 ⑤

마지막 조건에 의해, 대리는 1주차에 휴가를 갈 수 없으므로, 2~5주차, 즉 4주 동안 대리 2명이 휴가를 다녀와야 한다. 두 번째 조건에 의해, 한 명은 2~3주차, 다른 한 명은 4~5주차에 휴가를 출발한다. 그러므로 대리는 3주차에 휴가를 출발할 수 없다.

오답분석

① · ③

1주차	2주차	3주차	4주차	5주차
–	사원 1	사원 1	사원 2	사원 2
–	대리 1	대리 1	대리 2	대리 2
–	과장	과장	부장	부장

②

1주차	2주차	3주차	4주차	5주차
사원 1	사원 1	–	사원 2	사원 2
–	대리 1	대리 1	대리 2	대리 2
과장	과장	–	부장	부장

④

1주차	2주차	3주차	4주차	5주차
사원 1	사원 1	사원 2	사원 2	–
–	대리 1	대리 1	대리 2	대리 2
과장	과장	부장	부장	–

32

정답 ④

E가 수요일에 봉사를 간다면 A는 화요일, C는 월요일에 가고, B와 D는 평일에만 봉사를 가므로 토요일에 봉사를 가는 사람은 없다.

오답분석

① B가 화요일에 봉사를 간다면 A는 월요일에 봉사를 가고, C는 수요일 또는 금요일에 봉사를 가므로 토요일에 봉사를 가는 사람은 없다.
② D가 금요일에 봉사를 간다면 C는 수요일과 목요일에 봉사를 갈 수 없으므로 월요일이나 화요일에 봉사를 가게 된다. 따라서 다섯 명은 모두 평일에 봉사를 가게 된다.
③ D가 A보다 봉사를 빨리 가면 D는 월요일, A는 화요일에 봉사를 가므로 C는 수요일이나 금요일에 봉사를 가게 된다. C가 수요일에 봉사를 가면 E는 금요일에 봉사를 가게 되므로 B는 금요일에 봉사를 가지 않는다.
⑤ C가 A보다 빨리 봉사를 간다면 D는 목요일이나 금요일에 봉사를 간다.

33

정답 ③

A와 C의 성적에 대한 B와 E의 진술이 서로 상반된다. 여기서 B의 진술이 거짓일 경우 E가 1등이라는 A의 진술 또한 거짓이 되므로 자연스럽게 E가 거짓임을 알 수 있다.
따라서 기말고사 점수가 높은 순서대로 나열하면 E − D − B − C − A이다.

34
정답 ②

A를 기준으로 A가 참인 경우와 A가 거짓인 경우가 있는데, 만약 A가 거짓이라면 B와 C가 모두 범인인 경우와 B와 C가 모두 범인이 아닌 경우로 나눌 수 있고, A가 참이라면 B가 범인인 경우와 C가 범인인 경우로 나눌 수 있다.

- A가 거짓이고 B와 C가 모두 범인인 경우 : B, C, D, E의 진술이 모두 거짓이 되어 5명이 모두 거짓말을 한 것이 되므로 조건에 어긋난다.
- A가 거짓이고 B와 C가 모두 범인이 아닌 경우 : B가 참이 되므로 C, D, E 중 1명만 거짓, 나머지는 참이 되어야 한다. C가 참이면 E도 반드시 참. C가 거짓이면 E도 반드시 거짓이므로 D가 거짓, C, E가 참을 말하는 것이 되어야 한다. 따라서 이 경우 D와 E가 범인이 된다.
- A가 참이고 B가 범인인 경우 : B가 거짓이 되기 때문에 C, D, E 중 1명만 거짓, 나머지는 참이 되어야 하므로 C, E가 참. D가 거짓이 된다. 따라서 이 경우 B와 E가 범인이 된다.
- A가 참이고 C가 범인인 경우 : B가 참이 되기 때문에 C, D, E 중 1명만 참, 나머지는 거짓이 되어야 하므로 C, E가 거짓. D가 참이 된다. 따라서 범인은 A와 C가 된다.

따라서 선택지 중 ②만 동시에 범인이 될 수 있는 사람으로 짝지어져 있다.

35
정답 ③

자리가 나란히 7자리가 있다고 했으므로 표로 정리하면 다음과 같다.

스크린						
1	2	3	4	5	6	7

다섯 번째, 일곱 번째 조건에 의해, G는 첫 번째 자리에 앉는다. 그러면 여섯 번째 조건에 의해, C는 세 번째 자리에 앉는다.
A와 B가 네 번째, 여섯 번째 또는 다섯 번째, 일곱 번째 자리에 앉으면, D와 F가 나란히 앉을 수 없다. 따라서 A와 B는 두 번째, 네 번째 자리에 앉는다.
남은 자리는 다섯, 여섯, 일곱 번째 자리이므로 D와 F는 다섯, 여섯 번째 또는 여섯, 일곱 번째 자리에 앉게 되고, 나머지 한 자리에 E가 앉는다.

오답분석

① · ② · ④ E가 다섯 번째, D가 여섯 번째, F가 일곱 번째 자리에 앉으면 성립하지 않는다.
⑤ B는 두 번째 또는 네 번째 자리에 앉는다.

36
정답 ①

해당 명제는 주어진 사실만으로는 알 수 없다.

오답분석

② 500원, 100원, 10원, 10원이 동전을 가장 적게 쓰면서 620원을 만드는 경우이다.
③ 정민이가 6개의 동전을 가지면 영수와 민희가 최대 5+4=9개를 가진다. 이는 첫 번째 조건에 위배되므로 정민이는 최소 7개의 동전을 가지고 있다.
④ 500원짜리 동전이 없이 620원을 만들려면 최소 8개의 동전이 필요하다. 그러면 세 번째 조건에 위배되므로 영수는 500원짜리 동전을 가지고 있다.
⑤ 16=9+5+2=9+4+3이므로 ②에 의해, 민희의 동전의 개수가 가장 적다.

37
정답 ③

한 명만 거짓말을 하고 있기 때문에 모두의 말을 참이라고 가정하고, 모순이 어디서 발생하는지 생각해 본다. 다섯 명의 말에 따르면, 1등을 할 수 있는 사람은 C밖에 없는데, E의 진술과 모순이 생기는 것을 알 수 있다.
따라서 E가 거짓말을 하고 있으며, 이를 바탕으로 나올 수 있는 순위는 'C − E − B − A − D'이다.

38
정답 ④

ⓒ · ⓗ 순환 논증의 오류

오답분석

㉠ 공포에 호소하는 오류
㉡ 동정에 호소하는 오류
㉣ 잘못된 권위에 호소하는 오류
㉤ 인신공격의 오류

39

심리적 오류인 인신공격의 오류이며, 인신공격의 오류는 어떤 사람의 사적인 결함을 트집 잡아 비판하는 오류이다.

오답분석

① · ③ · ④ · ⑤ 자료적 오류인 성급한 일반화의 오류(특수한 사례들을 성급하게 일반화시킴으로써 발생하는 오류)이다.

40

정답 ②

(가)는 논점 일탈의 오류, (나)는 의도 확대의 오류, (다)는 흑백논리의 오류. (라)는 복합 질문의 오류에 해당한다. ②는 수긍하고 싶지 않은 것을 전제로 하고 질문하는 오류를 범하고 있으므로 (라)와의 연결은 적절하다.

오답분석

①은 논점과 관계없는 결론으로 이끄는 오류인 (가)에 해당하고, ③은 흑백논리의 오류인 (다)에 속하며, ④는 의도를 확대한 오류인 (나)에, ⑤는 논점과 무관한 결론에 이르게 하는 (가)에 해당한다.

16 인적성검사 언어 완성

01	02	03	04	05	06	07	08	09	10	11	12	13	14	15
②	②	①	③	③	⑤	⑤	⑤	①	④	⑤	⑤	⑤	①	④
16	17	18	19	20	21	22	23	24	25	26	27	28	29	30
④	③	①	④	③	①	②	⑤	③	④	③	③	⑤	①	⑤

01 　　정답 ②

마지막 문단에서 '말이란 결국 생각의 일부분을 주워 담는 작은 그릇'이며, '말을 통하지 않고는 생각을 전달할 수가 없는 것'이라고 하며 말은 생각을 전달하기 위한 수단임을 주장하고 있다.

02 　　정답 ②

제시문에서는 유명 음악가 바흐와 모차르트에 대해 알려진 이야기들과, 이와는 다르게 밝혀진 사실을 대비하여 이야기하고 있다. 또한 사실이 아닌 이야기가 바흐와 모차르트의 삶을 미화하는 경향이 있으므로 제목으로는 '미화된 음악가들의 이야기와 그 진실'이 가장 적절하다.

03 　　정답 ①

제시문은 CCTV가 인공지능(AI)과 융합되면 기대할 수 있는 효과들(범인 추적, 자연재해 예측)에 대해 말하고 있다.
따라서 'AI와 융합한 CCTV'의 진화가 제목으로 적절하다.

04 　　정답 ③

제시문에서는 현대 사회의 소비 패턴이 '보이지 않는 손' 아래의 합리적 소비에서 벗어나 과시 소비가 중심이 되었으며, 그 이면에는 소비를 통해 자신의 물질적 부를 표현함으로써 신분을 과시하려는 욕구가 있다고 설명하고 있다.

05 　　정답 ③

로렌츠 곡선의 가로축은 누적 인구 비율을, 세로축은 소득 누적 점유율을 알 수 있게 한다.

06 　　정답 ⑤

마지막 문단에 따르면 사람들은 자신은 대중 매체의 전달 내용에 쉽게 영향 받지 않는다고 생각하면서도 다른 사람들이 영향을 받을 것을 고려하여, 자신의 의견을 포기하고 다수의 의견을 따라가는 경향이 있다.

오답분석

① 첫 번째 문단에 의하면 태평양 전쟁 당시 백인 장교들에게 제3자 효과가 나타나, 일본군의 선전에 흑인 병사들이 현혹되리라고 생각하여 부대를 철수시켰다.
② · ③ 제3자 효과의 원인은 자신보다 타인들이 대중매체의 영향을 크게 받는다고 믿기 때문이며, 때문에 제3자 효과가 크게 나타나는 사람일수록 대중매체에 대한 법적 · 제도적 조치에 찬성하는 경향이 있다.
④ 세 번째 문단에 따르면 사람들은 대중 매체가 바람직한 내용보다는 유해한 내용을 전달할 때 다른 사람들에게 미치는 영향이 크다고 생각한다.

07 　　정답 ⑤

택견이 내면의 아름다움을 중시한다는 내용은 제시문에 나와 있지 않다.

오답분석

① 두 번째 문단의 '진정한 고수는 상대를 다치게 하지 않으면서도 물러나게 하는 법을 안다.'와 세 번째 문단에서 '택견은 상대에 대한 배려와 수비 기술을 더 많이 가르친다.'라고 언급한 부분을 통해 알 수 있다.
② 마지막 문단에서 '걸고 차는 다양한 기술을 통해 공격과 방어의 조화를 이루는 실질적이고 통합된 무술'이라고 설명하고 있다.
③ 첫 번째 문단에 '택견 전수자는 우아한 몸놀림으로 보이며 부드러운 곡선을 만들어 내지만 이를 통해 유연성뿐 아니라 힘도 보여준다.'라고 언급되어 있다.
④ 마지막 문단에 택견의 특징 중 하나가 '자연스럽고 자발적인 무술'이라고 나와 있다.

08

우리말과 영어의 어순 차이에 대해 설명하면서, 우리말에서 주어 다음에 목적어가 오는 것은 '나'의 의사보다 상대방에 대한 관심을 먼저 보이는 '우리'의 문화에서 기인한 것이라고 언급하고 있다.

09

식사에 관한 상세한 설명이 주어지거나 요리가 담긴 접시의 색이 밝으면 비만한 사람들의 식사량이 느는 것으로 볼 때, 비만한 사람들은 외부의 자극에 따라 식습관에 영향을 받기 쉽다는 것을 추론할 수 있다.

10

제시문은 범죄 보도가 가져오는 법적·윤리적 논란에 대해 설명하고 있으므로 지나친 범죄 보도가 문제가 될 수 있다는 내용이 이어져야 한다.

11

제시문에서는 호랑이 카멜레온이 세이셸 제도에 살게 된 이유를 대륙의 분리 및 이동으로 설명하고 있으므로 이를 반증하는 사례를 통해 반박해야 한다. 만약 아프리카 동부의 카멜레온과 호랑이 카멜레온의 가장 가까운 공동 조상이 마다가스카르의 카멜레온과 호랑이 카멜레온의 가장 가까운 공동 조상보다 더 나중에 출현했다면, 세이셸 제도가 속했던 본래의 곤드와나 초대륙에서는 마다가스카르가 먼저 분리되어야 한다. 그러나 제시문에 따르면 아프리카가 마다가스카르보다 먼저 분리되어 나왔으므로 이는 논지를 약화하는 사례가 된다.

12

두 번째 문단을 통해 '셉테드'는 건축물 설계 과정에서부터 범죄를 예방·차단하기 위해 공간을 구성하는 것임을 알 수 있다. ①·②·③·④는 모두 건축물 및 구조물의 설계에 적용되어 범죄를 예방하는 사례이나, ⑤는 각 가정에 방범창을 설치하는 것으로 셉테드와는 관련이 없다.

13

제시문의 화제는 '과학적 용어'이다. 필자는 '모래언덕'의 높이, '바람'의 세기, '저온'의 온도를 사례로 들어 과학자들은 모호한 것은 싫어하지만 '대화를 통해 그 상황에 적절한 합의를 도출'하는 것으로 문제화하지 않는다고 한다. 따라서 제시문은 과학적 용어가 엄밀하고 보편적인 정의에 의해 객관성이 보장된다는 ⑤의 주장에 대한 비판적 논거이다.

14

제시문의 전통적인 경제학에서는 미시 건전성 정책에 집중하는데 이러한 미시 건전성 정책은 가격이 본질적 가치를 초과하여 폭등하는 버블이 존재하지 않는다는 효율적 시장 가설을 바탕으로 한다.
따라서 제시문에 나타난 주장에 대한 비판으로는 이러한 효율적 시장 가설에 대해 반박하는 ①이 가장 적절하다.

15

제시문은 대중문화가 대중을 사회 문제로부터 도피하게 하거나 사회 질서에 순응하게 하는 역기능을 수행하여 혁명을 불가능하게 만든다고 주장한다. 따라서 이 주장에 대한 반박은 대중문화가 순기능을 한다는 태도여야 한다. 그런데 ④는 현대 대중문화의 질적 수준에 대한 평가에 대한 내용이므로 제시문의 주장과 연관성이 없다.

16

감각으로 검증할 수 없는 존재에 대한 관념은 그것의 실체를 확인할 수 없기 때문에 거짓으로 보아야 하는 문제가 발생하는 것은 대응설이다.

17

甲은 현실적으로 지배 체제에 맞게 지배자들이 법률을 제정하기 때문에 정의는 강자의 이익이라고 주장한다. 이에 반해 乙은 지배자들이 꼭 자신들의 이익을 위해 법률을 만드는 것은 아니라는 점을 주장한다. 여기에서 乙은 자신의 주장을 강화하기 위해서 유비추리의 방식을 이용하여 의사와 환자라는 비슷한 사례를 제시하고 있다.

18
정답 ①

제시문은 광고를 단순히 상품 판매 도구로만 보지 않고, 문화적 차원에서 소비자와 상품 사이에 일어나는 일종의 담론으로 해석하여 광고라는 대상을 새로운 시각으로 바라보고 있다.

19
정답 ④

(가)는 한(恨)이 '체념'적 정서의 부정적 측면과 '밝음'이나 '간절한 소망'과 연결된 긍정적인 측면을 내포하고 있음을 설명하면서 부정적인 측면을 지양할 것을 강조하고 있다. (나)는 해학이 가진 의미를 설명하고 있지만 전통을 계승해야 한다는 식의 언급은 하지 않았다.

20
정답 ③

ⓒ은 ㉠, ㉡에서 동물도 우리가 사용하는 말과 못지않은 의사소통 수단을 가지고 있다는 의견에 대해 동물이 사용하는 소리는 생물학적 조건에 대한 반응 또는 본능적인 감정에 표현에 지나지 않는다는 내용을 이야기하며 ㉠, ㉡을 부정하고 새로운 논점을 제시하였다.

21
정답 ①

제시문의 첫 번째 문단은 '우리 조상은 화재를 귀신이 장난치거나, 땅에 불의 기운이 넘쳐서라 여겼다.'였고, 이어서 안녕을 기원하기 위해 조상들이 시도했던 여러 가지 노력을 제시하고 있다.

22
정답 ②

화재 예방을 위한 주술적 의미로 쓰인 것은 지붕 용마루 끝에 장식 기와로 사용하는 '치미'이다. 물의 기운을 지닌 수호신인 해치는 화기를 잠재운다는 의미로 동상으로 세워졌다.

오답분석

① 첫 번째 문단에서 농경사회였던 조선 시대의 백성들의 삶을 힘들게 했던 재난·재해 특히 화재는 즉각적인 재앙이었고 공포였다고 하였다.
③ 세 번째 문단에서 '잡상은 건물의 지붕 내림마루에 『서유기』에 등장하는 기린, 용, 원숭이 등 다양한 종류의 신화적 형상으로 장식한 기와'라고 하였다.
④ 네 번째 문단에서 '실제 1997년 경회루 공사 중 오조룡이 발견되면서 화제가 됐다.'고 하였다.

⑤ 마지막 문단에서 '세종대왕은 금화도감이라는 소방 기구를 설치해 인접 가옥 간에 방화장을 쌓고 방화범을 엄히 다루는 등 화재 예방에 만전을 기했다.'고 하였다.

23
정답 ⑤

배타주의나 국수주의는 넓은 의미에서 보면 둘 다 '외부와의 차단'을 뜻하므로, 이를 극복한다는 말은 '개방적인 태도로 외부 문화를 수용할 의지가 있다.'로 해석할 수 있다. (바)에서 '선진 문화 섭취에 인색하지 않을', '외래 문화도 새로운 문화의 창조에 이바지' 등의 표현은 바로 개방적인 태도를 취함을 뜻한다.

오답분석

(나)~(마)는 전통의 계승에 관련된 내용들이다.

24
정답 ③

전통은 현재의 문화 창조에 이바지할 수 있는 것임에 유의한다.

25
정답 ④

제시문은 첫 번째 문단에서 위계화의 개념을 설명하고 이어서 이러한 불평등의 원인과 구조에 대해 살펴보고 있다.

26
정답 ③

보기는 나치 치하의 유태인 대학살과 라틴 아메리카의 다인종 사회의 예는 민족이나 인종의 차이가 단순한 차이가 아닌 차별과 불평등을 정당화하는 근거로 이용되고 있다는 내용이다. 따라서 (나)의 '개인의 열등성과 우등성을 가늠하게 만드는 사회적 개념이 되곤 한다.' 다음에 들어가는 것이 적절하다.

27
정답 ③

(다)의 '불평등이 재생산되는 다양한 사회적 기제들이 때로는 관습이나 전통이라는 이름하에 특정 사회의 본질적인 문화적 특성으로 간주되고 당연시되는 경우가 많다.'를 통해 알 수 있다.

28

정답 ⑤

갈등 이론은 법과 형사 사법 체계가 전체적인 사회의 이해관계나 규범보다는 사회에서 가장 힘 있는 집단의 이해관계와 규범을 구체화시킨다고 주장한다. ⑤는 합의 이론과 관련 있는 내용이다.

29

정답 ①

'하지만 청소년 비행이나 살인, 절도, 방화, 화이트칼라 범죄, 조직범죄와 같은 대다수의 범죄에는 갈등 이론이 설명력을 갖지 못한다.'라는 문장을 통해 ①이 갈등 이론의 사례로 적절하지 않다는 것을 알 수 있다.

30

정답 ⑤

합의 이론은 '사회 규범과 도덕 규범에 대한 전반적 합의와 사회의 모든 요소들과 관련된 공통적 이해관계를 언급함으로써 법의 내용과 운용을 설명'하는 것이므로 ⑤와 맞지 않다.

1회

01	02	03	04	05	06	07	08	09	10	11	12	13	14	15
①, ③	③, ⑤	④	②	④	③	①	①	④	③	②	④	②	②	⑤
16	17	18	19	20	21	22	23	24	25	26	27	28	29	30
②	①	⑤	④	①	⑤	③	⑤	③	①	⑤	①	②	③	①

01 　　　　　　　정답 ①, ③

• 원용(援用) : 자기의 주장이나 학설을 세우기 위하여 문헌이나 관례 따위를 끌어다 씀
• 인용(引用) : 남의 말이나 글을 자신의 말이나 글 속에 끌어 씀

오답분석

② 운영(運營)
　1. 조직이나 기구, 사업체 따위를 운용하고 경영함
　2. 어떤 대상을 관리하고 운용하여 나감
④ 이용(利用)
　1. 대상을 필요에 따라 이롭게 씀
　2. 다른 사람이나 대상을 자신의 이익을 채우기 위한 방편으로 씀
⑤ 응용(應用) : 어떤 이론이나 이미 얻은 지식을 구체적인 개개의 사례나 다른 분야의 일에 적용하여 이용함

02 　　　　　　　정답 ③, ⑤

• 은폐(隱蔽) : 덮어 감추거나 가리어 숨김
• 탄로(綻露) : 숨긴 일을 드러냄

오답분석

① 승인(承認) : 어떤 사실을 마땅하다고 받아들임
② 발견(發見) : 미처 찾아내지 못하였거나 아직 알려지지 아니한 사물이나 현상, 사실 따위를 찾아냄
④ 암묵(暗黙) : 자기 의사를 밖으로 나타내지 아니함

03 　　　　　　　정답 ④

뿌리는 나무의 한 부분이므로 두 단어는 부분과 전체의 관계이다.

오답분석

① · ② · ③ · ⑤ 왼쪽은 하위어, 오른쪽은 상위어로 두 단어는 상하 관계이다.

04 　　　　　　　정답 ②

제시문과 ②는 '기계나 장치 따위가 정상적으로 움직이다.'의 뜻으로 쓰였다.

오답분석

① · ③ · ④ 사람이나 동물이 소리를 감각 기관을 통해 알아차리다.
⑤ 다른 사람의 말이나 소리에 스스로 귀 기울이다.

05 　　　　　　　정답 ④

단어의 문맥적 의미는 문장의 앞뒤의 내용으로 추리할 수 있다. 제시문의 밑줄 친 부분은 '어떤 일에 들이는 시간적인 여유나 겨를'의 의미로 쓰였다.

오답분석

① 어떤 한정된 모임이나 범위 안
② 사람과 사람과의 관계
③ 어떤 때에서 다른 한 때까지의 시간적인 동안
⑤ 한 곳에서 다른 곳까지. 또는 한 물체에서 다른 물체까지의 공간

06 정답 ③

제시문과 ③은 '관계하지 않다.'의 의미로 쓰였다.

오답분석

① 일을 하지 않고 있다.
② 하던 일을 그만두다.
④ 자신의 능력에서 벗어나 그만두다.
⑤ 부정한 일이나 찜찜한 일에 대하여 관계를 청산하다.

07 정답 ①

오답분석

② 김치찌게 → 김치찌개
③ 윗어른 → 웃어른
④ 부친 → 붙인(붙다 : 맞닿아 떨어지지 아니하다)
⑤ 몇일 → 며칠

08 정답 ①

'번'은 수 관형사에 의존하여 선행하는 명사의 수량을 나타내는 의존 명사로 '한 번'으로 띄어 쓰는 것이 적절하다.

오답분석

② 큰집 : 분가하여 나간 집에서 종가를 이르는 말로 붙여 쓰는 것이 적절하다.
③ 손아래 : 나이나 항렬 따위가 자기보다 아래거나 낮은 관계, 또는 그런 관계에 있는 사람을 이르는 말로 붙여 쓰는 것이 적절하다.
④ 집안 : 가족을 구성원으로 하여 살림을 꾸려 나가는 공동체를 이르는 말로 붙여 쓰는 것이 적절하다.
⑤ 척 : 그럴듯하게 꾸미는 거짓 태도나 모양을 나타내는 의존 명사로 띄어 쓰는 것이 적절하다.

09 정답 ④

제시문은 여름에도 감기에 걸리는 이유와 예방 및 치료 방법에 대해 설명하고 있다. 따라서 (마) 의외로 여름에도 감기에 걸림 – (가) 찬 음식과 과도한 냉방기 사용으로 체온이 떨어져 면역력이 약해짐 – (라) 감기 예방을 위해 찬 음식은 적당히 먹고 충분한 휴식을 취하고, 귀가 후 손발을 씻어야 함 – (나) 감기에 걸렸다면 수분을 충분히 섭취해야 함 – (다) 열이나 기침이 날 때에는 따뜻한 물을 여러 번 나눠 먹는 것이 좋음의 순으로 연결되어야 한다.

10 정답 ③

제시문은 기준음을 내는 도구인 소리굽쇠에 대한 글이다. (다) 소리굽쇠의 개발 : 악기를 조율할 때 기준음을 내는 도구 – (마) 정확하게 초당 몇 회의 진동을 하는지는 알지 못한 소리굽쇠 – (나) 진동수를 알지 못해서 지역마다 통일되지 못하고 다른 기준음을 가지게 됨 – (라) 정확한 측정 장치가 없어서 해결하기 어려운 문제였음 – (가) 음향학자 요한 샤이블러가 해결함의 순서대로 연결되어야 한다.

11 정답 ②

세 번째 문단에서 설명하는 수정주의는 미국이 시장을 얻기 위해 세계를 개방 경제 체제로 만들려는 과정에서 냉전이 비롯됐다며 냉전의 발생 원인을 미국의 경제적 동기에서 찾고 있다. 즉, 보기에서 언급한 것처럼 정치적 이념 때문이 아니라는 것이다. 따라서 보기의 위치는 (나)가 가장 적절하다.

12 정답 ④

'Ⅲ-2-나'에 따르면 천연기념물 소나무 보존 대책으로 무분별한 개발 방지를 위한 보호 구역 확대를 제시하고 있다. '소나무 주변 관광 사업 개발'은 이러한 내용과 어긋날 뿐만 아니라 소나무를 보존하는 방안으로 적절하지 않다.

13 정답 ②

제시문의 빈칸 앞에서는 제3세계 환자들과 제약회사 간의 신약 가격에 대한 딜레마를 이야기하며 제3의 대안이 필요하다고 한다. 빈칸 뒤에서는 그 대안이 실현되기 어려운 이유는 '자신의 주머니에 손을 넣어 거기에 필요한 비용을 꺼내는 순간 알게 될 것'이라고 하였으므로 개인 차원의 대안을 제시했음을 추측할 수 있다. 따라서 빈칸에 들어갈 내용으로 ②가 가장 적절하다.

14

(가)는 기존의 속담을 다르게 해석하여, '실패를 바탕으로 거듭나는 현명한 사람'이라는 화제를 던지고 있다. (나)·(다)에서는 실패 박물관(New Product Works)의 실패작 진열 사례를 통해 (가)의 주장을 뒷받침한다. (라)·(마)에서는 기업들이 성공을 위해 실패 박물관을 방문하여 실패 사례를 연구한다는 예를 들면서, '실패를 바탕으로 성공을 향한 길을 찾는다.'는 주장을 한 번 더 강조한다.

15

정답 ⑤

'필통'과 '지우개', '연필'은 모두 필기도구의 하위 항목으로 대등 관계이다.

오답분석
①·②·③·④ 가운데 단어와 오른쪽 단어는 왼쪽 단어의 하위 관계이다.

16

정답 ②

'타짜꾼'은 '노름'을 하는 것을 업으로 삼는 사람이고, '갖바치'는 '가죽신'을 만드는 일을 업으로 삼는 사람이다.

오답분석
① 마름 : 지주를 대리하여 소작권을 관리하는 사람
③ 쇠재비 : 풍물놀이에서 꽹과리, 징을 맡는 사람
④ 모도리 : 빈틈없이 아무진 사람
⑤ 대장공 : 대장장이

17

정답 ①

삼단논법이 성립하려면 '호감을 못 얻으면 타인에게 잘 대하지 않은 것이다.'라는 명제가 필요한데 참인 명제의 대우는 항상 참이므로 적절한 것은 ①이다.

18

정답 ⑤

수학을 잘하는 사람은 컴퓨터를 잘하고, 컴퓨터를 잘하는 사람은 사탕을 좋아한다.
따라서 수학을 잘하는 사람은 사탕을 좋아한다.

19

정답 ④

제시된 명제를 정리하면 다음과 같다.
• 테니스 ○ → 가족 여행 ×
• 가족 여행 ○ → 독서 ○
• 독서 ○ → 쇼핑 ×
• 쇼핑 ○ → 그림 그리기 ○
• 그림 그리기 ○ → 테니스 ○
위 조건을 정리하면 '쇼핑 ○ → 그림 그리기 ○ → 테니스 ○ → 가족 여행 ×'이므로, '쇼핑 ○ → 가족 여행 ×'가 된다.

20

정답 ①

갑은 ㉠과 ㉡에 의해 병을 때리고, 무는 때리지 않는 것을 알 수 있다. 그리고 병을 때리는 것을 알았기 때문에 ㉣에 의해 정은 때리지 않는 것이고 ㉢에 의해 을을 때리는 것이다. 그러므로 갑은 을과 병을 때리는 것을 알 수 있다.

21

정답 ⑤

(가)와 (라)에서 여학생 X와 남학생 B가 동점이 아니므로, 여학생 X와 남학생 C가 동점이다. (다)에서 여학생 Z와 남학생 A가 동점임을 알 수 있고, (나)에서 여학생 Y와 남학생 B가 동점임을 알 수 있다. 따라서 남학생 D는 여학생 W와 동점임을 알 수 있다.

22

정답 ③

아픈 사람이 없기를 바라면서 홍역이나 천연두를 예방하는 굿은 손님굿이다.

오답분석
① 강릉단오제의 무당굿에서는 자식들에게 복을 주는 세존굿과 군에 간 자손을 보호해 달라 청하는 군웅장수 굿을 볼 수 있다.
② 강릉단오제는 2005년 11월 25일에 유네스코 인류 구전 및 무형 유산 걸작으로 등재되기도 했다.
④ 강릉단오제는 삶의 고단함을 신과 인간이 하나 되는 신명의 놀이로 풀어주는 축제이다.
⑤ 제사에 직접 관여하는 제관·임원·무격(巫覡) 등은 제사가 끝날 때까지 먼 곳 출입을 삼가고 근신하는 등 몸과 마음을 깨끗이 해야 한다.

23 　정답 ⑤

제시문에 따르면 열원에서 만들어진 냉온수를 압력 손실 없이 실별로 분배한 뒤 환수하는 분배기는 주로 난방용으로 이용되어 왔으나, 냉방기에도 이용이 가능하다.

오답분석
① 분배기는 냉온수를 압력 손실 없이 실별로 분배한 뒤 환수한다.
② 열원은 난방 시 열을 공급하고 냉방 시 열을 제거하는 열매체를 생산한다.
③ 패널은 각 실의 바닥, 벽, 천장 표면에 설치되어 열매체를 순환시킨다.
④ 복사 냉난방 패널 시스템은 열매체의 온도가 낮아 난방 시 에너지 절약 성능이 뛰어나다.

24 　정답 ③

(다) 문단에서 보건복지부와 국립암센터는 국민 암 예방 수칙의 하나를 '하루 한두 잔의 소량 음주도 피하기'로 개정하였으며, 뉴질랜드 연구진의 연구에 따르면 '소량에서 적당량의 알코올 섭취도 몸에 상당한 부담으로 작용한다.'라고 하였다. 따라서 '가벼운 음주라도 몸에 위험하다.'는 결과를 끌어낼 수 있다.

25 　정답 ①

제시문은 자유의 한계를 극복할 수 있는 수단으로서의 자발성에 대한 설명이다. 이어지는 내용 역시 자발성에 대한 내용이어야 한다.

26 　정답 ⑤

기발한 이야기와 트릭 촬영은 형식주의 영화인 「달세계 여행」에서 중요한 요소가 된 것이지, 사실주의에서는 중요한 요소라고 볼 수 없다.

27 　정답 ①

제시문에서 정보화 사회의 문제점으로 다루고 있는 것은 '정보 격차'로, 지식과 정보에 접근할 수 없는 사람들이 소득을 얻는 데 불리할 수밖에 없다고 주장한다. 이때 정보가 상품화됨에 따라 정보를 둘러싼 불평등은 더욱 심화될 것이라고 전망하고 있다. 인터넷이나 컴퓨터 유지비 측면에서의 격차 발생은 글쓴이의 주장을 강화시키므로, 이 문제에 대한 반대 입장이 될 수 없다.

28 　정답 ②

심리적 오류인 부적합한 권위에 호소하는 오류에 해당한다.

오답분석
① · ③ · ④ · ⑤ 우연(원칙 혼동)의 오류에 해당한다.

29 　정답 ③

(가)는 범주의 오류, (나)는 사적 관계에 호소하는 오류, (다)는 부적합한 권위에 호소하는 오류, (라)는 무지에 호소하는 오류에 해당한다.
따라서 ③은 밝은 색에는 흰색만 있는 것이 아니라, 흰색을 싫어하더라도 다른 밝은 색을 좋아할 수 있다는 것을 간과한 '범주의 오류'에 해당한다.

오답분석
① 정 때문에 논지를 받아들이게 하는 (나)의 오류에 해당한다.
② 논지와 관련 없는 권위자의 견해를 근거로 호소하는 (다)의 오류에 해당한다.
④ 증명할 수 없는 것을 거짓이라고 추론하는 (라)의 오류에 해당한다.
⑤ 부적합한 권위에 호소하는 (다)에 해당한다.

30 　정답 ①

제시문의 중심 내용은 프루시너가 발견한 프리온 단백질을 소개하는 것으로, 프루시너의 이론이 발표되기 전 분자 생물학계의 중심 이론을 함께 설명하고 있다. 그리고 프루시너의 이론을 설명하기 전에 이와 대립하는 기존 분자 생물학계의 주장을 먼저 제시하고 있다.

01	02	03	04	05	06	07	08	09	10	11	12	13	14	15
①	④	④	④	①	⑤	②	②	③	①	②	③	③	⑤	③

16	17	18	19	20	21	22	23	24	25	26	27	28	29	30
③	④	④	③	④	①	②	⑤	②	③	①	①	④	⑤	④

01 　　정답 ①

• 발전 : 더 낫고 좋은 상태나 더 높은 단계로 나아감
• 진전 : 일이 진행되어 발전함

오답분석

② 동조 : 남의 주장에 자기의 의견을 일치시키거나 보조를 맞춤
③ 발생 : 어떤 일이나 사물이 생겨남
④ 퇴보 : 정도나 수준이 이제까지의 상태보다 뒤떨어지거나 못하게 됨
⑤ 발주 : 물건을 보내 달라고 주문함

02 　　정답 ④

㉠과 ㉡의 관계는 입력 장치와 출력 장치의 관계이다. 그러므로 입력 장치에 해당하는 '마이크'와 출력 장치인 '스피커'가 ㉠과 ㉡의 관계와 일치한다.

03 　　정답 ④

• 간헐적(間歇的) : 얼마 동안의 시간 간격을 두고 되풀이하여 일어나는
• 이따금 : 얼마쯤씩 있다가 가끔

오답분석

① 근근이 : 어렵사리 겨우
② 자못 : 생각보다 매우
③ 빈번히 : 번거로울 정도로 도수(度數)가 잦게
⑤ 흔히 : 보통보다 더 자주 있거나 일어나서 쉽게 접할 수 있게

04 　　정답 ④

'완숙하다'는 '사람이나 동물이 완전히 성숙한 상태이다'라는 뜻으로, ④에는 '미숙'이 적절하다.

05 　　정답 ①

• 번잡(煩雜) : 번거롭고 혼잡함
• 혼동(混同) : 구별하지 못하고 뒤섞어서 생각함
• 혼선(混線) : 말이나 일 따위를 서로 다르게 파악하여 혼란이 생김

오답분석

㉡ 혼잡(混雜) : 한데 뒤섞여 어수선함
㉢ 소란(騷亂) : 시끄럽고 어수선함
㉣ 착오(錯誤) : 착각으로 잘못함
㉤ 소동(騷動) : 여럿이 떠들어댐. 또는 여럿이 법석을 떪
㉥ 갈등(葛藤) : 개인이나 집단 사이에 목표나 이해관계가 달라 서로 적대시하거나 충돌함. 또는 그런 상태

06 　　정답 ⑤

• 학생은 선생님의 지시가 잘못되었다고 생각했지만, 그에게 (순종 / 복종)하기로 했다.
• 그는 부하를 자신에게 (순종 / 복종)시키기 위해 폭력을 휘두르기도 했다.
• 우리 조상은 자연의 섭리에 (순응)하며 그와 조화를 이루는 삶을 영위했다.
• 그는 현실의 모순을 외면하고 체제에 (순응)하며 살았다.
• 신도들은 사이비 교주에게 (맹종)하여 그의 말이라면 무엇이든 믿고 따랐다.

• 체청(諦聽) : 주의하여 자세하게 들음

오답분석

① 순응(順應) : 환경이나 변화에 적응하여 익숙하여지거나 체계, 명령 따위에 적응하여 따름

② 순종(順從) : 다른 사람. 특히 윗사람의 말이나 의견 따위에 순순히 따름
③ 복종(服從) : 남의 명령이나 의사를 그대로 따라서 좇음
④ 맹종(盲從) : 옳고 그름을 가리지 않고 남이 시키는 대로 덮어놓고 따름

07 정답 ②

순우리말과 한자어로 된 합성어로서 뒷말의 첫소리 'ㄴ, ㅁ' 앞에서 'ㄴ' 소리가 덧나는 것이므로 '2-(2)'조항에 따라 '제삿날'로 적는다.

08 정답 ②

제시문의 주제는 모든 일에는 신중해야 함이다. 이를 가장 잘 설명하는 속담은 무슨 일이든 낭패를 보지 않기 위해서는 신중하게 생각하여 행동해야 함을 이르는 말인 '일곱 번 재고 천을 째라'이다.

오답분석
① 사공이 많으면 배가 산으로 간다 : 주관하는 사람 없이 여러 사람이 자기주장만 내세우면 일이 제대로 되기 어려움을 이르는 말
③ 쇠뿔은 단김에 빼랬다 : 어떤 일이든지 하려고 생각했으면 한창 열이 올랐을 때 망설이지 말고 곧 행동으로 옮겨야 한다는 뜻
④ 달걀에도 뼈가 있다 : 늘 일이 잘 안되던 사람이 모처럼 좋은 기회를 만났건만, 그 일마저 역시 잘 안됨을 이르는 말
⑤ 새가 오래 머물면 반드시 화살을 맞는다 : 편하고 이로운 곳에 오래 머물며 안일함에 빠지면 반드시 화를 당한다는 뜻

09 정답 ③

제시문은 실제 일어났던 전쟁을 배경으로 한 작품들이 전쟁을 어떤 방식으로 다루고 있는지 비교하는 글로서, 『박씨전』과 『시장과 전장』을 통해 전쟁 소설이 실재했던 전쟁을 새롭게 인식하려 함을 설명한다. '가령, 한편, 또한' 등의 부사어와 문맥을 통해 '㉠ - ㉣ - ㉡ - ㉢'의 순서가 가장 자연스러움을 알 수 있다.

10 정답 ①

제시문은 두 소설가가 그린 비관적인 미래 모습에 대하여 차례대로 설명하고 있는 글이다. 제시된 문단의 내용은 두 소설가인 조지 오웰과 올더스 헉슬리에 대한 소개이므로 이어지는 글에는 오웰과 헉슬리의 소설에 대한 설명이 나와야 한다. 하지만 헉슬리의 소설을 설명하는 (라) 문단에는 '반면에'라는 접속어가 있으므로, 오웰의 소설을 설명하는 (나)가 먼저 오는 것이 적절하다. 따라서 (나) 조지 오웰의 소설에서 나타난 폐쇄적이고 감시당하는 미래의 모습 - (라) 조지 오웰과 정 반대의 미래를 생각해 낸 올더스 헉슬리 - (가) 국가가 양육의 책임을 지는 대신 문화적 다양성을 폐쇄하고 정해진 삶을 살도록 하는 올더스 헉슬리의 미래상 - (다) 오웰과 헉슬리의 소설에서 나타난 단점이 중첩되어 나타나고 있는 현대 사회의 순서대로 연결하는 것이 적절하다.

11 정답 ②

(라)의 앞 문장에서는 스마트 그리드를 사용함으로써 전력 생산이 불규칙한 한계를 지닌 신재생에너지의 활용도가 증가함을 말하고 있다. 따라서 신재생에너지의 활용도가 높아졌을 때의 장점을 이야기하고 있는 (A)가 (라)에 오는 것이 적절하다. (나)의 앞 문장에서는 스마트 그리드의 기본 개념을 설명하고 있다. (B)의 '이를 활용하여'라는 첫 문장에서 '이를'이 '스마트 그리드'를 뜻하는 것임을 유추할 수 있으며 또한 전력 공급자가 얻을 수 있는 장점을 이어서 말하고 있다. 따라서 스마트 그리드를 사용하였을 때 전력 소비자가 얻는 장점을 뒤 문장에서 설명하고 있는 (나)에 (B)가 오는 것이 적절하다.

12 정답 ③

제시된 보기의 문장에서는 사행 산업 역시 매출의 일부를 세금으로 추가 징수하는 경우가 있지만, 게임 산업은 사행 산업이 아닌 문화 콘텐츠 산업이라고 주장한다. 따라서 흐름상 보기의 문장은 게임 산업이 이미 세금을 납부하고 있다는 내용 뒤에 오는 것이 자연스럽다. (다)의 앞 문장에서는 게임 업체가 이미 매출에 상응하는 세금을 납부하고 있음을 이야기하므로 (다)에 들어가는 것이 적절하다.

13 정답 ③

첫 번째 빈칸 다음 문장에서 사회의 기본 구조를 통해 이것을 공정하게 분배해야 된다고 했으므로 '자유와 권리, 임금과 재산, 권한과 기회'인 ⓒ이 가장 적절하다.

두 번째 빈칸은 '원초적 상황'에서 합의 당사자들은 인간의 심리, 본성 등에 대한 지식 등 사회에 대한 일반적인 지식은 알고 있지만, 이것에 대한 정보를 모르는 무지의 베일 상태에 놓인다고 했으므로 사회에 대한 일반적인 지식과 반대되는 개념, 즉 개인적 측면의 정보인 ㉠이 가장 적절하다.

세 번째 빈칸에 대하여 사회에 대한 일반적인 지식이라고 하였으므로 ⓒ이 가장 적절하다.

14 정답 ⑤

재산이 많은 사람은 약간의 세율 변동에도 큰 영향을 받음을 추론할 수 있으므로 '영향이 크기 때문에'로 수정하는 것이 적절하다.

15 정답 ③

제시된 명제를 정리하면 다음과 같다.

구분	1교시	2교시	3교시	4교시
경우 1	사회	국어	영어	수학
경우 2	사회	수학	영어	국어
경우 3	수학	사회	영어	국어

따라서 A와 B는 모두 옳다는 것을 알 수 있다.

16 정답 ③

어떤 남자는 경제학을 좋아하고, 경제학을 좋아하는 남자는 국문학을 좋아하고, 국문학을 좋아하는 남자는 영문학을 좋아한다. 따라서 어떤 남자는 영문학을 좋아한다.

17 정답 ④

오답분석

① 주어진 조건으로 을은 4, 5, 7번에 앉을 수 있으나 을이 4번에 앉을지 5, 7번에 앉을지 정확히 알 수 없다.

② 갑과 병은 이웃해 앉지 않으므로 갑은 1번에 앉을 수 없다.

③ 주어진 조건으로 을과 정이 나란히 앉게 될지 정확히 알 수 없다.

⑤ 정이 7번에 앉으면 을은 5번 의자에 앉는다. 그러므로 을과 정 사이에 2명이 앉을 수 없다.

18 정답 ④

조건을 정리하면 다음과 같다.

(가) 적 + 흑 + 청 = 백 + 황 + 녹

(나) 황 = 흑 ×3

(다) 백>녹, 녹>흑

(라) 적 = 백 + 녹

(다)와 (라)에 의해서 적>백>녹>흑이 성립하고, (나)에 의해서 황>흑이므로 청을 제외한 색중에서는 흑의 개수가 가장 적다. 흑이 2개 이상이면 유리구슬의 총 개수가 18개라는 조건에 위배된다. 따라서 흑은 1개이고 (나)에 의해서 황의 개수는 3개로 정해지며, (가)와 (라)에 의해 황 = 흑+청이므로 청은 2개이다. (라)와 적>백>녹>흑 조건을 고려하면 적은 6개, 백은 4개, 녹은 2개라는 것을 알 수 있다.

19 정답 ③

마지막 문단에서 '선비들은 어려서부터 머리가 희어질 때까지 오직 글쓰기나 서예 등만 익혔을 뿐이므로 갑자기 지방관리가 되면 당황하여 어찌할 바를 모른다.'고 하여 형벌에 대한 사대부들의 무지를 비판하고 있음을 알 수 있다.

20 정답 ④

제시문에서는 대중문화 속에서 사는 현대인들은 자신이, 다른 사람이 나를 어떻게 볼지에 대해 조바심과 공포감을 느끼며, 이러한 현상은 광고 때문에 많이 생긴다고 했다. ① · ② · ③ · ⑤는 매체를 통해 정보를 얻고, 그 정보대로 실행하지 않으면 남들보다 열등한 상태에 놓이게 될 것으로 여겨 대중매체가 요구하는 대로 행동하는 사례들이다. 그러나 ④의 내용은 단순한 공포심을 나타내고 있을 뿐이다.

21 정답 ①

빈칸의 다음 문장에서 '외래어가 넘쳐나는 것은 그간 우리나라의 고도성장과 절대 무관하지 않다.'라고 했다. 즉, '사회의 성장과 외래어의 증가는 관계가 있다.'는 의미이므로 이를 포함하는 일반적 진술이 빈칸에 위치해야 한다. 따라서 빈칸에 들어갈 가장 적절한 것은 ①이다.

22

정답 ②

제시문은 실험결과를 통해 비둘기가 자기장을 가지고 있다는 것을 설명하는 글이다. 따라서 제시문의 다음 내용으로는 비둘기가 자기장을 느끼는 원인에 대해 설명하는 글이 나와야 한다.

오답분석

① · ③ · ④ 제시문의 자기장에 대한 설명과 연관이 없는 주제이다.
⑤ 비둘기가 자기장을 느끼는 원인에 대한 설명이 제시되어 있지 않으므로 적절하지 않다.

23

정답 ⑤

甲과 乙 모두 인간의 기본권이라는 전제를 두지만, 낙태의 전면 반대와 전면 반대의 모순을 지적하는 차이가 있으므로, ⑤가 적절하다.

24

정답 ②

제시문은 분노에 대한 내용으로, 사람의 경우와 동물의 경우를 나누어 분노가 어떻게 공격과 복수의 행동을 유발하는지에 대해 서술하고 있다.

오답분석

① 분노에 대한 공격과 복수 행동만 서술할 뿐 공격을 유발하는 원인에 대한 언급은 없다.
③ 탈리오 법칙에 대한 언급은 했으나, 이에 대한 실제 사례 등 구체적인 서술은 없다.
④ 동물과 인간이 가지는 분노에 대한 감정 차이보다는 분노했을 때의 행동에 대한 공통점에 주안점을 두고 서술하였다.
⑤ 분노 감정의 처리는 제시문의 도입부에 탈리오 법칙으로 설명될 뿐, 중심 내용으로 볼 수 없다.

25

정답 ③

제시문에 '민중 문학으로서의 특성에 대한 진로 모색'이란 말은 나와있지 않다.

26

정답 ①

마지막 문단에 따르면 와이츠가 말하는 예술의 '열린 개념'은 '가족 유사성'에 의해 성립하며, 와이츠는 '열린 개념'은 무한한 창조성이 보장되어야 하는 예술에 적합한 개념이라고 주장한다. 따라서 ①에서처럼 '아무런 근거 없이 확장된다.'는 것은 옳지 않다.

오답분석

② 마지막 문단에 따르면 와이츠는 예술을 본질이 아닌 가족 유사성만을 갖는 '열린 개념'으로 보았다. 즉, 예술의 근거를 하나의 공통적 특성이 아닌 구성원 일부의 유사성으로 보았으므로 예술 내에서도 두 대상이 서로 닮지 않을 수 있다.
③ 마지막 문단에 따르면 와이츠는 전통적인 관점에서의 표현이나 형식은 예술의 본질이 아니라 좋은 예술의 기준으로 이해되어야 한다고 보았다.
④ · ⑤ 마지막 문단에 따르면 와이츠가 말하는 '열린 개념'은 '주어진 대상이 이미 그 개념을 이루고 있는 구성원 일부와 닮았다면, 그 점을 근거로 하여 얼마든지 그 개념의 새로운 구성원이 될 수 있을 만큼 테두리가 열려 있는 개념'이다. 따라서 와이츠의 이론은 현대와 미래의 예술의 새로운 변화를 유용하게 설명할 수 있다.

27

정답 ①

미세 먼지 측정기는 대기 중 미세 먼지의 농도 측정 시 농도만 측정하는 것이지 그 성분과는 관련이 없다.

28

정답 ④

@은 직립보행에 대한 반박이 아니라, 도구 사용의 외견상의 유사점을 비교하고 있다.

29

정답 ⑤

노화로 인한 신체 장애는 어쩔 수 없는 현상으로, 이를 해결하기 위해서는 헛된 자존심으로 부추기는 것이 아닌 노인들에 대한 사회적 배려와 같은 인식이 필요하다는 문맥으로 이어지는 것이 적절하다.

30

시대착오란 '시대의 추세(趨勢)를 따르지 아니하는 착오'를 의미한다. ④는 상황에 따른 적절한 대응으로 볼 수 있으며, 시대착오와는 거리가 멀다.

오답분석

① 출신 고교를 확인하는 학연에 얽매이는 모습을 보여줌으로써 시대착오의 모습을 보여주고 있다.

② 승진을 통해 지위가 높아지면 고급 차를 타야 한다는 시대착오의 모습을 보여주고 있다.

③ 두발 규제를 학생들의 효율적인 생활지도의 방법으로 보는 시대착오의 모습을 보여주고 있다.

⑤ 창의적 업무 수행을 위해 직원들의 복장을 획일적으로 통일해야 한다는 점에서 시대착오의 모습을 보여주고 있다.

배우고 때로 익히면,
또한 기쁘지 아니한가.

- 공자 -

유튜브로 쉽게 끝내는 인적성검사 언어 완성

개정6판1쇄 발행	2025년 02월 20일 (인쇄 2024년 10월 15일)
초 판 발 행	2018년 08월 10일 (인쇄 2018년 07월 06일)
발 행 인	박영일
책 임 편 집	이해욱
편 저	SDC(Sidae Data Center)
편 집 진 행	안희선 · 한성윤
표지디자인	김지수
편집디자인	양혜련 · 장성복
발 행 처	(주)시대고시기획
출 판 등 록	제10-1521호
주 소	서울시 마포구 큰우물로 75 [도화동 538 성지 B/D] 9F
전 화	1600-3600
팩 스	02-701-8823
홈 페 이 지	www.sdedu.co.kr
I S B N	979-11-383-8073-7 (13320)
정 가	20,000원

시대에듀가 합격을 준비하는
당신에게 제안합니다.

결심하셨다면 지금 당장 실행하십시오.
시대에듀와 함께라면 문제없습니다.

성공의 기회!
시대에듀를 잡으십시오.

NEXT STEP!

- 마크 트웨인 -

기회란 포착되어 활용되기 전에는 기회인지조차 알 수 없는 것이다.

시대에듀
대기업 인적성검사
시리즈

신뢰와 책임의 마음으로 수험생 여러분에게 다가갑니다.

대기업 인적성 "기출이 답이다" 시리즈

역대 기출문제와 주요기업 기출문제를 한 권에! 합격을 위한
Only Way!

대기업 인적성 "봉투모의고사" 시리즈

실제 시험과 동일하게 마무리! 합격으로 가는
Last Spurt!

현재 나의 실력을 객관적으로 파악해 보자!
모바일 OMR
답안채점 / 성적분석 서비스

도서에 수록된 모의고사에 대한 객관적인 결과(정답률, 순위)를 종합적으로 분석하여 제공합니다.

OMR 입력

시간측정 가능!!

성적분석

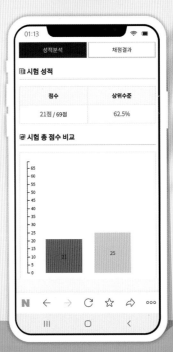

채점결과

※ OMR 답안채점 / 성적분석 서비스는 등록 후 30일간 사용 가능합니다.

 → → → → → →

도서 내 모의고사 우측 상단에 위치한 QR코드 찍기 → 로그인 하기 → '시작하기' 클릭 → '응시하기' 클릭 → 나의 답안을 모바일 OMR 카드에 입력 → '성적분석&채점결과' 클릭 → 현재 내 실력 확인하기